Wilhelm-Christian Helkenberg

Anlegerschutz am Grauen Kapitalmarkt

Prognosegrundsätze für Emissionsprospekte

Schriftenreihe des
Instituts für Geld- und Kapitalverkehr
der Universität Hamburg
Herausgegeben von Prof. Dr. Hartmut Schmidt
Band 3

Wilhelm-Christian Helkenberg

Anlegerschutz am Grauen Kapitalmarkt

Prognosegrundsätze für Emissionsprospekte

DUV DeutscherUniversitätsVerlag
GABLER·VIEWEG·WESTDEUTSCHER VERLAG

CIP-Titelaufnahme der Deutschen Bibliothek

Helkenberg, Wilhelm-Christian:
Anlegerschutz am grauen Kapitalmarkt : Prognosegrundsätze für Emissionsprospekte / Wilhelm-Christian Helkenberg. — Wiesbaden : Dt. Univ.-Verl., 1989
(Schriftenreihe des Instituts für Geld- und Kapitalverkehr der Universität Hamburg ; Bd. 3) (DUV : Wirtschaftswissenschaft)
Zugl.: Hamburg, Univ., Diss., 1988
ISBN 978-3-8244-0026-3 ISBN 978-3-322-89775-6 (eBook)
DOI 10.1007/978-3-322-89775-6
NE: Institut für Geld- und Kapitalverkehr <Hamburg>: Schriftenreihe des Instituts . . .

Der Deutsche Universitäts-Verlag ist ein Unternehmen der Verlagsgruppe Bertelsmann International.

ISBN 978-3-8244-0026-3

GELEITWORT

Die Frage, welche Informationen Emittenten in welcher Form zum Schutze der Anleger vor der Emission publizieren sollten, wird oft gestellt, aber ungern beantwortet. Jeder, der sich daran versucht hat, weiß, wie schwierig sie ist, schon weil eine nahezu unübersehbare juristische und ökonomische Literatur hierzu unzählige, oft kontroverse Argumente vorträgt.

Helkenberg behandelt diese Frage für den grauen Kapitalmarkt, an dem die Emissionspublizität grundsätzlich zukunftsgerichtet sein muß, und versucht, durch strenge Systematik und Stringenz neue Einsichten und eine überzeugende Antwort zu finden. Der fiktive Regulator, der bei Helkenberg Publizitätsvorschriften erläßt, will die Wohlfahrt erhöhen, indem er die Kapitalallokation verbessert. Allokationseffizienz verlangt, daß die Anleger Rendite und Risiko der Emission zutreffend erkennen; das entspricht auch den Anlegerinteressen. Damit ist das Publizitätsziel geklärt.

Der Regulator muß auch dafür sorgen, daß das Publizitätsziel nach dem ökonomischen Prinzip, hier also mit minimalen Informationskosten, erreicht wird. Damit Informationskosten zu einem operationalen Indikator werden, zerlegt Helkenberg sie in eine Reihe interdependenter Komponenten. Vor allem aber arbeitet Helkenberg heraus, wie man das Publizitätsziel durch interne Prognose des Unternehmenserfolges nach ganz bestimmten

Grundsätzen und durch adressatenorientierte Darstellung dieser Prognose im Prospekt erreichen kann. Diese Grundsätze sollen den, der Prognose und Prospekt erstellt, in ähnlicher Weise leiten, wie es die Grundsätze ordnungsmäßiger Buchführung und Bilanzierung beim Jahresabschluß tun.

Hartmut Schmidt

VORWORT

Spektakuläre Verluste von Anlegern, speziell am Grauen Kapitalmarkt, werfen unwillkürlich die Frage auf: Gibt es für private Investoren nicht Wege, Entwicklung (und Fehlentwicklung) von Kapitalanlagen besser vorherzusehen? Diese Frage könnte bejaht werden, enthielten Emissionsprospekte qualitativ hochwertigere und unmanipulierte Erfolgsprognosen. Vorschriften für die Erstellung von Vorhersagen könnten das möglicherweise gewährleisten. Nachdem sich der Gesetzgeber - beispielsweise mit dem gescheiterten Vermögensanlagengesetz -, die Rechtsprechung und das Institut der Wirtschaftsprüfer in meinen Augen wenig überzeugend bemüht haben, Qualitätsstandards für Erfolgsprognosen zu formulieren, wollte ich in der vorliegenden Arbeit prüfen, wieweit sich Erfolgsvorhersagen von Unternehmen überhaupt sinnvoll reglementieren lassen und wie denkbare Grundsätze für die Erstellung und Veröffentlichung von Prognosen denn konkret aussehen sollten.

Auf dem Weg, Antworten auf diese Fragen zu finden, hat mich mein Doktorvater, Prof. Dr. Hartmut Schmidt, intensiv und mit viel Geduld beraten und unterstützt. Dafür möchte ich ihm hier sehr herzlich und aufrichtig danken. Mein Dank gilt auch dem Verein der Mitglieder der Wertpapierbörse in Hamburg für die finanzielle Unterstützung bei der Veröffentlichung dieser Arbeit.

Wilhelm-Christian Helkenberg

INHALTSVERZEICHNIS

3. TEIL
Grundsätze der Planung und Prospektgestaltung

EINLEITUNG

A. Funktionsstörungen des Nebenkapitalmarkts als Anlegerschutzproblem

I. Symptome und Ursachen mangelnder Marktfunktion

Ein Zweck der Prognosepublizität von Unternehmen ist es, Informationen zu liefern, mit denen Anleger ihre Entscheidungen über den Kauf von Beteiligungstiteln fundieren können. Wie oft behauptet wird, erfüllt die vorherrschende Prognosepublizität diesen Zweck nur ungenügend. Schlechte Information für Anleger aber gefährdet die Funktion des Kapitalmarkts. Prognosepublizität ist dann ein möglicher Grund schlechter Kapitalmarktfunktion. Ein Weg zu besseren Prognosen könnte über Publizitätsvorschriften führen. Die folgende Diskussion rückt deshalb Grundsätze in ihren Mittelpunkt, wie Unternehmen Vorhersagen erstellen und veröffentlichen sollten, auf die Investoren ihre Anlageentscheidungen stützen.

Im Kreuzfeuer besonders reger Kritik stehen nach wie vor Emissionsprospekte von Abschreibungsgesellschaften, geschlossenen Immobilienfonds und anderen Publikumspersonengesellschaften. Die vorliegende Arbeit behandelt daher Prognosegrundsätze beispielhaft für Prospekte dieses speziellen Kapitalmarkts. Viele Ausführungen lassen sich jedoch auf Probleme der Prognosepublizität allgemein übertragen.

Der angesprochene Markt - Nebenkapitalmarkt, Freier oder Grauer Kapitalmarkt genannt[1] - ist ein gedank-

---

1 Zu Begriffen und Abgrenzung vgl. z.B. H. Bremer, Grauer Kapitalmarkt und Anlegerschutz, in: ZGR, 2. Jg., 1973, S. 410 f.; K.J. Böhm, Anlegerschutz am Nebenkapitalmarkt, Frankfurt/M. 1979, S. 14-19; H. Gerlach, Großreinemachen am "Grauen" Markt, in: Das Wertpapier, 32. Jg., 1984, S. 489-492

licher Ort,[1] an dem professionelle Anbieter Anteile neugegründeter Anlagegesellschaften emittieren und in privaten Anlegerkreisen placieren. In erster Linie ist der Markt ein Emissionsmarkt, weiterer Handel existiert vorerst nur in Ansätzen.[2]

Das Angebot des Markts umfaßt Beteiligungen an in- und ausländischen (Gewerbe-) Immobilien, Schiffen, Flugzeugen, Explorationsvorhaben und anderen (z.T. innovativen) Investitionen. Angebotsschwerpunkte und Konzeption der Anlagetypen richten sich auch nach Möglichkeiten, Steuervorteile für Anleger zu erzielen.[3] Allen Beteiligungsangeboten sind darüber hinaus vier typische Merkmale gemeinsam:

- Öffentliches Angebot der Anteile durch Annoncen und Prospekte. Freier Anteilsvertrieb mit Hilfe von Vertriebsorganisationen oder Anlageberatern.

- Konzeption und Planung durch kommerzielle Anbieter (Initiatoren). Placieren Initiatoren im Zeitablauf mehrere unabhängige Anlageobjekte, seien sie als Daueremittenten oder Dauerplacierer bezeichnet.

---

1 Der Handel ist nicht auf bestimmte Plätze beschränkt. Vielmehr kontaktieren Anbieter potentielle Käufer durch Annoncen, Direct-Mailing, Telefonate oder über Vermittler. Verträge werden an beliebigen Orten geschlossen. Vgl. dazu K.J. Böhm, Anlegerschutz, 1979, S. 18

2 Daß Sekundärmärkte fehlen, konstatiert noch 1984 K. Foerster, Kapitalmarkteffizienz und Sonderrecht Publikumspersonengesellschaft, Diss. jur. Bremen 1984, S. 17. Seit 1985 entwickeln sich stark begrenzte Ansätze eines Handels mit Altbeteiligungen, vgl. P. Pütz und H. Willgerodt, Gleiches Recht für Beteiligungskapital, Baden-Baden 1985, S. 72 f.; E. Reitz, Freiverkehr: Handel mit Steuerbeteiligungen, in: Capital, 24. Jg., 1985, Heft 3, S. 124-126. Erst 1987 wurde ein erster, privatwirtschaftlich organisierter, wirklicher Sekundärmarkt für bestimmte Beteiligungstitel des Grauen Marktes gegründet. Vgl. zum Sekundärmarkt detaillierter Teil 2, A.III. d.A.

3 Einen Überblick über aktuelle Angebotsformen geben z.B. H.G. Fleischmann, H.W. Röschinger und H.-D. Meyerhoff, Steuern die Vermögen werden?, 7., völlig neubearb. Aufl., Landsberg/Lech 1983; E. Reitz, Geldanleger: So sparen Sie jetzt noch Steuern, in: Capital, 23. Jg., 1984, Nr. 12, S. 156-176; E. Reitz, Ertragswerte, in: Capital, 25. Jg., 1986, Nr. 12, S. 80-92

- Passive Anlegerstellung der Anteilseigner,[1] d.h. Fremdgeschäftsführung durch Initiatoren oder von ihnen eingesetzte Managements.

- Gesellschaftsrechtliche Form der Publikumspersonengesellschaft.[2]

Folgend wird gefragt, ob der Graue Markt - wie eingangs behauptet - tatsächlich unzureichend funktioniert und dieser Mangel auf schlechte Prospektpublizität zurückzuführen ist.

Die ausgeuferte Diskussion um den Grauen Markt legt einen Schluß nahe: Unternehmen, die an diesem Markt emittieren, erwirtschaften zu einem hohen Prozentsatz geringere Renditen als die Investoren erwarten, erfordern oftmals ungeplante Eigenkapitalnachschüsse und sind insolvenzanfällig.[3] In den Augen von Literatur und Bundesregierung zeichnen dafür in vielen Fällen unqualifizierte oder eigennützige Managements verantwortlich: Fehlplanung, Mißmanagement und Verlagerung

1 Zum Anlegerbegriff H. Wiedemann, Gesellschaftsrecht, Bd. 1, München 1980, S. 475 f.; H.-D. Koch, Konzeptionelle Grundlagen der Diskussion über Kapitalanlegerschutz unter besonderer Berücksichtigung des Nebenkapitalmarkts, Frankfurt/M. 1981, S. 12 ff.; H.-D. Koch und R.H. Schmidt, Ziele und Instrumente des Anlegerschutzes, in: BFuP, 33. Jg., 1981, S. 233

2 Zu Formen und Merkmalen der Gesellschaften des Grauen Markts z.B. K.J. Hopt, Inwieweit empfiehlt sich eine allgemeine gesetzliche Regelung des Anlegerschutzes? Gutachten G für den 51. Deutschen Juristentag, München 1976, S. 31 ff.; K.J. Böhm, Anlegerschutz, 1979, S. 24 ff.; H. Klein, Einkommensteuerrechtlicher Mitunternehmerbegriff und kapitalistisch verfaßte Kommanditgesellschaft, in: GmbH-Rundschau, 73. Jg., 1982, S. 281 f.

3 Für viele W. Spannagel, Der alternative ("graue") Kapitalmarkt, in: Der nichtorganisierte Kapitalmarkt, Hrsg. G. Bruns und K. Häuser, Frankfurt/M. 1983, S. 191

des Gesellschaftsvermögens zugunsten des Initiatoren-Managements seien an der Tagesordnung.[1] Diese Anlegerrisiken sind asymmetrisch, d.h. ihnen stehen keine Chancen gegenüber.

Daß derartige Anlageangebote kaufwillige Interessenten finden, kann mit Fehlinformation des Anlegerpublikums erklärt werden: Wären vernünftige Anleger wohlinformiert, könnten sie Risiken und Renditen besser antizipieren, Objekte mit günstigeren Konditionen zeichnen und "schlechte" Angebote vom Markt verdrängen.

Der Emittent des Nebenkapitalmarkts informiert sein Anlegerpublikum fast ausschließlich durch Prospekte; sie bilden die zentrale Nachrichtenquelle der Investoren.[2] Diese Quelle versorgt Anleger jedoch mit Nachrichten, deren mangelnde Qualität für Entscheidungszwecke sprichwörtlich ist.[3] Die vorherrschende

---

1 A. Rossbach, Die Unternehmung als Objekt und als Instrument krimineller Handlungen, in: BFuP, 27. Jg., 1975, S. 420 ff.; Bundesregierung, RegEVermAnlG, Begründung, in: Bundesrats-Drucksache 407/77 vom 2.9.1977, S. 9; H. Wiedemann, Gesellschaftsrecht, 1980, S. 502; Th. Kaligin, Die spezifischen Risiken und Rechtsschutzmöglichkeiten des Kommanditisten bei Beteiligungen an Abschreibungsgesellschaften, Düsseldorf 1983, S. 27

2 H. Wiedemann und E. Schmitz, Anlegerschutz bei unrichtiger oder unvollkommener Information, in: ZGR, 9. Jg., 1980, S. 132, 136; K. Garz-Holzmann und M. Gurke, Anlegerschutz am grauen Kapitalmarkt, in: DB, 36. Jg., 1983, S. 30; T. Prautsch, Zur Prospekthaftung von Wirtschaftsprüfern bei der Publikums-KG, in: WPg, 38. Jg., 1985, S. 654; S. Grotherr, Der neue Straftatbestand des Kapitalanlagebetrugs (§ 264 a StGB) als Problem des Prospektinhalts und der Prospektgestaltung, in: DB, 39. Jg., 1986, S. 2586

3 H. Bremer, Die Börsensachverständigenkommission 1968-1975, Berlin und New York, 1976, S. 261; K.J. Hopt, Gutachten, 1976, S. 35; G. Haas, Möglichkeiten des Anlegerschutzes bei mitunternehmerischen Verlustzuweisungsgesellschaften, Frankfurt/M. 1980, S. 88-92 mit empirischer Analyse; H. Wiedemann, Gesellschaftsrecht, 1980, S. 502; W. Moll, Anlegerschutz und Gläubigerschutz, in: DB, 37. Jg., 1982, Beilage 3 zu Heft 12, S. 2; K. Garz-Holzmann und M. Gurke, Anlegerschutz, 1983, S. 29; Th. Kaligin, Risiken, 1983, S. 155 ff.; J. Köndgen, Zur Theorie der Prospekthaftung, in: AG, 28. Jg., 1983, S. 85 ff.; W. Spannagel, Kapitalmarkt, 1983, S. 193; H.-D. Assmann, Prospekthaftung, Köln 1985, S. 76

Prospektpublizität ist ein wesentlicher Grund für den ungenügenden Informationsgrad des Anlegerpublikums.

Wie der Graue Markt demonstriert, leiten Entscheidungen schlecht informierter Investoren Kapitalströme immer wieder Projekten mit ungünstigen Risiko-Rendite-Relationen zu. Enttäuschte oder gewarnte Anleger aber ziehen sich vom Markt zurück, sofern sie sich auf Dauer nicht schützen können oder geschützt werden. Beide Symptome deuten auf einen schlecht funktionierenden Kapitalmarkt hin. Das wird deutlich, wenn man die Symptome den Aufgaben eines Kapitalmarkts gegenüberstellt. Diese Aufgaben sind:[1]

1. Kapitalaufbringung. Der Markt muß Anlagekapital mobilisieren, damit der Kapitalnachfrage von Unternehmen ein adäquates Mittelangebot gegenübersteht und der Bedarf von Investoren an Beteiligungstiteln befriedigt wird.

2. Kapitallenkung. Ein gut alloziierender Markt leitet die Kapitalströme nur Projekten zu, die hohen Nutzen für Investoren erwarten lassen, wenigstens aber die vom Anleger geforderte Mindestrendite erwirtschaften. Allokation ist - anders als Kapitalaufbringung - eine restriktive Funktion.

Der Absatz von Beteiligungstiteln, wie sie am Grauen Markt angeboten werden, kann als Symptom schlechter Marktfunktion gelten. Ebnet Emissionspublizität solchen Titeln den Weg zum Anlegerpublikum, ist sie eine ihrer Ursachen.

---

1 Vgl. H.-D. Koch und R.H. Schmidt, Ziele des Anlegerschutzes, 1981, S. 236 f.; H. Schmidt, Perspectives on Disclosure and its Relevance for Small Business Capital Raising, in: Small Firms, Their Finance and Disclosures, Issues in Accountability No. 9, Hrsg. D.A.R. Forrester, Glasgow 1983, S. 35

II. Anlegerschutz durch Normierung der Prospektpublizität

Mit Blick auf diese Marktsituation erwägen Juristen wie Ökonomen, die Prospektpublizität zu reglementieren. Ein Weg zu besseren Prospekten führt offenbar über Publizitätsvorschriften. Wer diesen Weg beschreiten will, muß das begründen. Gründen und möglichen Gegenargumenten sei folgend nachgegangen.

Der Jurist rechtfertigt Publizitätsvorschriften mit dem Anlegerschutzprinzip.[1] Das Prinzip verlangt Eingriffe ins Marktgeschehen, sobald unterlegene Anleger auf öffentlichen Kapitalmärkten zu Schaden kommen.[2] Es wurzelt in zwei Fundamenten:

1. Individualschutz

2. Funktionenschutz.

Individualschutz entspringt dem verfassungsrechtlichen Sozialstaatprinzip, das fordert, schutzwürdige Rechtsgüter wirtschaftlich Unterlegener und Chancengleichheit zu wahren.[3] Derart begründeter Anlegerschutz ist letztlich auf ein abstraktes Gerechtigkeitsideal gerichtet. Er läßt sich nur ethisch-rechtlich, nicht aber ökonomisch rechtfertigen.[4] Funktionenschutz zielt

---

1 Grundlegend K.J. Hopt, Kapitalanlegerschutz im Recht der Banken, München 1975. Vgl. auch E. Schwark, Anlegerschutz durch Wirtschaftsrecht, München 1979, S. 12; F. Kübler, Anlageberatung durch Kreditinstitute, in: ZHR, 145. Jg., 1981, S. 205

2 H. Wiedemann, Gesellschaftsrecht, 1980, S. 475 f.

3 K.J. Hopt, Kapitalanlegerschutz, 1975, S. 267 ff.; H.-D. Koch und R.H. Schmidt, Ziele des Anlegerschutzes, 1981, S. 235. Allerdings kollidiert die Forderung mit dem Grundsatz der Vertragsfreiheit und ist deshalb umstritten, so z.B. K.J. Hopt, Kapitalanlegerschutz, 1975, S. 273

4 H. Schmidt, Vorteile und Nachteile eines integrierten Zirkulationsmarktes für Wertpapiere gegenüber einem gespaltenen Effektenmarkt, Luxemburg 1977, S. 2, 36; ihm folgend Ch. Kirchner, Die Eigenkapitalversorgung der publizitätspflichtigen GmbH, Hamburg 1984, S. 386

auf die Funktionsfähigkeit des Markts. Mit guter Allokation soll eine Voraussetzung für wachsende Produktivität des eingesetzten Kapitals geschaffen werden.[1]

Für den Juristen ist die Unterlegenheit des Anlegers - speziell bei Vertragsschluß - offenkundig.[2] Zwar wird Schutzbedürftigkeit angeblich wohlhabender Anleger bisweilen bestritten, doch rechtfertigt Vermögen nicht den Verlust des Eigentumsschutzes.[3] Darüber hinaus führt der Hinweis auf das wachsende Engagement von Klein- und Durchschnittsanlegern Verbraucherschutzargumente ins Feld.[4] Da der Jurist auch die Marktfunktion gefährdet sieht, ist für ihn der Weg frei, Publizitätsvorschriften zu erlassen. Damit will er pathologische Schädigungsabsichten künftig vereiteln.[5]

Ökonomen verzichten darauf, das Motiv für Anlegerschutz aufzuspalten. Denn Individual- und Funktionenschutz klaffen nur dann auseinander, wenn man aus rechtsdogmatischen Motiven den Schutz des individuellen Eigentums überbetont: Soll jeder Anleger vor pathologischen Schädigungsabsichten Weniger und vor jedem nur denkbaren

---

1 H.-D. Koch und R.H. Schmidt, Ziele des Anlegerschutzes, 1981, S. 235 f. Zum Zusammenhang zwischen Allokation, Rendite und Produktivität vgl. B. Lüthje, Die Funktionsfähigkeit der deutschen Aktienbörse, Göttingen 1970, S. 63; H. Reuter, Aktienmarkt und Aktieninformationsmarkt, Göttingen 1980, S. 9

2 K.J. Hopt, Gutachten, 1976, S. 46; K.J. Böhm, Anlegerschutz, 1979, S. 51 ff.; G. Haas, Möglichkeiten des Anlegerschutzes, 1980, S. 94 ff.; W. Moll, Anlegerschutz, 1982, S. 2

3 G. Schmeding, Wettbewerbsrechtliche Beurteilung der Werbung für Kapitalanlagen, in: BB, 33. Jg., 1978, S. 735

4 Bundesregierung, RegEVermAnlG, Begründung, 1977; H. Wiedemann, Gesellschaftsrecht, 1980, S. 479; K. Garz-Holzmann und M. Gurke, Anlegerschutz, 1983, S. 29

5 Zur Ausrichtung juristisch betrachteten Anlegerschutzes am pathologischen Fall H. Schmidt, Marktorganisationsbestimmte Kosten und Transaktionskosten als börsenpolitische Kategorien, in: KuK, 16. Jg., 1983, S. 185; K.J. Hopt, Asymmetrische Information und Gläubigerverfügungsrechte in der Insolvenz, in: ZfB, 54. Jg., 1984, S. 745

Mißbrauch von Informationsvorsprüngen geschützt werden, kann dies für den normalen Marktbetrieb Belastungen mit sich bringen, die höher sind als der Nutzen verhinderter Mißstände. Kurz: Es wird übersteuert.[1] Vermeiden Publizitätsregulatoren hingegen Übersteuerungsgefahren, dann wirken Individual- und Funktionenschutz nicht nur komplementär,[2] sie sind vielmehr identisch: Bei sinnvoll ausgebautem Individualschutz wird sich der durchschnittliche Anleger vor gravierenden Schäden sicher fühlen. Er investiert forciert und zu günstigen Bedingungen in Anlagen, deren Risiken angemessene Chancen verheißen.[3] Nichts anderes bezweckt Funktionenschutz.

Der Ökonom muß deshalb Publizitätsregeln nicht mit moralisch begründeter Schutzbedürftigkeit von Anlegern rechtfertigen; für ihn sind Vorschriften opportun, wenn sie einen positiven Beitrag zur Marktfunktion leisten. Wie eben gezeigt, schließt das ökonomisch sinnvollen Anlegerschutz ein. Aus diesem ökonomischen Blickwinkel wird Anlegerschutz fortan betrachtet.

Nun warnen manche Autoren allerdings vor einer Nachrichtenflut durch weitere Normen: sie überfordere Anleger und sei teuer.[4] Jedoch wurde diese Warnung für den Aktienmarkt laut; der aber ist bereits weitreichend reglementiert. Überdies sorgt dort ein professioneller Teil des Anlegerpublikums für korrekte Preisbildung und damit für Anlegerschutz "über den Kurs".[5] Für den

---

1 Vgl. H. Schmidt, Kosten, 1983, S. 185

2 Was auch Juristen konzidieren, so K.J. Hopt, Kapitalanlegerschutz, 1975, S. 336 f.; ders., Gutachten, 1976, S. 54 f.

3 Das schließt nicht aus, daß einzelne Anleger auch größere Schäden erleiden, perfekten Schutz vermissen und sich vom Markt zurückziehen. Insgesamt dürften Kosten perfekten Schutzes den Markt jedoch mehr behindern, als diese Schäden ausmachen.

4 F. Kübler, Transparenz am Kapitalmarkt, in: AG, 22. Jg., 1977, S. 90 ff.; H. Reuter, Aktienmarkt, 1980, S. 190-207

5 H. Reuter, Aktienmarkt, 1980, S. 231-236, sowie ausführlicher Teil 2, B.I. d.A.

Grauen Markt hingegen könnte noch gelten, daß zusätzlicher Anlegerschutz vergleichsweise "schärfer zugreifen ... (muß), als auf dem - durch vielfältige ... Regulierungen und Selbstregulierungen bereits disziplinierten - Effektenmarkt".[1] Auch bei "schärferem Zugriff" muß man jedoch darauf achten, nicht zu übersteuern.

B. Grundsätze ordnungsmäßiger Prospektpublizität als Instrument des Anlegerschutzes

I. Definition und Funktion von Grundsätzen ordnungsmäßiger Prospektpublizität

Publizitätsvorschriften für Prospekte des Grauen Markts können - analog zu den Grundsätzen ordnungsmäßiger Buchführung (GoB) - als Grundsätze ordnungsmäßiger Prospektpublizität (GoP) bezeichnet werden. Ordnungsmäßigkeitsgrundsätze sind allgemein anerkannte Regelungen oder generell befolgte Usancen. Gesetzgeber, Rechtsprechung, Wissenschaft, kompetente Interessenverbände oder "die Praxis" entwickeln Grundsätze. Sie legen allen Betroffenen ein Verhalten auf, das einem Ordnungsideal entspricht und an ihm gemessen werden kann. Dieses Ideal muß sich in einem übergeordneten Zweck begründen; Ordnungsmäßigkeit impliziert Zweckmäßigkeit.[2]

GoP sind nicht zwangsläufig absolut eindeutige Regeln, sie können auch Ermessensspielräume lassen. Dafür gibt es drei Gründe: Spielräume sind sinnvoll, eindeutigere Vorschriften wurden noch nicht entwickelt, Eindeutigkeit läßt sich prinzipiell nicht verwirklichen. Solche Grenzen eindeutiger Normierbarkeit dienen bisweilen

---

1 J. Köndgen, Prospekthaftung, 1983, S. 87

2 Zur Definition der Begriffe "Ordnungsmäßigkeit" und "Grundsatz" vgl. z.B. B. Spannhorst, Grundsätze ordnungsmäßiger Buchführung, Diss. jur. Münster 1974, S. 42 ff.; U. Leffson, Die Grundsätze ordnungsmäßiger Buchführung, 7., rev. u. erw. Aufl., Düsseldorf 1987, S. 17 ff., beide mit umfangreicher Literatur.

dazu, die Eignung des Ordnungsmäßigkeitsbegriffs für zukunftsbezogene Nachrichten in Frage zu stellen.[1] Doch sind auch andere Publizitätsinstrumente durch nicht eindeutige Ordnungsmäßigkeits-Grundsätze geregelt.[2] Zweckmäßigkeit bedeutet nicht unbedingt Eindeutigkeit. Prospektvorschriften sind deshalb Ordnungsmäßigkeits-Grundsätze, auch wenn sie Ermessensspielräume für Emittenten offenlassen sollten.[3]

Die folgenden Überlegungen zeigen, welche Funktionen GoP bei der Publikation von Prospekten ausüben. Der Prospekt selbst ist ein vereinfachendes Modell[4] der zukünftigen[5] Unternehmenssituation. Wer Modelle bildet, wendet Abstraktionskriterien auf den realen Sachverhalt an. Dabei erhält er je nach Wahl der Kriterien unterschiedliche Abbilder derselben Realität.[6] Alternative Abbilder wiederum können beim Betrachter unterschiedliche Assoziationen hervorrufen und sein Verhalten beeinflussen. In diese Wirkungskette greifen GoP vierfach ein:

---

1 W.-R. Bretzke, Prognoseprüfung, in: HdRev, Hrsg. A.G. Coenenberg und K. v. Wysocki, Stuttgart 1983, Sp. 1113

2 K. v. Wysocki, Grundlagen des betriebswirtschaftlichen Prüfungswesens, 2., vollst. neub. Aufl., München 1977, S. 41 f. Man denke nur an Bewertungswahlrechte in der Handelsbilanz.

3 Ebenso für Grundsätze ordnungsmäßiger Geschäftsführung J. Bruns, Prüfungsobjekt und Prüfungsgang der externen Geschäftsführungsprüfung, Diss. Hamburg 1973, S. 102. Nach Bruns ist eine Geschäftsführung ordnungsmäßig, solange sie sich im gelasssenen Ermessensspielraum bewegt.

4 Wirtschaftliche Realität läßt sich nie absolut detailgetreu sondern nur modellhaft-abstrahiert abbilden, vgl. J. Baetge, Objektivierung des Jahreserfolges, Düsseldorf 1970, S. 19, 62 ff.; Th. Schildbach, Analyse des betrieblichen Rechnungswesens aus der Sicht der Unternehmensbeteiligten, Wiesbaden 1975, S. 25

5 "Prospiecere heißt voraussehen. Ziel des Prospekts ist es, ... eine Vorausschau zu ermöglichen." H. Beyer-Fehling und A. Bock, Börsenreform, Frankfurt/M. 1975, S. 63

6 J. Baetge, Objektivierung, 1970, S. 42; G. Gebhardt, Insolvenzprognosen aus aktienrechtlichen Jahresabschlüssen, Wiesbaden 1980, S. 28

1. Sie sind verbindliche "Konstruktionsregeln" für den Prospekt und vermindern Subjektivismen, Manipulationen und Irrtümer des Managements. Im Idealfall folgen aus gleichen Sachverhalten stets gleiche Abbildungen. Es herrscht methodologische Objektivität.[1)]

2. GoP sind Interpretationshilfen für den Prospektleser. Kennt dieser die GoP, weiß er, welche Realitätsdetails der Modellbildung zum Opfer fallen: Er kann sich ein exakteres Bild der Wirklichkeit machen, als es das Modell allein vermittelt.[2)] Damit kann er auch die Wirklichkeitsnähe des Modells besser beurteilen. Normierte Prospekte wären in diesem Sinn empirisch objektiv, d.h. intersubjektiv nachprüfbar.[3)]

3. GoP grenzen Interessen von Management und Anlegern gegeneinander ab,[4)] indem sie Möglichkeiten des Managements beschneiden, Prospekte nach eigenem Gutdünken zu gestalten. Diese Interessenregelung

---

1 K. Hövermann, Zur Objektivierung aktienrechtlicher Jahresabschlußprüfungen, in: WPg, 30. Jg., 1977, S. 482

2 Zum Rückschluß vom Modell auf die Realität J. Baetge, Objektivierung, 1970, S. 63; K. Beermann, F. Fülling und A. Sperl, Zusatzinformationen zum Jahresabschluß, in: Bilanzfragen, Festschrift für U. Leffson, Hrsg. J. Baetge u.a., Düsseldorf 1976, S. 193; A. Ciesielski, Unternehmungsberichterstattung zur Fundierung von Anteilseignerentscheidungen, Wiesbaden 1977, S. 65 f., 74; kritisch J. Baetge, Grundsätze ordnungsmäßiger Buchführung und Bilanzierung, in: HdR, 2., völlig neu gest. Aufl., Hrsg. E. Kosiol u.a., Stuttgart 1981, Sp. 709 ff.

3 Zur empirischen Objektivität K.R. Popper, Logik der Forschung, 5. Aufl., Tübingen 1973, S. 18-21; W.-R. Bretzke, Zur Problematik des Objektivitätsanspruchs in der Unternehmensbewertungslehre, in: BFuP, 28. Jg., 1976, S. 545 ff.

4 Zur Interessenregelungs-Funktion von Publizitäts-Normen J. Baetge, Rechnungslegungszwecke des aktienrechtlichen Jahresabschlusses, in: Bilanzfragen, Festschrift für U. Leffson, 1976, S. 23; A. Moxter, Fundamentalgrundsätze ordnungsmäßiger Rechenschaft, in: Bilanzfragen, 1976, S. 89 f.; W.E. Ohlson, Financial Reporting - Fact or Fiction?, in: JoA, 144. Jg., Juli 1977, S. 70

sollte objektiv im Sinn von unparteiisch und sachlich begründet sein.[1] Wer widerstreitende ökonomische Interessen abwägt, kann jedoch nicht richtig oder falsch entscheiden. Er muß vielmehr werten.[2] Dabei kann eine objektive Letztbegründung für die Wertmaßstäbe fehlen.[3] Für GoP heißt Werten, der Marktfunktion gegenüber Einzelinteressen Vorrang einzuräumen. GoP sind unparteiisch, sofern man darunter zweckmäßig im Hinblick auf die Marktfunktion versteht.

4. Da Anleger keinen Einblick in die Prospekterstellung haben, müssen Prospekte geprüft werden.[4] GoP dienen den Prüfern als Prüfungskriterien; Normen sind eine entscheidende Voraussetzung für Ordnungsmäßigkeits-Prüfungen.[5]

Faßt man zusammen, dienen GoP als Regeln für die Prospekterstellung, Lesehilfe für den Anleger, Instrumente der Interessenabwägung und Prüfungsnormen. Wie noch gezeigt wird, entzünden sich alle Probleme normierter Prospekte an diesen vier "Kernfunktionen".

---

1 Zu diesem "traditionellen" Objektivitätsbegriff, W.-R. Bretzke, Objektivitätsanspruch, 1975, S. 550 ff.; K. Hövermann, Objektivierung, 1977, S. 488

2 A. Moxter, Der Einfluß von Publizitätsvorschriften auf das unternehmerische Verhalten, Köln und Opladen 1962, S. 162; Th. Schildbach, Analyse des Rechnungswesens, 1975, S. 31; K. Hövermann, Objektivierung, 1977, S. 488 f.

3 Das wurde bei den juristischen und ökonomischen Gründen für Anlegerschutz deutlich: Wenn Ökonomen die Marktfunktion für wichtiger halten als eine ethisch begründete Verhinderung aller nur denkbaren Anlegerschäden - wie sie der Jurist präferieren mag -, ist das eine Entscheidung, für die es kein richtig oder falsch geben kann.

4 D. Rückle, Externe Prognosen und Prognoseprüfung, in: DB, 37. Jg., 1984, S. 59

5 Y. Iyiri, Theory of Accounting Measurement, Sarasota 1975, S. 153; D. Rückle, Externe Prognosen, 1984, S. 85

II. Abgrenzung der GoP gegen bestehende Prospektvorschriften

Wer GoP diskutiert, muß zuvor nach bestehenden Vorschriften für Prospekte des Grauen Markts fragen. Dann ist zu untersuchen, wieweit diese bestehenden Regelungen GoP beeinflussen und ob zusätzliche Grundsätze überhaupt notwendig sind.

Das IdW hat mit den "Grundsätzen ordnungsmäßiger Durchführung von Prospektprüfungen"[1] angeblich allgemein akzeptierte Normen geschaffen.[2] Jedoch: Ihre Schwerpunkte liegen bei Prüfungsmethodik und Darstellung des Prüfungsergebnisses. Ein "Zentralproblem" von Prospekten hingegen - die Erstellung und Qualität von Zahlungsstromprognosen - klammern die Grundsätze weitgehend aus.[3] Denn selbst aus ihrem entscheidenden Abschnitt D. (Prüfungsdurchführung) lassen sich keine konkreten Handlungsanweisungen dafür ableiten, durch welche Prozesse Emittenten Vorhersagen aus welchen Inputs gewinnen müssen, damit die Prognosen in Prüferaugen als "richtig" gelten. Die Grundsätze fordern lediglich, Prognoseprämissen müßten "wirklichkeitsnah", Berechnungen "richtig und im Aufbau plausibel" und Risiken "ausreichend dargestellt sein."

Auch wird nicht diskutiert, wieweit die IdW-Grundsätze der Marktfunktion förderlich sind, obwohl sie offiziell diesem Zweck dienen.[4] Daher wundert es nicht, wenn

1 IdW, Wohnungswirtschaftlicher Fachausschuß, Stellungnahme 1/87: Grundsätze ordnungsmäßiger Durchführung von Prospektprüfungen, abgedruckt z.B. in: WPg, 40. Jg., 1987, S. 325-328, geringfügig geänderte Fassung der 1983 erstmalig in Kraft getretenen Grundsätze

2 Th. Kaligin, Strafrechtliche Risiken bei der Konzipierung und beim Vertrieb von steuerbegünstigten Kapitalanlagen, in: WPg, 38. Jg., 1985, S. 196 f.

3 W. Ziegeler, Leistungsbilanzen als Gegenstand ordnungsmäßiger Prospekterstellung und -prüfung, in: WPg, 38. Jg., 1985, S. 419 f.

4 E. Pougin, Prospektprüfung, in: HdRev, 1983, Sp. 1143

die Notwendigkeit betont wird, die Grundsätze stets fortzuentwickeln.[1]

Das einst geplante Vermögensanlagengesetz[2] ist nicht über einen Entwurf hinausgediehen. Es grenzt deshalb eine Diskussion der GoP nicht ein. Anders könnte es bei der geltenden zivilrechtlichen Rechtsprechung aussehen. Sie behandelt die haftungsbegründende Kausalität fehlender oder falscher Prospektangaben im Einzelfall. Da gesetzliche Normen fehlen, setzt diese richterliche Rechtsfortbildung auch generelle Maßstäbe für alle künftigen Prospekte. Die Literaturdiskussion zeigt indes, daß diese Maßstäbe an Konkretheit noch hinter den IdW-Grundsätzen zurückbleiben, wenn es um die prognostischen Aussagen des Prospekts geht,[3] auf die es der obigen Prospektdefinition nach besonders ankommt. Verwendbare Handlungsanweisungen für die Erstellung von Prognosen schafft die Rechtssprechung nicht.

Seit 1986 gilt zudem § 264 a StGB. Er stellt unrichtige vorteilhafte Angaben und das Verschweigen negativer Tatsachen in Prospekten für Unternehmensbeteiligungen unter Strafe, sofern diese Informationen entscheidungsrelevant sind. Das schließt unrichtige Prognosen

---

1 M. Dedner, Zur Entwicklung von Grundsätzen ordnungsmäßiger Durchführung von Prospektprüfungen, in: BB, 38. Jg., 1983, S. 2026 u. 2028. Auch die Grundsätze selbst enthalten in Abschnitt A. diese Forderung. Daß sie ernst genommen wird, zeigt die 87er Revision der Grundsätze. Allerdings entkräften die geringfügigen Änderungen nicht die vorgebrachte Kritik. Vgl. zu diesen Änderungen D. Hammer, Grundsätze ordnungsmäßiger Durchführung von Prospektprüfungen, in: WPg,40. Jg., 1987, S. 676-678

2 Bundesregierung, RegEVermAnlG, 1977. Vgl. dazu H. Biener, Der Regierungsentwurf eines Gesetzes über den Vertrieb von Vermögensanlagen, in: WPg, 31. Jg., 1978, S. 257-267; K.H. Steder, Zum Entwurf eines Gesetzes über den Vertrieb von Anteilen an Vermögensanlagen, in: AG, 23. Jg., 1978, S. 173-186

3 Zur Richtigkeit von Prognosen in den Augen von Rechtsprechung und juristischer Literatur H.-D. Assmann, Prospekthaftung, 1985, S. 301 f., 319-329; S. Grotherr, Straftatbestand, 1986, S. 2585 f.

ein,[1] ohne daß der Gesetzgeber präzisiert, was richtige oder unrichtige Prognosen sind. In diesem Kontext erwähnte, richterliche Definitionen richtiger Vorhersagen entstammen der oben schon diskutierten Zivilrechtsprechung. Das Strafrecht unterstreicht damit zwar die Notwendigkeit richtiger Prognosen, hilft Emittenten aber ebenfalls nicht, sie zu erstellen.

Insgesamt existieren mit den IdW-Grundsätzen sowie den zivil- und strafrechtlichen Anforderungen gültige Regelungen für Prospekte des Grauen Markts. Wie gezeigt, lassen sich diese Vorschriften jedoch allenfalls als Rahmenbedingungen für Prognosen, kaum aber als konkrete Handlungsanweisungen für Gewinnung und Veröffentlichung von Vorhersagen ansehen. GoP verstehen sich daher als Fortentwicklung oder Ausfüllung bestehender Regelungen in Richtung auf konkrete Prognosegrundsätze.[2] Das ist auch im Hinblick auf das neue Strafrecht geboten: nur konkrete Normen bieten Rechtssicherheit. Allerdings zielen GoP auf ökonomischen Anlegerschutz, sie sind nicht in die Dogmatik bestehenden Rechts eingebettet. Für Rechtsauslegung und -fortbildung können sie daher nur Denkanstöße liefern.[3]

C. Problem und Ziel

GoP sind aus ökonomischer Sicht gerechtfertigt, wenn sie die Funktion des Grauen Markts verbessern. Der Ruf nach Regeln fragt jedoch meist nicht, wieweit das mög-

1 Ausdrücklich S. Grotherr, Straftatbestand, 1986, S. 2585 f. mit weiteren Nachweisen; Th. Kaligin, Die Konzeption und der Vertrieb von (steuerbegünstigten) Kapitalanlagen im Blickwinkel des § 264 a StGB, in: WPg, 40. Jg., 1987, S. 360 f.

2 Nicht nur Regelungen für Prospekte des Grauen Markts lassen konkrete Prognosegrundsätze vermissen. Es gibt bisher überhaupt keine anerkannten Grundsätze für die Herleitung und Veröffentlichung von Prognosen, so P. Kupsch, Zum gegenwärtigen Stand des betriebswirtschaftlichen Prüfungswesens, in: ZfB, 55. Jg., 1985, S. 1153

3 Zum Einfluß wirtschaftswissenschaftlicher Erkenntnisse bei Rechtsfindung und -auslegung z.B. U. Leffson, GoB, 1987, S. 36-38 mit Nachweisen; K.J. Hopt, Asymmetrische Information, 1984, S. 745

lich ist. Auch die bereits angewendeten Prospektnormen orientieren sich nicht erkennbar an diesem Ziel. Die vorliegende Arbeit will deshalb ausloten, wieweit Prospektvorschriften die Funktion des Markts stärken können. Sie will damit Möglichkeiten und Grenzen des Anlegerschutzes durch GoP aufzeigen.

Diese Themenstellung läßt sich durch drei Fragestellungen präzisieren, die in den skizzierten Kernfunktionen von GoP wurzeln:

1. Wieweit lassen sich zukunftsbezogene Prospekte durch überprüfbare Normen sinnvoll regeln?

2. Wieweit kann der Anleger anhand solcher "Normprospekte" selbstschützende und allokationseffiziente Entscheidungen treffen?

3. Läßt sich überhaupt ein Maßstab formulieren, der das Phänomen Marktfunktion operational erfaßt und potentielle GoP sinnvoll mißt?

Ziel der vorliegenden Arbeit ist es, diese Fragen zu beantworten. Dazu müssen konkrete GoP ausgearbeitet werden. Sie sind am Ziel der Marktfunktion zu orientieren, gleichzeitig müssen sie im Hinblick auf dieses Ziel so zweckmäßig wie möglich sein. Nur dann treten prinzipielle Schwächen dieses Anlegerschutzkonzepts zu Tage, nur dann läßt sich sagen: nicht untaugliche oder am falschen Ziel ausgerichtete Grundsätze sind für möglicherweise unzureichende Wirkungen verantwortlich, vielmehr stößt hier Anlegerschutz durch Prognosegrundsätze an die Grenzen seiner Möglichkeit. Möglichkeiten und Grenzen von GoP kommen nur ans Licht, wenn man konkrete Normen aufstellt. Ziel dieser Arbeit ist daher auch eine Antwort auf die Frage: wie sollten Prospekte des Grauen Markts konkret beschaffen sein?

Prospekte zielen prinzipiell auf einen von zwei möglichen Adressaten: entweder den Anleger oder den Fachmann (z.B. den Anlageberater). Betrachtet Publizität den Experten als privilegierten Adressaten, müßte der

Anleger ihn stets als Publizitätsmittler einschalten. Das stellt ein grundlegend anderes Publizitätskonzept dar als anlegerorientierte Prospekte. Beide Konzepte zu optimieren und zu vergleichen wäre interessant, sprengte jedoch den Rahmen dieser Arbeit. Sie beschränkt sich daher auf Prospekte für Anleger.[1] Es wird daher keine Antwort gegeben auf die Frage: wie sieht optimale Emissionspublizität aus? Vielmehr sei nur das Teilproblem erörtert: wie sollten Emittenten Prospekte für Anleger gestalten und wieviel Anlegerschutz bieten solche Prospekte?

Wer GoP entwickeln will, muß zunächst entscheiden, wie das geschehen soll. Denn der Herleitungsmodus beeinflußt die Qualität von GoP. Überlegungen im ersten Teil der Arbeit zeigen, daß GoP durch einen Entscheidungsprozeß gewonnen werden müssen: Der Prospektregulator betrachtet Regelungsprobleme und sucht nach alternativen Lösungsmöglichkeiten. Dann analysiert er Umweltbedingungen, die die Konsequenzen der Lösungsvorschläge beeinflussen. Schließlich deduziert er anhand von Zuordnungshypothesen die Konsequenzen alternativer Lösungsmöglichkeiten. Am Regelungsziel "mißt" er sodann die Konsequenzen aller Lösungsmöglichkeiten und erklärt Publizitätsvorschläge mit den "besten" Konsequenzen zu GoP.

Die Struktur dieses Ansatzes bestimmt das weitere Vorgehen: Der zweite Teil konkretisiert die Schritte des Auswahlvorganges für die Situation des Grauen Markts. Teil 2, A. spürt Regelungsprobleme auf, indem er den Kommunikationsprozeß zwischen Initiatoren und Anlegern analysiert. Er zeigt widerstreitende Informationsinteressen auf und verdeutlicht, wie Initiatoren ihre Ziele durch Gestaltung von Prospekten, Prognosen und zugrundeliegenden Planungen realisieren. Hier müssen Regelun-

1 Sie folgt damit dem Konzept des VermAnlG und der IdW-Grundsätze: Der Prospekt nach dem Gesetzentwurf sollte sich am Anleger orientieren (H. Faßbender, Vermögensanlagengesetz, in: DB, 32. Jg., 1978, S. 1871), der IdW-Prüfungsbericht gilt ebenfalls dem Anleger (D. Hammer, Überlegungen zur Prüfung von Prospekten, in: WPg, 35. Jg., 1982, S. 658)

gen ansetzen. Regelungsvorschläge lassen sich aus dem Kommunikationsprozeß ableiten oder der Literatur entnehmen.

Damit GoP aus alternativen Regelungsvorschlägen ausgewählt werden können, muß das Regelungsziel Marktfunktion konkretisiert werden. Das geschieht in Teil 2, B. Es wird ein Auswahlkriterium für GoP entwickelt, das alle Wirkungen von Publizität auf die Marktfunktion erfaßt. Dieses Kriterium sind die Informationskosten. Sie bilden das Maß für solche Reibungsverluste des Kapitalmarkts, die durch Informationsprozesse hervorgerufen werden. Es sind Regelungsvorschläge zu wählen, die die Informationskosten minimieren.

Publizitätsregeln rufen beim Emittenten und beim Anleger Informationskosten verschiedener Art hervor. Teil 2, C. stellt die Kostenarten und ihre Interdependenzen vor. Er untersucht weiterhin, welche Umweltfaktoren die Informationskosten eines Regelungsvorschlags bestimmen. Diese Faktoren kann der Marktregulator nicht beeinflussen, es sind beispielsweise die Unternehmensgröße der Emittenten und das Nachrichtenverarbeitungs-Modell des Anlegers. Der Abschnitt fragt auch, welche Kosten tendenziell entstünden, wenn in bestimmten Umweltlagen spezielle Kategorien von Publizitätsvorschlägen verwirklicht würden. Diese tendenziellen Zusammenhänge ordnen Publizitätsvorschlägen Konsequenzen zu. Sie entsprechen den Zuordnungsfunktionen des Entscheidungsschemas. Mit dieser Analyse der Kostenarten und -determinanten sind die letzten Elemente des Entscheidungs-"Modells" zur Auswahl von GoP dargestellt.

Der dritte Teil versucht eine Auswahl konkreter GoP. Abschnitt A. stellt grundsätzliche und strukturelle Überlegungen zum dritten Teil an, Abschnitt B. formuliert formale Anforderungen an Prospekte. In Abschnitt C. geht es darum, wie Initiatoren im Planungsprozeß interne Prognosen des Unternehmenserfolgs herzuleiten haben. Interne Prognosen sind die Vorstufe zu Prospekten. Abschnitt D. schließlich behandelt die Aggregation interner Rechnungen zu externen Prospekten. Dazu wird in D.I. zunächst geprüft, welche Informationsmöglichkeiten der Anleger hat und was sie kosten. Da die Gesamtsumme der Informationskosten interessiert, wollen Informationspflichten des Emittenten so auf die Nachrichtenproduktion des Anlegers abgestimmt sein, daß geringstmögliche Gesamtkosten anfallen. Das könnte "rückwirkend" zur Lockerung der Grundsätze für interne Prognosen führen - nämlich dann, wenn Anleger Informationen besser oder billiger produzieren als Emittenten. Erst wenn hier geklärt ist, welche Informationspflichten der Emittent erfüllen soll, welche der Anleger, können die Abschnitte D.II.-IV. den letzten Regelungskomplex bearbeiten: Wie sind die vom Emittenten zu erstellenden Nachrichten zusammenzufassen und zu verdichten, damit praktikable Prospekte entstehen?

Eine Zusammenfassung der Ergebnisse beschließt die Arbeit. Im Anhang finden sich die in dieser Arbeit aufgestellten GoP im Überblick aufgelistet.

1. TEIL

Die Gewinnung von Grundsätzen ordnungsmäßiger Prospektpublizität

Publizitätsgrundsätze können induktiv oder deduktiv gewonnen werden.[1] Der erste Teil d.A. stellt beide Methoden vor und zeigt, welche zweckmäßiger ist. Allerdings hat auch die "bessere" Herleitungsart noch Schwächen. Sie beeinflussen die Wirksamkeit von GoP. Methodenschwächen werden deshalb am Ende des ersten Teils dargestellt.

A. Der induktive Ansatz

Wer induktiv Erkenntnisse gewinnen will, schließt von speziellen Beobachtungen singulärer Sachverhalte auf allgemeine Geltung des Beobachteten.[2] Um GoP induktiv zu gewinnen, müßte ein Publizitätsregulator Prospekterstellungstechniken oder zugrundeliegende Kriterien erheben. Hierzu könnte er Initiatoren befragen oder Prospekte auswerten. Dann ließe sich induktiv folgern: nach diesen Regeln erstellt die Praxis Prospekte. Solchen Kriterien würde der Rang von GoP zugesprochen.

Allerdings sind induktive Schlüsse wissenschaftstheoretisch gesehen unzulässig.[3] Sie haben ausschließlich

---

1 Für GoB H.W. Kruse, Grundsätze ordnungsmäßiger Buchführung, 3. Aufl., Köln 1978; U. Leffson, GoB, 1987, S. 29; E. Heinen, Handelsbilanzen, 12., neu bearb. Aufl., Wiesbaden 1986, S. 154. Für Prüfungs- und Prognosegrundsätze D. Rückle, Zur Diskussion um systemkonforme Prüfungsgrundsätze, in: BFuP, 32. Jg., 1980, S. 64 ff.; ders., Externe Prognosen, 1984, S. 66. Rückle stellt noch eine "autoritäre" Methode vor. Dabei setzen kompetente Institutionen Grundsätze kraft Autorität und ohne methodische Begründung fest. Die IdW-Grundsätze wären ein Beispiel. Offensichtlich darf die vorliegende Arbeit so nicht vorgehen.

2 K.R. Popper, Logik, 1973, S. 3; H. Seiffert, Einführung in die Wissenschaftstheorie, Bd. 1, 7. Aufl., München 1974, S. 135

3 K.R. Popper, Logik, 1973, S. 3-5; K. Chmielewicz, Forschungs-Konzeptionen der Wirtschaftswissenschaft, 2., überarb. u. erw. Aufl., Stuttgart 1979, S. 89

den Charakter versuchsweiser Hypothesen und können durch weitere Beobachtung zwar erhärtet, nicht aber endgültig bestätigt werden.[1] Empirisch ermitteltes Publizitätsverhalten beschreibt nie zwingend die generelle Übung. Deshalb lehnt es die herrschende Meinung ab, Publizitätsgrundsätze induktiv zu bestimmen.[2]

Zum gleichen Ergebnis wie diese formalen Argumente gelangen praktische Überlegungen: Induktiv ermittelte Grundsätze spiegeln zwangsläufig die Interessen wider, die sich in der Praxis durchsetzen konnten.[3] Induktiv gewonnene GoP zementierten das Informationsgefälle zwischen Initiatoren und Anlegern. Die Literatur zu den GoB erhob deshalb das Bilanzierungsverhalten eines "ordentlichen und ehrbaren Kaufmanns" oder dessen Ansichten über zweckmäßiges Bilanzieren zum Maßstab.[4] Allerdings: Dieser Idealtypus ist weder zeitgemäß[5] noch objektiv definierbar.[6] Auch läßt sich ein Kaufmann, der seinen Interessen folgt, nicht in jedem Fall als "unehrbar" bezeichnen.[7] Ein Rückgriff auf Idealfiguren beseitigt die Schwäche induktiv hergeleiteter Publizitätsvorschriften nicht.

Ein weiteres Problem liegt in der kontinuierlichen Weiterentwicklung von Prognose- und Prospektpraxis.

---

1 W. Leinfellner, Struktur und Aufbau wissenschaftlicher Theorien, Wien und Würzburg 1965, S. 100; H. Seiffert, Wissenschaftstheorie, 1974, S. 135, 163 f.; K. Chmielewicz, Forschungs-Konzeptionen, 1979, S. 89

2 U. Leffson, GoB, 1987, S. 29 mit weiteren Nachweisen.

3 D. Rückle, Prüfungsgrundsätze, 1980, S. 66

4 Vgl. dazu z.B. H.W. Kruse, GoB, 1978, S. 52 ff.; U. Leffson, GoB, 1987, S. 114 u. 118-122

5 U. Leffson, GoB, 1987, S. 121

6 G. Wöhe, Bilanzierung und Bilanzpolitik, 3. Aufl., München 1973, S. 147; E. Heinen, Handelsbilanzen, 1986, S. 154

7 U. Leffson, GoB, 1987, S. 120; E. Heinen, Handelsbilanzen, 1986, S. 154

Befindet sich beides stark im Fluß, läßt sich keine allgemein und längerfristig gültige Übung ermitteln.

Zusammengefaßt stellt sich die Induktion als wenig geeignetes Mittel dar, GoP zu entwickeln.

B. Der deduktive Ansatz

I. Definition der deduktiven Ableitung

Da die Induktion als Ableitungsmethode ausscheidet, sollen GoP deduktiv gewonnen werden. Allerdings legt die Deduktion GoP nicht unmittelbar fest, das geschieht vielmehr durch einen Entscheidungsprozeß. Dieser basiert jedoch entscheidend auf logisch-deduktiven Schlußfolgerungen.[1] Deshalb wird die folgend dargestellte Ableitungsmethode weiterhin als deduktiv bezeichnet, dadurch bleibt die sprachliche Übereinstimmung mit der Literatur gewahrt.

Wer deduziert, schließt von allgemeinen Sätzen hohen Informationsgehalts auf logisch implizierte, speziellere Sätze. Dazu werden logische Anwendungsbeziehungen nachgewiesen und angewendet. "Typischerweise schließt man dabei von gegebenen Prämissen unter Anwendung bestimmter Schlußregeln (z.B. modus ponens) auf die Conclusio, den implizierten Sachverhalt bzw. Satz".[2] Die Deduktion dient der Ableitung von GoP auf folgende Weise: Zunächst werden Regelungsprobleme, denkbare Lösungswege und relevante Rahmenbedingungen beschrieben. Generelle Hypothesen erklären darüber hinaus Zusammenhänge zwischen diesen Faktoren. Mit Hilfe dieser allgemeinen Hypothesen lassen sich die speziellen Kon-

1 J. Wild, Methodenprobleme der Betriebswirtschaft, in: HdB, Bd. 2, Hrsg. E. Grochla und W. Wittmann, 4., völlig neu gest. Aufl., Stuttgart 1975, Sp. 2660, betrachtet die Deduktion nicht als eigenständige Methode, sondern als "charakteristischen Bestandteil von Methoden ..., die wesentlich auf logisch-deduktiven Schlüssen beruhen."

2 J. Wild, Methodenprobleme, 1975, Sp. 2660; vgl. auch H. Seiffert, Wissenschaftstheorie, 1974, S. 109 ff.; K. Chmielewicz, Forschungs-Konzeptionen, 1979, S. 92 f.

sequenzen von Regelungsvorschlägen folgern. Der Schluß ist deduktiv. Ein Analytiker gewinnt so aus der Beschreibung von Einflußfaktoren und Zusammenhängen theoretisches (erklärendes, prognostisches) Wissen über Prospektpublizität und ihre Regelungsmöglichkeiten. "Diese Systemanalyse bedeutet eine Voruntersuchung im Rahmen der Bestimmung optimaler Handlungsweisen."[1)]

Die Auswahl von GoP erfolgt in einem weiteren Schritt. "Unter Verwendung der deskriptiven und theoretischen Erkenntnisse über realisierbare Rechnungsformen (hier: Publizitätsformen, d. Verf.) sind optimale situationsbezogene Rechnungsgrundsätze abzuleiten ... Das geschieht mittels eines ... Entscheidungsmodells."[2)] Dazu müssen noch Zielvorstellungen präzisiert und "die aus den Anwendungsbedingungen deduzierten Konsequenzen zu Prognosen für zielbezogene Handlungsmöglichkeiten umgeformt werden".[3)] Sie sind anhand der Zielvorstellungen zu bewerten; Rechnungsvorschläge mit den "besten" Konsequenzen werden GoP. Der Prozeß zur Auswahl von GoP läßt sich zusammengefaßt darstellen:

1. Eine vorgelagerte Analyse ermittelt Regelungsprobleme und macht Lösungsvorschläge. Sie untersucht weiter, welche Faktoren die Wirkungen der Regelungsvorschläge beeinflussen.

2. Mit Hilfe von generellen Hypothesen über das Zusammenwirken von Regelungsvorschlägen und Einflußfaktoren lassen sich Konsequenzen der Lösungsvorschläge deduzieren.

3. Eine Zieldefinition umreißt den Zweck, den GoP erfüllen sollen. An ihm werden die Konsequenzen von Regelungsvorschlägen gemessen. Regeln, deren Konse-

---

1 W. Strobel, Betriebswirtschaftslehre und Wissenschaftstheorie, in: ZfbF, 20. Jg., 1968, S. 144

2 M. Schweitzer, Bilanztheorien, in: HdB, 1. Bd., 1974, Sp. 932.

3 P. Höflinger, Informationsoptimierung in betrieblichen Entscheidungsprozessen, Köln 1975, S. 155

quenzen den höchsten Zielbeitrag versprechen, werden GoP.

Die Ausführungen verdeutlichen einen wichtigen Umstand. Deduktion ist keine Methode, GoP inhaltlich zu konkretisieren. Sie weist ausschließlich nach, welche Konsequenzen vorgegebene Regelungsvorschläge aufgrund logischer Beziehungen zwischen Prämissen (z.B. angenommenen Einflußfaktoren für Publizitätswirkungen) haben können.[1] Dabei überträgt die Deduktion den Informationsgehalt ihrer Prämissen durch logische Umformung auf die Schlußfolgerung. Sie liefert deshalb auch kein Wissen, das nicht schon in den Prämissen impliziert ist (tautologischer Charakter der Deduktion).[2] Für die Qualität deduktiv gewonnener GoP hat das wichtige Auswirkungen.[3] Der Tautologiecharakter macht deduktives Schließen jedoch nicht nutzlos. Es vermittelt durchaus neue Erkenntnisse, sofern noch niemand die Ableitungsbeziehungen analysiert hat oder wenn die Analyse der Prämissen und ihre Verknüpfung sorgfältiger oder origineller als zuvor erfolgt.[4]

Damit ist deduktives Ableiten definiert als Verknüpfung logisch-deduktiver Schlüsse zu einem Entscheidungsvorgang. Der folgende Abschn. B.II. soll die Elemente eines Entscheidungskalküls zur Auswahl von Publizitätsgrundsätzen konkretisieren.

1 U. Leffson, GoB, 1987, S. 30

2 R. Köhler, Theoretische Systeme der Betriebswirtschaftslehre im Lichte der neueren Wissenschaftslogik, Wiesbaden 1966, S. 28; J. Wild, Methodenprobleme, 1975, Sp. 2660; U. Leffson, GoB, 1987, S. 30

3 Vgl. dazu Teil 1, B.III. d.A.

4 K. Chmielewicz, Forschungs-Konzeptionen, 1979, S. 128 f.

II. Das Entscheidungsmodell zur Gewinnung von GoP

Die meisten Entscheidungssituationen lassen sich auf eine Grundstruktur reduzieren und durch die Bausteine eines typischen Entscheidungskalküls beschreiben.[1] Es sind Elemente, die z.T. schon bei der Skizzierung der deduktiven Methode angesprochen wurden:

- alternative Handlungsmöglichkeiten
- entscheidungsrelevante Umweltzustände und ihre Eintrittswahrscheinlichkeiten
- Handlungskonsequenzen und Vorschriften zu ihrer Ermittlung.

Diese Bestandteile eines allgemeinen Entscheidungsmodells[2] werden folgend konkretisiert: Es entsteht zunächst das Bild eines idealtypischen Entscheidungskalküls für Publizitätsregulatoren. Das bezweckt zweierlei. Erstens wird deutlich, in welchen Schritten Publizitätsgrundsätze ausgewählt werden und welche Besonderheiten auftreten. Das weist der vorliegenden Arbeit den Weg, wenn sie GoP aus der Situation des Grauen Markts ableiten will.[3] Zweitens lassen sich anhand des idealtypischen Entscheidungsprozesses methodische Probleme aufdecken, die bei einer deduktiven Ableitung von Publizitätsgrundsätzen auftreten.[4] Sie müssen bekannt sein, will man die Qualität der Publizi-

---

1 H. Reuter, Aktienmarkt, 1980, S. 16 f.

2 Zur Grundstruktur von Entscheidungsmodellen und dem Ablauf idealtypischer Entscheidungsprozesse vgl. z.B. W. Mag, Entscheidung und Information, München 1977, S. 10 ff. u. 25 ff.; H. Reuter, Aktienmarkt, 1980, S. 17-25; G. Sieben und Th. Schildbach, Betriebswirtschaftliche Entscheidungstheorie, 2. Aufl., Düsseldorf 1980, S. 12 ff.; G. Bamberg und A.G. Coenenberg, Betriebswirtschaftliche Entscheidungslehre, 3. Aufl., München 1981, S. 13 ff.

3 Das geschieht in Teil 2 und 3 d.A.

4 Vgl. Teil 1, B.III.

tätsvorschriften beurteilen. Zunächst seien die Bausteine des Entscheidungskalküls dargestellt.

1. Handlungsmöglichkeiten des Publizitätsregulators

Handlungsmöglichkeiten eines Publizitätsregulators bestehen aus Regelungsvorschlägen für Publizitätsprobleme. Diese Probleme muß er kennen. Dazu kann er Publizitätsprozesse sowie ihre Teilschritte analysieren und nach regelungsbedürftigen Mißbrauchsmöglichkeiten suchen. Er kann mißbräuchlich gestaltete oder gestaltbare Publizitätsmerkmale auch der Literatur entnehmen.[1)]

Für jedes Regelungsproblem sind Lösungsvorschläge zu sammeln. Sie müssen Anweisungen enthalten, wie Managements die Publizitätsmerkmale oder -schritte gestalten sollten. Da die Deduktion zunächst keine Lösungsvorschläge liefert, stehen zwei Wege offen:

1. Publizitätsregulatoren entnehmen Vorschläge zur Lösung ihrer Probleme Literatur und Praxis.[2)]

2. Publizitätsregulatoren modifizieren vorhandene Vorschläge oder entwickeln neue. Das kann intuitiv und kreativ geschehen. Man kann Regelungsmöglichkeiten aber auch deduktiv (!) ableiten aus Annahmen über Informationsinteressen von Anlegern und Managements sowie den Rahmenbedingungen des betrachteten Publizitätsbereichs.[3)]

---

1 Beispielsweise führt Y. Iyiri, Accounting Measurement, 1975, S. 153 ff. Problembereiche der Prognosepublizität auf, die durch "forecasting principles" zu regeln seien.

2 Insofern leisten empirische Erhebungen in der Praxis "Zubringerdienste" für eine deduktive Bestimmung von Grundsätzen, vgl. U. Leffson, GoB, 1987, S. 31

3 Damit können auch deduktive Schlußfolgerungen "Zubringerdienste" für eine anschließende, deduktiv-entscheidungsanalytische Bestimmung von Grundsätzen leisten. Sie sind eine von mehreren Methoden, Regelungsvorschläge zu präzisieren. Das ist kein Widerspruch zum oben erwähnten Tautologiecharakter der Deduktion. Denn sie entwickelt hier kein neues Wissen über Regelungsmöglichkeiten. Vielmehr transformiert sie ausschließlich den Informationsgehalt der Annahmen über Informationsinteressen und Rahmenbedingungen in (logisch implizierte) Aussagen über denkbare Gestaltungsformen der Publizität.

So gewonnene Regelungsvorschläge legen denkbare Publizitätsmerkmale fest. Will man diese Merkmale systematisieren, könnte man sie den "Rahmengrundsätzen" Wahrheit, Klarheit und Vollständigkeit zuordnen. Denn: "Die Rahmengrundsätze sind die Bedingungen jeder Vermittlung nützlicher Informationen."[1] Handlungsmöglichkeiten eines Publizitätsregulators lassen sich dann auch kennzeichnen als Menge möglicher Interpretationen dieser "Rahmengrundsätze".

2. Umweltsituationen und Wahrscheinlichkeiten

Umweltsituationen sind künftige Zustände der Umwelt. Sie bestimmen im Entscheidungsmodell die Handlungsresultate des Entscheidenden mit, können von ihm jedoch nicht beeinflußt werden. Umweltsituationen schließen einander aus. Der Entscheidende kann ihre Ausprägungen abschätzen, weiß aber nicht, welcher Zustand eintreten wird. Deshalb ordnet er ihnen Eintrittswahrscheinlichkeiten zu, die sich zu eins addieren.

Zustände der realen Welt können jedoch als Konstellationen vieler Einzelereignisse angesehen werden. Deshalb ermittelt der Entscheidende zunächst wesentliche Einflußfaktoren sowie ihre möglichen Ausprägungen. Dann ordnet er sie: Er faßt solche Kombinationen möglicher Ereignisse (mögliche Faktorausprägungen) zu Umweltsituationen seines Entscheidungsmodells zusammen, die für ihn gleichartige Konsequenzen erwarten lassen.[2]

Auch Publizitätsregulatoren werden sich fragen, welche Umweltfaktoren die Wirksamkeit ihrer Regelungsvorschläge beeinflussen. Allerdings ist eine Aufzählung aller relevanten Umweltfaktoren an dieser Stelle noch nicht möglich. Welche Faktoren relevant und als Umweltdaten zu erfassen sind, hängt von der jeweiligen Ent-

1 U. Leffson, GoB, 1987, S. 179; vgl. auch A. Moxter, Fundamentalgrundsätze, 1976, S. 91

2 Zur Charakterisierung von Umweltsituationen z.B. H. Reuter, Aktienmarkt, 1980, S. 19-21 mit weiteren Nachweisen.

scheidungssituation ab.[1] Dazu zählt auch, wie man die gewünschte Wirkung definiert. Ob Umweltfaktoren relevant sind, richtet sich u.a. nach dem Publizitätsziel.

Ohne unzulässig vorzugreifen, läßt sich aber an einem Beispiel zeigen, wie ein Publizitätsregulator Umweltzustände seines Entscheidungsmodells ermitteln könnte. Sein Ziel seien "gute" Anlegererwartungen; ihn interessiere deshalb folgende Fragestellung: wie setzen Anleger Prospektangaben in Erwartungen um? Das könnte von drei Faktoren abhängen: vom Vorwissen der Anleger, ihrer Risikoneigung[2] und ihrer Einstellung Prospekten gegenüber (sog. Attitüden[3]). Diese Faktoren sind bei Anlegern verschieden ausgeprägt. Alternative Ausprägungen wiederum treten in unterschiedlichen Kombinationen auf: Hohes Vorwissen, gepaart mit Risikofreude und Mißtrauen gegenüber Prospekten ist ebenso denkbar wie eine Kombination aus Unerfahrenheit, Sicherheitsstreben und Vertrauen etc. Der Regulator faßt jeweils solche Kombinationen zu einem Umweltzustand zusammen, die gleiche Konsequenzen, also gleiche Erwartungsbildung zur Folge haben. Jeder dieser Umweltzustände läßt sich als ein mögliches "Transformations-Modell" des Anlegers ansehen. Es bestimmt, wie Anleger Prospektangaben in Erwartungen transformieren.[4] Publizitätsregulatoren sehen im Transformations-Modell das relevante Merkmal des Anlegers. Jedes Modell repräsentiert einen bestimmten Anlegertypus.

---

1 G. Bamberg und A.G. Coenenberg, Entscheidungslehre, 1981, S. 17

2 Vgl. S. Grotz-Martin, Informations-Qualität und Informations-Akzeptanz in Entscheidungsprozessen, Diss. Saarbrücken 1976, S. 166

3 E. Kappler, Ansätze zu einer verhaltenswissenschaftlichen Theorie der Bilanzpolitik, in: Management International Review, 13. Jg., 1973, Nr. 2/3, S. 43; K. Macharzina, Verhaltenswissenschaft und Rechnungswesen, in: HdR, 1981, Sp. 1635 ff.

4 H. Schmidt, Disclosure, 1983, S. 39, spricht von "translation models", mit deren Hilfe Anleger Nachrichten über das Anlageobjekt und seine Umwelt in Wahrscheinlichkeitsverteilungen künftiger Dividenden und Verkaufserlöse transformieren.

Das gesamte Anlegerpublikum wird sich aus Investoren verschiedenen Typs zusammensetzen. Welche Zusammensetzung künftig vorherrscht, ist jedoch unsicher. Alternative, künftig mögliche Zusammensetzungen der Anlegerschaft bilden die unsicheren Umweltzustände des Publizitätsregulators. Ihnen muß er Wahrscheinlichkeiten zuordnen.[1] Welche Konsequenzen diese unsicheren Zustände der Umwelt für den Regulator haben können, klärt der folgende Abschnitt.

3. Handlungskonsequenzen und Zuordnungsvorschriften

Handlungskonsequenzen "werden durch das Zusammentreffen einer Handlungsalternative ... mit einem möglichen Zustand ... bestimmt. Es wird angenommen, daß die Entscheidungsträger die Konsequenzen ihres Handelns mittels einer Zuordnungsvorschrift erkennen können. Diese Vorschrift ... legt für jede Kombinationsmöglichkeit einer Aktion mit einem ungewissen Zustand der Umwelt ein mögliches Ergebnis ... fest."[2]

1 Es können z.B. zwei Umweltlagen wahrscheinlich sein: 1. Mit 80 % Wahrscheinlichkeit besteht das Publikum künftig nur aus erfahrenen, risikofreudigen Anlegern. 2. Mit 20 % Wahrscheinlichkeit wird es sich zur Hälfte aus diesem Typus, zur anderen Hälfte aus unerfahrenen, sicherheitsbewußten Investoren zusammensetzen. Die strenge Annahme, der Regulator könne die Transformations-Modelle der Anleger nicht beeinflussen, wird allerdings später abgeschwächt werden.

2 H. Reuter, Aktienmarkt, 1980, S. 23

Konsequenzen von Publizitätsregeln lassen sich auf vier "Ebenen" untersuchen.[1] Die Ebenen seien durch vier Fragen beschrieben:

1. Wie beeinflussen alternative Regeln Gestalt, Struktur und materiellen Gehalt von Publizitätsinstrumenten (Zeichenebene)?

2. Wie wirken sich Änderungen der ersten Ebene auf Erwartungen von Anlegern über Risiken und Renditen der Investitionsobjekte aus (Erwartungs- oder Bedeutungsebene)?

3. Wieweit treffen Investoren aufgrund unterschiedlicher Erwartungen andere Anlageentscheidungen (Entscheidungs- oder Handlungsebene)?

4. Wie verändern sich Vorteilsströme, die Anlegern zufließen (Zielebene)?

---

1 Mehrere oder alle dieser Ebenen erwähnen N.M. Bedford und N. Dopuch, Research Methodology and Accounting Theory, in: AR, 36. Jg., 1961, Nr. 3, S. 361; K. Shwayder, Relevance, in: JAR, 6. Jg., 1968, S. 86 ff.; J.S. Demski und G.A. Feltham, The Use of Models in Information Evaluation, in: AR, 45. Jg., 1970, S. 623-640, spez. S. 636 ff. In der deutschen Literatur lehnen sich an diese Autoren an: W. Lück, Die externe Rechnungslegung der Aktiengesellschaften in der Bundesrepublik Deutschland und in den Vereinigten Staaten von Nordamerika, Düsseldorf 1970, S. 36; A.G. Coenenberg, Beurteilungskriterien unternehmensexterner Informationssysteme, in: Management-Informationssysteme, Hrsg. E. Grochla und N. Szyperski, Wiesbaden 1971, S. 740; G. Gebhard, Insolvenzprognosen, 1980, S. 27-29 u. 40 ff.; E. Oechsle, Die aktienrechtliche Forderung nach Vermittlung eines den tatsächlichen Verhältnissen entsprechenden Bildes der Vermögens-, Finanz- und Ertragslage, Diss. Nürnberg 1980, S. 9 ff.

Die Ebenen sind miteinander verknüpft. Sollen Publizitätsregeln "höhere" Ebenen beeinflussen, setzt das im Normalfall Auswirkungen auf vorgelagerten Stufen voraus:[1] Lassen Regeln Publizitätsinhalt oder -form unberührt, folgt auch keine Erwartungsänderung, ohne Erwartungsrevision induzieren alternative Vorschriften keine anderen Entscheidungen. Allerdings sind Änderungen vorhergehender Ebenen nicht hinreichend für weitere Auswirkungen. So führt nicht jede Erwartungsrevision zu anderen Entscheidungen.[2] In einem Spezialfall können sich Wirkungen auf übergeordneter Ebene ergeben, obwohl direkt vorgelagerte nicht berührt werden: Kosten von Publizitätsvorschriften können Vorteilsströme der Zielebene auch vermindern, wenn die Regeln auf Erwartungs- und Entscheidungsebene wirkungslos bleiben.

Auf welcher Ebene Publizitätsregulatoren die Konsequenzen ihrer Regelungsvorschläge betrachten, hängt von der Zieldefinition ab. Was soll durch Publizitätsvorschriften erreicht werden? Hat man Marktfunktion als globales Ziel im Auge, lautet die Frage: Welche Ebene ist relevant, wenn es um Marktfunktion geht? Auf dieser Stufe muß der Regulator die Konsequenzen seiner Regelungsvorschläge definieren. Sie sollten sich dabei auf einer kardinalen Wertskala abbilden, wenigstens aber ordinal messen lassen.[3]

Die möglichen Betrachtungsebenen verdeutlichen auch, warum die Relevanz von Umweltfaktoren von der Zieldefinition abhängt:[4] Für Wirkungen auf der Zeichenebene spielt die Umwelt eine untergeordnete Rolle. Konsequenzen dieser Ebene werden von den Regeln unmittelbar

---

1 G. Gebhardt, Insolvenzprognosen, 1980, S. 41; E. Oechsle, Forderung, 1980, S. 11

2 G. Gebhardt, Insolvenzprognosen, 1980, S. 41

3 H. Reuter, Aktienmarkt, 1980, S. 24 mit Nachweisen

4 Vgl. Teil 2, B.II.2.

festgelegt, ohne daß Umweltfaktoren entscheidenden Einfluß nehmen.

Konsequenzen auf Erwartungsebene hängen dagegen von den alternativ möglichen Transformations-Modellen der Anleger ab. Sie sind als Umweltzustände zu berücksichtigen. Definiert der Regulator sein Ziel auf der Entscheidungsebene und will dort Konsequenzen seiner Publizitätsvorschläge prognostizieren, benötigt er zusätzlich Wissen über Bewertungsmodelle der Anleger.[1] Geht es ihm schließlich um den Einfluß von Publizitätsregeln auf Anlegerrenditen (Zielebene), muß der Publizitätsregulator neben dem Entscheidungsverhalten der Anleger alle weiteren Zustände der Umwelt berücksichtigen, die den Einfluß von Publizitätsvorschriften auf Anlegerrenditen mitbestimmen. Determinanten von Publizitätskosten wären ein Beispiel.[2]

Um Konsequenzen von Regelungsvorschlägen in möglichen Umweltsituationen vorherzusagen, wendet der Regulator Zuordnungsvorschriften an. Solche Vorschriften weisen jeder Kombination aus Regelungsvorschlag und denkbarem Umweltzustand ein Ergebnis zu. Je nachdem, auf welcher Ebene der Regulator Ergebnisse prognostizieren will, sind die Vorschriften ein- oder mehrstufig. Eine erste Stufe ordnet Regelungsvorschlägen Konsequenzen auf der Zeichenebene zu. Diese Stufe hat eher formalen Charakter; beispielsweise folgt die Struktur einer Bilanz unmittelbar aus den Gliederungsvorschriften. Damit Konsequenzen auf der Erwartungsebene vorhersagbar

---

1 Sie basieren auf dem Präferenzsystem der Anleger. Investoren errechnen mit ihrer Hilfe Entscheidungswerte für die Wahrscheinlichkeitsverteilungen künftiger Vorteile. H. Schmidt, Disclosure, 1983, S. 37, spricht in diesem Zusammenhang von "valuation models".

2 Denn Publizitätskosten verringern das Potential für spätere Ausschüttungen und werden daher - zumindest zum Teil - auf Anleger überwälzt. Kosten werden erst auf der Zielebene entscheidungsrelevant, weil erst hier konkrete Vorteilsströme Zielkriterium sind, während es bei den vorgelagerten Ebenen immer nur um die Qualität von Erwartungen über diese Vorteilsströme bzw. um daraus resultierende Entscheidungs- und Anlagehandlungen geht.

werden, muß man erste und zweite Ebene verknüpfen. Dazu benötigt man sog. Reaktionshypothesen. Sie beschreiben, wie Anleger eines bestimmten Typs (eines Transformations-Modells) auf spezielle Publizitätsinhalte oder -formen reagieren,[1] d.h. wie sie Erwartungen bilden. Das erlaubt Schlußfolgerungen beispielsweise auf die Qualität der Anlegererwartungen. Durch gleichartiges Vorgehen lassen sich Konsequenzen auf Handlungs- und Zielebene ableiten.

Verknüpft der Publizitätsregulator alle beschriebenen Bausteine seines Kalküls auf die beschriebene Weise, liegt schließlich eine Ergebnismatrix vor. Sie weist für jeden Regelungsvorschlag mehrere umweltabhängige, alternativ wahrscheinliche Konsequenzen aus. Diese Wahrscheinlichkeitsverteilungen müssen vergleichbar gemacht werden. Hierzu verwendet der Regulator eine Nutzenfunktion und ordnet mit ihrer Hilfe der Ergebnisverteilung jedes Regelungsvorschlags eine reelle Zahl zu. Diese Zahl gibt den Nutzen eines Regelungsvorschlages an. Bei Risikoneutralität des Regulators beispielsweise ließen sich die Verteilungen zum Erwartungswert zusammenfassen. Der Regelungsvorschlag mit dem höchsten Erwartungswert würde zum Publizitätsgrundsatz erklärt.

Das idealtypische Entscheidungsmodell verdeutlicht das grundsätzliche Vorgehen eines Publizitätsregulators. Abb. 1 stellt das zusammengefaßt dar. Praktische Regelungsprobleme werfen jedoch eine Reihe von Schwierigkeiten auf. Diese Schwierigkeiten sind Hemmschuhe auf dem Weg, Publizitätsprobleme durch deduktiv abgeleitete Grundsätze zu lösen. Sie sind methodenimmanent. Damit

---

1 Vgl. E. Kappler, Verhaltenswissenschaftliche Theorie der Bilanzpolitik, 1973, S. 43; G. Wasser, Bestimmungsfaktoren freiwilliger Prognosepublizität, Düsseldorf 1976, S. 64 f.; J. Baetge und W. Ballwieser, Probleme einer rationalen Bilanzpolitik, in: BFuP, 30. Jg., 1978, S. 516; K. Macharzina, Verhaltenswissenschaft, 1981, Sp. 1635 ff.

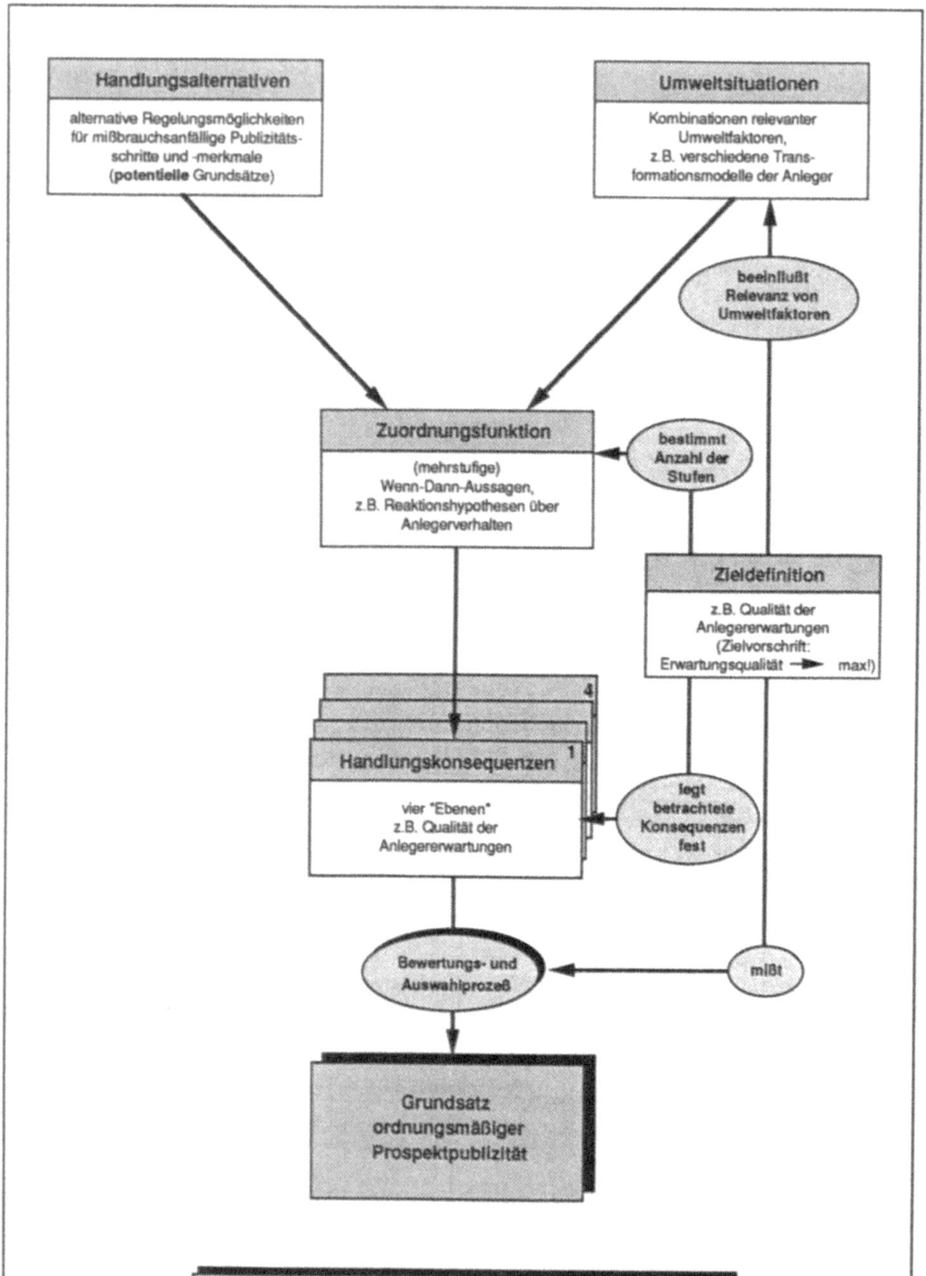

Abb. 1: Entscheidungsmodell zur Auswahl von GoP

ziehen sie eine wichtige Grenze der Wirksamkeit solcher Anlegerschutzregeln und müssen bekannt sein - am besten, bevor die Regeln selbst abgeleitet werden. Deshalb betrachtet der folgende Abschnitt III. diese Schwierigkeiten.

III. Schwächen der deduktiven Methode

Wollen Publizitätsregulatoren Vorschriften ableiten, die in der Realität Wirkung zeigen, müssen sie die Bausteine ihres idealtypischen Entscheidungskalküls durch empirisches Wissen konkretisieren. Dabei stehen sie vor drei Problemen:

- Ihnen sind nicht alle denkbaren Vorschläge zur Lösung ihrer Probleme bekannt (unvollständiges Alternativenfeld)
- Ihre Modellvariablen stimmen nicht exakt mit der Realität überein, die sie beschreiben sollen (empirische Geltungsprobleme)
- Definition und Bewertung der Publizitätskonsequenzen bereiten Schwierigkeiten (Meßprobleme).

1. Unvollständiges Alternativenfeld

Das idealtypische Entscheidungsmodell geht davon aus, der Regulator kenne alle Probleme und könne alle nur denkbaren Lösungsalternativen ermitteln. Unter ihnen befände sich auch der wirksamste Lösungsvorschlag. Bei praktischen Regelungsproblemen hingegen ist das nicht zwingend der Fall. Marktregulatoren müssen sich erst auf die Suche begeben nach: (1) Regelungsproblemen und (2) Lösungsvorschlägen. Ignorieren sie dabei Regelungsprobleme, sind Publizitätsgrundsätze lückenhaft. Übersehen sie Regelungsvorschläge (möglicherweise hoher Wirksamkeit), stellen Grundsätze nicht mehr zwingend optimale Regelungen dar. Publizitätsgrundsätze sind immer nur das relative Optimum aus einem u.U. unvollständigen Reservoir bekannter Regelungsvorschläge. Dieser Problembereich läßt sich mit dem Stichwort "unvollständiges Alternativenfeld" charakterisieren. Die Analyse regelungsbedürftiger Publizitätsprobleme und die Suche nach Lösungsvorschlägen oder deren Entwicklung sind daher wichtige Schritte auf dem Weg zu wirkungsvollen Publizitätsgrundsätzen.

2. Empirische Geltungsprobleme

Publizitätsregulatoren gewinnen Grundsätze mit Hilfe einer Modellanalyse.[1] Dabei bilden sie Zustände der Realität durch Bausteine ihres Modells ab (Umweltzustände und Zuordnungsvorschriften wie z.B. Reaktionshypothesen). Diese modellhaften Annahmen über die Realität stellen Prämissen des Entscheidungsvorgangs dar. "Sind die Prämissen einmal festgelegt, so ist die Feststellung einer optimalen Alternative kein grundsätzliches Problem mehr. Sie erfolgt durch eine logische Umformung der Prämissen hin zu einer Handlungsempfehlung für den Entscheidungsträger."[2] Diese logisch-deduktiven Umformungen fügen den Prämissen jedoch keinen empirischen Informationsgehalt hinzu.[3] "Die Güte einer gefundenen Lösung hängt damit wesentliche von den benutzten Prämissen ab. Einmal können diese nicht mit der Realität übereinstimmen."[4] Dann müssen sie revidiert werden, damit Publizitätsgrundsätze in der Realität wirksam werden. Ein Modell muß also "geeignet sein, die jeweiligen empirischen Gegebenheiten in sich aufzunehmen."[5] Je besser ins Modell inte-

---

1 Zum Begriff der Modellanalyse und zu ihrer Rechtfertigung als Methode, betriebswirtschaftliche Erkenntnisse zu gewinnen, s. E. Kosiol, Modellanalyse als Grundlage unternehmerischer Entscheidungen, in: ZfhF, n.F., 13. Jg., 1961, S. 319 ff.

2 R. Kleine-Doepke, Informationsökonomische Analyse der externen Rechnungslegung, Frankfurt/M. und Bern 1981, S. 46

3 Zum tautologischen Charakter deduktiver Schlüsse vgl. Teil 1, B.I.

4 R. Kleine-Doepke, Informationsökonomische Analyse, 1981, S. 46

5 W. Strobel, Wissenschaftstheorie, 1968, S. 144. Zur "Ausfüllung" theoretischer Modelle mit empirisch bestätigten Hypothesen vgl. auch W.-R. Bretzke, Das Prognoseproblem bei der Unternehmensbewertung, Düsseldorf 1975, S. 36 ff.

grierte Annahmen die Wirklichkeit beschreiben, desto eher bewähren sich abgeleitete Publizitätsgrundsätze in der Praxis.

Dieses Geltungsproblem stellt sich zunächst für die Zuordnungsvorschriften des Entscheidungsmodells. Im idealtypischen Kalkül ordnen sie jeder Kombination aus Regelungsvorschlag und Umweltzustand eine eindeutige Konsequenz zu. Sie sind dem Regulator bekannt und beschreiben die realen Wirkungszusammenhänge exakt.

Im praktischen Entscheidungsfall hingegen muß sich der Regulator reale Ursache-Wirkung-Zusammenhänge erst erschließen. Das sei am Beispiel der "Reaktionshypothesen" verdeutlicht: Dem Regulator dürften kaum gesicherte Hypothesen darüber vorliegen, wie Anleger eines bestimmten Typs z.B. auf alternative Darstellungsformen von Prognosen im Prospekt (z.B. Punktprognose vs. Wahrscheinlichkeitsverteilung) reagieren. Zwar gibt es empirische Erkenntnisse über Adressatenreaktionen auf Informationsangebote. Doch werden solche Kenntnisse entweder in besonderen Testsituationen gewonnen[1] oder in bestimmten Situationen indirekt aus der Beobachtung von Ersatzgrößen abgeleitet.[2] Auf das aktuelle Problem des Regulators ließen sich diese Hypothesen nur anwenden, wenn man ihnen Gesetzmäßigkeitscharakter zumessen dürfte. Nur dann könnte man sagen: Adressaten eines Typs reagieren jetzt und in Zukunft auf bestimmte Publizitätsmerkmale in der be-

---

1 Vgl. beispielsweise E. Witte, Das Informations-Verhalten in Entscheidungs-Prozessen, in: Das Informationsverhalten in Entscheidungsprozessen, Hrsg. E. Witte, Tübingen 1972, S. 1-88

2 So werden z.B. Bewegungen bereinigter Aktienkurse nach Änderung von Publizitätsmerkmalen als Indikator für Adressatenreaktionen auf diese Publizitätsänderung interpretiert, vgl. H.-P. Berndsen, Unternehmenspublizität, Diss. Augsburg 1979, S. 21. Empirische Untersuchungen dieser Art stellt zusammengefaßt dar: G. Gebhardt, Insolvenzprognosen, 1980, S. 81-95

schriebenen Weise.[1] Ob solche Verallgemeinerungen zulässig sind, ist zumindest fraglich.[2]

Die empirischen Resultate haben zwei weitere Nachteile: Erstens testen sie nur Reaktionen auf bestimmte Informations- oder Publizitätsmerkmale. Dann kann der Regulator Konsequenzen anderer Regelungsvorschläge nicht ableiten. Zweitens formulieren sie Aussagen über Verhaltenswirkungen oftmals nur unscharf. Dann erlauben sie keine Angabe eindeutiger Publizitätskonsequenzen; vielmehr läßt sich nur eine Bandbreite möglicher Resultate angeben.[3] Holzer und Lück[4] fassen die Probleme zusammen: "Es gibt bisher keine Theorie, nach der das Verhalten von Informationsempfängern erklärt oder vorhergesagt werden kann."

Das Geltungsproblem stellt sich auch für die Umweltzustände des Modells. Im idealtypischen Modell ist dem Regulator exakt bekannt, wie die alternativ möglichen Zustände der Umwelt aussehen und wie wahrscheinlich sie sind (Ungewißheit). Im praktischen Fall dagegen hat der Regulator nur vage Vorstellungen über Umweltzustände - nicht nur über ihre Wahrscheinlichkeiten (Unsicherheit 1. Ordnung), sondern darüber hinaus auch über die

---

1 So weist H.-D. Assmann, Prospekthaftung, 1985, S. 30, Fn 61 und S. 290, Fn 77 darauf hin, daß es zwar empirische Untersuchungen zum Informationsverhalten von Konsumenten gibt, nicht aber Erkenntnisse über das Informationsverhalten von Anlegern.

2 K. Macharzina, Verhaltenswissenschaft, 1981, Sp. 1638 u. 1640

3 J. Baetge und W. Ballwieser, Bilanzpolitik, 1978, S. 526 f., weisen darauf hin, daß selbst Adressaten einer Gruppe auf dieselben Publizitätsinhalte unterschiedlich reagieren könnten.

4 P. Holzer und W. Lück, Verhaltenswissenschaft und Rechnungswesen - Entwicklungstendenzen des Behavioral Accounting in den USA, in: Die Betriebswirtschaft, 38. Jg., 1978, Heft 4, S. 515; ebenso H.Ph. Platz, Die Überwindung informationswirtschaftlicher Engpässe in der Unternehmung, Berlin 1980, S. 71

Ausprägung der Zustände selbst (Unsicherheit 2. Ordnung[1]).

Das sei am Beispiel der Transformationsmodelle von Anlegern verdeutlicht. Wie künftige Transformationsmodelle aussehen, ist ungewiß. Das könnte der Regulator sich u.U. mit hinreichender Gewißheit prognostizieren, verfügte er wenigstens über gesicherte empirische Kenntnisse derzeitiger Modelle oder ihrer Determinanten. Doch selbst hierüber hat er i.d.R. nur bruchstückhaftes Wissen.[2] Damit erweist sich auch das Prognoseproblem bei Umweltzuständen letztlich als eine Frage empirischer Kenntnisse. Für beide Bausteine des Modells, die Realität beschreiben sollen - Umweltzustände und Zuordnungsfunktionen - liegen dem Regulator i.d.R. nur unexakte und lückenhafte Informationen vor.

In dieser Lage muß man sich behelfen. Beispielsweise könnte man einen repräsentativen Publizitätsadressaten definieren.[3] Plausible Annahmen über sein Vorwissen ließen sich ableiten aus Informationsquellen, die Anleger des betrachteten Markts regelmäßig anzapfen.

---

1 Zu dieser Einteilung vgl. H. Albach, Ungewißheit und Unsicherheit, in: HdB, Bd. 3, 1976, Sp. 4036-4041

2 Für eine (vermutete) Determinante der Transformationsmodelle, das Vorwissen, betont H. Reuter, Aktienmarkt, 1980, S. 109: "Wünschenswert wären präzise Angaben über die Quantität und Qualität des Wissens auf dem Markt der Realität und über die Verteilung des Wissens unter den Marktteilnehmern." Zum selben Problem hatten nun C. Granger und O. Morgenstern, Predictability of Stock Market Prices, Lexington, Mass. 1970, S. 26 bereits zehn Jahre zuvor angemerkt: "The distribution of knowledge is very uneven. There is no way of even remotely describing it." Darüber hinaus bestehen handfeste Probleme, das Wissen von Anlegern (in diesem Fall darüber, welche Informationen entscheidungsrelevant sind und deshalb zu ihrem Informationsbedarf zählen sollten) empirisch zu ermitteln. Die Probleme reichen von Artikulations-Barrieren über Unkenntnis eigener Informationswünsche bis zur unreflektierten Nennung gewohnter Informationsangebote. Vgl. dazu Th. Schildbach, Analyse des Rechnungswesens, 1975, S. 33 f.; G. Wasser, Prognosepublizität, 1976, S. 14; S. Grotz-Martin, Informations-Qualität, 1976, S. 1 ff.

3 Y. Iyiri, Accounting Measurement, 1975, S. 155, Fn 14

Aus empirisch ermittelten Verhaltenshypothesen müßte man jene heraussuchen, die am ehesten zum repräsentativen Adressaten und seiner Entscheidungssituation passen, oder der Literatur wenigstens "Hauptdeterminanten" des Verhaltens von Informationsempfängern entnehmen und zur Prognose der Anlegerreaktionen heranziehen.[1] Mehrere denkbare Verhaltensweisen könnten mit Hilfe einer "Durchschnittsbildung aus den Adressatenreaktionen"[2] zu eindeutigen Hypothesen zusammengefaßt werden. Bei sorgfältigem Vorgehen könnte so ein nicht zu realitätsfernes Modell entstehen, mit dessen Hilfe sich brauchbare Grundsätze ableiten lassen.

3. Meßprobleme

Der dritte Problemkreis befaßt sich mit Messung und Bewertung von Regelungskonsequenzen. Im idealtypischen Kalkül sind Ergebnisse von Publizitätsvorschlägen durch Zuordnungsfunktionen eindeutig und quantitativ festgelegt. Sie lassen sich in einer Ergebnismatrix darstellen und in vergleichbare Nutzenwerte transformieren. Vor ein praktisches Regelungsproblem gestellt, muß der Regulator gewünschte Regelungsergebnisse jedoch erst definieren. Er muß einen eindeutigen und quantitativ formulierbaren Maßstab finden, der alle Merkmale eines funktionierenden Kapitalmarkts operational zusammenfaßt.

Dieser Maßstab wird Regelungskonsequenzen auf der höchsten der vier "Wirkungsebenen" messen.[3] Quantifizierungsprobleme sind hier offensichtlich: Wie soll z.B. die Qualität von Anlegererwartungen kardinal ausgedrückt werden? Selbst wenn das gelingen sollte, bleibt ein zweites Problem. Die kardinalen Konsequenzen sind nicht durch eine bekannte Zuordnungsfunktion eindeutig festgelegt. Sie können nur durch grobe, subjektive Schätzungen bestimmt werden. Denn die Ableitung von GoP

1 H.Ph. Platz, Informationswirtschaftliche Engpässe, 1980, S. 74
2 J. Baetge und W. Ballwieser, Bilanzpolitik, 1978, S. 526
3 Zu den Wirkungsebenen oben B.II.3.

fragt nicht nach dem Nutzen einer bestimmten Information in einer speziellen wohldefinierten Entscheidungssituation eines Anlegers.[1] Vielmehr geht es um den Zielbeitrag genereller Informationsmerkmale und Publizitätsinhalte für alle nur denkbaren Entscheidungen des gesamten Anlegerpublikums.[2] Auch wenn die Zielgröße grundsätzlich kardinale Angaben erlaubt, täuschen quantitative Werte hier eine Meßgenauigkeit vor, die nicht begründet ist. Statt diese Scheingenauigkeit aufrechtzuerhalten, sollte man ehrlicherweise zu klassifikatorischen oder komparativen Messungen übergehen.

Solche unpräzisen Angaben sind nicht nutzlos: Kann man erkennen, in welche Richtung ein Publizitätsvorschlag die Zielgröße verändert, läßt sich immerhin ablesen, ob der Vorschlag gegenüber einem Referenzsystem Vor- oder Nachteile birgt. Schwierigkeiten bleiben allerdings zu erwarten, wenn verschiedene Regelungsansätze gegeneinander abgewogen sein wollen.[3] Hier muß eine Rangfolge von Publizitätsvorschlägen aufgestellt und durch differenzierte Analyse wenigstens argumentativ begründet werden. Die Gefahr "falscher" Rangplätze ist dabei nicht immer auszuschließen. Aber: "Diese schwächeren

---

1 Damit befassen sich die Kalküle zur progressiven Informationsbewertung (Bayes'scher Ansatz). In wohldefinierten Situationen scheint die Angabe quantitativer Konsequenzen u.U. möglich. Zum Bayes-Ansatz vgl. z.B. H. Teichmann, Die Bestimmung der optimalen Information, in: ZfB, 41. Jg., 1971, S. 745-774; H. Glaser, Informationswert, in: HdO, Hrsg. E. Grochla, Stuttgart 1980, 2., völlig neu gest. Aufl., Sp. 933-941

2 Zum Problem vgl. auch G. Gebhardt, Insolvenzprognosen, 1980, S. 42-45

3 Zum Problem H. Schmidt, Kosten, 1983, S. 195

Meßformen möglicher Konsequenzen wären immer noch besser als gar keine Messung."[1]

Die Schwächen einer deduktiven Ableitung von GoP lassen sich zusammenfassen: Unvollständiges Alternativenfeld, vereinfachende Modellprämissen und unexakte Nutzenmessung.[2] Diese Mängel der Ableitungsmethodik lassen Abstriche bei der Wirkung deduktiv gewonnener GoP erwarten.[3]

---

1 M. Schweitzer, Bilanztheorien, 1974, Sp. 931. Allerdings bewerten einige Autoren Publizitätsvorschläge oder Merkmale beobachteter Publizität mit Hilfe kardinaler Nutzenindices oder der Nutzwertanalyse (Ph.A. Frings, Berichterstattung deutscher und amerikanischer Gesellschaften im Geschäftsbericht, Diss. Bonn 1975, S. 268 ff.; G. Wasser, Prognosepublizität, 1976, S. 32 ff.; K.-H. Müller, Verfahren zur Auswahl von Rechnungslegungs-Vorschlägen, Frankfurt/M. und Zürich 1978, S. 84 ff.; H.-P. Berndsen, Unternehmenspublizität, 1979, S. 194 ff.). Drei Autoren räumen jedoch ein, daß die kardinale Bewertung der Informationsmerkmale stark subjektive Elemente enthält und schwerlich allgemeingültig vorgenommen werden kann (Müller: S. 238 f. und 266 ff.; Wasser: S. 33; Berndsen: S. 212 ff.). Damit täuschen die kardinalen Nutzenangaben eine ungerechtfertigte Genauigkeit vor. Sie haben allerdings einen Vorteil: Die kardinalen Nutzenindices einzelner Publizitätsmerkmale lassen sich zu Gesamtnutzenwerten umfassender Regelungsvorschläge aggregieren.

2 Ähnliche Probleme veranlassen E. Heinen, Handelsbilanzen, 1986, S. 101 f., die Ableitung von Bilanzierungsgrundsätzen als "schlechtstrukturiertes" Entscheidungsproblem zu bezeichnen.

3 An dieser Stelle könnte die Frage aufgeworfen werden: Wie wirksam wären GoP, wendete man sie tatsächlich an? Das läßt sich naturgemäß nur beantworten, wenn normierte Prospekte Vorschrift oder allgemeine Usance wären. Empirisch testen lassen sich nur bestehende Publizitätssysteme (so R. Kleine-Doepke, Informationsökonomische Analyse, 1981, S. 15). In der vorliegenden Arbeit können deshalb nur Aussagen über zu erwartende Wirkungen gemacht werden. Probleme, die Wirkung tatsächlich praktizierter GoP empirisch zu testen, sind nicht Thema d.A.

Trotzdem ist es sinnvoll, GoP zu deduzieren: Solange bessere Methoden nicht sichtbar sind, haben auch Verfahren mit Mängeln ihre Berechtigung. Kennt man die methodischen Schwächen, werden GoP auch nicht als "optimale", endgültige Vorschriften mißdeutet. Darüber hinaus legen erst deduktive Analysen offen, welche Annahmen über die Realität überhaupt gemacht werden müssen. D.h. sie ermitteln die relevanten Faktoren und ihre Beziehungen. Damit legen Deduktionen gleichzeitig den Grundstein zur Verbesserung ihrer Ergebnisse: Die Annahmen können empirisch überprüft werden. Ggfs. sind sie zu korrigieren und können dann als Inputs erneuter Deduktionen mit besseren Resultaten dienen.[1)]

Damit ist der Prozeß zur Auswahl von GoP dargestellt. Der folgende zweite Teil soll die Bausteine des dargestellten Entscheidungskalküls für den Grauen Markt konkretisieren.

---

1 Vgl. dazu z.B. R. Kleine-Doepke, Informationsökonomische Analyse, 1981, S. 45-48. P. Holzer und W. Lück, Verhaltenswissenschaft, 1978, S. 512, halten deduktive Analysen von Publizitätsproblemen speziell als Basis für empirische Untersuchungen über das Adressatenverhalten für notwendig und nützlich.

2. TEIL

Die Elemente des Entscheidungsmodells zur Auswahl von GoP

Der zweite Teil konkretisiert die Bausteine des idealtypischen Entscheidungskalküls, mit dem Marktregulatoren Publizitätsvorschriften auswählen, für Prospektgrundsätze des Grauen Markts. Abschnitt A. arbeitet regelungsbedürftige Problemkreise bei Prospektpublizität sowie denkbare Vorschriften zu ihrer Lösung heraus: er konkretisiert die Handlungsalternativen. Abschnitt B. zeigt mit den Informationskosten das Entscheidungskriterium auf, an dem Marktregulatoren Lösungsvorschläge messen. Abschnitt C. schließlich verdeutlicht Umweltzustände und Zuordnungsvorschriften; sie determinieren die Informationskosten denkbarer Publizitätsregeln und stellen für die Auswahl von GoP Rahmenbedingungen dar. Erst wenn das geschehen ist, lassen sich im dritten Teil konkrete GoP bestimmen.

A. Ableitung von Regelungsproblemen und Handlungsalternativen des Marktregulators aus den Informationsinteressen von Anlegern Initiatoren

Entscheidungen setzen die Kenntnis der Entscheidungsprobleme und alternativer Lösungsvorschläge voraus. Dazu stellt A.I. den Kommunikationsprozeß durch Prospekte zunächst schematisch dar. A.II. beschreibt divergierende Interessen von Anlegern und Initiatoren. Beide Parteien wollen diese Interessen mit Hilfe des Prospekts realisieren. Kennt der Regulator Kommunikationsprozeß und widerstreitende Interessen, kann er regelungsbedürftige Problemkreise ableiten. Bevor diese Problemkreise sowie denkbare Lösungsvorschläge in A.IV. konkretisiert werden, untersucht A.III. noch jüngste Entwicklungen eines Grauen Sekundärmarkts. Denn möglicherweise lösen diese Entwicklungen einige Interessenkonflikte und damit regelungsbedürftige Problemkreise von selbst und erübrigen so eine Reihe von Prospektvorschriften. Erst dann sind Regelungsprobleme und denkbare Lösungsvorschläge endgültig abgrenzbar.

I. Das Grundschema der Kommunikation durch Prospekte

Kommunikation i.e.S. heißt, ein Sender übermittelt einem Empfänger Nachrichten.[1] Der Begriff läßt sich weiter fassen:[2] Sender müssen die Nachrichten erst beschaffen oder produzieren. Sie tun das im Hinblick auf erwünschte Empfängerreaktionen. Empfänger verarbeiten die Nachrichten auf bestimmte Art und fundieren mit ihnen Entscheidungen. Das wiederum hat i.d.R. Auswirkungen für den Sender. Dieses wechselseitige Beziehungssystem sei als Kommunikation i.w.S. bezeichnet. Nachrichtenübermittlung ist nur eines seiner Elemente. Prospektpublizität ist i.d.S. ein Kommunikationsprozeß, der aus drei Schritten besteht:

- der eigentlichen Übermittlung von Nachrichten durch den Prospekt
- einem vorgelagerten Prozeß der Prospekterstellung
- einer anschließenden Phase der Prospektverwendung im Informations- und Entscheidungsprozeß der Anleger.

Diese Schritte werden folgend dargestellt.

---

1 A.G. Coenenberg, Die Kommunikation in der Unternehmung, Wiesbaden 1966, S. 23; H. Hax, Kommunikation, in: HdB, 2. Bd., 1975, Sp. 2169 f.

2 H. Blohm, Informationswesen, in: HdR, 1969, Sp. 728; E. Witte, Informations-Verhalten, 1972, S. 16 ff.; Ph.A. Frings, Berichterstattung, 1975, S. 44 ff.; H. Hax, Kommunikation, 1975, Sp. 2171; speziell zur Prognosepublizität W.-R. Bretzke, Prognoseprüfung, 1983, Sp. 1188

1. Die Übermittlung von Nachrichten durch Prospekte

Senden Initiatoren Nachrichten mit Hilfe des Prospekts, wollen sie dem Anleger ihr Wissen über die künftige Situation und Anlagewürdigkeit des Unternehmens vermitteln.[1] Das Managementwissen ist "denkend erfaßte Realität"[2] und bildet die Unternehmenssituation in einem subjektiven Gedankenmodell ab. Es wird durch Planung und Prognose gewonnen.[3]

Wollen Managements ihr Wissen übermitteln, stellen sie es in Form von Nachrichten im Prospekt dar. Nachrichten sind Zeichen(-kombinationen), deren Bedeutung auf allgemeiner Übereinkunft beruht. Sie können deshalb von Empfängern interpretiert werden. Die Abbildung von Wissen durch Nachrichten wird als Kodierung bezeichnet. Als Nachrichtenträger fungieren Signale. Signale enthalten Nachrichten in verschlüsselter Form und sind vom Empfänger i.d.R. optisch oder akustisch als Schriftzeichen, Ziffern, Grafiken bzw. als Töne wahrnehmbar.

Anleger interpretieren wahrgenommene Signale. Dazu wenden sie ihr Wissen über Regeln, wie Zeichen verknüpft werden (Syntax) und was Zeichenkombinationen bedeuten (Semantik) an, und bringen es mit den Zeichenfolgen des Prospekts in Verbindung. Dieser Vorgang wird als Dekodierung bezeichnet. Anleger schaffen sich so eigene, subjektive Vorstellungen über Wissen, das Initiatoren ihnen vermitteln wollen. Welche Vorstellungen ein Anleger gewinnt, hängt von seinen individuellen Erfahrungen ab, seinen Assoziationen, die bei ihm als

---

1 Zur folgenden Darstellung der Nachrichtenübermittlung vgl.A.G. Coenenberg, Kommunikation, 1966, S. 20 ff.; J. Berthel, Information, in: HdB, 2. Bd., 1975, Sp. 1866 f.; E. Witte, Informationsverhalten, in: HdB, 2. Bd., 1975, Sp. 1915 f.; H. Reuter, Aktienmarkt, 1980, S. 40 ff. Zur Kommunikation speziell durch betriebswirtschaftliche Informationswerke H. Egner, Bilanzen, München 1974, S. 5 ff.; G. Gebhard, Insolvenzprognosen, 1980, S. 25 f.

2 A.G. Coenenberg, Kommunikation, 1966, S. 20

3 Vgl. dazu den anschließenden Abschnitt Teil 2, A.I.2.

Folge bestimmter Worte oder Bilder anklingen. Im Idealfall stimmen die gedanklichen Modelle von Sender und Empfänger überein.

Nachrichten werden zu Informationen, wenn sie Neues über entscheidungsrelevante Sachverhalte eröffnen. Informationen verringern die Ungewißheit des Anlegers, indem sie bei ihm revidierte Vorstellungen über Ausprägung und Wahrscheinlichkeit solcher Faktoren hervorrufen, die den Anlageerfolg beeinflussen.[1] Dagegen erlauben problemferne Nachrichten dem Anleger keinen zweckbezogenen Wissensfortschritt, sie sind keine Informationen. Gleiches gilt für bereits bekannte Nachrichten, sie werden "redundant" genannt.[2] Abb. 2 zeigt den Kommunikationsprozeß schematisch.

---

1 W. Wittmann, Unternehmung und unvollkommene Information, Köln und Opladen 1959, S. 13 ff.; W.-R. Bretzke, Prognoseproblem, 1975, S. 75 ff.; F. Wenzel, Entscheidungsorientierte Informationsbewertung, Opladen 1975, S. 53; E. Witte, Informationsverhalten, 1975, Sp. 1915

2 H. Reuter, Aktienmarkt, 1980, S. 48. Die klare und wünschenswerte Unterscheidung zwischen Nachricht und Information wird sich jedoch im weiteren Verlauf dieser Arbeit nicht streng durchhalten lassen. Offensichtlich hängt es vom jeweiligen Problem und vom Vorwissen der Anleger ab, ob eine bestimmte Nachricht Information ist. Diskutiert man jedoch allgemeiner über Publizitätsprobleme, läßt sich in manchen Fällen nicht exakt abgrenzen, ob z.B. über Nachrichten- oder Informationsproduktion gesprochen wird: Die Outputs der Produktion werden teils Nachricht, teils Information sein. Nun ließe sich festlegen, jede Nachricht (potentielle Information) solange konsequent als Nachricht zu bezeichnen, wie ihr Informationscharakter nicht durch die angesprochenen Umstände bewiesen ist. Leider gebraucht die Literatur beide Begriffe häufig synonym und hat zudem gängige Termini geprägt wie Informationsproduktion, -manipulation, -qualität und -kosten, bei deren Verwendung häufig der umfassendere Nachrichtenbegriff passender wäre. Um diese eingebürgerten Termini verwenden zu können, wird sich in manchen Fällen ein synonymer Gebrauch beider Begriffe nicht vermeiden lassen.

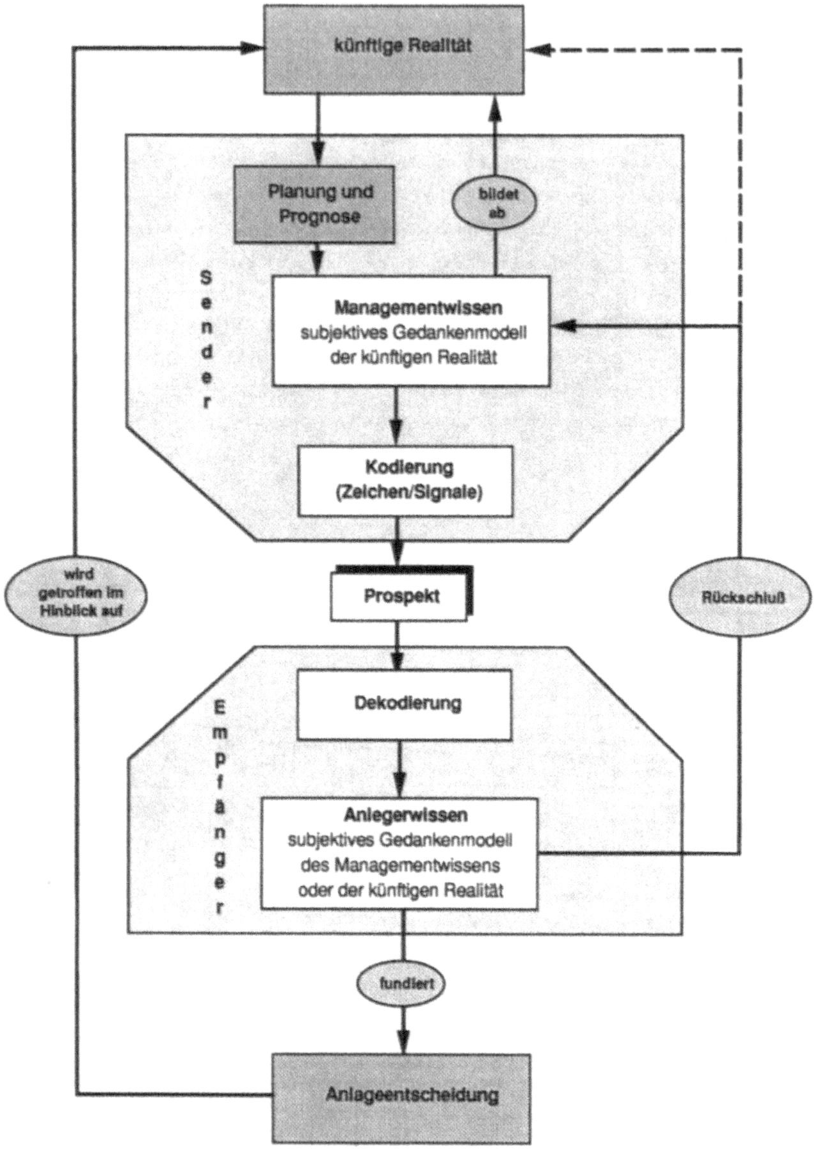

Abb. 2: Grundschema der Kommunikation durch Prospekte

Zusammengefaßt werden Nachrichten durch drei Schritte übermittelt: Initiatoren stellen ihr Wissen mit Hilfe von Signalen als Prospektnachrichten dar. Dann übersenden sie den Prospekt an Anleger. Diese entschlüsseln die Signale und gewinnen Vorstellungen über mitgeteilte Sachverhalte. Wie Initiatoren Wissen über die Unternehmenszukunft herausbilden, zeigt der folgende Abschnitt.

2. Die Erstellung von Prospekten

Prospekte sind Modelle der Unternehmenszukunft. Prospektleser dürfte besonders der künftige Unternehmenserfolg interessieren: Eine Erfolgsprognose ist für Anleger die komprimierteste Darstellung der künftigen Unternehmenssituation. Wie Erfolgsprognosen gewonnen werden, sei folgend dargestellt.

Der Unternehmenserfolg hängt sowohl von Umweltbedingungen ab als auch von künftigen Entscheidungen des Unternehmens.[1] "Diese künftigen Entscheidungen sind in der Planung gedanklich antizipiert"[2]: Planungsprozesse ermitteln künftige Problemsituationen und legen bedingte Wege ihrer Lösung fest, indem sie Entscheidungen über Handlungen und Handlungsspielräume gedanklich vorwegnehmen.[3]

Entscheidungen über Handlungsalternativen setzen prognostisches Wissen über Handlungskonsequenzen voraus. Umgekehrt basieren Erfolgsprognosen auf Wissen über geplante Maßnahmen. Planung und Prognose bedingen ein-

---

1 W. Ossadnik, Rationalisierung der Unternehmungsbewertung durch Risikoklassen, Frankfurt/M. 1984, S. 36

2 W. Ossadnik, Unternehmungsbewertung, 1984, S. 36

3 W.-R. Bretzke, Prognoseproblem, 1975, S. 87 f.; A. Picot, Prognose und Planung, in: DB, 30. Jg., 1977, S. 2149 f.; N. Szypersky und U. Wienand, Planung und Rechnungswesen, in: HdR, 1981, Sp. 1355; J. Wild, Grundlagen der Unternehmungsplanung, 4. Aufl., Opladen 1982, S. 15 f.

ander gegenseitig.[1] Wer den Unternehmenserfolg vorhersagen will, muß deshalb Umweltfaktoren analysieren und Maßnahmenkombinationen (Strategien) konzipieren. Wissen um das Zusammenwirken dieser Komponenten erlaubt ihm, Maßnahmenkonsequenzen vorherzusagen. Zuvor muß er jedoch die Ausprägungen der Umweltfaktoren prognostiziert haben.[2] Dabei sind manche Umweltfaktoren durch eigene Maßnahmen beeinflußbar. Umweltprognosen werden hier zu Wirkungsprognosen, sie wirken auf die Planung weiterer Maßnahmen zurück.[3] Anhand seines Unternehmensziels kann der Planende sodann die Strategie mit dem höchsten Zielerfüllungsgrad bestimmen. Diese optimale Strategie wird in den Unternehmensplänen dokumentiert. Die Prognose des Unternehmenserfolgs beschreibt die Konsequenz dieser optimalen Strategie. "Die Kenntnis der Pläne ... ist mithin eine wichtige Voraussetzung für eine realistische Prognose des Unternehmenserfolges."[4]

An dieser Stelle soll der Begriff der Prognose exakt definiert werden. Wirtschaftliche Prognosen sind prüfbare (nicht inhaltsleere) Aussagen über künftige einzel- oder gesamtwirtschaftliche Situationen oder Ereignisse. Sie beruhen auf realitätsbezogenem Erfahrungswissen über Bedingungen ihres Eintretens oder werden wenigstens durch realitätsorientierte Argumente gestützt.[5] Es seien zwei Arten unterschieden:

---

1 Z.B., E. Grochla, Betriebliche Planung und Informationssysteme, Reinbek 1975, S. 25-29; W.-R. Bretzke, Prognoseproblem, 1975, S. 86; W. Ossadnik, Unternehmungsbewertung, 1984, S. 37.

2 Zum Ablauf von Planungsprozessen vgl. z.B. U. Hielscher, Zu den Grundlagen der optimalen Kapitalanlageplanung am Aktienmarkt, Diss. Darmstadt 1969, S. 50 f.; W.-R. Bretzke, Prognoseproblem, 1975, S. 87 f.; J. Wild, Unternehmungsplanung, 1982, S. 46-52

3 W.-R. Bretzke, Prognoseproblem, 1975, S. 87; J. Wild, Unternehmungsplanung, 1982, S. 66 f.

4 W. Ossadnik, Unternehmungsbewertung, 1984, S. 37

5 W.-R. Bretzke, Prognoseproblem, 1975, S. 117 f.; ders., Prognoseprüfung, 1983, Sp. 1108 f.; D. Rückle, Externe Prognosen, 1984, S. 57 f.

1. Prognosen in streng wissenschaftstheoretischem Sinn
2. Prognosen in pragmatischerem Sinn.

Vorhersagen in streng wissenschaftstheoretischem Sinn lassen sich nur aus nomologischen Hypothesen in Form von Wenn-Dann-Aussagen herleiten. Diese Hypothesen beschreiben gesetzmäßige, d.h. immer gültige Ursache-Wirkungs-Beziehungen zwischen prognostizierten Größen und ihren Determinanten[1] - z.B. zwischen Umweltentwicklungen, geplanten Maßnahmen und dem vorherzusagenden Unternehmenserfolg. Die Determinanten sind von der Wenn-Komponente der Hypothese erfaßt und werden Eintritts- oder Randbedingungen der Prognose genannt: Kann man ihr Eintreten in der Realität beobachten, erfüllt sich die Prognoseaussage. Randbedingungen stellen singuläre Sachverhalte dar, Wissen hierüber wird als ontologisches Wissen bezeichnet. Da nomologische Hypothesen das Eintreffen der Prognoseaussage immer an den künftigen Eintritt von Randbedingungen knüpfen, muß deren Ausprägung ebenfalls vorhergesagt werden. Geschieht das wiederum auf Basis nomologischer Hypothesen, entsteht ein unendlicher Prognoseregreß, weil auch diese wieder auf künftige Bedingungen Bezug nehmen u.s.f.[2]

An Prognosen in pragmatischerem Sinn werden geringere Anforderungen gestellt. Das prognosefundierende Wissen muß nicht unbedingt explizit und in Gestalt formali-

1 Zur Prognoseherleitung aus nomologischen Hypothesen G. Gäfgen, Theorie der wirtschaftlichen Entscheidung, 2. Aufl., Tübingen 1968, S. 95 ff.; J. Wild, Probleme der theoretischen Deduktion von Prognosen, in: ZgStw, 126. Jg., 1970, S. 556 ff.; K.R. Popper, Logik, 1973, S. 31-33; H. Reuter, Aktienmarkt, 1980, S. 42-45; D. Rückle, Externe Prognosen, 1984, S. 63. Dieses Prognoseschema liegt auch dem idealtypischen Entscheidungsmodell des Publizitätsregulators in Teil 1, B.II. d.A. zugrunde.

2 Zum Problem des Prognoseregresses J. Wild, Theoretische Deduktion, 1970, S. 565-567; H. Seiffert, Wissenschaftstheorie, 1974, S. 155 ff.; W.-R. Bretzke, Prognoseproblem, 1975, S. 126; ders., Prognoseprüfung, 1983, Sp. 1110

sierter Gesetze vorliegen. Vielmehr genügt es, wenn der Prognostiker Begründungszusammenhänge intuitiv erfaßt, sie nur aus "praktischer Erfahrung" kennt oder historische Zusammenhänge undiskutiert als konstant ansieht.[1] Welcher Art die Prognose des Unternehmenserfolgs zu sein hat, regeln die GoP.

Wie dargestellt, enthalten Unternehmenspläne Informationen über Umweltentwicklungen und optimale Strategie sowie Prognosen des Unternehmenserfolgs. Umfangreiche Pläne eignen sich allerdings schlecht als Entscheidungsgrundlagen externer Anleger. Auch wäre die Veröffentlichung der Pläne teuer. Deshalb verdichtet das Management sein Planungswissen durch einen Aggregationsprozeß und faßt es im Prospekt zusammen. Erst Prospekte dienen als Träger potentieller Informationen für den Anleger.

Zusammengefaßt bietet sich folgendes Bild: Prospekte basieren auf der Unternehmensplanung. Prospekterstellung ist deshalb ein zweistufiger Prozeß. Erstens: Planung der Strategie, die das Management bei angenommenen Umweltentwicklungen verwirklichen will, und Prognose ihres Erfolgs. Zweitens: Verdichtung der Planungsinformation zu Prospekten. Wie Anleger Prospekte in ihrem Entscheidungsprozeß verwenden, klärt der folgende Abschnitt.

3. Die Verarbeitung von Nachrichten : Prospektverwendung im Entscheidungsprozeß der Anleger

Entscheidungen rationaler Anleger können formalisiert werden, sie entsprechen dann dem Grundschema idealtypischer Entscheidungsprozesse.[2] Als Handlungsalternativen bieten sich dem Investor Offerten des Kapitalmarkts. Der Anleger beschränke sich hier auf Anlagen

1 D. Rückle, Externe Prognosen, 1984, S. 57 f.

2 Vgl. das idealtypische Entscheidungsmodell des Publizitätsregulators in Teil 1, B.II. Siehe zu den folgenden Ausführungen auch die Darstellung des Entscheidungsprozesses von Aktienanlegern bei H. Reuter, Aktienmarkt, 1980, S. 18-25

des Grauen Markts. Jedes Angebot läßt Ergebnisse erwarten in Form alternativ wahrscheinlicher Ausprägungen eines Netto-Vorteilsstroms, der Anlegern zufließen soll. Determinanten dieses Vorteilsstroms sind einerseits alle Faktoren, die den Unternehmenserfolg bestimmen und in der Unternehmensplanung erfaßt sind. Hinzu treten aber auch Einflußfaktoren beim Anleger selbst. Es sind z.B. seine steuerliche Situation oder Konditionen für etwaige Kredite, mit denen er seine Anlage finanziert.

Der Prospektinhalt hat im Entscheidungsprozeß folgende Funktion: Der Anleger konkretisiert mit dem Inhalt des Prospekts die Elemente seines Entscheidungskalküls, d.h. er "besetzt" diese Elemente mit konkretem Wissen über Anlageobjekte. Oder er revidiert mit Hilfe von Prospektangaben bereits gehegte Vorstellungen. Im Maximalfall enthielte ein Prospekt neben zuverlässigen Informationen über alle erfolgsbeeinflussenden Faktoren innerhalb und außerhalb des Unternehmens und ihren Wahrscheinlichkeiten auch eine vertrauenswürdige Wahrscheinlichkeitsverteilung des künftigen Unternehmenserfolgs. Damit erfüllte ein Prospekt das Informationsbedürfnis der Anleger für eine Handlungsalternative in umfassender Weise.

In der Realität ist das nicht der Fall. Solange niemand eingreift, hängen Qualität und Quantität des Prospektinhalts von Interessen und Handlungsmöglichkeiten der Anleger und Initiatoren ab. Der folgende Abschnitt zeichnet deshalb die Interessenlagen nach. Dadurch erst werden Publizitätsprobleme transparent, die zur Regelung anstehen.

II. Divergierende Interessen der Anleger und Initiatoren als Determinanten der Prospektkommunikation

Interessen, nach denen Emittenten Prospekte gestalten und Anleger sie verwenden, sollen als Informationsinteressen bezeichnet werden. Informationsinteressen sind in der Hierarchie ökonomischer Interessen Subziele.[1] Sie haben dadurch gleichzeitig Mittelcharakter, sind von übergeordneten finanziellen Zielen abhängig und lassen sich aus ihnen ableiten.[2] Bevor Informationsinteressen ins Blickfeld rücken, werden deshalb zunächst die ranghöheren finanziellen Ziele beleuchtet.

1. Finanzielle Interessen von Anlegern und Initiatoren

Wirtschaftliches Handeln läßt sich nur zum Teil auf finanzielle Ziele zurückführen. Trotzdem dürfen nichtfinanzielle Ziele wie z.B. Prestige beim Anleger des Grauen Markts vernachlässigt werden; seine bewußt passive Stellung und die Gestaltung der Anlage versprechen bestenfalls monetäre Vorteile.[3] Finanzielle Interessen des Anlegers richten sich auf Netto-Zahlungsströme, die mit seinen Präferenzen in puncto Höhe, Zeit- und Risikostruktur übereinstimmen.[4] Andere Zielgrößen wie Rendite oder Ertrag stellen Umschreibungen, weitere - wie beispielsweise Endwertmaximierung bei vorgegebener Ausschüttung - spezielle Ausprägungen dieser Zieldefinition dar.

Anlagen des Grauen Markts werden häufig im Hinblick auf Verlustzuweisungen oder steuerliche Werbungskosten konzipiert. Dieses Verluststreben von Anlegern ist

---

1 G. Wöhe, Bilanzierung, 1973, S. 50

2 Zur Hierarchie ökonomischer Ziele vgl. Ch.H. Granger, The Hierarchy of Objectives, in: HBR, 42. Jg., 1964, Nr. 4, S. 68 f.; J. Bidlingmeier, Zielkonflikte und Zielkompromisse im unternehmerischen Entscheidungsprozeß, Wiesbaden 1968, S. 38 f.; E. Heinen, Das Zielsystem der Unternehmung, 2. Aufl.,Wiesbaden 1971, S. 103 f.

3 Daß Anleger finanzielle Vorteile verwenden, um andere Ziele wie Konsum oder Prestige zu realisieren, spielt hier keine Rolle.

4 Zu dieser Zieldefinition und ihrer Begründung z.B. A. Moxter, Präferenzstruktur und Aktivitätsfunktion des Unternehmers, in: ZfbF, 16. Jg., 1964, S. 6 ff.; Th. Schildbach, Analyse des Rechnungswesens, 1975, S. 16

durchaus rational: Steuerlicher Aufwand[1] wird vorgezogen, er verringert dadurch anfangs Gewinne oder steuerpflichtige Überschüsse. Er kann auch Buchverluste oder negative Einkünfte hervorrufen, beides läßt sich steuermindernd mit anderem Einkommen des Anlegers verrechnen. Die Hebelwirkung hoher Fremdfinanzierung ermöglicht Steuerminderungen, die den Eigenkapitaleinsatz prinzipiell übersteigen können. Entsprechend höhere Gewinne späterer Perioden führen zur Nachversteuerung, dem Anleger verbleiben Zinsvorteile.[2] Sonderfälle - wie beispielsweise der noch geltende halbe Steuersatz bei Anteilsverkauf - verschaffen dem Anleger endgültige Steuerminderungen.[3]

Allerdings haben Gesetzgeber, Gerichte und Finanzverwaltungen Möglichkeiten steuerlich anerkannter Verlustentstehung sowie die Verrechnung zugewiesener Verluste oder Werbungskosten beim Anleger mittlerweile stark beschnitten. Zunehmend werden "normale" wirtschaftliche Kriterien erfolgsbestimmend.[4] Gewerbliche Beteiligungen müssen bereits ohne Steuervorteile einen Überschuß erwarten lassen, um in den Genuß steuerlicher Vergünstigungen zu gelangen.[5]

---

1 Wie z.B. Sonderabschreibungen oder nicht aktivierungspflichtige Kosten.

2 Zur Entstehung und Errechnung von Steuervorteilen vgl. z.B. H.-O. Zacharias, Sonderabschreibungen, betriebswirtschaftlich, handelsrechtlich und steuerrechtlich, in: Steuerberater-Jahrbuch 1970/71, Köln 1972, S. 332 ff.; F. Eggesiecker, Steuerersparnis als Anlagemotiv, in: BFuP, 33. Jg., 1981, S. 205 ff.

3 Vgl. D. Engel, Die Risiken einer Beteiligung an Verlustzuweisungsgesellschaften, in: WPg, 27. Jg., 1974, S. 101 ff.; D. Schneider, Sind Steuervergünstigungen günstig? in: Steuerberater-Jahrbuch 1974/75, Köln 1975, S. 400-405; J. Erlemann, Niedrige Verlustzuweisungen mit hohem Steuervorteil, in: Jahrbuch der deutschen Anlageberatung 1980, Köln o.J., S. 79 ff.

4 U. Bälz, Treuhandkommanditist, Treuhänder der Kommanditisten und Anlegerschutz, in: ZGR, 9. Jg., 1980, S. 4

5 Vgl. dazu M. Groh, Gewinnerzielungsabsicht und Mitunternehmerschaft, in: DB, 37. Jg., 1984, S. 2424-2428; ders., Der Beschluß des Großen Senats vom 25.6.1984 zur Besteuerung der GmbH & Co. KG, in: WPg, 37. Jg., 1984, S. 655-661; D. Schulze zur Wiesche, Die Personengesellschaft nach dem Beschluß des Großen Senats vom 25.6.1984, in: WPg, 38. Jg., 1985, S. 65-76

Fragt man, aus welchen Komponenten sich die (noch nicht abgezinste) Zahlungsreihe ergibt, die dem Anleger im Zeitablauf zufließt, gilt: "Der absolute Überschuß des Modells einer Abschreibungsgesellschaft für den Anleger ergibt sich aus:

Summe Verlustzuweisung x persönl. Differenzsteuersatz
\+ Ausschüttung von Zinsen und späterer Gewinne
\- Steuern auf Ausschüttungen und nichtausgeschüttete evtl. spätere Gewinne
\+ Rückzahlung auf Darlehen
\+ evtl. ausgezahltes Auseinandersetzungsguthaben
\- Steuern auf Veräußerungsgewinn
\- Summe Kapitalanlage (Einlage + Darlehen)".[1)]

Der Vorteilsstrom besteht damit aus monetären Überschüssen und geldwerten steuerlichen Verrechnungsmöglichkeiten. Im Zeitpunkt der Anlageentscheidung ist er mit Unsicherheit behaftet und müßte mehrwertig vorhergesagt werden. Wie Anleger eine Anlageofferte bewerten, richtet sich danach, wieweit die Struktur des erwarteten Vorteilsstroms ihren individuellen Präferenzen entspricht.

Anlegerinteressen stehen die finanziellen Ansprüche des Initiatoren-Managements gegenüber. Sie gleichen denen der Anleger. Nur setzt sich der erwünschte Zahlungsstrom aus anderen Komponenten zusammen. Es sind:

---

1 E.A. Mösch, Abschreibungsgesellschaft, in: HdF, Hrsg. H. Büschgen, Stuttgart 1976, Sp. 13. Bei nicht gewerblichen Beteiligungen müssen entsprechende Modifikationen vorgenommen werden, so gibt es nur Werbungskosten, keine Verlustzuweisungen, Veräußerungsgewinne sind steuerfrei etc. Da es im Zitat jedoch um absolute, noch nicht abgezinste Zahlungsströme geht, ist noch der Saldo zu berücksichtigen aus Habenzinsen bei Anlage zwischenzeitlicher Liquiditätsüberschüsse und Sollzinsen oder Zinsentgang bei zu kompensierender zeitweiliger Liquiditätsunterdeckung, vgl. F. Eggesiecker, Steuerersparnis, 1981, S. 217 f.

- Geschäftsführungsvergütungen
- Ergebnis- oder Umsatzbeteiligungen
- Direkte Provisionen oder Vergütungen für Leistungen, die das Management außerhalb seiner (selbst definierten) Geschäftsführungsaufgaben erbringt (z.B. Fremdkapitalvermittlung, Konzeption der Anlage, Anbahnung von Geschäftskontakten)
- Indirekte Provisionen, die Managements oder ihnen zuzurechnende Firmen für derartige Tätigkeiten von anderen beteiligten Leistungsträgern aus deren Vergütungsaufkommen erhalten (sog. Innenprovisionen oder Kick-Backs[1])
- Gewinne aus Konzerngeschäften, die die Anlagegesellschaft mit Unternehmen aus der Interessensphäre der Initiatoren tätigt. Solche Gewinne fallen außerhalb der Anlagegesellschaft an und erhöhen ihre Aufwendungen
- Geldwerte Sach- oder Dienstleistungen der Anlagegesellschaft an Initiatoren oder von ihnen beeinflußte Unternehmen.

Unseriöse Initiatoren greifen oftmals zum Mittel der <u>Vermögensverschiebung</u>[2], um ihre finanziellen Interessen zu realisieren. Vermögensverschiebungen

- sind gezielte Bereicherungs-Maßnahmen der Initiatoren
- gehen zu Lasten der Anleger

---

1 Dazu D. Bihr, Prospektprüfung bei Bauherrengemeinschaften, in: BB, 38. Jg., 1983, S. 941. Beispielsweise tritt ein Finanzierungsvermittler einen Teil seiner Provision an eine den Initiatoren zuzurechnende Anteils-Vertriebsgesellschaft ab. Zur Definition Innenprovision und Kick-Back auch D. Quast, Prospektprüfung, in: Praxis der Steuerbegünstigten Kapitalanlagen, Bd. VIII, Hrsg. D. Quast u.a., Köln 1983, S. 63 f.

2 Zur Definition der Vermögensverschiebung und des Vermögensverschiebungsrisikos H. Schmidt, Börsenorganisation zum Schutze der Anleger, Tübingen 1970, S. 35-37, auch - allerdings ohne auf die erstgenannte Quelle zu verweisen - R.H. Schmidt, Die Rolle von Informationen und Institutionen auf Finanzmärkten, unveröff. Habil.-Schrift Frankfurt/M. 1979, S. 510-515

- führen beim Investor nicht zur Chance von Vermögensgewinnen (asymmetrisches Risiko)
- hängen entscheidend vom Informationsgefälle zwischen Anlegern und Initiatoren ab.

Drei Arten von Vermögensverschiebungen lassen sich unterscheiden:

1. Vergütungen und Leistungen, die Initiatoren von der Anlagegesellschaft erhalten, stehen nicht in angemessenem Verhältnis zur Gegenleistung.[1] Hier werden der Gesellschaft Mittel entzogen, die Anleger indirekt geschädigt.

2. Initiatoren verlangen überhöhte Vergütungen (z.B. Provisionen) direkt vom Anleger. Beide - direkte und indirekte - Schädigungen können entweder in den ursprünglichen Investitionsplänen fest eingeplant, also "fast sicher" sein (beispielsweise zu hohe Gehälter), sie können aber auch durch spätere Planänderung oder die Nutzung geplanter Handlungsspielräume realisiert werden.[2]

3. Als Sonderfall läßt sich eine dritte Art der Schädigung einstufen: Erscheint der Anlageerfolg den Initiatoren realistisch betrachtet zweifelhaft, könnten sie dennoch beim Investor gezielt zu positive Erwartungen über die Ertragsaussichten wecken. Selbst wenn das Management seine Vergütung im üblichen Rahmen beläßt - nicht mehr, als ein unabhängiger Dritter verlangt -, liegt Vermögensverschiebung vor. Denn ohne Fehlinformation wäre die Anlage u.U. nicht

---

1 Zur juristischen Definition der Vermögensverschiebung H. Wiedemann, Gesellschaftsrecht, 1980, S. 440 f. Angemessen wäre danach eine Vergütung, wie sie ein unabhängiger Dritter erhielte.

2 Dazu R.H. Schmidt, Grundformen der Finanzierung, in: KuK, 14. Jg., 1981, S. 190 f.

placierbar gewesen und den Initiatoren überhaupt keine Vergütung zugeflossen.

Von der Vermögensverschiebung unterscheidet Schmidt[1] die Vermögensumschichtung. Denkbaren Nachteilen der Anleger, "mögen sie irgendwelchen Personen zurechenbar sein oder nicht", stehen hier "- bei wenn auch immer, aber höchstens zufällig bei Schädigern - Chancen von Vermögensgewinnen gegenüber".[2] Es handelt sich hier nicht um gezielte Schädigungsmaßnahmen der Initiatoren. Beispielsweise könnte ein prognoseunerfahrenes aber gutgläubiges Management eine Erfolgsvorhersage abgeben. Hier besteht in weit höherem Maß die Chance positiver Abweichungen des Erfolgs von seiner Vorhersage als bei bewußter Manipulation. Das Risiko der Anleger ist symmetrisch.

Die finanziellen Interessen von Anlegern und Initiatoren sind offensichtlich gegensätzlich. Sie münden in einen "Verteilungskampf"[3], weil beide Seiten Ansprüche auf künftige Überschüsse und Liquidationserlöse (vor Vermögensverschiebung) erheben. Zwar kompensieren Verlustzuweisungen, die aufgrund eines hohen Management-Anteils entstehen, den Nachteil der Anleger. Doch mildert das den Konflikt höchstens, schafft ihn aber nicht aus der Welt.

Für Prospekte interessieren Informationsziele. Sie lassen sich aus den eben dargestellten finanziellen Interessen ableiten. Der folgende Abschnitt stellt die Informationsinteressen dar.

1 H. Schmidt, Börsenorganisation, 1970, S. 35, auch S. 54
2 H. Schmidt, Börsenorganisation, 1970, S. 35
3 R.H. Schmidt, Grundformen, 1981, S. 190 f.

2. Informationsinteressen von Anlegern und Initiatoren

Anleger sind an Informationen über Höhe, Zeitpunkte und Wahrscheinlichkeiten künftiger Nettozahlungen interessiert. Denn: "Die Matrix erwarteter Zahlungen aus den einzelnen Anlagealternativen ... ist die Grundlage für die Entscheidung des Anlegers."[1] Kurz, Anleger benötigen für jede Anlagealternative eine Erfolgsprognose. Enthält der Prospekt eine solche Prognose, hat sie jedoch für den Anleger nur dann einen Wert, wenn er sie für glaubwürdig hält.[2] Das richtet sich danach,

- wieweit er das Management als prognosekompetent einschätzt
- wieweit er auf unmanipulierte Prognosen vertraut.[3]

Vertrauen Investoren dem Management und glauben sie außerdem, es werde ergebnisrelevante Umweltzustände und deren Glaubwürdigkeiten ebenso beurteilen wie sie selbst, richtet sich ihr Informationsinteresse ausschließlich auf eine Erfolgsprognose. Dann spiegelt diese Prognose in den Augen der Anleger alle Risiken korrekt wider.

Hegen Anleger jedoch Mißtrauen, weil sie schlechte Erfahrungen mit inkompetenten Managements gesammelt oder Motive und Möglichkeiten der Initiatoren zur Manipulation erkannt haben, werden sie weitere Informationswünsche äußern. Ihr Augenmerk richtet sich auf die Gefahr, über Chancen und Risiken der Anlage schlecht oder falsch informiert zu werden, deshalb falsche Anlageentscheidungen zu treffen und Schäden zu erleiden.

---

1 H. Reuter, Aktienmarkt, 1980, S. 25

2 G. Franke und H. Laux, Der Wert betrieblicher Informationen für Aktionäre, in: NBW, 23. Jg., 1970, Heft 7, S. 4

3 G. Franke und H. Laux, Der Wert betrieblicher Informationen, 1970, S. 4

Kurz: richtet sich auf Informationsrisiken[1]. Informationsrisiken überlagern die Wahrscheinlichkeitsverteilung sorgfältig ermittelter Ertragsaussichten: Anleger wissen nicht sicher, ob und in welchem Umfang die Ertragsprognose im Prospekt von einer "sorgfältig ermittelten"[2] Vorhersage abweicht.[3]

Das Informationsrisiko erweist sich als Oberbegriff für die Risiken der oben diskutierten Vermögensverschiebung und -umschichtung: Möglicherweise lassen Initiatoren erkannte, negative Umweltentwicklungen bei der Erfolgsprognose unberücksichtigt und/oder verschweigen fest geplante oder wenigstens denkbare Schädigungen. Es besteht ein Vermögensverschiebungsrisiko. Darüber hinaus könnten sie sich bei der Prognose des Anlageerfolgs gutgläubig irren, es herrscht das Risiko der Vermögensumschichtung. In beiden Fällen weicht die Erfolgsprognose möglicherweise von einer "sorgfältig ermittelten" Vorhersage ab.

Anleger richten an einen "idealen" Prospekt folgende Forderung: Er soll eine Prognose des Anlageerfolgs ohne Informationsrisiken enthalten. Halten Investoren Informationsrisiken jedoch für möglich, werden sie sich zusätzlich informieren und versuchen, die Erfolgsprognose des Prospekts zu berichtigen. Oder sie werden auf Normung und Prüfung der Prospekte dringen. Beseitigt oder verringert das Informationsrisiken, gelangen Anleger zu anderen Erwartungen über künftige Vorteile als der ursprüngliche Prospekt sie vermittelt.

Damit ist der Entscheidungsprozeß des Anlegers nicht beendet. In einem zweiten Schritt setzt er Erwartungen

1 Zum Begriff des Informationsrisikos H. Schmidt, Zirkulationsmarkt, 1977, S. 22 f.

2 Zu klären bleibt noch, was als "sorgfältig ermittelt" gelten darf und damit als Maßstab für Informationsrisiken dienen kann. Vgl. dazu Teil 2, B.

3 Informationsrisiken sind auch bei sicheren Informationen denkbar. So könnten Managements Anleger auch über vergangene Marktentwicklungen und andere sichere Größen täuschen.

über Vorteilsströme in Entscheidungen um. Dazu mißt er erwartete Vorteile an seinen Präferenzen und transformiert Zahlungserwartungen in Nutzenwerte. Solche Nutzenwerte lassen sich als Preisgrenze formulieren. Sie drückt aus, wieviel dem Investor ein erwarteter Strom künftiger Zahlungen heute wert ist und wieviel er deshalb maximal für die Anlage zahlen würde.[1] Dieser Preisgrenze steht der Kaufpreis des Anteils gegenüber. Er ist am Grauen Markt vom Initiator festgelegt und setzt sich aus Nominalwert und fixem Agio zusammen. Variable Kurse kommen nicht vor. Der Anleger kann den Kaufpreis nur akzeptieren oder auf die Anlage verzichten. Er akzeptiert, wenn seine Preisgrenze höher als der Kaufpreis ist. Muß er zwischen mehreren Anlagen wählen, entscheidet er sich für diejenige, bei der die Differenz zwischen Preisgrenze und Kaufpreis am höchsten ist.

An dieser Stelle ist nochmals auf Informationsrisiken zurückzukommen. Möglicherweise hat der Anleger trotz befürchteter Informationsrisiken die Erfolgsprognose des Prospekts nicht korrigieren können. Oder er traut der Prospektprüfung nicht. Dann kann er erwartete Schäden und ihre Wahrscheinlichkeit abschätzen und bewerten: Er kalkuliert eine Art "Selbstversicherungsprämie" gegen Informationsrisiken und verringert seine Preisgrenze um diese Prämie. Niedrigere Preisgrenzen kompensieren das Risiko künftiger Schäden.[2] Informationsinteressen des Anlegers lassen sich deshalb auch auf

---

1 Zu Problemen, den subjektiven Wert von Unternehmen oder Unternehmensanteilen in Preisgrenzen auszudrücken vgl. z.B. W.-R. Bretzke, Prognoseproblem, 1975, S. 51 ff.; W. Ballwieser, Unternehmensbewertung und Komplexitätsreduktion, 2., verb. und aktualisierte Aufl., Wiesbaden 1987, S. 165 ff.

2 Zu kalkulatorischen "Selbstversicherungsprämien" gegen Informationsrisiken vgl. H. Schmidt, Zirkulationsmarkt, 1977, S. 22-26; H. Reuter, Aktienmarkt, 1980, S. 172. Andere Autoren erwähnen für den Grauen Markt Sicherungsabschläge gegen Vermögensverschiebungsrisiken, vgl. R.H. Schmidt, Rolle von Informationen, 1979, S. 545; H.-D. Koch, Kapitalanlegerschutz, 1981, S. 238. Diese Abschläge sind aber nichts anderes als Sicherungsprämien gegen Informationsrisiken, denn wie oben gezeigt wurde, ist das Vermögensverschiebungsrisiko ein Teilaspekt des Informationsrisikos.

Preisgrenzen beziehen: Anleger wünschen Informationen, die ihnen die Errechnung angemessener Preisgrenzen erlauben. Angemessene Preisgrenzen drücken den Wert einer Anlage für den Investor korrekt aus und kompensieren Informationsrisiken.

Den Anlegerzielen stehen Informationsinteressen des Initiatoren-Managements gegenüber. Initiatoren möchten Anleger zur schnellen und vollständigen Zeichnung des Angebots bewegen. Ein Blick auf das Entscheidungsverhalten von Anlegern konkretisiert die Initiatoren-Interessen: Prospekte sollen beim Investor Erwartungen über künftige Vorteile erzeugen, die seinen Präferenzen möglichst gleichen. Denn Anleger sehen ihren Nutzen maximiert, wenn Vorteile ihren Präferenzen optimal entsprechen. Hoher Nutzen bedeutet hohe Preisgrenzen. Dies ermöglicht den Initiatoren hohe Anteilspreise mit großen Gewinnmargen. Deshalb werden Initiatoren die Struktur der Ertragsprognose im Prospekt an Hypothesen orientieren, wie sich durchschnittliche Anleger des Grauen Markts Vorteilsströme wünschen.[1)]

Allerdings interpretieren Empfänger Nachrichten auf bestimmte Art. Mißtrauische Anleger unterziehen Nachrichten z.B. Korrekturen, die sie mit Informationsrisiken begründen. Sollen Anlegererwartungen als Outputs dieser Prozesse den Anlegerpräferenzen entsprechen, müssen Initiatoren Hypothesen darüber formulieren, wie der Anleger Prospekte interpretiert und ggf. korrigiert. Darauf werden Emittenten den Prospekt abstimmen, d.h. sie werden versuchen zu beeinflussen, wie Anleger Nachrichten verarbeiten. Das geschieht z.B., "indem der Sender die Erwartungen und Reaktionen des Empfängers auf seine Nachricht antizipiert",[2)] mögliche Einwände

---

1 Vgl. auch Ch. Kirchner, Eigenkapitalversorgung, 1984, S. 250, der sich allerdings auf die tatsächliche Planung der Ausschüttungsströme bezieht und nicht nur auf (ggf. manipulierbare) Informationen hierüber.

2 R. Lisch und J. Kriz, Grundlagen und Modelle der Inhaltsanalyse, Reinbek 1978, S. 34. Auch E. Kappler, Bilanzpolitik, 1973, S. 37-47; G. Wasser, Prognosepublizität, 1976, S. 64 f.

vorwegnimmt und entkräftet. Dann entwickelt der Empfänger Erwartungen, wie sie sich der Sender erhofft.[1]

Eine derartige Informationspolitik wird nötig, wenn den Risiken eines Projekts keine angemessenen Renditechancen gegenüberstehen. Nur wenn Anleger diese Risiken nicht erkennen, lassen sie sich nicht durch niedrige Preisgrenzen "entschädigen". Deshalb gipfeln Informationsinteressen der Initiatoren darin, Anleger so zu beeinflussen, daß sie ungeachtet vorhandener Risiken möglichst hohe Preisgrenzen errechnen.

Stellt man Anleger- und Initiatoreninteressen zusammenfassend gegenüber, ergibt sich folgendes Bild: Anleger wünschen exakte Informationen, aus denen sie angemessene Preisgrenzen errechnen können. Initiatoren dagegen wollen so informieren, daß Anleger möglichst hohe Preisgrenzen kalkulieren - mindestens aber solche, die über dem geforderten Anteilspreis liegen. Dieser Interessenkonflikt schafft die Probleme, die der Publizitätsregulator zu lösen hat.

Wer diesen Interessenkonflikt so streng formuliert, dem ließe sich jedoch entgegenhalten: Informationsinteressen eines Emittenten seien weit maßvoller, wenn dieser sich nicht nach Erzielung eines Gründerlohns absetzen wolle oder wenn er beabsichtige, als Daueremittent am Markt zu bleiben.[2] Denn belogene und enttäuschte Anleger neigten zu Regreßforderungen und mieden Folgeemissionen. Dieses Argument ließe sich schon für einen reinen Emissionsmarkt anführen. Ein noch größeres Interesse an maßvoller Informationspolitik, so scheint es, hätten Initiatoren, wenn sich erst ein funktionsfähiger Sekundärmarkt entwickelte, an dem Anteile ständig bewertet würden.[3] Wenn sich aber Informationsziele von Anlegern und Emittenten annähern, würden

---

1 R. Lisch und J. Kriz, Inhaltsanalyse, 1978, S. 34 f.

2 H. Schmidt, Börsenorganisation, 1970, S. 72 f.

3 Vgl. z.B. H. Reuter, Aktienmarkt, 1980, S. 174 f. mit Nachweisen für Effektenmärkte.

Emittenten von sich aus gute Prospekte veröffentlichen. Dem Publizitätsregulator würden Regelungsprobleme abgenommen, beispielsweise könne es genügen, er setze Rahmenbedingungen für Prospekte.

Für einen reinen Emissionsmarkt läßt sich der Einwand jedoch schnell entkräften. Denn nicht nur Daueremittenten bevölkern den Markt. Auch erlaubt die Intransparenz des Grauen Markts selbst gescheiterten oder fehlinformierenden Initiatoren immer wieder neue Emissionen - unter altem oder unter neuem Namen. Vor allem aber: Handelt es sich nicht gerade um eklatante Fehlinformation, merken Anleger oft gar nicht, daß sie im Prospekt belogen wurden, denn ihnen fehlt ein unbestechlicher Indikator für den "tatsächlichen" Wert ihrer Beteiligung. Kommt Fehlinformation langfristig doch ans Licht, z.B. weil spätere Ausschüttungen hinter den geweckten Erwartungen zurückbleiben, gelingt es geschickten Managements oft, die Anteilseigner zu beschwichtigen. Da ein verläßlicher und öffentlicher Indikator für Anteilswerte fehlt, erfährt oftmals nur der betroffene Investor selbst, nicht aber das breite Anlegerpublikum, welche Placierer in ihren Prospekten immer wieder zu viel versprechen. Denn Informationsausbreitungsprozesse erreichen häufig nicht das gesamte Publikum, so daß auch schlechtinformierende Daueremittenten neue Kunden finden. Auf einem reinen Emissionsmarkt, wie es der Graue Markt bisher war, löst sich der beschriebene Interessenkonflikt folglich nicht von selbst, Selbstregulierungskräfte des Markts nehmen dem Regulator keine Probleme ab. Anders könnte es dagegen aussehen, wenn sich ein Sekundärmarkt entwickelte. Das prüft der folgende Abschnitt A. III.

III. Angleichung der Informationsinteressen von Anlegern und Initiatoren durch einen Grauen Sekundärmarkt?

Anteilspreise auf funktionierenden Zirkulationsmärkten spiegeln den Wert von Beteiligungstiteln korrekt wider.[1] Sie könnten deshalb auch als Indikatoren für angemessene Anteilspreise auf Emissionsmärkten gelten, wenn Unternehmen, deren Anteile bereits gehandelt werden, neue Titel emittieren. Sind Preise auf Zirkulationsmärkten solche Indikatoren, so verliert das Problem, wie Emissionspublizität gestaltet werden soll, möglicherweise an Gewicht. Anleger hätten weniger Interesse an guten Prospekten, weil sie sich bei der Findung ihrer Preisgrenzen an Sekundärmärkten orientieren könnten. Möglicherweise benötigten sie gar keine Erfolgsprognose im Prospekt, manche Regelungsprobleme für Prospekte würden obsolet. Man könnte von einer Informationsfunktion des Zirkulations- für den Emissionsmarkt sprechen.

Zeigen Sekundärmarktpreise den Wert von Anteilen ständig und korrekt an, entwickeln auch Emittenten von sich aus ein stärkeres Interesse, schon im Prospekt nach bestem Wissen zu informieren. Denn ständige Bewertung am Sekundärmarkt führt allen Anteilseignern in jedem Moment unbestechlich vor Augen, ob sie bei der Emission für ihren Anteil zuviel bezahlt haben, ob also der Prospekt bei ihnen übertriebene Erwartungen geweckt hat. Anders als auf reinen Emissionsmärkten hat jeder Anteilseigner einen verläßlichen Indikator für den Wert seiner Beteiligung. Das könnte zu erheblichem Druck auf das Management führen. Daueremittenten müssen darüber hinaus um ihren Ruf und um die Placierung weiterer Objekte fürchten, wenn Anteile ihrer Gesellschaften ständig unter Emissionspreis gehandelt werden. Diese Furcht ist umso größer, als auch das breite Anlegerpublikum die Notierungen des Zirkulationsmarkts zur Kenntnis nehmen kann, während auf Emissionsmärkten primär nur betroffene Anteilseigner merken, daß im Prospekt fehlinformiert wurde. Man könnte von einer

1 Für Effektenmärkte H. Reuter, Aktienmarkt, 1980, S. 11 f. und 234 f.; vgl. auch H. Schmidt, Special Stock Market Segments for Small Company Shares: Capital Raising Mechanism and Exit Route for Investors in New Technology Based Firms, Brüssel und Luxemburg 1984, S. 512-516 sowie ausführlicher Teil 2, B.I. d.A.

Disziplinierung der Emissionspublizität durch Sekundärmärkte sprechen.

Informations- und Disziplinierungsfunktion eines Grauen Sekundärmarkts würden also, so scheint es, den Interessenkonflikt zwischen Anlegern und Initiatoren entschärfen und dem Marktregulator möglicherweise Probleme ersparen. Das hängt jedoch an zwei Fragen:

1. Entwickelt sich ein funktionierender Sekundärmarkt?

2. Sind Sekundärmarktpreise auch am Grauen Markt verläßliche Indikatoren für den Wert neu emittierter Anteile?

Ein funktionierender, umsatzstarker Grauer Sekundärmarkt hat sich bisher nicht gebildet. Allerdings öffnete 1987 eine Börse für KG-Anteile ihre Pforten. An ihr werden vorläufig jedoch nur Anteile geschlossener Immobilien-Fonds gehandelt. Ein umfassenderer Handel in Titeln des Grauen Markts wird erschwert durch rechtliche und steuerliche Veräußerungshemmnisse und hohe Kosten der Übertragung. Hier seien beispielhaft folgende Stichworte genannt: Versteuerung negativer Kapitalkonten, Abschichtungsbilanzen, aufwendige und teure Übertragung der Anteile, Handelsregistereintragung, Wiederaufleben der Haftung, Bewertung der Anteile.[1] Zwar ließen sich einige Probleme lösen,[2] doch rechnen selbst die Organisatoren der KG-Börse nicht mit einem "schwunghaften Anteilshandel", solange nicht gesetzliche Änderungen einen neuen Gesellschaftstypus

1 Eine ausführliche Analyse dieser Veräußerungshemmnisse für KG-Anteile bringt M. Lüddecke, Rechtliche und steuerliche Probleme der Übertragbarkeit von Kommanditanteilen, unveröffentlichte Diplom-Arbeit, Universität Hamburg 1985.

2 So könnten die Gesellschaften vierteljährlich zu geringen Kosten Standard-Abschichtungsbilanzen erstellen. Haftungsrisiken für den Anleger ließen sich durch eine Versicherung abdecken. Vgl. dazu H. Giersch und H. Schmidt, Offene Märkte für Beteiligungskapital: USA, Großbritannien, Bundesrepublik Deutschland, Stuttgart 1986, S. 83

etablieren.[1] Da aber nur Märkte mit hohen Umsätzen gut funktionierende Märkte sind, kann von einem funktionsfähigen Grauen Sekundärmarkt nicht gesprochen werden.[2]

Doch selbst wenn sich ein florierender Handel mit Altbeteiligungen entwickelte, stünde die zweite Frage im Raum: Könnten auch Preise eines Grauen Sekundärmarkts den Wert neu emittierter Anteile indizieren? Börsenkurse eingeführter Aktiengesellschaften, die junge Aktien zum Zweck der Kapitalerhöhung begeben, mögen für den Wert dieser jungen Anteile und damit für die Preisgrenze des Anlegers hilfreiche Indikatoren sein, denn hier geht es um Anteile desselben Unternehmens. Emissionen am Grauen Markt sind indes überwiegend Erstemissionen; sie decken überdies - im Fall gelungener Placierung - i.d.R. den gesamten Eigenmittelbedarf des neugegründeten Unternehmens, dessen Gegenstand meist ein einziges geschlossenes Investitionsprojekt ist (ein Einkaufszentrum, ein Schiff). Folgetranchen für dieselbe Anlagegesellschaft, also normale Kapitalerhöhungen, sind selten.[3] Sekundärmarktpreise könnten deshalb nur dann Wertindikatoren für frisch emittierte Anteile sein, wenn der Handel schon begänne, bevor die Placierungsphase abgeschlossen ist - und sie wären es auch nur bis zum Ende der Placierung. Es ließe sich hier einwenden, Dauerplacierer blieben doch ständig am Markt. Aber auch sie bestreiten ihr fortlaufendes Geschäft, indem sie stets neue Anlagegesellschaften auflegen, die neue, ebenfalls in sich geschlossene Pro-

---

1 Vgl. o.V. Nichts ist barer als bar, in: CASH, 1986, Nr. 4, S. 40. Einfacher ist nach Ansicht der Autoren der Handel mit Anteilen von Immobilienfonds, wenn diese steuerlich unproblematisch gestaltet sind, und weil dort der Anteil relativ einfach zu bewerten ist. Daher die Beschränkung auf solche Anteile.

2 Ein dreiviertel Jahr nach Börseneröffnung, im Januar 1988, standen im Order-Listing 63 Verkaufsangeboten nur 5 Kaufgesuche gegenüber, vgl. o.V., Anteilmarkt, in: Cash, 6. Jg., 1988, Nr. 1, S. 34 f.

3 Wobei dann auch noch das Problem eines Bezugsrechts für Altkommanditisten zu klären wäre.

jekte errichten und betreiben. Preise für Altbeteiligungen sind keine Indikatoren für den Wert dieser neu initiierten Anlageobjekte.

Allerdings wären Sekundärmarktpreise nicht völlig ohne Informationsgehalt für Neuemissionen. Sie zeigten den Erfolg bisheriger Projekte eines Dauerplacierers an und erlaubten deshalb Schlüsse auf das Know-How dieses Emittenten und damit indirekt darauf, wie gut neue Projekte sein könnten. Dieser Schluß kann jedoch nur ein Baustein aus der Menge von Informationen sein, mit denen ein Anleger seine Entscheidung mindestens fundieren sollte, die beschriebene Informationsfunktion können Preise eines Grauen Sekundärmarkts nicht erfüllen.

Besser mag es mit der Disziplinierungsfunktion aussehen. Zwar zeigen Sekundärmärkte nicht den Wert neu emittierter Anteile an, wenn der Anleger sie zeichnen will. Doch helfen sie später zu erkennen, ob der Prospekt eines Placierers übertriebene Hoffnungen geweckt hat. Das hülfe auf einem funktionierenden Grauen Sekundärmarkt, Emittenten zu disziplinieren.

Faßt man zusammen, zeigt sich: Preise eines Grauen Sekundärmarkts könnten zumindest Daueremittenten in gewissem Maß disziplinieren, nicht jedoch unmittelbare Anhaltspunkte für den Wert neu emittierter Anteile sein. Gute Prospekte wären deshalb nach wie vor nötig, allerdings wären Emittenten auch stärker daran interessiert.[1] Da sich ein funktionsfähiger Grauer Sekundärmarkt jedoch nicht entwickelt hat und wahrscheinlich nicht entwickeln wird, löst sich der Interessenkonflikt zwischen Anlegern und Initiatoren nicht von allein. Deshalb muß jetzt untersucht werden, welche Regelungsprobleme dieser Konflikt im einzelnen mit sich bringt und mit welchen Handlungsalternativen der Publi-

---

1 Auch wenn Emittenten gewillt wären, gute Prospekte zu erstellen, könnten GoP nötig sein: Damit Prospekte vergleichbar sind, müssen sich alle Emittenten auf Standards einigen, wie sie Prospekte gestalten.

zitätsregulator sie lösen könnte. Das geschieht im folgenden Abschnitt.

IV. Regelungsprobleme des Publizitätsregulators und Handlungsalternativen

Die Fragestellung dieses Abschnitts lautet: Was muß ein Marktregulator im einzelnen reglementieren, damit Emittenten gute Prospekte veröffentlichen, und welche Arten von Publizitätsvorschriften stehen ihm dafür zur Verfügung? Es geht um Regelungsprobleme und Handlungsalternativen.

Zuerst werden Regelungsprobleme untersucht. Regelungsbedarf besteht bei allen Prospektmerkmalen, die Initiatoren im eigenen Interesse gestalten. Das werden sie überall dort tun, wo Merkmale von Informationen die Entscheidungen des Investors beeinflussen. Deshalb müssen im folgenden entscheidungsrelevante Prospektmerkmale dargestellt werden. Sie lassen sich in zwei Kategorien einteilen:

1. Menge, Inhalt und Art von Prospektangaben
2. Qualität von Prospektangaben.

<u>Menge, Inhalt und Art von Nachrichten</u> im Prospekt bilden einen zusammenhängenden Regelungskomplex: Zunächst muß der Marktregulator bestimmen, welche Sachverhalte Unternehmen veröffentlichen müssen (Prospektinhalt). Damit legt er gleichzeitig die Nachrichtenmenge (Prospektumfang) fest. Auch die Nachrichtenart wird vom sachlichen Inhalt bestimmt. Müssen Emittenten z.B. geplante Maßnahmen ausweisen, enthält der Prospekt zwangsläufig prognostische Nachrichten. Die Beschreibung realisierter Zustände erfordert faktische Nachrichten, die Erklärung von Zusammenhängen explanatorische Aussagen und die Darstellung von Zielen, Normen oder Werturteilen normative Angaben.[1)]

1 Zu diesen und weiteren, für Prospekte weniger wichtigen Nachrichtenarten P. Höflinger, Informationsoptimierung, 1975, S. 24 u. 113 ff.; J. Wild, Unternehmungsplanung, 1982, S. 121-123

Dieser Regelungsbereich sei als quantitativ-sachlicher Regelungskomplex bezeichnet. Er muß normiert werden, weil Emittenten sonst durch gezielte Auswahl von Nachrichten Anlegerentscheidungen beeinflussen können. Das können sie beispielsweise tun, indem sie negative Nachrichten verschweigen oder Anleger mit irrelevanten Nachrichten - z.B. eigenen Werturteilen über die Qualität der Anlage - überfluten.

Nicht nur Umfang und Inhalt des Prospekts beeinflussen Anlageentscheidungen, eine wichtige Rolle spielt auch die Qualität der Nachrichten. Sie tut das aus zwei Gründen: Zum einen wirkt sich hohe Nachrichtenqualität unmittelbar positiv auf das Entscheidungsergebnis, d.h. den Zielerfüllungsgrad des Anlegers aus.[1] Zum anderen beeinflußt sie die Akzeptanz einer Nachricht durch den Anleger.[2] Vernachlässigt der Anleger eine Nachricht, weil sie ihm z.B. zu unsicher erscheint, berührt das sein Entscheidungsergebnis auch mittelbar.

Nachrichtenqualität umfaßt eine Reihe von Einzelmerkmalen, die sich teils überschneiden, teils voneinander abhängen.[3] Hier seien beispielhaft Sicherheit, Genauigkeit, Validität, Verständlichkeit und Alter aufgeführt. Sind Nachrichten auch problemrelevant und für den Anleger neu, werden sie definitionsgemäß zu Informationen. Informationsqualität ist dann ein Gütekriterium dafür, wie sehr eine Information geeignet ist, entscheidungsrelevante Sachverhalte zu beurteilen.[4]

---

1 P. Höflinger, Informationsoptimierung, 1975, S. 110 f.

2 W.H. Wacker, Betriebswirtschaftliche Informationstheorie, Wiesbaden 1971, S. 56; S. Grotz-Martin, Informations-Qualität, 1976, S. 7 ff.; N. Szyperski, Rechnungswesen als Informationssystem, in: HdR, 1981, Sp. 1434 f.

3 Vgl. dazu die ausführliche Darstellung und Klassifikation bei S. Grotz-Martin, Informations-Qualität, 1976, S. 26-32; auch J. Wild, Unternehmungsplanung, 1982, S. 124-132

4 S. Grotz-Martin, Informations-Qualität, 1976, S. 26 ff. Qualitativ hochwertige Informationen ermöglichen Anlegern größere Wissensfortschritte als weniger gute.

Informationsqualität hat eine materielle und eine formale Seite.[1] Materielle Aspekte betreffen das zu übermittelnde Wissen selbst - z.B. die Sicherheit von Wissen über künftige Ausschüttungen. Die formale Seite bezieht sich auf die Darstellung des Wissens durch Nachrichten (Zeichenkombinationen, vgl. Teil 2, A.I.1.). Es geht um die unterschiedliche Kodierung identischen Wissens. So kann das Management sein Wissen im Prospekt z.B. durch Worte, Zahlen oder Grafiken darstellen, es kann Nachrichten wiederholen, kombinieren, schwierig oder leicht verständlich ausdrücken, suggestive oder neutrale Formulierungen wählen, Vergleichsangaben placieren usf.[2] Man könnte nun einwenden, es gehe nur um den Inhalt, nicht aber um die äußere Form. Das ist jedoch ein Trugschluß. Denn: "Die formale Gestaltung des Prospekts beeinflußt mittelbar die Aussagekraft."[3] Variiert der Emittent die Darstellungsform eines wichtigen Sachverhalts, kann das die Vorstellungen des Anlegers über den Wert der Anlage verändern.[4] "Somit ist nicht nur die Nachricht selbst, sondern auch die Wahl ... der Kodierung, der Redundanz usw. unter dem Aspekt strategischer Kämpfe zwischen den an der Kommunikation Beteiligten zu

1 S. Grotz-Martin, Informations-Qualität, 1976, S. 25

2 Zu Gestaltungsmöglichkeiten bei der Umsetzung von Wissen in Prospektnachrichten (Kodierung) vgl. z.B. H. Blohm, Der Geschäftsbericht als Mittel der Betriebspolitik, Baden-Baden 1962, S. 60 ff.; G. Kellinghusen und W. Irrgang, Der optimale Geschäftsbericht, in: DB, 31. Jg., 1978, S. 2281-2283

3 E. Staudt, Publizität der börsennotierten Aktiengesellschaften in Deutschland und Frankreich, Karlsruhe 1972, S. 38

4 H. Blohm, Die Manipulation von Informationen, in: NBW, 15. Jg., 1962, S. 125; L.J. Heinrich, die Ausschaltung von Störungen als Voraussetzung optimaler Berichterstattung, Diss. Karlsruhe 1963, S. 48, der jedoch darauf verweist, daß geschulte Adressaten formale Manipulationen erkennen könnten; G. Kellinghusen und W. Irrgang, Geschäftsbericht, 1978, S. 2281-2283; J. Bell, The Effect of Presentation Form on the Use of Information in Annual Reports, in: MSc, 30. Jg., 1984, Nr. 2, S. 169

sehen."[1] Der Publizitätsregulator muß deshalb nicht nur die materielle Qualität der Prospektnachrichten normieren, sondern auch ihre formale.

An dieser Stelle steht die zweite eingangs aufgeworfene Teilfrage im Raum: Welche Regelungsmöglichkeiten haben Marktregulatoren, um zu erreichen, daß Prospektinhalt und -qualität ihren Vorstellungen entsprechen? Es geht darum, Regelungsvorschläge zu entwickeln, kurz: um das Alternativenfeld des Regulators. Dabei sollen hier nur charakteristische Merkmale denkbarer GoP dargestellt werden.

Zunächst hat ein Regulator die Wahl zwischen zwei Arten von Grundsätzen[2]:

1. Er kann Regeln dafür formulieren, wie Inhalt und Qualität des Prospekts - als Ergebnisse von Informationsproduktionsprozessen - ausgeprägt sein müssen (ergebnisbezogene Grundsätze).

2. Er kann konkrete Verfahrensvorschriften für den Ablauf des Prospekterstellungsprozesses wählen und so Normen für das Informationsproduktionssystem schaffen (systembezogene oder verfahrensbezogene Grundsätze).

Zunächst zu ergebnisbezogenen Normen. Sie überlassen es dem Emittenten, wie er die geforderten Prospektangaben gewinnt. Wichtig ist nur, daß der Prospekt alle vorgeschriebenen Informationen in der geforderten Qualität enthält. Betrachtet man zuerst, was für Angaben Pro-

---

1 R. Lisch und J. Kriz, Inhaltsanalyse, 1978, S. 33

2 A. Sperl, Prüfungsplanung, Düsseldorf 1978, S. 96 ff.; U. Leffson, Wirtschaftsprüfung, 2. Aufl., Wiesbaden 1980, S. 220 ff.; sowie F.J. Bönkhoff, Kreditwürdigkeitsprüfung - Zugleich ein Beitrag zur Prüfung von Plänen und Prognosen, Düsseldorf 1983, S. 86 f. unterscheiden in Ergebnis- und Systemprüfung. Diese Einteilung läßt sich aber auch auf Grundsätze anwenden, die Voraussetzung sind für die beiden Prüfungsarten. P. Kupsch, Prüfungswesen, 1985, S. 1153, fordert analog für Prognosen, Grundsätze für den Prognoseinhalt einerseits und die Prognosegewinnung andererseits abzuleiten.

spekte enthalten könnten, hat der Regulator - neben der immer vorhandenen Möglichkeit, Problemlösungen dem Emittenten selbst zu überlassen - folgende Hauptalternativen. Sie seien durch Fragen verdeutlicht: Sollen (unsichere) Prognosen veröffentlicht werden oder nur Ex-post Informationen, aus denen sich Anleger Prognosen selbst ableiten müßten? Soll der Prospekt konkrete Vorhersagen über Ausschüttungen und Anlegerrenditen enthalten oder nicht? Sind etwaige Prognosen mitsamt ihren zugrundegelegten Prämissen zu veröffentlichen (Szenarien) oder ohne? Muß der Prospekt Indikatoren der wesentlichen Risiken enthalten (und wenn ja, welche)?

Auch die Qualität der Prospektangaben muß geregelt werden. Unter dem formalen Qualitätsaspekt der Verständlichkeit ließen sich z.B. zwei wichtige Probleme und ihre Lösungsalternativen subsumieren: Sollen geschlossene Prognosesysteme wie beispielsweise Finanzpläne veröffentlicht werden, oder genügen Einzelprognosen z.B. der Umsätze, Ausschüttungen oder Renditen? Sind Vorhersagen als Punkt- oder Intervallprognose oder als Wahrscheinlichkeitsverteilung zu veröffentlichen?[1)] Weitere formale Qualitätsaspekte und alternative Lösungsmöglichkeiten wurden bereits beispielhaft erwähnt.

Materielle Qualitätsaspekte lassen sich durch ergebnisbezogene Normen schlecht regeln. Beispielsweise kann man kaum verlangen, eine Prognoseaussage habe "wahr" zu sein. Der Regulator hat hier die Alternative, auf Leerformeln auszuweichen ("möglichst plausibel"), oder systembezogene Grundsätze für die Herleitung der Prospektangaben zu formulieren.

---

1 Diese "formalen" Aspekte haben allerdings auch materiellen Charakter, da Finanzpläne z.B. auch andere Informationen enthalten als die erwähnten Einzelprognosen und diese Fragen daher nicht ausschließlich unter Verständlichkeitsgesichtspunkten gesehen werden können. Auch hat es Einfluß auf die materielle Sicherheit einer Prognose, ob sie als Punkt- oder Intervallprognose veröffentlicht wird.

Systembezogene Grundsätze bilden die zweite Kategorie von Regelungsmöglichkeiten. Sie schreiben dem Management vor, wie es Informationen produzieren muß. Verfolgt man den Prozeß zur Erstellung des Prospekts, wie er in A.I.2. beschrieben wurde, könnten zunächst Planungs- und Prognoseschritte festgelegt werden. Hier wäre zu regeln, ob Planungs- und Prognoseinputs (z.B. Branchenentwicklungen) selbst erstellt oder aus externen Quellen bezogen werden müssen. Welche Variablen als Prognoseinputs berücksichtigt werden sollen, läßt sich konkret vorschreiben oder flexibler regeln, indem GoP den Emittenten Suchprozesse auferlegen, die herausfinden, welche Faktoren im Einzelfall den Unternehmenserfolg determinieren. Sodann wäre die Planung der Unternehmensstrategie zu regeln. Regulatoren könnten Grob- oder Feinplanung, flexible oder starre Planung verlangen, u.U. sogar beeinflussen, was geplant wird (welche Strategien). Für die Prognose des Unternehmenserfolgs sind Prognoseverfahren zu wählen. Die Spannweite reicht von einfachen Schätzungen bis hin zu komplexen mathematischen Verfahren.

Systemgrundsätze könnten weiterhin festlegen, wie die Initiatoren interne Planungen zu Prospekten zusammenfassen müssen.[1] Hier geht es um mögliche Regeln für Aggregationstechniken (z.B. Mittelwertbildungen, Saldierungen) oder Ausleseprozesse. Letztlich können sich Systemgrundsätze auf die Struktur des Planungssystems beziehen (müssen Planungsabteilungen existieren? Sind zwingend EDV-Anlagen zu verwenden? Über welches Know-How müssen planende Managements verfügen?)

---

1 Ebenso unterscheiden O. Wanik, Probleme der Aufstellung und Prüfung von Prognosen über die Unternehmung in der nächsten Zukunft, in: Bericht über die Fachtagung 1974 des IdW, Hrsg. IdW, Düsseldorf 1975, S. 51, 57, und D. Rückle, Externe Prognosen, 1984, S. 65, Regeln für interne und externe Prognosen. P. Kupsch, Prüfungswesen, 1985, S. 1153, spricht die "Überleitung" interner in externe Prognosen als Prüfungsgegenstand an, für den Normen existieren müssen.

System- und Ergebnisgrundsätze schließen einander nicht aus. Vielmehr kann der Publizitätsregulator beide Arten kombinieren. So könnte die Qualität von Planungsinputs nicht nur durch Vorgabe der Quelle gesichert werden, aus der sie zu beziehen sind, sondern auch oder zusätzlich durch konkrete Qualitätsanforderungen (z.B. ein Höchstalter für Daten). Dort, wo man glaubt, mit Systemregeln auskommen zu können, sind möglicherweise zusätzlich ergebnisbezogene Normen nötig, weil selbst reglementierte Verfahrensschritte "aufgrund der Mitwirkung von Personen nur stochastisch ablaufen."[1]: Regelungen für Planungs- und Prognoseverfahren lassen dem Management i.d.R. Freiräume; diese sind dann durch ergebnisbezogene Normen einzuengen, wenn das dem Regelungsziel dient. Umgekehrt bedürfen solche Ergebnisgrundsätze, die sich in Leerformeln erschöpfen (z.B. "Wahrheit" von Prognosen) möglicherweise der Ergänzung durch systembezogene Normen.

Fragt man, wo die angesprochenen, alternativ denkbaren Regelungen herstammen, wer sie entwickelt hat, so sei das konkretisiert, was Teil 1, B.II.1. andeutete: Vorschläge, wie Pläne, Prognosen und externe Publizität gestaltet werden könnten, werden in der Literatur diskutiert. Auch neue Vorschläge könnten in der vorliegenden Arbeit gemacht werden. Jeder Vorschlag ist ein potentieller GoP.[2] Als Quelle für potentielle GoP dienen aber auch Regelungen anderer Normensysteme, die zukunftsorientierte Publizität betreffen. Neben den bereits erwähnten Prospektprüfungs-Richtlinien des IdW sind hier z.B. die Prognoseregeln der SEC[3] und die

1 F.J. Bönkhoff, Kreditwürdigkeitsprüfung, 1983, S. 87, auch S. 106 f.

2 In der deutschen Literatur fassen folgende Autoren Regelungsmöglichkeiten zu mehr oder weniger konkreten Normensystemen zusammen: J. Hagest und G. Kellinghusen, Zur Problematik der Prognoseprüfung und der Entwicklung von Grundsätzen ordnungsmäßiger Prognosebildung, in: WPg, 30. Jg., 1977, S. 405-415; H.-P. Berndsen, Unternehmenspublizität, 1979; D. Rückle, Externe Prognosen, 1984, S. 66 f.

3 Vgl. dazu z.B. D.L.S. Chang und S.S. Liao, Measuring and Disclosing Forecast Reliability, in: JoA, 143. Jg., Mai 1977, S. 77 f.

Grundsätze des AICPA[1] zur Erstellung und Veröffentlichung sowie der Prüfung von prospektiven Informationen zu nennen.

Faßt man Regelungsprobleme des Marktregulators und seine Lösungsmöglichkeiten zusammen, ergibt sich folgendes: Der Regulator muß Inhalt und Umfang des Prospekts und die Qualität der Prospektinformationen festlegen. Dabei muß er sowohl materielle als auch formale Merkmale der Angaben beachten. Um diese Probleme zu lösen, stehen ihm ergebnisbezogene Grundsätze für Planungsinputs und den Prospekt selbst zur Verfügung. Er kann auch den Prospekterstellungsprozeß durch Verfahrens-und Systemregeln für Planungs-, Prognose- und Aggregationsprozesse reglementieren. Da alle Regelungsansätze die Wahrheit, Klarheit und Vollständigkeit des Prospekts beeinflussen, bietet es sich an, die einzelnen Normen - wie in der Publizitätsdiskussion üblich - so zu ordnen, daß sie sich in Wahrheits-, Klarheits- und Vollständigkeitsgrundsätze einteilen lassen.

Hat ein Publizitätsregulator einen derartigen Überblick über verschiedene Möglichkeiten gewonnen, seine Regelungsprobleme zu lösen, ist seine Aufgabe noch nicht beendet. Denn alle vorgeschlagenen und bereits etablierten Regelungen haben noch nicht zu allgemein akzeptierten Grundsätzen für zukunftsorientierte Publizität geführt.[2] Auch werden sie sich nicht unbesehen auf Prospekte des Grauen Markts anwenden lassen. Marktregulatoren benötigen deshalb ein operationales Zielkriterium, an dem sie die Regelungsvorschläge messen und feststellen können, wieweit diese die Funktion des Grauen Markts verbessern. Abschnitt B. des zweiten Teils versucht, ein solches Kriterium zu entwickeln.

---

1 AICPA, Statement on Standards for Accountant's Services on Prospective Financial Information - Financial Forecasts and Projections, New York 1985, abgedruckt in: JoA, 161. Jg., Februar 1986, S. 134-148. Weiterhin AICPA, Guide for Prospective Financial Statements, New York 1986. Zum Inhalt dieser beiden Regelwerke, die alle vorherigen Normen des AICPA für Prognosen außer Kraft setzen, vgl. D.M. Guy und D. Pallais, Prospective Financial Statements, in: JoA, 161. Jg., April 1986, S. 90-99

2 P. Kupsch, Prüfungswesen, 1985, S. 1153, und Einleitung, B.II.

B. Das Entscheidungskriterium für die Auswahl von GoP

Wie oft behauptet wird, funktionieren Kapitalmärkte nur dann, wenn Anleger geschützt sind. Das ergibt jedoch noch kein Kriterium, mit dem ein Marktregulator alternative Publizitätsvorschläge beurteilen kann. Deshalb muß das, was einen funktionierenden Kapitalmarkt ausmacht, zu einer brauchbaren Zielgröße zusammengefaßt werden. Erst wenn das geschehen ist, lassen sich an ihr mögliche Publizitätsregeln[1] messen, die "besten" auswählen und zu GoP erheben.

I. Anlegererwartungen besonderer Qualität als Ziel von GoP ?

Wohl wichtigster Aspekt eines funktionierenden Marktmechanismus ist die Kapitallenkung.[2] Sie setzt voraus, daß Anleger Risiken und Renditen aller Angebote möglichst zweifelsfrei ermitteln können.[3]

Diese Voraussetzung ist im Modell eines idealen, informationseffizienten Effektenmarkts erfüllt. Dort ist "die Einschätzung der zukünftigen Größen durch die Marktteilnehmer ... nicht mehr zu verbessern"[4], weil Investoren "neben dem Vorwissen ... alle nur empfangbaren und zu Analysezwecken verwendbaren Nachrichten"[5] in ihre Erwartungen einfließen lassen. Wenden

---

1 Mögliche Arten von Publizitätsregeln, mit denen der Marktregulator Prospekte des Grauen Markts normieren könnte, wurden in Teil 2 A.IV. dargestellt. Sie bilden die alternativen Handlungsmöglichkeiten des Marktregulators.

2 Vgl. die Einleitung, A.I.

3 H. Demsetz, Perfect Competition, Regulation and the Stock Market, in: Economic Policy and the Regulation of Corporate Securities, Hrsg. H.G. Manne, Washington D.C. 1969, S. 1 ff., 6; F. Kübler, Transparenz, 1977, S. 89; K.J. Böhm, Anlegerschutz, 1979, S. 67

4 H. Reuter, Aktienmarkt, 1980, S. 62

5 H. Reuter, Aktienmarkt, 1980, S. 59

alle Anleger auch noch ein identisches, hoch entwickeltes Vorwissen an, um die Menge "wahrer" Nachrichten korrekt zu verarbeiten, die ihnen kostenlos und fehlerfrei zufließen, so entwickeln sich homogene Erwartungen über künftige Renditen und Risiken.[1)2)] Solche Erwartungen von Marktteilnehmern bedeuten allerings keinesfalls Sicherheit. Vielmehr schätzen Anleger nur die Unsicherheit entscheidungsrelevanter Faktoren so gut wie irgend möglich ein. In Kenntnis dieser Informationen bildet der Markt "Kurse besonderer Qualität"[3)] heraus. Sie gelten als verläßliche Reflektoren der Risiken und Renditen von Kapitalanlagen. Dadurch üben Kurse selbst für uninformierte Kleinanleger Schutz- und Lenkungsfunktionen aus, auch wenn sich dieser Anlegertypus am Prozeß der Informationsproduktion kaum beteiligt.[4)]

Man könnte nun meinen, am Grauen Markt ließe sich ein ähnliches Ergebnis über einen funktionierenden Sekundärmarkt erreichen. Wie in A.III. dargestellt, hat sich ein solcher Markt jedoch nicht herausgebildet. Deshalb

1 Die Risiken einer Anlage seien repräsentiert durch die Wahrscheinlichkeitsverteilung künftiger Nettozahlungen an den Anleger. Diese Zahlungen bilden die Zielgröße des Investors, vgl. dazu Teil 2, A.II.2. Werden die unsicheren Zahlungen auf den Kapitaleinsatz des Anlegers bezogen, errechnen sich Verteilungen künftiger Renditen.

2 Zu diesen Prämissen ausführlich H. Reuter, Aktienmarkt, 1980, S. 59-62, der sich an E.F. Fama, Foundations of Finance, New York 1976, anlehnt.

3 H. Schmidt, Börsenorganisation, 1970, S. 2

4 Zum Anlegerschutz "über den Kurs", bewirkt durch den versierten Teil des Anlegerpublikums vgl. H. Reuter, Aktienmarkt, 1980, S. 11 f., 231-236. Kleinanleger kommen zwar im Modell des informationseffizienten Markts nicht vor, doch stützt Reuter die Argumentation auf ein Ergebnis seiner Untersuchung, daß auch auf realen Effektenmärkten Kurse guter Qualität vorherrschen, denen der Kleinanleger vertrauen kann. Kurse stellen allerdings nur eine zusammengefaßte Bewertung durch den Markt dar (R.H. Schmidt, Aktienkursprognose, Wiesbaden 1976, S. 416 f.). Hegt ein Anleger Präferenzen, von denen er vermutet, daß sie stark von denen des Markts abweichen, muß er sich strenggenommen doch eigene Preisvorstellungen bilden (Ch. Kirchner, Eigenkapitalversorgung, 1984, S. 392 f.).

wird für den Grauen Markt nach einem Weg gesucht, ein vergleichbares Ergebnis über normierte Emissionspublizität zu erreichen.

Das Ziel von Publizitätsvorschriften für den Grauen Markt könnte deshalb lauten: Im Anlegerpublikum sollten sich "Erwartungen besonderer Qualität" herausbilden. Solche Erwartungen repräsentieren Vorstellungen über unsichere Nettozahlungen an den Anleger und über unsichere Renditen. Erwartungen besonderer Qualität gleichen Kursen besonderer Qualität in ihrem Gehalt an bewertungsrelevantem Wissen über das Anlageobjekt und seine Umwelt und ebnen damit auch das problematische Informationsgefälle zwischen Anlegern und Initiatoren ein.

Da am Grauen Kapitalmarkt nicht zu Kursen besonderer Qualität gekauft werden kann, müssen sich alle Anleger Erwartungen selbst bilden, wenn sie eine fundierte Anlageentscheidung treffen wollen. Das ist freilich nur der erste Schritt zur Vorbereitung der Entscheidung. Im zweiten Schritt muß der Anleger erwartete Zahlungen bewerten und seine Preisgrenze präzisieren.

Folglich sind Erwartungen besonderer Qualität nur eine notwendige, keinesfalls aber hinreichende Bedingung optimaler Allokation. Damit Anleger allokationsgerechte Entscheidungen treffen, müssen sie zusätzlich

- rational entscheiden
- homogene, gesamtwirtschaftlich sinnvolle Präferenzen hegen.

Rationales Entscheiden bedeutet, konsistente Präferenzen zu haben und sich am individuellen Nutzenmaximum zu orientieren. Diese Bedingung scheint weniger problematisch.[1)]

1 Allerdings orientieren sich Anleger gelegentlich nicht am Nutzenmaximum, sondern akzeptieren auch "befriedigende" Lösungen, dazu H.-D. Koch, Kapitalanlegerschutz, 1981, S. 196-211

Um die zweite Bedingung zu erfüllen, müssen die Präferenzen der Anleger komplementär zum Allokationsziel des Marktregulators sein. Gute Allokation bedeutet, daß von zwei Anlagen gleichen Risikos die höher verzinsliche gewählt, von zwei Objekten gleicher Rendite das risikoärmere gezeichnet wird. Das ist kein Selbstzweck, sondern steht für höhere Kapitalproduktivität und steigert damit die gesamtwirtschaftliche Wohlfahrt. Anlegerrenditen und -risiken werden deshalb als Maßstab für den Erfolg von Steuerungsmaßnahmen - wie z.B. Publizitätsregeln - benutzt.[1] Entscheidet der einzelne Anleger im Sinn guter Allokation, wie sie eben definiert wurde, so ergibt die Aggregation individueller Nutzenoptima das gesamtwirtschaftliche Nutzenmaximum.[2] Wäre diese Bedingung nicht erfüllt, hätten Publizitätsregeln gesamtwirtschaftlich wenig Sinn, auch wenn sie dem Anleger zu Erwartungen guter Qualität verhälfen: Sähe ein wohlinformierter Anleger sein höchstes Glück darin, "dem Fiskus eines auszuwischen", würde er anhand der Verlustzuweisungsquote entscheiden und weniger auf Renditeaspekte achten. Damit optimierte er zwar seinen

---

1 Vgl. N.J. Gonedes, Public Disclosure Rules, Private Information-Production Decisions and Capital Market Equilibrium, in: JAR, 18. Jg., 1980, Nr. 2, S. 441; G.W. Schwert, Using Financial Data to Measure Effects of Regulation, in: JLE, 24. Jg., 1981, Nr. 1, S. 121 f.; H. Schmidt, Disclosure, 1983, S. 35 f., spez. Fn. 2, S. 35. Schmidt spricht deshalb vom "price-impact approach". Andere Nutzenformulierungen und Zielgrößen sind denkbar. Z.B. ließe sich der Nutzen von Publiitätsregeln durch den Wert "produktiver" Tätigkeiten ausdrücken, die Anleger entfalten können, anstatt wie bisher auf zeitintensive eigene Informationssuche zu gehen, vgl. N.H. Hakansson, Interim Disclosure and Public Forecasts: An Economic Analysis and a Framework for Choice, in: AR, 52. Jg., 1977, Nr. 2, S. 396-416

2 Zu Problemen, die bei der Aggregation individueller Nutzen entstehen, vgl. jedoch H.-D. Koch, Kapitalanlegerschutz, 1981, S. 62 f.

individuellen Nutzen, der volkswirtschaftliche Vorteil seiner Entscheidung wäre jedoch zweifelhaft.[1])

Ob Anleger "zweckmäßige" Präferenzen hegen und rational maximieren, haben Publizitätsregulatoren nicht in der Hand. Auch ein normierter Prospekt kann dem Anlegerpublikum keine gesamtwirtschaftlich wünschenswerten Präferenzen oktroyieren. Er soll das auch gar nicht, denn Anlegerschutz durch Publizität beruht auf dem Prinzip der freien Anlageentscheidung und dem Recht, "sich selbst zum Narren zu machen",[2]) ausschießlich durch andere soll er nicht genarrt werden. Hier liegt eine unaufhebbare Grenze aller Disclosure-Marktschutzkonzepte, die auf die Vernunft von Marktteilnehmern bauen. Allokationsgerechte Präferenzen und rationales Entscheiden der Anleger werden fortan als Bedingungen dafür vorausgesetzt, daß "gute" Publizitätsvorschriften auch gute Mittelallokation bewirken. Damit klammert diese Arbeit Probleme aus, die sich ergeben, wenn Anleger ihre Zahlungserwartungen in Preisgrenzen umsetzen wollen. Publiziätsvorschriften können nur auf die Qualität von Erwartungen einwirken, nicht aber

---

1 Der Investor befände sich allerdings im Einklang mit der Intention des Steuergesetzgebers, durch Steuervergünstigungen z.B. struktur- oder regionalpolitische Ziele zu realisieren. Damit flösse Kapital nicht mehr zwingend dorthin, wo es von sich aus höchste Rendite erwarten läßt. Das gilt auch, wenn der Anleger nicht ausschließlich anhand der Steuervorteile entscheidet (wie oben unterstellt), sondern sich an der Gesamtrendite orientiert, diese aber durch Steuervorteile mitgeprägt ist. Es besteht offensichtlich ein Konflikt zwischen Allokation und anderen wirtschaftspolitischen Zielvorstellungen. Gesamtwirtschaftliche Wohlfahrt ist eben keine eindimensionale Größe, vgl. K. Förster, Kapitalmarkteffizienz, 1984, S. 51 f.; sowie speziell für den - steuerlich stark geförderten - Wohnungsbau J. Eekhoff, Kapitalfehllenkung durch unproduktive Wohnungsbauinvestitionen?, in: DIK, 36. Jg., 1985, S. 36-42. Der Konflikt läßt sich nach Förster nicht lösen, nur akzeptieren. Durch fortschreitenden Abbau der Steuervorteile verliert er ohnehin seine Brisanz. Kapitallenkung beziehe sich deshalb fortan auf zu erwartende Vorteile für den Investor (vgl. H. Schmidt, Disclosure, 1983, S. 35), auch wenn diese z.T. durch Steuervergünstigungen mitbegründet werden.

2 L. Loss, Der Schutz des Kapitalanlegers, in: ZHR, 129. Jg., 1967, S. 208; K.J. Hopt, Kapitalanlegerschutz, 1975, S. 238; H.-D. Assmann, Prospekthaftung, 1985, S. 29 f.

beeinflussen, ob Anleger daraus "angemessene" Preisgrenzen ableiten.

Erwartungen besonderer Qualität sollen dem Ziel guter Allokation dienen. Am Grauen Markt kommen jedoch immer wieder Vermögensverschiebungen vor. Investieren Anleger in solche Beteiligungen, weil sie Schädigungen nicht erkennen, kann das Kapitalfehllenkung bedeuten.[1] Deshalb fördern Erwartungen besonderer Qualität die Allokation auch, indem sie potentielle Anlegerschädigungen transparent machen: Können Anleger Ausmaß und Wahrscheinlichkeit künftiger Vermögensverlagerungen antizipieren, kompensieren sie das Risiko durch angemessene Abschläge von ihren Preisgrenzen. Dann ist für sie das Ausmaß denkbarer Schädigungen unerheblich. Initiatoren aber verlieren das Interesse an (antizipierbaren) Schädigungsmöglichkeiten, weil sie die Anleger über Preisnachlässe entschädigen müssen.[2] Bereicherungschance und Ausgleichsabschlag saldieren sich für beide Parteien zu Null. Dann aber werden Schädigungen für Initiatoren ökonomisch zwecklos und im Idealfall unterlassen.

Erwartungen besonderer Qualität sind eine Idealvorstellung und lassen sich auf realen Märkten nicht realisieren. Denn auf realen Märkten

- fallen Informationskosten an
- können Anleger nur begrenzte Nachrichtenmengen verarbeiten
- zirkulieren auch Nachrichten zweifelhafter Qualität
- unterscheiden sich Anleger und Initiatoren in ihren Fähigkeiten, Nachrichten zu produzieren, sowie in den Kosten ihrer Nachrichtenproduktion

1 Z.B. könnten belogene Anleger in ein Projekt investieren, das aufgrund der Schädigungsmöglichkeiten zwar für Initiatoren lohnend, insgesamt jedoch wenig rentierlich ist - was Anleger aber ex-ante nicht erkennen können.

2 H. Schmidt, Börsenorganisation, 1970, S. 71; R.H. Schmidt, Rolle von Informationen, 1979, S. 545 f.; H.-D. Koch, Kapitalanlegerschutz, 1981, S. 238 f.

- werden individuelle Anleger kaum homogene und von irrationalen Einflüssen vollkommen freie Erwartungen herausbilden.[1]

Erwartungen besonderer Qualität erfassen einen zentralen Aspekt funktionierender Märkte, vernachlässigen jedoch andere. Will man die Qualität von Erwartungen am realen Markt erhöhen und gleichzeitig weitere Aspekte der Marktfunktion berücksichtigen, so sind damit folgende Fragen verbunden:

1. Wie hoch muß die Erwartungsqualität sein, damit ein realer Kapitalmarkt hinreichend funktioniert?
2. Wie werden Informationsaktivitäten zwischen Anlegern und Initiatoren aufgeteilt? Muß der Prospekt alle Informationen in bester Qualität enthalten? Wie weit sollen sich Anleger selbst informieren?

Sie lassen sich beantworten, wenn auf ein Kriterium zurückgegriffen werden kann, das alle Aspekte eines funktionierenden Kapitalmarkts operational zusammenfaßt. Der folgende Abschnitt versucht deshalb, ein solches Kriterium zu entwickeln.

II. Informationskosten als Auswahlkriterium für GoP

Vor das Problem gestellt, (Informations-)Pflichten durch Vorschriften aufzuteilen, wägen Juristen die divergierenden Interessen der Marktteilnehmer anhand dogmatischer Kriterien gegeneinander ab. Für den Anlegerschutz greift hier das Anlegerschutzprinzip. Allerdings ist es nirgends explizit formuliert. Es konkretisiert sich erst in Normen, die aus ihm abgeleitet wer-

---

1 E.M. Miller, Risk, Uncertainty, and Divergence of Opinion, in: JoF, 32. Jg., Nr. 4, 1977, S. 1151. Diese Annahme wird auch kritisiert von M. Tietzel, Was kann man von der "Theorie rationaler Erwartungen" rationalerweise erwarten?, in: KuK, 15. Jg., 1982, S. 492-516, wenn er die Prämissen "rationaler Erwartungen" aufs Korn nimmt. Deren Implikationen gleichen denen von Erwartungen besonderer Qualität (zu den Prämissen rationaler Erwartung: Ebenda, S. 503-510)

den, ebenso wie es selbst erst in bestehenden Normen nachgewiesen wurde.[1] Auf neue Vorschriften strahlt das Prinzip "sinngebend zurück"[2].

Juristen müssen deshalb zunächst die "gewollte" Interessengewichtung in bestehenden Normen analysieren und sie in einem zweiten Schritt auf die Informationspflichten von Anlegern und Initiatoren übertragen.[3] Auf diese Weise werden neue Regeln reibungslos in die bestehende Rechtsordnung eingebettet, weisen aber auch alle zweifelhaften Merkmale vorhandener Anlegerschutzregeln auf: Nur konsensfähige Lösungen haben eine Realisierungschance, sie orientieren sich an pathologischen Fällen und neigen zur Übersteuerung, weil Wirkungskontrollen fehlen.[4]

Darüber hinaus zeigt eine Analyse bestehender Vorschriften, daß juristische Standpunkte zur Interessengewichtung bei verschiedenen Regelungsproblemen auseinanderklaffen - trotz ihrer gemeinsamen dogmatischen Basis. Sie reichen von der absoluten Verantwortung der Initiatoren[5] bis hin zu ernstzunehmenden Pflichten des Anlegers.[6] Ein eindeutiges und zudem ökonomisch zweckmäßiges Zielkriterium, an dem sich neue Schutzvor-

---

1 K.J. Hopt, Kapitalanlegerschutz, 1975, S. 346 f.

2 K.J. Hopt, Kapitalanlegerschutz, 1975, S. 289

3 Ähnlich wurde bei der Definition des Bilanzzwecks als Auswahlkriterium für GoB vorgegangen, dazu J. Baetge, Rechnungslegungszwecke, 1976, S. 21 ff.

4 Zu diesen (und weiteren) Merkmalen juristisch diskutierten Anlegerschutzes H. Schmidt, Kosten, 1983, S. 184 f.; K.J. Hopt, Asymmetrische Information, 1984, S. 744 f.

5 "Den Verwaltungsinhaber, der öffentlich Eigenkapitalanteile verkaufen läßt, (trifft) die volle Treuhandpflicht des Fremdverwalters - ohne Rücksicht auf sein eigenes Engagement." (H. Wiedemann, Gesellschaftsrecht, 1980, S. 491).

6 So bei Nachforschungspflichten der Anleger, vgl. BGH, Urteil vom 25.11.1981, in: BB, 37. Jg., 1982, S. 329-331. N.v.Teuffel, Zur Zulässigkeit der Prospekthaftung als eigenständiges Rechtsinstitut, in: DB, 38. Jg., 1985, S. 374, spricht von Schuldhaftigkeit des Anlegers, wenn er Prospektangaben nicht überprüft.

schriften orientieren könnten, läßt sich aus dem Anlegerschutzprinzip offensichtlich nicht ohne weiteres gewinnen.

Ein ökonomischer Ansatz verzichtet auf moralisch-ethische oder dogmatische Gesichtspunkte.[1] Er fragt stattdessen nach einem umfassenden Kriterium für Kapitalmarkteffizienz, das auch die Aspekte Erwartungsqualität und Anlegerschutz - wie der Ökonom ihn sieht - integriert.

Wer nach einem solchen Maß sucht, stößt auf die Summe aller Kosten, die im Zusammenhang mit Emissionen und Anlageentscheidungen entstehen. Schmidt nennt für Effektenmärkte fünf Kostenarten; wie hoch diese Kosten sind, hängt von der Organisation des Markts ab, man kann deshalb von marktorganisationsbestimmten Kosten sprechen.[2] Jede Kostenart kann in mehrere Komponenten zerlegt werden.

Denkt man an die Aufgaben von Kapitalmärkten - Mittelaufbringung und -lenkung -, liegt der Sinn des Maßes auf der Hand. Wenn vergleichbare Anlagen möglichst wenig (und in ähnlicher Weise) mit derartigen Kosten belastet werden, können Zahlungen der Anleger dem Emittenten nur geringfügig geschmälert zufließen, ebenso wie Überschüsse der Investitionen den Anlegern ohne spürbare Einbußen zugute kommen. Nur dann vermögen Preisgrenzen von Anlegern die zu erwartende finanzielle Lage des Emittenten hinreichend korrekt zu indizieren und sind insbesondere nicht durch Kosten verzerrt, die bei vergleichbaren Objekten in unterschiedlicher Höhe anfallen.[3] Marktorganisationsbestimmte Kosten stel-

---

1 Wie sie über die Komponente Individualschutz in das Anlegerschutzprinzip einfließen.

2 H. Schmidt, Zirkulationsmarkt, 1977, S. 11-16; ders., Kosten, 1983, S. 188. Es sind: Emissionskosten, Kosten des Wertpapierdienstes (incl. Kosten fortlaufender Publizität), Verwahr- und Verwaltungskosten, Kosten fortlaufender Information, Transaktionskosten.

3 Diese Überlegungen stellt für Effektenmärkte an: H. Schmidt, Zirkulationsmarkt, 1977, S. 11-16, 32 f.; ders., Kosten, 1983, S. 188 f.; ders., Disclosure, 1983, S. 38 f.

len Reibungsverluste dar. Sie sind deshalb "ein Maß für die Effizienz des Effektenmarkts im Sinn effizienter organisatorischer Verfahrensweisen, kurz, das Maß für die Verfahrenseffizienz."[1]

Wollen Marktorganisatoren einen Markt gestalten, dann sollte das so geschehen, daß die Summe der marktorganisationsbestimmten Kosten minimiert wird: "Unnötige Reibungsverluste sind zu vermeiden. Diese Aussage scheint nichts anderes zu sein als eine Umformulierung des ökonomischen Prinzips. Der Organisationszweck ist mit den geringstmöglichen Kosten zu erreichen."[2] Das gilt auch für Anlegerschutzregeln.

Sind Regelungsvorschläge für Prospekte des Grauen Markts zu beurteilen, muß das Konzept angepaßt werden:

1. Publizitätsregulatoren für Prospekte interessiert der Graue Markt in seiner Eigenschaft als Emissionsmarkt. Die fünf Kostenarten gelten für Primär- und Sekundärmärkte zusammengenommen. Betrachtet man ausschließlich Emissionsmärkte, entfallen Kostenarten. Gleichzeitig müssen Komponenten verbleibender Arten uminterpretiert werden. So sind anstelle der Transaktionskosten von Verkäufern auf Zirkulationsmärkten Emissionskosten des Emittenten anzusetzen.[3]

2. Emissions- und Informationsprozesse des Grauen Markts unterscheiden sich von denen eines Effektenmarkts. Das zieht weitere Um- und Neudefinitionen von Kostenkomponenten nach sich.

---

1 H. Schmidt, Kosten, 1983, S. 189

2 H. Schmidt, Kosten, 1983, S. 187

3 Analog umgekehrt für die Beschränkung auf Zirkulationsmärkte H. Schmidt, Zirkulationsmarkt, 1977, S. 15

3. Die Kosten interessieren nur soweit, wie sie von Prospektvorschriften direkt oder indirekt beeinflußt sind. Da GoP jedoch nicht nur Komponenten einer Kostenart berühren, müssen die Kostenarten in ihre Komponenten zerlegt und jene herausgefiltert werden, deren Höhe von GoP mitbestimmt wird. Solche Kostenkomponenten seien zu einer Teilsumme der marktorganisationsbestimmten Kosten zusammengefaßt und als Informationskosten bezeichnet. Nur diese Teilsumme stellt das Auswahlkriterium für GoP dar. Andere, von Prospektregeln unberührte Komponenten werden als konstant angenommen und bleiben unberücksichtigt.[1] Für Publizitätsregulatoren ist Verfahrenseffizienz eine Frage der Informationskosten.

Informationskosten können einerseits beim Emittenten entstehen. GoP wirken sich jedoch möglicherweise nicht nur beim Emittenten aus. "If there are any substitution or complementarity relationships among the signals produced on private account and the signals covered by disclosure rules, then the 'effectiveness' of the rules cannot, in general, be assessed independently of private information-production activities. ... the effect of disclosure rules will ... reflect both (1) the direct (or "own") effects of the rules on produced information and (2) the effects of any changes in private information-production activities induced by the rules enactment."[2] Wer die Wirkung von Publizitäts-

1 Allgemeiner dazu H. Schmidt, Zirkulationsmarkt, 1977, S. 27-30; ders., Kosten, 1983, S. 191-195. Schmidt unterscheidet auf Kapitalmärkten drei Bereiche, die meist unabhängig voneinander Ziel von Anlegerschutzvorschlägen sind: einen vorgelagerten Informations- und Entscheidungsbereich, den Ausführungsbereich sowie den Erfüllungs-, Verwahrungs- und Verwaltungsbereich. Da sich keine Kostenart vollständig einem dieser Bereiche zuordnen läßt, müssen die Kostenarten zerlegt und ihre Komponenten zu bereichsspezifischen Teilsummen zusammengefaßt werden. Nur dann ist man imstande, Regelungsvorschläge, die sich auf einen Bereich beziehen, systematisch zu beurteilen, ohne alle Bereiche gleichzeitig zu betrachten. Bei der Auswahl von GoP geht es um den ersten Bereich, begrenzt auf den Emissionsmarkt.

2 N. Gonedes,Public Disclosure Rules, 1980, S. 442 f.

regeln vollständig erfassen will, muß daher auch fragen, welche Kosten die Regeln beim Anleger hervorrufen oder verändern. Informationskosten der Investoren hängen dabei z.T. von denen der Unternehmen ab und werden sich oft gegenläufig entwickeln - et vice versa. So mag eine Vorschrift geringer Regelungsintensität dem Emittenten Kosten ersparen, das kann jedoch den Anleger zu eigenen Informationsaktivitäten zwingen und ihm Kosten verursachen. Alle Effekte sind zu berücksichtigen.

Informationskosten treten auf, wenn Emittenten Prospekte erstellen und Anleger sich informieren, kurz: bevor Anlageentscheidungen fallen. Möglicherweise ruft Emissionspublizität Kosten aber auch in späteren Perioden hervor. Z.B. könnten innovative Unternehmen Schaden nehmen, wenn sie im Prospekt Geschäftsgeheimnisse preisgeben müssen. Solche "Folgekosten" sind abzuzinsen und ebenfalls den Informationskosten zuzuschlagen.

An dieser Stelle sei ein möglicher Einwand aufgegriffen: Minimale Informationskosten garantierten nur dann optimale Allokation, wenn die Qualität der Anlegererwartungen hinreichend hoch ist. Nur durch diese zusätzliche Bedingung, so scheint es, läßt sich die Brücke schlagen zu der oben diskutierten Voraussetzung idealer allokationseffizienter Kapitalmärkte, den Erwartungen besonderer Qualität.

Das Kriterium der Informationskosten vollzieht indessen diesen Brückenschlag bereits durch eine kalkulatorische Komponente. Die Komponente bewertet etwaige Informationsrisiken, wie sie durch schlechte Prospektpublizität hervorgerufen werden, und integriert sie in die Summe der Informationskosten: Das Informationsrisiko schlägt sich in der Gefahr nieder, daß Anleger die "tatsächlichen" Risiken nicht exakt vor Augen haben, verzerrte Vorstellungen über die Wahrscheinlichkeitsverteilungen künftiger Nettozahlungen hegen und so zu "falschen" - im Normalfall zu hohen[1] - Preisgrenzen gelangen. Das

---

1 Managements werden Schwächen von Publizitätsregeln dazu nutzen, besonders gute Risiko-Rendite-Relationen vorzutäuschen.

führt zu publizitätsbedingten Anlegerschäden. Die kalkulatorische Komponente mißt die publizitätsabhängige Qualität entscheidungsfundierender Risiko-Rendite-Vorstellungen von Investoren als Erwartungswert künftiger Anlegerschäden.[1] Dadurch ist die Qualität der Anlegererwartungen in das Kriterium der Informationskosten einbezogen.

Ziel von GoP scheint es auf den ersten Blick zu sein, die publizitätsbedingten Anlegerschäden zu minimieren. Das gilt jedoch nur, wenn dadurch "andere" Informationskosten nicht zu sehr wachsen. Denn nicht das Informationsrisiko, das eine Publizitätsregelung läßt, soll so gering wie möglich werden, sondern die Gesamtsumme aller Informationskosten.

Mit den erwähnten Arten von Informationskosten, nämlich

- Informationskosten für Prospekterstellung durch Emittenten und für Selbstinformation des Anlegers
- Folgekosten z.B. für spätere Nachteile aufgrund zu aussagefreudiger Prospektpublizität
- kalkulatorische Kosten zur Bewertung prospektbedingter Informationsrisiken,

sind alle Aspekte der Verfahrenseffizienz erfaßt, soweit sie von Publizitätsregeln beeinflußt werden. Die Summe dieser Kosten als Indikator für Verfahrenseffizienz berücksichtigt alle publizitätsabhängigen Aspekte

---

1 Vgl. H. Schmidt, Zirkulationsmarkt, 1977, S. 3 f., S. 22 f. Der Erwartungswert ist jedenfalls dann das Maß, wenn Risikoneutralität unterstellt wird.

der Marktfunktion[1] einschließlich Anlegerschutz durch Publizität. Sie ist ein operationaler und prinzipiell auch quantifizierbarer Beurteilungsmaßstab für mögliche GoP. Probleme wirft das Kriterium erst auf, wenn die Kosten im konkreten Fall geschätzt werden sollen. Mögen die durchschnittlichen pagatorischen Kosten eines Regelungsvorschlags noch halbwegs plausibel angesetzt werden können - die kalkulatorische Komponente erfordert es, Anlegerschäden abzuschätzen, die im Durchschnitt aller künftigen Transaktionen von einer Publizitätsregelung hervorgerufen werden, und diese Schäden in Geldeinheiten auszudrücken. Nur dann sind kalkulatorische und pagatorische Kosten vergleichbar, nur dann lassen sie sich gegeneinander aufrechnen.[2] Dabei treten Bewertungsschwierigkeiten auf.[3] Sie hinzunehmen, rechtfertigt sich jedoch, solange andere Wege nicht sichtbar sind.

1 Allerdings führen manche Autoren andere Aspekte der Marktfunktion auf, nämlich: institutionelle, operationelle und allokative Funktion (z.B. I. Friend, The SEC and the Economic Performance of Securities Markets, in: Economic Policy and the Regulation of Corporate Securities, 1969, S. 185 ff.; B. Lüthje, Funktionsfähigkeit der Aktienbörse, 1970,S. 54 ff.; K.J. Hopt, Gutachten, 1976, S. 47 ff.; F. Kübler, Transparenz, 1977, S. 89). Zum Verhältnis der - hier auf die Informationskosten reduzierten - Verfahrenseffizienz zur allokativen Funktion wurde jedoch schon eingegangen. Für die operationelle Funktion (Verfahrenskosten, primär des Ausführungsbereichs) und institutionelle Funktion (Vertrauen, Breite und Tiefe des Markts) zeigt H. Schmidt, Zirkulationsmarkt, 1977, S. 34 ff., daß sie vom Kriterium der Verfahrenseffizienz weitgehend abgedeckt werden. Das Kostenkriterium umschließt insofern alle relevanten Aspekte der Marktfunktion.

2 Insofern mißt das Auswahlkriterium die Wirkungen von GoP auf der in Teil 1, B.II.3. vorgestellten "Zielebene". Zwar hängen publizitätsbedingte Anlegerschäden von der Erwartungsqualität (zweite Ebene) ab - nur sie kann von GoP direkt beeinflußt werden, vgl. Teil 2, B.I. -, doch betreffen Schäden die Zielgröße des Anlegers - ebenso wie die direkt von ihm bestrittenen oder vom Emittenten auf ihn überwälzten, pagatorischen Informationskosten.

3 Bewertungsprobleme auf der Zielebene wurden in Teil 1, B.III. detaillierter dargestellt.

Faßt man zusammen, bietet sich folgendes Bild: Von Bewertungsproblemen abgesehen, drückt die Summe der Informationskosten die Wirkung denkbarer Publizitätsregeln zutreffend aus. Sie ist ein valides Maß für Veränderungen der Markteffizienz, soweit diese durch mögliche GoP hervorgerufen werden. Gleichzeitig erlaubt es das Kriterium, die zweckmäßigste Aufteilung von Informationspflichten zwischen Emittenten und Anlegern zu erkennen.[1] Ziel von Publizitätsregulatoren ist es, die Summe der Informationskosten zu minimieren. Welche von vielen denkbaren Publizitätsregelungen die "besten" sind und GoP werden, richtet sich deshalb danach, wie hohe Informationskosten sie hervorrufen.

Wie hoch die Informationskosten sind, die ein Regelungsvorschlag bei Anwendung hervorriefe, hängt auch davon ab, welche Rahmenbedingungen in der Realität vorliegen. Rahmenbedingungen lassen sich vom Publizitätsregulator nicht beeinflussen. Sie werden im folgenden Abschnitt C. vorgestellt.

---

1 N. Gonedes, N. Dopuch und St.H. Penman, Disclosure Rules, Information - Production and Capital Market Equilibrium: The Case of Forecast Disclosure Rules, in: JAR, 14. Jg., 1976, Nr. 1, S. 91 f. weisen darauf hin, daß Informationskosten mitbestimmen, wer welche Informationsaktivitäten durchführen sollte.

C. Determinanten von Informationskosten als Rahmenbedingungen der Auswahl von GoP

Anleger wollen über vergangene und künftige Entwicklungen der Anlageobjekte informiert werden. Es fragt sich deshalb, welche Informationen ein Prospekt enthalten soll. Müßten Emittenten alles Wissenswerte über sich veröffentlichen (full disclosure), käme das teuer. GoP sollen Informationskosten aber gerade minimieren.[1] Es muß deshalb untersucht werden, welche Informationskosten anfallen und was ihre Höhe bestimmt: Abschnitt C. analysiert die möglichen Arten von Informationskosten die im vorausgegangenen Abschnitt B.II. angedeutet wurden, genauer, um darauf aufbauend die Determinanten dieser Kosten herauszuarbeiten. Dabei interessieren nur solche Kosten, die direkt oder indirekt durch GoP hervorgerufen werden. Der Begriff Informationskosten wird eingeengt auf Elemente, die für die Normierung von Prospekten relevant sind. Dabei umfaßt der Kostenbegriff in den folgenden Ausführungen drei Größen. Erstens: Auszahlungen für die Produktion, Beschaffung und Qualitätssicherung von Nachrichten, zweitens: Einzahlungsverluste durch Emissionspublizität, drittens: kalkulatorische Posten.[2]

Der vorliegende zweite Teil d.A. soll die Bausteine des Entscheidungsmodells von Publizitätsregulatoren für den Grauen Markt konkretisieren: Teil 2, A. beschrieb Regelungsprobleme und Lösungsalternativen. Teil 2, B. definierte die Informationskosten als Zielgröße und erklärte ihre Minimierung zum Regelungsziel. Auch die

---

1 Vgl. Teil 2, B.II.

2 Der Begriff der Informationskosten deckt sich nicht mit dem traditionellen Kostenbegriff der Betriebswirtschaftslehre (= bewerteter Güter- und Leistungsverzehr einer Periode). Vielmehr soll er in einem operationalen Terminus alle Auswirkungen von GoP zusammenfassen. Ähnlich benutzt z.B. H. Schmidt, Kosten, 1983, den (weitergefaßten) Begriff der marktorganisationsbestimmten Kosten, um alle Wirkungen beliebiger Anlegerschutzmaßnahmen (also nicht nur von Publizitätsregeln) zu erfassen.

Determinanten der Informationskosten im vorliegenden Teil 2, C. sollen in das Modell eingeordnet werden. Es lassen sich dabei zwei Arten unterscheiden. Erstens: vom Regulator nicht beeinflußbare Determinanten (z.B. die Unternehmensgröße). Sie bilden die Umweltfaktoren des Entscheidungsmodells. Zweitens werden Informationskosten durch die GoP selbst determiniert. Hier muß nach generellen Ursache-Wirkungs-Zusammenhängen gefragt werden, die den GoP in bestimmten Umweltsituationen Informationskosten zuordnen. Es geht um die Zuordnungsfunktionen des Entscheidungsmodells. Umweltzustände und Zuordnungsfunktionen können bei der Auswahl von GoP als extern vorgegebene Rahmenbedingungen angesehen werden.

GoP teilen Informationspflichten zwischen Emittenten und Anlegern auf. Aktivitäten, die Emittenten nicht durchführen müssen, hat der Investor zu übernehmen, will er nicht Schäden erleiden. Diese Informationsprozesse schlagen sich beim Anleger wie beim Emittenten in Informationskosten nieder. Folgend wird daher zunächst untersucht, welche Informationskosten (Wirkungen der Prospektpublizität) unmittelbar beim Emittenten auftreten können, wenn er die GoP befolgt, und was ihre Höhe bestimmt. Dann geht es um Informationskosten auf Anlegerseite und ihre Determinanten. Anschließend werden Interdependenzen zwischen möglichen Kosten beim Anleger und beim Emittenten herausgearbeitet.

I. Informationskosten beim Emittenten

1. Kostenarten

Muß der Emittent Prospekte nach GoP erstellen, fallen Kosten unterschiedlicher Kategorien an. Zunächst entstehen Kosten unmittelbar dann, wenn das Unternehmen Prospekte erstellt und veröffentlicht. Damit sind Kostenwirkungen von Publizitätsregeln aber nicht vollständig erfaßt. Vielmehr müssen auch Kosten beachtet werden, die erst zu späteren Zeitpunkten auftreten. Diese Kosten sind entweder mit Auszahlungen verbunden oder aber Einzahlungsverluste. Solche Zahlungen bzw. Zahlungsäquivalente müssen diskontiert werden und in die Summe der Informationskosten eingehen. Die folgenden Ausführungen unterscheiden deshalb Kosten bis zum Emissionszeitpunkt und Folgekosten der Prospektpublizität.

a. Informationskosten bis zum Emissionszeitpunkt

Informationskosten, die bis zur Emission anfallen, lassen sich ermitteln, indem man den Prozeß zur Erstellung und Veröffentlichung von Prospekten nachvollzieht. Er besteht aus

- Planung
- Prospekterstellung
- Prospektprüfung
- Prospektveröffentlichung.

Prognosen und andere Informationen im Prospekt basieren auf der Unternehmensplanung.[1] Zu den Informationskosten zählen deshalb zunächst die Planungskosten. Planungskosten lassen sich in drei Komponenten aufteilen:

1. Personalkosten. Sie fallen an für planende Managements oder andere mit der Planung beschäftigte Angestellte des Emittenten.[2] Häufig stellen Initiatoren der emittierenden Anlagegesellschaft für Planung und Konzeption gesonderte Vergütungen in Rechnung.[3] Sie sind dann anstelle von Personalkosten anzusetzen. Als Informationskosten zählen jedoch nur solche Teile der Personalkosten und Vergütungen, die tatsächlich durch den Arbeitsaufwand für ordnungsmäßige Planung gerechtfertigt sind. Überhöhte Ini-

1 Vgl. Teil 2, A.I.2.

2 Hier ließe sich einwenden: Personal sei ohnehin vorhanden, Personalkosten brauchten nicht als Informationskosten angesetzt zu werden. Folgt man dem Argument, bleiben Personalkosten aber dennoch relevant: Sie sind als Einnahmeverlust zu interpretieren, der entsteht, weil sich Management und Personal nicht anderen, gewinnbringenden Tätigkeiten widmen. Personalkosten wären dann Opportunitätskosten.

3 Vgl. Teil 2, A.II.1.

tiatoren-Gewinne oder sog. Innenprovisionen[1]) wären herauszurechnen. Verzichtet das Management in der Planungsphase auf Gehalt und Vergütung, müssen kalkulatorische Personalkosten berücksichtigt werden.

2. Systemkosten. Um Planungsinformationen zu speichern und zu verarbeiten, sind in vielen Fällen Rechenanlagen und Speichersysteme notwendig. Auch hierfür fallen Kosten an.

3. Kosten der Datenbeschaffung. Planungs- und Prognoseprozesse benötigen Dateninput. Viele dieser Inputs - z.B. gesamtwirtschaftliche Prognosen - müssen gegen Entgelt von professionellen Nachrichtenproduzenten erworben werden. Zu diesen Quellen zählen vor allem Informationsdienste, Marktforscher, Experten, Berater, Anwälte, Gutachter, Archive und Fachpublikationen. Informiert sich das Management "vor Ort" selbst, rechnen auch Reisekosten zu den Kosten der Datenbeschaffung.

Im Anschluß an die Planungsphase werden Planungsinformationen aggregiert und so umgeformt, daß sie sich als Entscheidungsgrundlage für Anleger eignen.[2]) Für diesen Schritt der Prospekterstellung sind Personalkosten als Informationskosten zu berücksichtigen.

Vor seiner Veröffentlichung muß der Prospekt von einer unabhängigen Prüfungsinstanz kontrolliert werden. Denn ungeprüfte Prospekte haben für Anleger wenig Wert.[3]) Zu den Informationskosten zählen deshalb auch Prüfungs-

---

1 Zu Innenprovisionen ("Kick-backs") vgl. Teil 2, A.II.1.

2 Vgl. Teil 2, A.I.2.

3 Anleger müssen dann hohe Sicherungskosten gegen Informationsrisiken kalkulieren. Zu diesen Interdependenzen mit Informationskosten des Anlegers vgl. jedoch noch ausführlich Teil 2, C.III.

honorare. Sie bestehen i.d.R. aus zwei Komponenten.[1]

1. Werthonorar. Es bemißt sich nach dem Wert des Prüfungsgegenstandes. Beim Prospekt käme als Basis z.B. das Emissionsvolumen in Frage.

2. Zeithonorar. Es richtet sich nach der aufgewendeten Prüfungszeit.

Beide Honorarkomponenten decken anteilig folgende Kosten der Prüfungsgesellschaft ab:

- Kosten für unterschiedlich qualifiziertes Prüfungspersonal[2]
- Kosten für Fremdleistungen wie Gutachten eines Branchenexperten, den der Prüfer mangels eigener Kompetenz zu Rate zieht
- etwaige Sach- und Reisekosten
- Prämien für Haftpflichtversicherungen gegen Regreßansprüche von Anlegern. Das Beispiel USA zeigt die zunehmende Bedeutung dieser Kosten.[3]

Diese Kosten des Prüfers werden dargestellt, weil GoP ihre Höhe beeinflussen. Damit wirken GoP auch auf die Honorarforderung des Prüfers.

Ist der Prospekt testiert, muß er vervielfältigt werden. Hier schlagen Druckkosten zu Buche. In einem letzten Schritt leitet der Emittent seinen Prospekt den

---

1 K. v. Wysocki, Grundlagen des betriebswirtschaftlichen Prüfungswesens, München 1967, S. 197-199; K.H. Müller, Auswahl von Rechnungslegungsvorschriften, 1978, S. 160

2 K. v. Wysocky, Grundlagen des betriebswirtschaftlichen Prüfungswesens, 2. Aufl. 1977, S. 218

3 Dazu K.J. Hopt, Haftungsrechtliche Fragen der Prospektprüfung, in: Prospektprüfung, Hrsg. IdW, Düsseldorf 1983, S. 41; N.N. Minow, Accountant's Liability and the Litigation Explosion, in: JoA, 158 Jg., September 1984, S. 70-86. Zur Prüferhaftung für Prospekte in Deutschland H.-D. Assmann, Prospekthaftung, 1985, S. 350 f.; T. Prautsch, Prospekthaftung, 1985, S. 653-660

Interessenten zu. Je nach Distributionsweg entstehen dabei Kosten für den Direktversand an Anleger oder Kosten der Verteilung über Vertriebsorganisationen und freie Anlageberater. Emittenten können Prospekte auch in Publikumsmedien veröffentlichen, entsprechende Publikationskosten wären zu berücksichtigen.[1] Diese Kosten seien zusammenfassend als Distributionskosten bezeichnet.

Mit der Summe aus Planungskosten, Personalkosten bei Prospekterstellung, Prüfungs-, Druck- und Distributionskosten sind alle denkbaren Informationskosten des Emittenten erfaßt, soweit sie vor dem Emissionszeitpunkt anfallen. Der folgende Abschnitt wendet sich Informationskosten nach Emission zu.

b. Folgekosten

Folgt man der Literatur, haben Unternehmen in Zeiträumen nach Pflichtpublizität oft Nachteile hinzunehmen, als deren Ursache die Publizität gilt. Lassen sich solche Nachteile auch für ordnungsmäßige Prospekte des Grauen Markts nachweisen, muß man Folgekosten der Prospektpublizität berücksichtigen. Das erhöht die Informationskosten. Die Nachteile seien zunächst im Überblick aufgezählt, weil ein überzeugender Systematisierungsansatz fehlt. Dann wird untersucht, wie weit sie für die Informationskosten tatsächlich relevant sind. Als Gründe für Folgekosten werden genannt:

1. Nachahmer publizierter Maßnahmen
2. Festhalten des Managements an veröffentlichten Plänen
3. Selbstbindung des Managements
4. periodische Publizität zur Überprüfung der Emissionsprospekte
5. Informationsrisiken.

---

1 Aus Kostengründen beschränken sich Emittenten des Grauen Markts z.Zt. auf kurze Annoncen in der Tagespresse. In den Anzeigen weisen sie auf Emission und Bezugsmöglichkeit für Prospekte hin.

Traditionell wird zunächst vor Nachteilen für publizitätspflichtige Unternehmen durch Veröffentlichung von Geschäftsgeheimnissen gewarnt,[1] in erster Linie vor Umsatzeinbußen, die auftreten, wenn potentielle Wettbewerber der Publizität Marktchancen entnehmen können und daraufhin konkurrierende Aktivitäten entfalten, womöglich Absatzmaßnahmen oder Produkteigenschaften nachahmen.

Indirekte Nachteile sind zu kalkulieren, wenn Wettbewerber Einblicke in die Situation des publizierenden Unternehmens (z.B. seine Kostenstruktur) gewinnen können[2] oder Planungs-Know-How (Marktanalysen, Umweltprognosen, Planungstechnik) übernehmen und selbst Kosten sparen.[3] Bei Anlagen des Grauen Markts besteht darüber hinaus die Gefahr, daß andere Emittenten die (steuersparende) Konzeption kreativer Initiatoren kopieren und damit Folgeemissionen gefährden.

Das Gewicht solcher Folgekosten dürfte indes geringer sein, als die Häufigkeit vermuten läßt, mit der sie in der Literatur erwähnt werden: Konkurrierende Unternehmen verfügen in den meisten Fällen über bessere Nachrichtenkanäle als den Prospekt, über die sie im Konkurrenzkampf verwertbares Wissen beziehen können.[4] Dann aber lassen sich Nachteile des publizitätspflichtigen Unternehmens nicht mehr ausschließlich der Publizität ankreiden. Am Grauen Markt relativiert sich die Bedeu-

---

1 Vgl. z.B. A. Moxter, Publizitätsvorschriften, 1962, S. 4 ff.; H.-H. Pfeiffer, Möglichkeiten und Grenzen der Prüfung von Prognosen im Geschäftsbericht, in: WPg, 27. Jg., 1974, S. 165; A. Ciesielski, Unternehmungsberichterstattung, 1977, S. 62 f.; W.-R. Bretzke, Inhalt und Prüfung des Lageberichts, in: WPg, 32. Jg., 1979, S. 343-345

2 A. Moxter, Publizitätsvorschriften, 1962, S. 4-64; R. Sprenger, Grundsätze getreuer Rechenschaft, 1976, S. 120 ff.

3 W.-R. Bretzke, Lagebericht, 1979, S. 343.

4 A. Moxter, Publizitätsvorschriften, 1962, S. 26; R. Sprenger, Grundsätze getreuer Rechenschaft, 1976, S. 122

tung der Folgekosten aus einem weiteren Grund. Bei Immobilien, Rohstoffexplorationen, Schiffsneubauten und Landerschließungsprojekten besteht kaum die Gefahr umsatzgefährdender Nachahmung. Außerdem sind im Erscheinungszeitpunkt des Prospekts viele Verträge mit Mietern, Raffinerien, Charterern oder anderen Abnehmern bereits abgeschlossen. Nachteile durch Publizität entstehen hier kaum.

Gewichtig können die Nachteile und Folgekosten nur bei innovativen Unternehmen sein, die sich mit Forschungs- und Entwicklungsprojekten befassen[1] oder kreative Marktstrategien umsetzen wollen.

Die zweite Kategorie von Folgekosten - nämlich Nachteile durch Festhalten an veröffentlichten Plänen - knüpft an Verhaltensweisen von Managements an, die sich zu weitreichender Prognosepublizität verpflichtet sehen. Wer honorig und kompetent erscheinen möchte, könnte versucht sein, Abweichungen zwischen tatsächlichen Maßnahmen und Prospektangaben zu minimieren.[2] Dann "werden Ausgaben unterlassen, die nötig und rentabel sind, es werden Ausgaben getätigt, die unnötig und unrentabel sind, einfach deshalb, weil sich im Laufe der Periode Bedingungen und Erwartungen ändern. Ein Unternehmen, das darauf programmiert wäre, Abweichungen von früheren Planungen klein zu halten, wäre ein unwirtschaftliches Unternehmen."[3]

Gegen diese angebliche Verhaltensweise von Managements sprechen jedoch zwei Gründe: Zunächst dürften gerade kompetente Managements das Unternehmensziel richtig

---

1 D. Rückle, Externe Prognosen, 1984, S. 62 f.

2 Diese Gefahr wird empirisch bestätigt von K.R. Ferris, Profit Forecast Disclosure: The Effect on Managerial Behavior, in: ABR, 5. Jg., Spring 1975, S. 133-139; dazu auch P. Danos und E.A. Imhoff, The Auditor and Financial Forecasts, in: JoA, 151. Jg., Juni 1981, S. 110

3 W. Engels, Bemerkungen zu den Bilanztheorien von Moxter und Stützel, in: Bilanzfragen, Festschrift für U. Leffson, 1976, S. 43

einschätzen und entsprechend zielorientiert handeln. Anderenfalls könnten sie sich mit Vorwürfen konfrontiert sehen, durch mangelnde Flexibilität Chancen vergeben zu haben. Zweitens werden Anleger wissen, daß veröffentlichte Pläne immer auf unsicheren Prämissen basieren. Ein entsprechend offenes Ohr werden Managements finden, wenn sie Planrevisionen begründen - zumal dann, wenn Umdispositionen positive Resultate zeigen. Folgekosten der erwähnten Art dürften wenig gravierend sein.

Folgekosten der dritten Kategorie entstehen, wenn Managements den Anlegern durch Selbstbindung versichern möchten, daß sie keine Vermögensverschiebungen vornehmen wollen. Das ist ohne Bindung durchaus ein Problem: Selbst ordnungsmäßige Prospektpublizität wird Anlegern niemals absolut sicher anzeigen können, ob Managements Schädigungen versuchen werden oder nicht. "Nachträgliche Korrekturen von Investitionsplänen zu Ungunsten der Anleger lassen sich durch publizitätsmäßige Maßnahmen praktisch nicht feststellen."[1] Deshalb werden Anleger mit einer bestimmten Wahrscheinlichkeit Schädigungen erwarten, auch wenn der Prospekt keine Möglichkeit dazu erkennen läßt. Wollen seriöse Managements entsprechende Preisabschläge nicht tragen, müssen sie erkennbare Selbstbindungen eingehen, von denen sie sich später nicht befreien können. "Selbstbindung beruht auf der Grundidee, daß jemand, der als Initiator ... einen Informationsvorteil hat, vor oder bei Vertragsschluß Verpflichtungen eingeht, die sein Verhalten nach Vertragsschluß beeinflussen."[2] Denkbar sind Kapitalbeteiligung und Haftungszusagen der Initiatoren sowie Beschränkungen ihrer Handlungs- und Entscheidungsbefugnisse. Diese Befugnisse werden dann teilweise Dritten übertragen, z.B. Treuhändern oder Beiräten (Genehmigung zustimmungspflichtiger Geschäfte) oder stehen Gesellschaftern zu (Kontrollrechte i.V.m. Einsichts-

---

1 H.-D. Koch, Kapitalanlegerschutz, 1981, S. 250

2 H.-D. Koch und R.H. Schmidt, Ziele des Anlegerschutzes, 1981, S. 249

rechten). Auch Verträge der Gesellschaft mit Geschäftspartnern binden das Management. Alles erschwert spätere, anlegerschädliche Dispositionen.

Selbstbindung ist jedoch nicht kostenlos. Vielmehr erschwert sie flexible Reaktionen auf Umweltänderungen und andere sinnvolle Maßnahmen.[1] Einnahmeverluste sind zu berücksichtigen. Darüber hinaus fallen für die Kontrollinstanzen (z.B. Treuhänder) erhebliche pagatorische Kosten an.[2] Diese Komponente der Folgekosten dürfte am Grauen Markt Gewicht besitzen.

Die vierte Kategorie möglicher Folgekosten sind Kosten periodischer Publizität: Zukunftsorientierte Emissionspublizität ist nur sinnvoll, wenn sie kontrollierbar ist. Neben der bereits erwähnten ex-ante Prüfung durch den Wirtschaftsprüfer sollten Prognosen ex-post mit den Ist-Werten verglichen und Abweichungen analysiert werden.[3] Das beugt willkürlichen Prognosen vor. Ist-Werte (und etwaige Abweichungsgründe) können dem Anleger mit Hilfe laufender Publizität zukommen. Begründet sich fortlaufende Publizität ausschließlich so, zählen ihre Kosten zu den Folgekosten des Prospekts.

Marktregulatoren kalkulieren Folgekosten einer fünften Art, weil Publizitätsvorschriften Informationsrisiken i.d.R. zwar verringern, selten aber ganz ausräumen. Der Regulator mißt mit Hilfe dieser Kosten erwartbare Anlegerschäden aufgrund verbleibender Informationsrisiken des Prospekts. Diese Komponente der Informationskosten berücksichtigt, wie gut ein Prospekt ist, den der Emittent nach GoP erstellt. Sie mißt die Qualität des Prospekts als Erwartungswert prospektbedingter

---

1 Z.B. wäre aus steuerlichen Gründen ein möglichst früher Mittelabfluß (z.B. Abschlagszahlungen an Bauunternehmen) sinnvoll. Ein mit Mittelverwendungskontrolle beauftragter Treuhänder darf Gelder jedoch erst nach Leistungserstellung freigeben. Vgl. dazu Th. Kaligin, Strafrechtliche Risiken, 1985, S. 200 f.

2 R.H. Schmidt, Rolle von Informationen, 1979, S. 571 f.

3 D. Rückle, Externe Prognosen, 1984, S. 69

Anlegerschäden.[1] Diese Kosten seien als "Folgekosten schlechter Prospekte" bezeichnet.[2]

Faßt man zusammen, bleiben von den fünf anfangs aufgezählten Folgekosten vier Arten relevant: Einnahmeverluste durch Nachahmung bei innovativen Unternehmen, Kosten der Selbstbindung, der fortlaufenden Publizität zur ex-post Prospektkontrolle und vom Marktregulator bewertete Informationsrisiken des ordnungsmäßigen Prospekts. Addiert man diese Folgekosten zu den Kosten, die Emittenten bis zur Emission entstehen, sind alle denkbaren Informationskosten auf Emittentenseite berücksichtigt. Es muß nun untersucht werden, was ihre Höhe bestimmt.

2. Determinanten der Informationskosten

Die Höhe von Informationskosten richtet sich nach zwei Bestimmungsgrößen. Erstens: Umweltfaktoren, die Publizitätsregulatoren nicht beeinflussen können. Umweltfaktoren sind unabhängig von den GoP. Zweitens: die Publizitätsgrundsätze selbst. Zunächst seien Umweltfaktoren betrachtet.

---

1 Vgl. Teil 2, B. II. und die dort zit. Lit.

2 Schäden treffen den Anleger und müßten strenggenommen bei seinen Informationskosten gezählt werden. Es wird sich jedoch zeigen, daß Anlegerschäden nicht nur davon abhängen, wie gut der Prospekt ist, sondern zusätzlich davon, wie der Anleger ihn interpretiert. Will man exakt erfassen, wie hohe Schäden ein Regelungsvorschlag hervorruft, müssen diese Anlegerreaktionen ebenfalls berücksichtigt werden. Wie Anleger auf bestimmte Prospekte reagieren, stellt sich aber erst bei ihren Kostenarten und -determinanten in Abschn. C.II. heraus. Damit an dieser Stelle schon Auswirkungen möglicher GoP auf die Prospektqualität abgeschätzt werden können, seien die Folgekosten schlechter Prospekte hier als "Hilfsgröße" eingeführt. Sie mißt erwartbare Schäden, ohne Anlegerreaktionen explizit zu berücksichtigen, und wird später durch die "Folgekosten der Prospektinterpretation" beim Anleger ersetzt, wenn bekannt ist, wie Anleger auf Prospekte reagieren, vgl. später Teil 2, C.II.1.

a. Umweltfaktoren als GoP-unabhängige Determinanten der Informationskosten

Publizitätsregulatoren müssen auch Faktoren beachten, die sie nicht beeinflussen können, die aber Informationskosten von Norm-Prospekten mitbestimmen. Solche Faktoren werden bei der Auswahl von GoP als Umweltfaktoren berücksichtigt.[1] Als unbeeinflußbare Kostendeterminanten lassen sich aufzählen:

1. Art und Umfang brauchbarer Information, die unabhängig von der Emissionspublizität vorhanden ist
2. Unternehmensgröße und Volumina der einzelnen Emissionen
3. Gründungssituation der Emittenten.

Zur ersten Determinante: Emittenten müssen nicht alle Nachrichten, die zur Erstellung eines Prospekts notwendig sind, extra produzieren. Vielmehr erstellen Unternehmen Nachrichten bereits aus steuer- und gesellschaftsrechtlichen Gründen, weitere fallen im Rahmen üblicher Planungs- und Wirtschaftsprozesse an. Viele dieser Nachrichten werden den Anforderungen denkbarer GoP genügen. Das Management kann sie deshalb auch für den Prospekt verwenden. Kosten für Nachrichten, die das Unternehmen aus zwingenden anderen Gründen ohnehin benötigt, lassen sich den GoP aber nicht zurechnen. Sie sind keine Informationskosten. Informationskosten dürfen nur für überschießende Beträge angesetzt werden, wenn GoP quantitativ oder qualitativ höhere Anforderungen stellen, als vorhandene Nachrichten erfüllen. Ersparen GoP Kosten, weil sie gegenüber der geübten Praxis Wege zu rationelleren Planungs- und Prognosetechniken weisen, muß ihnen das gutgeschrieben werden.

---

1 Wie beim Grundmodell von Entscheidungsprozessen in Teil 1, B. II. dargestellt, bilden Kombinationen von Umweltfaktoren, die identische Ergebnisse erwarten lassen, jeweils eine (unsichere) Umweltsituation (Umweltzustand) des Entscheidungsmodells.

Gleiche Überlegungen gelten, wenn Planungsabteilungen oder Rechenanlagen genutzt werden können. Solche Systeme sind bei Daueremittenten ohnehin vorhanden und dienen auch der "normalen" Planung und dem Rechnungswesen. Neben den variablen Kosten sind nur anteilige Fixkosten dieser Systeme Informationskosten. Faßt man zusammen, richtet sich die Höhe der Informationskosten danach, wieviel brauchbare Information und Systeme zu ihrer Produktion beim Emittenten existieren.

Das scheint zunächst nur für Informationskosten zu gelten, die bis zur Emission anfallen. Doch auch Folgekosten existieren z.T. unabhängig von GoP. Erleidet der Emittent Nachteile der beschriebenen Art bereits ohne Zwang zur ordnungsmäßigen Emissionspublizität, zählen sie nicht (oder nur zum Teil) zu den Informationskosten: Z.B. entstehen innovativen Unternehmen Opportunitätskosten, wenn ihre fortlaufende Publizität Geschäftsinterna preisgibt. Veröffentlichen Prospekte diese Informationen ebenfalls, entstehen keine Informationskosten.

Auch Selbstbindungen - die zweite Ursache von Folgekosten - dürften häufig unabhängig von der Prospektpublizität eingegangen werden. Kosten periodischer Publizität sind ebenfalls nur in geringem Umfang Folgekosten des Prospekts. Denn laufende Publizität dient vorwiegend gesellschaftsrechtlichen Zwecken und weniger - wie oben unterstellt - zur Kontrolle des Prospekts. Einzig Anlegerschäden, die auftreten, obwohl der Prospekt normiert ist, müssen den GoP voll zugerechnet werden. Sieht man im Prospekt die zentrale Nachrichtenquelle der Anleger, gehen mögliche Schäden voll zu seinen Lasten.[1] Nur wenn sich Anleger aus

1 Es ließe sich einwenden, man dürfe nicht die vollen Anlegerschäden als Informationskosten zählen, sondern müsse der jeweiligen Publizitätsregelung die Ersparnis gutschreiben, die sie gegenüber der ungeregelten Publizität erbringt. Das ist jedoch falsch gedacht: Ungeregelte Publizität ist nicht der Vergleichsmaßstab. Vielmehr ist sie eine - immer mögliche - Handlungsalternative des Regulators: Auch für die Alternative "Nichtregelung" müssen die vollen denkbaren Anlegerschäden als Informationskosten angesetzt werden.

anderen, ungeregelten Quellen informieren und deshalb Schäden erleiden, obwohl der Prospekt alle nötigen Informationen in ausreichender Qualität enthält, rechnen diese Schäden nicht zu den Informationskosten.

Zusammengefaßt bietet sich folgendes Bild: Nachrichtenproduktionsprozesse, die im Unternehmen aus anderen Gründen als für Prospekte stattfinden, reduzieren die Informationskosten bis zur Emission. Auch Folgekosten fallen i.d.R. niedriger aus als zu vermuten, weil Emittenten Nachteile, die zu Folgekosten führen, oftmals bereits aus anderen Gründen erleiden. Relevant bleiben aber erwartete Anlegerschäden. Informationskosten eines Regelungsvorschlags setzen sich nur aus zusätzlichen Kosten (abzüglich etwaiger Ersparnisse) zusammen, die dieser Regelungsvorschlag hervorruft. Informationskosten sind marginale Kosten.

Zur zweiten Kostendeterminante. Die Höhe der Informationskosten wird von der Unternehmensgröße und dem Umfang der Emission beeinflußt.[1] Viele Kosten für ordnungsmäßige Prospekte sind jedoch unabhängig von der Größe der Emission, d.h. losgrößenfix. Deshalb verzehren sie bei kleinen Firmen einen weit höheren Anteil des Emissionserlöses als bei großen. Die relativen Kosten sind bei kleinen Emittenten höher. Betrachtet man jetzt jedoch nicht die Kosten des Prospekts, sondern seine Informationskosten, so ist nicht nur die relative Höhe betroffen; hier hängt auch die absolute Höhe von der Unternehmensgröße ab: Erstellen große Emittenten Prospekte, können sie auf mehr Planungs- und Prognosedaten sowie auf mehr vorhandene Systeme zurückgreifen als kleine Unternehmen. Kleine Emittenten verzeichnen damit - bei tendenziell vergleichbaren Prospektkosten - nicht nur relativ zum Emissionserlös,

---

1 Es sei unterstellt, daß Unternehmensgröße und Emissionsvolumen positiv korreliert sind. Das ist bei Gründungsunternehmen plausibel, weil Investitionen überwiegend aus dem Emissionserlös bestritten werden müssen, und Fremdkapital i.d.R. von der Höhe der Eigenmittel abhängt.

sondern auch absolut höhere Informationskosten: Bei ihnen werden Nachrichtenproduktionsprozesse in größerem Maß unmittelbar durch GoP ausgelöst und ihre Kosten den Normen auch zugerechnet. Da am Grauen Markt kleinere Unternehmen dominieren, erscheinen aufwendige Prospekte auch nicht deshalb in sehr viel kostengünstigerem Licht, weil - wie oben herausgeareitet - Informationskosten marginale Kosten sind.

Anders ist die Sachlage nur bei Neugründungen mit hohem Wachstumspotential - i.d.R. bei innovativen Unternehmen. Wachsen diese Emittenten später, benötigen sie ohnehin ein Planungs- und Prognosesystem. Manche Planungs- und Prognosekosten im Emissionszeitpunkt wären dann ohnehin notwendige, wenn auch vorgezogene Wachstumskosten[1)] und lassen sich den GoP nicht voll zurechnen. Wachstumsträchtige Emittenten werden deshalb weniger mit Informationskosten belastet.

Die dritte, von GoP unabhängige Determinante der Informationskosten ist die Gründungssituation der Emittenten. Bei Gründungsunternehmen bestehen höhere Informationsrisiken als bei going concerns. Denn Prognosen, auf die es im Prospekt besonders ankommt, basieren auf Erfahrungen der Vergangenheit und auf verfestigten Ursache-Wirkungs-Beziehungen.[2)] Erfahrungsgestütztes Datenmaterial und ein eingeführtes Programm von Unternehmensleistungen aber fehlen jungen Unternehmen.[3)]

Sieht man Gründung als einen fortschreitenden Prozeß bis zur Aufnahme des regulären Geschäftsbetriebs[4)],

---

1 H. Giersch und H. Schmidt, Offene Märkte, 1986, S. 72

2 J. Wild, Unternehmungsplanung, 1982, S. 90 ff., 134 ff.

3 Dazu B.J. Belda, Reporting on Forecasts of Future Developments, in: JoA, 130. Jg., Dezember 1970, S. 54 f.; O. Loistl, Zur Regulierung des Grauen Kapitalmarktes, in: ZfbF, 30. Jg., 1978, S. 833; N. Nathusius, Gründungsplanung, in: BFuP, 32. Jg., 1980, S. 341; D. Rückle, Externe Prognosen, 1984, S. 60 f.

4 W. Jäger, Gründung, in: HdF, 1976, Sp. 787-794; N. Nathusius und N. Szyperski, Probleme der Unternehmensgründung, Stuttgart 1977, S. 23, 30 ff.

wird der Prospekt irgendwann im Laufe der Gründungsphase veröffentlicht.[1] Je weiter die Gründung bereits fortgeschritten ist, desto mehr Informationen stehen dem Management zur Verfügung, desto geringer sind die Informationsrisiken.

Gründungsbedingte Informationslücken lassen sich durch Informationsbeschaffung verringern. Fehlende Informationen "may be developed from patterns experienced by similar organisations under comparable circumstances".[2] Dabei fallen Beschaffungskosten an. Benötigt das Unternehmen die Fremdinformation nicht ohnehin, erhöht das die Informationskosten. Die Gründungssituation ruft insofern entweder Folgekosten aufgrund von Informationsrisiken oder (marginale) Beschaffungskosten hervor. Fremdinformationen werden jedoch eigene Erfahrungswerte nur begrenzt ersetzen können. Gründungsbedingte Informationsrisiken lassen sich zwar verringern, nicht aber ausschließen. Daher ist dieser Faktor am Grauen Markt, auf dem Neugründungen vorherrschen, eine wichtige Kostendeterminante.

Faßt man Wirkungen der Umweltfaktoren zusammen, kommt man zu folgendem Ergebnis: Die Gesamtsumme der Informationskosten auf Emittentenseite setzt sich aus marginalen Kosten zusammen. Sie ist deshalb geringer, als ein erster Blick erwarten läßt. Trotzdem sind Pflicht-Prospekte des Grauen Markts nicht so billig, wie es sich Regulatoren aufgrund des marginalen Charakters erhoffen mögen. Denn kleine Unternehmen, die am Grauen Markt dominieren, müssen Informationen für Normprospekte doch zum größten Teil extra produzieren - es sei denn, der Emittent ist wachstumsträchtig und zählt Prognosekosten zu den Wachstumskosten. Folgekosten für Informationsrisiken sind dem Prospekt voll zurechenbar. Sie fallen zudem für neugegründete Emittenten des

---

1 Der späteste Zeitpunkt seiner Veröffentlichung hängt vom Kapitalbedarf der Gründungsphase und von der Vorfinanzierungsmöglichkeit und der Risikobereitschaft der Initiatoren ab.

2 B.J. Belda, Reporting on Forecasts, 1970, S. 55

Grauen Markts höher aus als bei going concerns, da Prognosen junger Unternehmen zwangsläufig unsicherer sind.

Informationskosten hängen nicht nur von der Situation des Emittenten ab. Entscheidend für ihre Höhe sind auch die GoP selbst. Mit GoP als Determinanten der Informationskosten befaßt sich der folgende Abschnitt.

b. GoP als Determinanten der Informationskosten

Unterschiedliche GoP rufen in denkbaren Umweltsituationen Informationskosten verschiedener Höhe hervor. Wie hoch die Kosten einzelner Regelungsvorschläge sind, beschreiben im Entscheidungsmodell des Publizitätsregulators sog. Ergebnisfunktionen.[1] Theoretisch existiert für jede Kombination denkbarer Regelungsvorschläge mit möglichen Umweltsituationen eine Ergebnisfunktion. Übersichtlicher ist es jedoch, zunächst nur tendenzielle Abhängigkeiten zu beschreiben. Sie lassen sich durch folgende Fragestellung verdeutlichen: Wie hoch wären die Informationskosten, wenn GoP bestimmte Merkmale aufwiesen? Der folgende Abschnitt untersucht Beziehungen, die bestimmten Ausprägungen von GoP bestimmte Kostenhöhen zuordnen. Das geschieht zunächst für jede Kostenart isoliert. Die Ausführungen orientieren sich dabei an der Systematik der Kostenarten in Teil 2, C.I.1. Allerdings berühren die meisten GoP nicht nur eine Kostenart sondern mehrere gleichzeitig: Es bestehen Interdependenzen zwischen den Kostenarten. Sie werden in Teil 2, C.III. gesondert betrachtet.

Erste Kostenart sind die Planungskosten, deren erste Komponente Kosten der Datenbeschaffung. Sie werden vor allem dann hoch sein, wenn GoP vorschreiben, Planungsinputs in größerem Umfang von professionellen externen Informationsproduzenten zu beziehen. Marktanalysen, Rechtsgutachten und andere Expertisen sind teuer. Da gerade kleinere Unternehmen für ihre "normale" Planung eher eigene Schätzungen als teure Fremdinformation ver-

1 Vgl. Teil 1, B. II.

wenden dürften, wären hohe Kosten für Fremdinformation den GoP auch voll zurechenbar. Will man Informationskosten minimieren, müssen GoP den Rückgriff auf vorhandene Daten erlauben - jedenfalls solange man Kostenarten isoliert betrachtet.

Personalkosten entstehen dem Emittenten um so mehr, je komplexere Planungs- und Prognoseverfahren die GoP verlangen. Mit wachsender Komplexität der Verfahren wird mehr Zeit benötigt, gleichzeitig muß das Unternehmen qualifizierteres, also teureres Personal einsetzen. Hinzu kommt: Erfordern vorgeschriebene Prognoseverfahren besonders qualifiziertes Personal, das speziell kleine Unternehmen des Grauen Markts sonst gar nicht einstellen würden, fallen später Kosten für überqualifizierte Mitarbeiter oder deren Entlassung an. Dann rufen komplizierte Verfahren besonders hohe Informationskosten hervor.[1)] Dies entfällt allerdings, wenn Initiatoren fortlaufend Anlageobjekte placieren. Solche Daueremittenten werden feste Planungsstäbe beschäftigen, deren Kosten der jeweiligen Anlagegesellschaft i.d.R. als Planungsvergütung in Rechnung gestellt werden.

Systemkosten hingegen werden von GoP nur wenig beeinflußt. Rechenanlagen sind bei Daueremittenten ohnehin, aber auch in kleinen Unternehmen für andere Zwecke wie z.B. Finanzbuchhaltung vorhanden. Kompliziertere Prognoserechnungen (z.B. Simulationen) können mit Hilfe entsprechender Programme auf vorhandenen Systemen durchgeführt werden. Schreiben GoP Verfahren vor, die Rechnereinsatz erfordern, berührt das nur anteilige Systemkosten und Aufwendungen für Software.

---

1 Nach P. Höflinger, Informationsoptimierung, 1975, S. 192 f. steigen Kosten für die Produktion von Informationen überproportional an, wenn man Anforderungen an die Sicherheit oder Genauigkeit von Informationen über ein bestimmtes Maß hinaus erhöht. Das deckt sich mit den skizzierten Ausführungen, denn erhöhte Sicherheit oder Genauigkeit erfordern höheren Dateninput und/oder komplexere Produktionsverfahren.

Neben den Planungskosten fallen Herstellungskosten für Prospekte an. Eine ihrer Komponenten sind Personalkosten. Sie müssen den GoP voll zugerechnet werden. Der Personalaufwand hängt davon ab, ob GoP weitreichende Umformungen der internen Planungsinformationen für Prospekte vorschreiben und von etwaigen Zusatzanforderungen an den Prospekt. Die zweite Komponente der Herstellungskosten sind Druckkosten. Sie nehmen zu mit dem Prospektumfang, der Ausstattungsqualität ("Hochglanzprospekte") und der Prospektanzahl. Die Druckkosten werden von GoP in jedem Fall über den Prospektumfang beeinflußt. Dagegen zählen (oft erhebliche) Mehrkosten für Hochglanzprospekte nur zu den Informationskosten, wenn GoP gehobene Aufmachung verlangen. Marktregulatoren könnten auch "neutrale" - mithin billige - Prospekte anordnen. Die Zahl herauszugebender Prospekte schließlich ist wichtig für die Ausbreitung der Informationen am Markt. Dieser Bereich kann jedoch ungeregelt bleiben. Jeder Emittent wird für eine ausreichende Anzahl von Prospekten sorgen, da er sonst keine Anleger mobilisieren kann. Ähnliche Überlegungen gelten für die Verbreitung der Prospekte selbst. Die Unternehmen werden auch ohne Reglementierung den zweckmäßigsten Weg wählen.[1)] Überlassen GoP Prospektanzahl und Distribution dem Ermessen der Initiatoren, müssen für diese Posten die durchschnittlich üblichen Kosten als Informationskosten angesetzt werden.

Die letzte Art bis zur Emission fälliger Kosten sind Prüfungskosten. Wie Planungskosten nehmen sie zu mit wachsender Komplexität vorgeschriebener Prognose- und Planungstechniken sowie mit vermehrtem Informationsinput. Beides macht den verstärkten Einsatz von Prüfern nötig, gleichzeitig müssen diese höher qualifiziert

---

1 Vgl. P. Pütz und W. Willgerodt, Beteiligungskapital, 1985, S. 83

sein.[1] Aber nicht nur Normen für die Prospektinformation selbst beeinflussen Prüfungszeit und Prüferqualifikation. Vielmehr existieren für Prüfungen i.d.R. Durchführungsbestimmungen. Sie schreiben dem Prüfer vor, wie er prüfen soll, ob die Normen vom Emittenten eingehalten wurden.[2] Prüfungsrichtlinien zählen im weitesten Sinn zu den GoP. Je mehr sie den Prüfer dazu anhalten, Prognoseprozesse systematisch nachzuvollziehen und Prognoseinputs zu beurteilen, anstatt sich auf eine oberflächliche Plausibilitätsprüfung der Prognoseergebnisse zu beschränken, desto aufwendiger wird die Prüfung.

Dem trägt das AICPA in seinen neuesten Richtlinien für Prognoseprüfungen Rechnung. Neben verschiedenen Prüfungs- und Bestätigungsverfahren für nur intern verwendete Vorhersagen läßt es für externe Prognosen ("third-party use") zwei Prozeduren zu ("compilation" und "examination"),[3] wobei Prüfungsintensität und Verantwortung des Prüfers für die Prognosequalität - kurz: die Prüfungskosten - bei "examinations" höher sind. Daher wird für kleine Unternehmen eine "compilation" vorgeschlagen.[4]

---

1 Die Notwendigkeit hoher - und gegenüber dem vorhandenen Standard zusätzlicher - Qualifikation des Prüfers bei Prognoseprüfungen sowie den hohen Zeiteinsatz betont W.-R. Bretzke, Prognoseprüfung, 1983, Sp. 1114; vgl. auch D.E. Altschul und J.D. Mandel, Financial Forecasts and Projections: A Pitfall for the Uninitiated Accountant, in: JoA, 143. Jg., Mai 1977, S. 46-50

2 So kann der Prüfer die Richtigkeit bestimmter Posten lückenlos oder stichprobenmäßig prüfen. Objektbeschreibungen lassen sich vor Ort oder anhand von Dokumenten kontrollieren. Angaben des Prospekts können durch eigenes Urteil des Prüfers oder durch Expertenurteil zu bestätigen sein.

3 AICPA, Statement for Prospective Financial Information, 1985, Abschn. 10-14 und 27-29, sowie App. B und C; dazu D.M. Guy und D. Pallais , Prospective Financial Statements, 1986, S. 95-98; W.J. Jones und C.R. Ward, Forecasts and Projections for Third-Party Use, in: JoA, 161.Jg., April 1986, S. 100-102

4 M.C. Stilwell, Prospective Reporting and Small Business Clients, in: JoA, 161.Jg. Mai 1986, S. 69

Eine wichtige Rolle für die Höhe der Prüfungskosten spielt der Konkretisierungsgrad der GoP. Bleiben die Grundsätze auf der Ebene von Leerformeln oder Generalnormen wie "Wahrheit" und "Klarheit" stecken, kann das zu Haftungsrisiken führen: "Das Fehlen eindeutiger Verfahrensgrundsätze erhöht die Risiken für den Prognoseprüfer insofern, als er sich im Falle eines Fehlurteils nur noch bedingt durch den Nachweis einer ordnungsmäßigen Prüfungsdurchführung entlasten kann."[1] D.h. er muß eigenverantwortliche Werturteile treffen, die ihn anfällig gegen Regreßforderungen von Anlegern machen.[2] Hiergegen wird sich der Prüfer versichern und Haftpflichtprämien über Prüfungshonorare abwälzen. Unter Risikoaspekten sind eindeutige GoP vorzuziehen, die dem Prüfer nur einfache Ja-/Nein-Urteile abverlangen. Das reduziert gleichzeitig die notwendige Prüferqualifikation und spart so weitere Prüfungskosten.

Hiermit sind Auswirkungen von GoP auf Informationskosten angesprochen, die bis zum Emissionszeitpunkt anfallen. GoP beeinflussen aber auch die Folgekosten der Prospektpublizität.

Folgekosten durch Nachahmung bei innovativen Unternehmen entstehen erst dann, wenn GoP die Veröffentlichung detaillierter Pläne vorschreiben. Dagegen lassen sich diese Folgekosten begrenzen, indem der Prospekt zwar erwartete (i.d.R. finanzielle) Resultate geplanter Maßnahmen ausweist, ihre Ursachen aber verschweigt.[3]

1 W.-R. Bretzke, Prognoseprüfung, 1983, Sp. 1114. Auch N.N. Minow, Accountants' Liability, 1984, S. 80, betont Haftungsrisiken für Prognoseprüfungen, bei denen eindeutige Normen fehlen.

2 Auf die zunehmende Bedeutung dieser Risiken wurde in Teil 2, C.I.1. hingewiesen.

3 Y. Iyiri, Accounting Measurement, 1975, S. 154; W.-R. Bretzke, Lagebericht, 1979, S. 345; D. Rückle, Externe Prognosen, 1984, S. 62.

Zwischen Folgekosten der Selbstbindung (z.B. Treuhänder-Honorare oder Einnahmeverluste aufgrund beschränkter Managementbefugnisse) und GoP kann ebenfalls ein Zusammenhang bestehen: Honorige Initiatoren binden sich, weil Publizität künftige "Ehrlichkeit" nicht sicher anzeigen kann.[1] Welche Ausprägung der GoP hohe, welche niedrige Folgekosten hervorruft, läßt sich jedoch nur vage vermuten. Eine Hypothese wäre: je mehr der Prospekt den Anleger auf die Unsicherheit geplanter Maßnahmen hinweist, desto eher binden sich Initiatoren, um Preisabschlägen des Anlegers vorzubeugen. Eine andere Hypothese könnte lauten: Initiatoren nehmen an, der Anleger wisse ohnehin um die Unsicherheit geplanter Maßnahmen ohne Selbstbindung. Dann werden Initiatoren sich binden, gleichgültig, was im Prospekt steht. Selbstbindungen wären dann unabhängig von den GoP, ihre Folgekosten keine Informationskosten.[2]

Auch die Kosten fortlaufender Publizität zur Kontrolle der Emissionsprospekte sind nicht unabhängig von GoP. Damit Prospekte und periodische Veröffentlichungen vergleichbar sind, müssen sie grundsätzlich gleichen Aufbau und Inhalt haben.[3] Beispielsweise könnten sie prospektive bzw. retrospektive Kapitalflußrechnungen gleichen Aggregationsgrads enthalten. Folgekosten entfallen hier, wenn Prospekte der "normalen" z.B. gesellschaftsrechtlichen Publizität entsprechen. Weichen Prospekte jedoch ab - enthalten sie z.B. detaillierte Finanzpläne -, müßte die fortlaufende Publizität um vergleichbare Ist-Rechnungen ergänzt werden. Je mehr

---

1 Vgl. Teil C, I.1.

2 W. Ballwieser, Informationsökonomie, Rechnungslegungstheorie und Bilanzrichtlinie-Gesetz, in: ZfbF, 37.Jg., 1985, S. 51, bemerkt zu Kosten aufgrund "externer Effekte" - so nennt Ballwieser Folgekosten der Publizität, also auch Opportunitätskosten wegen Nachahmung oder Unterlassung bestimmter Maßnahmen - folgendes: "Diese Kosten im einzelnen zu beziffern, fällt sehr schwer. Man müßte hierzu u.a. gesicherte Modelle für die gesellschaftlichen Wirkungen der Rechnungslegung haben, die bisher fehlen."

3 D. Rückle, Externe Prognosen, 1984, S. 67

Emittenten die normale Publizität umformen oder ergänzen müssen, um solche Rechnungen zu erhalten, desto höher sind die Informationskosten.[1)]

Die letzte Art von Folgekosten sind Folgekosten aufgrund von Informationsrisiken. Dieser Posten nimmt ab, je mehr die GoP Ermessensspielräume und Irrtumsmöglichkeiten des Managements bei der Erfolgsprognose ausschließen und an ihre Stelle zutreffende Prognosewerte setzen. Diese Zielsetzung der GoP birgt jedoch einen unaufhebbaren Konflikt: Informationen können nicht zukunftsbezogen und gleichzeitig absolut objektiv sein.[2)] Legen die GoP das Schwergewicht auf zukunftsorientierten Informationsgehalt, sinkt zwangsläufig die Objektivität. Denn Prognosen, vor allem Schätzungen, "sind aber nur eingeschränkt eindeutig zu normieren" und können zudem "durch Unterlagen nur begrenzt fundiert werden und sind deshalb intersubjektiv nur teilweise nachprüfbar."[3)] Betonen GoP stattdessen den Objektivitätsaspekt - im Extrem durch Normwerte, wie sie z.B. Afa-Tabellen zugrundeliegen -, nimmt der Informationsgehalt der Prognosen ab: "Applications of forecasting principles may actually result in poorer forecasts ..."[4)] Gleich welche Ausprägungen GoP annehmen, werden aufgrund dieses Zielkonflikts immer Informationsrisiken bestehen bleiben und Folgekosten kalkuliert werden müssen.

---

1 Darf der Emittent trotz abweichender Prospekte auf vergleichbare Ist-Rechnungen verzichten, muß der Anleger die normale Publizität umformen. Kontrollkosten fallen dann bei ihm an.

2 J. Baetge, Objektivierung, 1970, S. 167 ff.; G. Franke und H. Laux, Wert betrieblicher Informationen, 1970, S. 1 ff.; Y. Iyiri, Accounting Measurement, 1975, S. 153; ders., The Dilemma in Contingencies and Forecast Reporting, in: JoA, 150. Jg., November 1980, S. 38-46; U. Leffson, GoB, 1987, S. 81-84; D. Rückle, Externe Prognosen, 1984, S. 59

3 U. Leffson, GoB, 1987, S. 472

4 Y. Iyiri, Accounting Measurement, 1975, S. 153; auch J. Baetge, Grundsätze, 1981, Sp. 710

Der beschriebene Zielkonflikt läßt sich aus einem anderen Blickwinkel weiter erhellen: Prognosen basieren immer auf (impliziten oder expliziten) Vorstellungen über Bedingungen ihres Eintretens.[1] Wer den Erfolg eines Unternehmens vorhersagt, greift auf seinen individuellen Erfahrungsschatz darüber zurück, welche Faktoren den Erfolg bestimmen. Der Prognose liegt "model information"[2] zugrunde, die durch Erfahrung, also das Sammeln von Wissen geprägt ist. "Ergebnis der Wissensakkumulation ist die Herausbildung einer Theorie, welche Variablen ... wichtig sind und welche nicht und wie sie untereinander zu verbinden sind."[3]

Will ein Marktregulator Emittenten vorschreiben, welche "model information" sie verwenden sollen, steht er vor einem Problem: Niemand verfügt über das "wahre" Modell der Umwelt, niemand weiß mit Sicherheit, welche Variablen wichtig, welche unwichtig sind und wie sie zusammenwirken[4] - auch ein Publizitätsregulator nicht. Gibt er ein festes "Norm-Modell" vor, ist das zwar ob-

---

1 Vgl. Teil 2, A.I.2.

2 Diesen Begriff verwendet H. Schmidt, Disclosure, 1983, S. 38. Die Literatur zum Entscheidungsverhalten spricht allgemeiner davon, daß Wirtschaftssubjekte ihren Entscheidungen subjektive, "innere" Modelle der realen Problemsituation zugrundelegen, vgl. G. Gäfgen, Entscheidung, 1968, S. 126; P. Höflinger, Informationsoptimierung, 1975, S. 65-69; S. Grotz-Martin, Informations-Qualität, 1976, S. 133; H.Ph. Platz, Informationswirtschaftliche Engpässe, 1980, S. 52.

3 H. Reuter, Aktienmarkt, 1980, S. 108, für die Bewertung von Unternehmen durch Anleger. Das gilt aber für jeden, der Unternehmenserfolge vorhersagt.

4 Vgl. z.B. M. Tietzel, Theorie rationaler Erwartungen, 1982, S. 505-507; H. Schmidt, Disclosure, 1983, S. 37. Andere Autoren weisen darauf hin, daß es bei komplexeren Entscheidungsproblemen nicht möglich ist, den "objektiven Brutto-Informationsbedarf" zu bestimmen, der nötig ist, eine Entscheidung optimal zu fundieren, vgl. P. Höflinger, Informationsoptimierung, 1975, S. 47-56; S. Grotz-Martin, Informations-Qualität, 1976, S. 131 f. Dieser "objektive Informationsbedarf" ist aber nichts anderes als die Information, die ein Emittent aufgrund "optimaler" model information seiner Ertragsprognose zugrundelegt, mit der Anleger ihre Entscheidung fundieren.

jektiv, beschreibt aber möglicherweise die künftige Realität im Einzelfall unzutreffend. Das Modell berücksichtigt auch neue Erkenntnisse über Variable nicht, die im Laufe neuer Entwicklungen plötzlich erfolgsrelevant werden könnten.[1] Schlecht fundierte Prognosen wären die Folge. Verzichtet der Regulator dagegen auf feste Normen oder setzt nur "Eckwerte", könnten Managements im Einzelfall bessere Modelle anwenden. Das ermöglicht aber gleichzeitig Manipulation und Irrtum. In beiden Fällen können Anleger schlecht informiert werden und Schäden erleiden. Immer bestehen Informationsrisiken, ihr Gewicht hängt von der Qualität des Norm-Modells ab. Will der Regulator diese Qualität messen, muß er die Informationsrisiken bewerten und entsprechende "Folgekosten für schlechte Prospekte" berücksichtigen. Diese Folgekosten lassen sich jetzt präziser als "Folgekosten schlechter Norm-Modelle oder Norm-Prospekte" bezeichnen.

Damit sind alle Informationskosten behandelt, soweit sie beim Emittenten anfallen. Der folgende Abschnitt betrachtet die Informationskosten des Anlegers und Auswirkungen von GoP auf diese Kosten.

II. Informationskosten beim Anleger

1. Kostenarten

Ähnlich wie beim Emittenten lassen sich Informationskosten auf Anlegerseite einteilen in solche, die bis zum Anteilskauf auftreten, und solche, die anfallen, während der Anleger den Beteiligungstitel hält. Zunächst werden Kosten bis zum Anteilserwerb dargestellt.

---

1 Und einmal zum Standard gewordene Norm-Modelle werden sich, wie jede Norm, nur schwierig neuen Verhältnissen anpassen lassen, vgl. H. Giersch und H. Schmidt, Offene Märkte, 1986, S. 73

a. Informationskosten bis zum Anteilserwerb

Informationskosten der Anleger bis zum Anteilserwerb richten sich nach den Informationsaktivitäten, die Anleger entfalten, um zu Erwartungen über Risiken und Renditen der Anlageobjekte zu gelangen, wenn sie anhand eines Norm-Prospekts Entscheidungen treffen sollen. Ihm können dabei folgende Kosten entstehen:

1. Sicherungskosten gegen Informationsrisiken
2. Kosten für zu Analysezwecken aufgewendete Zeit
3. Kosten für Beschaffung zusätzlicher Nachrichten.

Investoren bilden Erwartungen über Risiken und Renditen von Anlagen, indem sie Angaben des Prospekts miteinander verknüpfen. Sodann transformieren sie erwartete Nettozahlungen in Preisgrenzen. Besteht die Gefahr falscher Prospektangaben, kann der Anleger Schäden erleiden, obwohl er die Informationen sorgfältig interpretiert und verknüpft. Wenn der Anleger das erkennt, entstehen Informationskosten der ersten Art: Er kalkuliert "Sicherungskosten gegen Informationsrisiken des Prospekts", reduziert seine Preisgrenze entsprechend und kompensiert so mögliche Schädigungen.[1]

Der Investor könnte einen zweiten Fall durch zusätzliche Sicherungskosten berücksichtigen: Verzichtet er bewußt darauf, alle Prospektangaben sorgfältig miteinander zu verknüpfen - z.B. weil ihm die Zeit fehlt - sinkt die Qualität seiner Erwartungen, denn er nutzt das Informationspotential des Prospekts nicht voll aus. Gegen mögliche Schäden könnte er "Sicherungsprämien gegen Informationsrisiken aufgrund Analyseverzichts" ansetzen.

Hier muß sofort ein möglicher Einwand aufgegriffen werden: Informationsrisiken berücksichtige doch bereits der Regulator beim Emittenten als Folgekosten schlechter Norm-Prospekte, es würde doppelt gezählt. Dieser

1 Vgl. Teil 2, A.II.2. und B.II. und die dort jeweils zit. Lit.

Einwand läßt sich jedoch entkräften. Wenn der Anleger tatsächlich zutreffende Sicherungskosten kalkuliert, so ist er geschützt. Der Regulator braucht Folgekosten schlechter Norm-Prospekte nicht mehr anzusetzen, denn wie diese entsprechen Sicherungsprämien des Anlegers dem Wert zukünftiger Schäden durch Fehlinformiertheit. Sicherungskosten des Anlegers treten dann an die Stelle der Folgekosten[1)], lösen sie ab. Doppelzählung wird vermieden.[2)]

Kosten der zweiten Kategorie, Kosten für Analysezeit, setzen Investoren an, weil sie während der Prospektanalyse auf andere, ertragbringende Tätigkeiten verzichten müssen. Diese Kosten sind Opportunitätskosten. Zeit wendet der Anleger auf, um Prospekte zu lesen und Preisgrenzen zu errechnen. Vermißt er bei der Prospektlektüre Informationen, könnte er sie auch beschaffen oder selbst produzieren, indem er Vorwissen mit Prospektangaben oder Auskünften anderer Quellen kombiniert und eigene Schlüsse zieht. Befürchtet er falsche Prospektangaben, bleibt ihm nicht nur der Ansatz von Sicherungskosten. Vielmehr kann er angezweifelte Informationen auch überprüfen und ggfs. korrigieren. Prüfungsmöglichkeiten reichen von Parallelauskünften über Plausibilitätsvergleiche bis zum Versuch, Prognoseprozesse der Prospektherausgeber nachzuvollziehen.

Informationsbeschaffungskosten entstehen, wenn der Anleger vermißte Informationen oder Parallelauskünfte von professionellen Nachrichtenproduzenten erwerben muß. Erworbene Informationen paßt er in sein Mosaik aus Vor-

---

1 Kalkuliert der Anleger zutreffene Sicherungskosten, erleidet er zwar persönlich keinen Schaden. Gleichwohl stellen Sicherungskosten Reibungsverluste des Kapitalmarkts dar und müssen als Informationskosten berücksichtigt werden, denn sie vertiefen die Kluft zwischen Kapitalkostensatz des Emittenten und Anlegerrendite, vgl. dazu H. Schmidt, Kosten, 1983, S. 188 f. und Teil 2, B.II.

2 FN 2 S. 103 wies darauf hin, daß Folgekosten schlechter Norm-Prospekte beim Emittenten nur als Hilfsgröße eingeführt wurden, solange nicht bekannt war, wie Anleger auf Prospekte reagieren. Hier wird die Hilfsgröße durch Sicherungskosten des Anlegers substituiert.

wissen und Prospektaussagen ein[1]) oder ersetzt durch sie vorhandenes Wissen. Beschaffungskosten lassen sich in drei Kategorien einteilen, die Kategorien orientieren sich an den Nachrichtenquellen des Anlegers:

1. Beschaffungskosten fallen für Nachrichten aus Wirtschaftsmagazinen und Wirtschaftsteilen von Tages- oder Wochenzeitschriften an.[2]) Diese Quellen berichten z.T. fundiert über allgemeine Risiken der Geldanlage am Grauen Markt, sie informieren aber auch über einzelne Angebote. Die Berichterstattung über Einzelobjekte konzentriert sich auf die Darstellung bereits eingetretener Anlegerschäden. Gelegentlich durchleuchtet sie auch Projekte in der Emissionsphase und beugt Schäden vor. Hier liegen Kosten für Standardinformationen vor, die jedem Anleger gleichartig angeboten werden.

2. Weitere Kosten muß der Anleger für Fachliteratur[3]) oder spezielle Informationsdienste[4]) bestreiten. Fachliteratur soll den Anleger in die Lage versetzen, Projekte in Kenntnis allgemeiner Wirkungszusammenhänge selbst zu beurteilen. Informationsdienste bewerten Projekte, die zur Zeichnung angeboten werden, anhand der Prospektangaben und des Hintergrundwissens der Herausgeber. Auch bei diesen Kosten handelt es sich um Kosten für Standardinformationen.

---

1 Zum Mosaik-Prinzip vgl. W.H. Beaver, Current Trends in Corporate Disclosure, in: JoA, 145. Jg., Januar 1978, S. 50; H. Reuter, Aktienmarkt, 1980, S. 119 f.

2 Z.B. Capital, Wirtschaftswoche, Die Zeit, Welt am Sonntag.

3 Z.B. Handbücher oder Loseblattsammlungen für steuerbegünstigte Geldanlagen.

4 Z.B. "Kapitalmarkt Intern" des Kapitalanlagen-Informationszentrums Oberursel oder "C.A.S.H.". Diese Informationsdienste geben auch ausführliche Analyseberichte über Einzelangebote heraus. Der Informationsdienst "Kapitalmarkt Intern" kostet z.Zt. ca. DM 35,- monatlich, einzelne Analyseberichte für Abonnenten zusätzlich DM 50,-. Analyseberichte dürfen nicht in befreundeten Anlegerkreisen zirkulieren. Das setzt kostenlosen Informationsausbreitungsprozessen zumindest theoretisch Grenzen.

3. Spezielle Zusatz- oder Parallelinformationen zum Prospekt einzelner Angebote kann der Anleger über Bankauskünfte, Auskunfteien oder eigene Recherchen erhalten. Diese Quellen helfen dem Anleger ebenfalls, Projekte eigenständig zu bewerten.[1] Anlageberater und -vermittler[2] sind weitere Quellen. Berater werden hier als eine von mehreren Quellen angesehen, die der Anleger <u>neben</u> dem Prospekt anzapfen kann, um zusätzliche Informationen zur Ergänzung, Kontrolle, Bewertung oder Erläuterung von Prospektaussagen zu erhalten,[3] nicht jedoch als einzige Nachrichtenquelle des Anlegers, die durch umfassende Beratung und konkrete Anlageempfehlung Prospekte für Anleger erübrigt.[4] Kosten für In-

---

1 Bankauskünfte geben Bonitätshinweise. Auskunfteien bieten spezielle Informationspakete über die Bonität wichtiger Vertragspartner der Anlagegesellschaft an. Solche Pakete kosten zwischen DM 100,-- und DM 200,-- (vgl. D.F. Brockmann, Die Auskunftei: Wie man Informationslücken schließen kann, in: Jahrbuch der deutschen Anlageberatung 1982, Köln o.J., S. 70). Durch eigene Recherchen wie Handelsregistereinsicht kann der Investor z.B. Wissen über die Geschäftsleitung gewinnen.

2 Zum Unterschied Anlageberater und -vermittler vgl. z.B. J. Köndgen, Prospekthaftung, 1983, S. 122-124 mit Literatur.

3 Vgl. auch H.-D. Assmann, Prospekthaftung, 1985, S. 33.

4 Wären Berater einzige Quelle, hieße das, Prospekte würden ausschließlich für den Fachmann gemacht, dieser träte zwangsläufig als monopolisierter Publizitätsmittler zwischen Emittent und Anleger. Hier handelt es sich um ein prinzipiell anderes Publizitätssystem. Dieses System wird in dieser Arbeit jedoch nicht diskutiert, sie beschränkt sich auf die Gestaltung eines Prospekts, der prinzipiell dem Anleger zugedacht ist, vgl. dazu die Einleitung d.A., Abschn. C. Nicht verschwiegen sei allerdings, daß exklusive Publizität für Publizitätsmittler durchaus befürwortet wird (für Effektenmärkte K.J. Hopt, Publizität von Kapitalgesellschaften, in: ZGR, 9. Jg., 1980, S. 236-240; H. Schmidt, Disclosure, 1983, S. 38; für den Grauen Markt K.J. Böhm, Anlegerschutz, 1979, S. 150; J. Köndgen, Prospekthaftung, 1983, S. 89). In den USA werden Anlageberater und institutionelle Investoren ebenfalls als priviligierte Adressaten angesehen (vgl. SEC, Report of the Advisory Committee on Corporate Disclosure to the Security and Exchange Commission, Band I, Washington D.C. 1977, S. 348 f.). Es gibt jedoch auch Gegenstimmen: Auf Preisvorteile von Prospekten gegenüber Einzelberatung weisen hin: F. Kübler, Anlageberatung, 1981, S. 207; J. Köndgen, Prospekthaftung, 1983, S. 88. H.-D. Assmann, Prospekthaftung, 1985, S. 317 f. bezeichnet es sogar als für die Markteffizienz schädlich, wenn Anleger nur nach Expertenrat Entscheidungen treffen könnten.

formationen der dritten Kategorie sind Kosten für individuell abgefragte Informationen.

Mit den Beschaffungskosten und den Kosten für Analysezeit und Sicherung gegen Informationsrisiken sind alle Kostenarten angesprochen, die bis zum Anteilskauf beim Anleger zu Informationskosten werden können.

b. Folgekosten

Über die bisher aufgezählten Kosten hinaus können dem Anleger auch Folgekosten entstehen. Diese Folgekosten treten auf, während er den Beteiligungstitel hält. Zwei Arten sind relevant:

1. Folgekosten schlechter Prospektinterpretation
2. Folgekosten der Prospektkontrolle anhand fortlaufender Publizität

Um Folgekosten schlechter Prospektinterpretation zu verdeutlichen, soll die bisher angenommene Situation nochmals zusammengefaßt werden: Anleger kannten Informationsrisiken, kalkulierten zutreffende Sicherungsprämien oder räumten die Risiken aus, indem sie sich zusätzlich informierten. Will man alle nur denkbaren Folgen von Norm-Prospekten erfassen, muß man jedoch auch mit einer anderen Situation rechnen: Der Investor könnte seine Fähigkeit, Prospekte zu interpretieren, falsch einordnen und sich überschätzen. Auch seine Möglichkeit, sich zusätzlich zu informieren und so "bessere" Erwartungen zu bilden, als er sie dem Prospekt allein hätte entnehmen können, könnte er falsch beurteilen. Seine Risiko-Rendite-Vorstellungen sind dann von geringerer Qualität, als er annimmt. Da er irrtümlich vermutet, seine Erwartungen seien von guter Qualität, kalkuliert er keine oder zu geringe Sicherungsprämien und erleidet Schäden. Sie müssen vom Regulator als "Folgekosten schlechter Prospektinterpretation" berücksichtigt werden.

Der Charakter dieser Folgekosten läßt sich durch vier idealtypisch voneinander getrennte Situationen verdeutlichen:

1. Im Fall idealer Prospektinterpretation wären die Folgekosten null. Der Anleger überprüfte hier alle Prospektangaben sorgfältig und korrigiert sie gegebenenfalls. Auch verknüpfte er sie richtig und beschaffte sich alles Wissen selbst, das im Prospekt fehlt, aber notwendig ist, eine Anlage so gut wie theoretisch nur möglich zu beurteilen. Er bildete Erwartungen, die sich dem Idealbild der Erwartungen besonderer Qualität annäherten.[1)]

2. Folgekosten einer bestimmten, vom Prospekt vorgegebenen Höhe entstehen, wenn der Investor zwar alle Prospektangaben sorgfältig und richtig miteinander verknüpft, den Prospekt aber nicht weiter überprüft oder ergänzt. Der Anleger vertraut hier auf Richtigkeit und Vollständigkeit des Prospekts. Folgekosten dieser Höhe seien als "ausschließlich prospektbedingte Schäden oder Folgekosten" bezeichnet, denn sie wurzeln ausschließlich in der vorgegebenen Qualität des Prospekts. Je richtiger und vollständiger ein Prospekt, desto geringer diese Kosten.

3. Informiert sich der Anleger über den Prospekt hinaus selbst (oder kalkuliert Sicherungskosten), können

---

1 Zur Definition von Erwartungen besonderer Qualität vgl. Teil 2, B.I. Ein Anleger, der sich so verhält, kommt dem "homo informaticus" nahe, "der seinen problembezogenen und insofern objektiven Informationsbedarf kennt, der die fehlenden Informationen ohne Verhaltensbarrieren nachfragt, sie bei ihrer Anlieferung ohne Widerstand entgegennimmt, der keine Präferenzen gegenüber bestimmten Informationen, bestimmten Formen oder Quellen von Informationen hat und der die Informationen schließlich ohne jede Verfälschung zu einem ökonomisch optimalen Entschluß verarbeitet". (E. Witte, Informationsverhalten, 1972, S. 45)

sich seine Folgekosten im Vergleich zu den prospektbedingten Schäden verringern.

4. Möglicherweise werten Prospektleser Angaben des Prospekts falsch aus oder vernachlässigen gegebene Informationen. Sie interpretieren dann einen eigentlich guten Prospekt fehl und erzeugen durch die Art ihrer Informationsverarbeitung "Reibungsverluste". Man könnte von Folgekosten durch ineffiziente Verarbeitung gegebener Information sprechen.

Die vier idealtypischen Situationen können kombiniert anzutreffen sein. Denkbar wäre beispielsweise ein qualitativ mangelhafter Prospekt (Situation 2), der von einem unwissenden Anleger zusätzlich fehlinterpretiert wird (Situation 4).

Somit richten sich die Folgekosten schlechter Prospektinterpretation danach, wie gut Prospekte sind und wieweit Anleger sie durch Selbstinformation verbessern oder aber zusätzliche Reibungsverluste hervorrufen. Weiß man, wie hoch diese Kosten sind, so treten sie an die Stelle der Folgekosten schlechter Prospekte, die der Regulator vorläufig beim Emittenten kalkuliert.[1)] Dadurch wird Doppelzählung von Anlegerschäden vermieden. Gleichzeitig sind Schäden exakter erfaßt, weil explizit berücksichtigt ist, wie Anleger Prospekte interpretieren.

Folgekosten der Prospektkontrolle anhand fortlaufender Publizität fallen an, wenn der Anleger Prospekte für einige Quartale oder Jahre mit der laufenden Publizität vergleicht. Dafür benötigt er Zeit. Ist der Prospekt formal nicht mit der laufenden Publizität vergleichbar, muß der Anleger die laufende Publizität, soweit möglich, umformen, z.B. eine Kapitalflußrechnung aus Bewegungsbilanz und G+V erstellen, um sie mit

---

1 Hier wird also genauso verfahren, wie bei etwaigen Sicherungskosten, die Anleger kalkulieren, wenn sie sich nicht zusätzlich informieren wollen.

einer prospektiven Kapitalflußrechnung des Prospekts zu vergleichen.

Faßt man zusammen, können beim Anleger folgende Arten von Informationskosten entstehen: Erkennen Anleger Informationsrisiken des Prospekts, so kalkulieren sie Selbstversicherungsprämien. Stattdessen können sie sich auch zusätzlich informieren, dann fallen Kosten für Informationsbeschaffung und Analysezeit an. Im ersten Fall kompensiert, im zweiten beseitigt der Anleger Informationsrisiken. Weiterhin können Anleger Folgekosten schlechter Prospektinterpretation hervorrufen, weil sie Informationsrisiken des Prospekts gerade nicht erkennen, kompensieren oder beseitigen, sie u.U. sogar erhöhen und deshalb zusätzliche Schäden erleiden. Schließlich kostet die ex-post-Kontrolle des Prospekts anhand fortlaufender Publizität Zeit. Jetzt muß untersucht werden, welche Faktoren auf der Seite des Anlegers die Höhe dieser Kosten beeinflussen.

2. Determinanten der Informationskosten

Wie beim Emittenten werden die Informationskosten von zwei Faktoren bestimmt. Es sind unabhängige Umweltfaktoren und die GoP selbst.

a. Umweltfaktoren als GoP-unabhängige Determinanten der Informationskosten

Folgend werden Determinanten der Informationskosten dargestellt, die der Publizitätsregulator nicht beeinflussen kann. Es lassen sich aufzählen:

1. Das Nachrichtenverarbeitungsmodell des Anlegers
2. Das Anlegerwissen über die Qualität des normierten Prospekts
3. Der Anlegertypus des Grauen Markts
4. Die Anlegerzahl.

aa. Nachrichtenverarbeitungsmodelle von Anlegern

Nachrichtenverarbeitungsmodelle beschreiben, wie Anleger zufließende Nachrichten in Erwartungen über Risiken und Renditen umsetzen und welche Nachrichten sie dazu verwenden möchten und tatsächlich verwenden. Ein solches Modell erfaßt Informationsbedarf und -verarbeitung des Anlegers. Es kann auch als Transformations-Modell bezeichnet werden.

Bevor dargestellt wird, wie das Modell Informationskosten beeinflußt, steht eine Frage im Raum: Wie und wodurch bilden sich Transformationsmodelle? Dieser Frage wird zunächst nachgegangen.

Wie Emittenten legen auch Investoren ihrer Entscheidung model information über die Entscheidungssituation zugrunde. Model information basiert auf individueller Erfahrung und gibt an, welche Variablen relevant sind und wie sie im Entscheidungsprozeß berücksichtigt werden müssen.[1] Hat der Anleger Variable als wichtig erkannt, wird er Informationen über sie - implizit oder explizit - nachfragen. Determinante des Nachrichtenverarbeitungsmodells ist hier das nomologische Vorwissen (model information) des Investors.

Der Anleger wird jedoch die Erfahrung machen, daß sich nicht alle Informationen über relevante Faktoren gleich gut zur Bewertung eignen. Informationen können zu alt, zu unsicher oder zu ungenau, kurz, qualitativ unterschiedlich sein. Welche Qualität Informationen haben sollten, damit der Anleger sie zu Bewertungszwecken heranziehen kann, sagt ihm ebenfalls sein nomologisches

---

1 Vgl. Teil 2, C.I.2.b.

Vorwissen.[1] Model information bestimmt auch die qualitative Seite des Informationsbedarfs.[2]

Hier ließe sich ein Einwand machen: Die Fähigkeit des Anlegers, Nachrichten zu verarbeiten, ist als Determinante des Informationsbedarfs bisher nicht erwähnt. Jedoch bedeutet Fähigkeit nichts anderes, als Informationen erkennen, verknüpfen und schlußfolgernd zur Anteilsbewertung heranziehen zu können. Beispielsweise müssen Anleger Zusammenhänge herstellen zwischen Informationen über die Solvenz eines Vertragspartners der Unternehmung und dem Risiko der Anlage. Weiß der Anleger, welche Variablen wichtig und wie sie zu verknüpfen sind, ist das Problem gelöst: Er kann entsprechende Informationen auch verarbeiten. Damit hängen Verarbeitungsfähigkeiten direkt von der model information ab. Je mehr relevante Variable sie identifiziert, desto mehr Information kann der Anleger zu Schlußfolgerungen verwenden.

Dabei muß jedoch noch eines gewährleistet sein: Anleger müssen Nachrichten so auffassen, wie Initiatoren sie gemeint haben. Unterscheiden sich Erfahrungen von Anlegern und Initiatoren, entstehen beim Investor andere Vorstellungen, als sie der Prospektherausgeber vermitteln möchte. Anleger könnten z.B. andere Vorstellungen darüber haben, was ein "solventer" Vertragspartner ist, als Initiatoren. Solche "Informationsstörungen" semantischer Art[3] bleiben bei einseitiger Kommunikation

---

1 J. Wild, Zur Problematik der Nutzenbewertung von Informationen, in: ZfB, 41. Jg., 1971, S. 326 und S. Grotz-Martin, Informations-Qualität, 1976, S. 167, reden von der Stärke des Problembewußtseins, die qualitative Wünsche bestimmt.

2 Der Informationsbedarf ergibt sich damit einerseits aus dem quantitativen Anspruchsniveau (welche und wieviel Information?) und andererseits aus dem qualitativen Anspruchsniveau (wie gute Information?). Vgl. N. Szyperski, Informationsbedarf, in: HdO, Stuttgart 1980, Sp. 904; K. Brockhoff, Informationsverarbeitung in Entscheidungsprozessen, in: ZfB, 53. Jg., 1983, S. 53-62

3 Dazu L.J. Heinrich, Ausschaltung von Störungen, 1963, S. 36 ff.; A.G. Coenenberg, Kommunikation, 1966, S. 55 ff.; P. Höflinger, Informationsoptimierung, 1975, S. 140 ff.; R. Lisch und J. Kriz, Inhaltsanalyse, 1978, S. 35 ff.

oft unentdeckt, sie erzeugen Informationsrisiken und beeinträchtigen die weiteren Analyseschritte.

Anleger wollen jedoch nicht über alle Faktoren informiert werden, die sie als wichtig erkannt haben.[1] Vielmehr sind bekannte Nachrichten überflüssig. Auch geben sich Anleger zufrieden, sobald sie einen ausreichenden Gewißheitsgrad erreicht haben: Offensichtlich wird der tatsächliche Bedarf durch die Risikoneigung beeinflußt.[2] Das wird noch deutlicher, wenn man Kosten berücksichtigt. Vermehrte Nachrichtenversorgung kostet zunehmend Geld und Auswertungszeit. Anleger werden diese sicheren Kosten gegen unsichere Informationserträge abwägen und ggfs. weniger Informationen wünschen.[3] Hierbei ist die Risikopräferenz ausschlaggebend. Wieweit Anleger unterrichtet werden wollen, richtet sich weiterhin danach, wie empfindlich ihn negative Entscheidungskonsequenzen treffen würden.[4] Je höher das finanzielle Wagnis für ihn ist, desto mehr und bessere Informationen wird der Anleger verlangen. Die Bewertung des Wagnisses hängt ebenfalls von der Risikoneigung ab.

Faßt man zusammen, schälen sich drei Determinanten des Verarbeitungsmodells heraus:

---

1 E. Witte, Informationsverhalten, 1975, Sp. 1917

2 J.T. Lanzetta, Information Acquisition in Decision Making, in: Motivation and Social Interaction - Cognitive Determinants, Hrsg.: O.J. Harvey, New York 1963, S. 244 ff.; P. Höflinger, Informationsoptimierung , 1975, S. 163; P. Weinberger, Das Entscheidungsverhalten der Konsumenten, Paderborn 1981, S. 18.

3 E. Witte, Informationsverhalten, 1975, Sp.1921 f.

4 P. Höflinger, Informationsoptimierung, 1975, S. 74; S. Grotz-Martin, Informations-Qualität, 1976, S.167; W. Kroeber-Riel, Konsumentenverhalten, 3., wes. ern. und erw. Aufl., München 1984, S. 360

1. nomologisches Vorwissen (model information)
2. ontologisches Vorwissen über die Ausprägung bewertungsrelevanter Faktoren (event information)
3. Risikoneigung.

Anhand dieser Determinanten läßt sich jetzt zeigen, daß die Transformationsmodelle alle Informationskosten des Anlegers beeinflussen. Das soll anhand von Beispielen geschehen: Ein risikofreudiger Anleger z.B. wird sich mit weniger Informationen bescheiden und auch weniger gute akzeptieren. Einen vorgegebenen Prospekt vorausgesetzt,[1] wird er weniger Kosten für zusätzliche Information und für Analysezeit tragen wollen als ein risikoscheuer Investor. Auch Sicherungskosten hängen von der Risikopräferenz ab. Ein risikoaverser Investor wird höhere Kosten ansetzen als den Erwartungswert möglicher Schäden, wie ihn der risikoneutrale Anleger kalkuliert.[2] Ein weiteres Beispiel: Verfügt ein Anleger über "gute" model information, kann er - entsprechende Informationsmöglichkeiten vorausgesetzt - Erwartungen hoher Qualität herausbilden. Entsprechend gering sind seine Schäden, Folgekosten schlechter Prospektinterpretation treffen ihn kaum. Hat er dagegen "schlechte" model information, so verwertet er zu wenig oder aber ungeeignete Informationen und gelangt zu Erwartungen geringer Qualität.[3] Folgekosten schlechter Prospektinterpretation wären zu berücksichtigen. Prüft der Anleger Prospekte anhand fortlaufender Publizität, wird er sich ebenfalls nur für Faktoren interessieren, die er schon bei der Anlageentscheidung für relevant hielt. Kurz, alle Arten von Informationskosten auf Anlegerseite hängen vom Nachrichtenverarbeitungsmodell des Investors ab.

---

1 Unterschiedliche Prospekte - also unterschiedliche GoP - als Determinanten der Informationskosten betrachtet erst Teil 2, C.II.2.b.

2 H. Schmidt, Zirkulationsmarkt, 1977, S. 26

3 Wie "gute" model information im einzelnen ausgeprägt ist, wie "schlechte", muß an dieser Stelle nicht entschieden werden.

bb. Anlegerwissen über Informationsrisiken des ordnungsmäßigen Prospekts

Bei den Ausführungen zum Verarbeitungsmodell wurde bisher eines unterstellt: Anleger kennen das Ausmaß der Informationsrisiken im Prospekt. Mit anderen Worten, der Anleger weiß auch, welche Qualität der Prospekt hat. Nun kann der Anleger zwar unmittelbar erkennen, welche Informationen der Prospekt enthält (ob der Prospekt seinen quantitativen Informationsbedarf deckt), Qualität kann man Informationen jedoch nicht ansehen.[1] Der Anleger hat sie zu beurteilen. Erst dann kann er die Prospektqualität mit seinen Ansprüchen vergleichen und entscheiden, ob und wieweit er sich noch zusätzlich selbst informiert oder wie hoch er Sicherungskosten ansetzt.

Wollen Anleger die Prospektqualität in ungeregeltem Zustand beurteilen, müssen sie auf Erfahrungen mit Prospekten zurückgreifen.[2] Sie werden auch Motive und Möglichkeiten der Herausgeber zu Manipulationen begutachten[3] sowie die Reputation weiterer Institutionen berücksichtigen, die mit dem Prospekt in Verbindung gebracht werden können.[4]

---

1 Y. Iyiri, Accounting Measurement, 1975, S. 151 f.; H.-D. Assmann, Prospekthaftung, 1985, S. 285-287

2 S. Grotz-Martin, Informations-Qualität, 1976, S. 169

3 S. Grotz-Martin, Informations-Qualität, 1976, S. 181 f.; N. Szyperski, Rechnungswesen, 1981, Sp. 1435

4 Auf Effektenmärkten sorgen z.B. investment banker als "gatekeeper" für gute Prospekte, weil davon ihre Reputation und ihr weiteres Geschäft abhängt, vgl. dazu H. Schmidt, Disclosure, 1983, S. 38. Am Grauen Markt gibt es jedoch keine Emissionsbanken als Garanten guter Prospekte. Allerdings gibt es auch am Grauen Markt Fremdkapitalgeber für die Unternehmen sowie Banken, die dem Anleger den Kauf des Beteiligungstitels finanzieren. Solche Banken könnten theoretisch "gatekeeper"-Funktion ausüben. Praktisch hat sich jedoch auch die Finanzierung durch namhafte Banken selten in erhöhter Prospektqualität niedergeschlagen. Auch große Vertriebsgesellschaften (Anlagevermittlungs- oder Beratungsunternehmen) könnten "gatekeeper"-Funktion wahrnehmen, sofern sie von den Initiatoren unabhängig sind. Jedoch bestehen auch hier i.d.R. zu enge Verflechtungen.

Diese Beurteilung interessiert hier jedoch weniger. Vielmehr geht es um die Qualität normierter Prospekte. Sie wird von den GoP bestimmt. Deshalb benötigt der Anleger Wissen über GoP und zieht daraus Schlüsse auf die Qualität des Prospekts und auf Informationsrisiken. Auch seine Erfahrung mit normierten Prospekten wird er berücksichtigen. Anleger begründen Informationsaktivitäten mit subjektiven Vermutungen über die Prospektqualität, nicht mit "objektiven" Eigenschaften der empfangenen Nachrichten.[1] Wissen, mit dem Anleger Informationsrisiken normierter Prospekte beurteilen, stellt allgemeine Zusammenhänge zwischen GoP und Informationsrisiken her. Es ist nomologisches Wissen[2], allerdings bezieht es sich nicht - wie model information - auf bewertungsrelevante Variable bei Anlageobjekten, sondern auf Merkmale von Informationen über diese Variablen. Sie ist Information über Information, kurz: Meta-Information.[3]

Jetzt läßt sich zeigen, wie Meta-Information des Investors die Informationskosten beeinflußt. Dabei verändert unterschiedliche Meta-Information diese Kosten auch dann, wenn die Qualitätsansprüche des Anlegers ebenso gleich bleiben wie seine Bereitschaft und Fähigkeit, Informationen auszuwerten, wenn also die bisher aufgezeigten Determinanten seines Transformationsmodells konstant sind.

Irrt sich der Anleger über die Qualität des Prospekts und stuft sie zu niedrig ein, so kalkuliert er cet. par. Zu hohe Sicherungskosten oder kauft unnötige

---

1 S. Grotz-Martin, Informations-Qualität, 1976, S. 129

2 Dieses nomologische Wissen könnte z.B. lauten: Wenn Emittenten Prospekte nach bestimmten GoP erstellen, dann weisen Prospekte bei bestimmten Angaben Informationsrisiken eines bestimmten Gewichts auf.

3 Zum Begriff Meta-Information z.B. H. Seiffert, Wissenschaftstheorie, 1974, S. 73-77. Meta-Information kann auch ontologischer Natur sein, z.B. wenn der Anleger über eine bestimmte Vorhersage erfährt, sie sei gut fundiert.

Parallelinformationen, um den Prospekt zu überprüfen. Vertraut er hingegen Prospektangaben zu sehr, setzt er im Schnitt zu geringe Sicherungsprämien an oder informiert sich zu wenig aus anderen Quellen. Dann erleidet er Schäden. Sie zählen zu den Folgekosten schlechter Prospektinterpretation, weil der Anleger Informationsqualität falsch einschätzt. Folgekosten fallen aber nicht nur an, wenn der Anleger Prospekte fehlbeurteilt. Es kann vielmehr auch zu Schäden führen, schätzt er die Qualität anderer Quellen falsch ein, mit deren Output er den Prospekt überprüfen möchte. Glaubt er einem zweifelhaften Anlageberater, bestimmte Prospektangaben seien aus falscher Vorsicht zu pessimistisch angesetzt, kann ihn das teuer zu stehen kommen.

Diese Ausführungen zeigen, daß nicht nur die im vorhergehenden Abschnitt aufgeführten Determinanten beeinflussen, wie Prospektleser Nachrichten verarbeiten und welche Kosten dabei entstehen, sondern auch ihre Meta-Information. Die Anzahl der Determinanten des Transformationsmodells muß deshalb auf vier erweitert werden. Es sind, nochmals zusammengefaßt:

1. Model information (Welche und wie gute Informationen benötigt man, um Anlagen zu bewerten?)
2. Event information (Was weiß der Anleger bereits über die Anlage und ihre Umwelt?)
3. Risikoneigung des Investors
4. Meta-Information (Wie gut sind die Informationen des Prospekts und anderer Quellen, welche Informationsrisiken birgt der Norm-Prospekt?)

cc. Der Anlegertyp des Grauen Markts

Publizitätsdiskussionen stellen oftmals den Adressaten denkbarer Informationsinstrumente in ihren Mittelpunkt. Daher liegt die Frage nahe, ob nicht der am Grauen Markt agierende Anlegertypus als eine Determinante der Informationskosten angesehen werden muß. Überlegt man jedoch, welche Merkmale eines Anlegers relevant sind, wenn es um Publizität geht, stößt man auf die eben skizzierten Bestandteile seines Transformationsmodells:

Jeder Anlegertyp ist dadurch charakterisiert, welche Nachrichten er wünscht und wie gut er zugeflossene Nachrichten beurteilen kann; jeder Typ ist gekennzeichnet durch eine bestimmte Kombination aus Risikoneigung, Model-, Event- und Meta-Information. Andere Merkmale des Anlegers interessieren hier nicht. Wer Aussagen über den Anlegertyp des Grauen Markts trifft, tut deshalb nichts anderes, als konkret zu beschreiben, wie diese Elemente des Transformationsmodells ausgeprägt sind (et vice versa).

Will man Aussagen über Informationskosten verschiedener Prospekte gewinnen, genügt es allerdings nicht, einen Prospektadressaten normativ festzulegen, wie es die juristische Diskussion um Anlegerschutz tut.[1] Vielmehr müßten empirische Erkenntnisse über Risikoneigung und Vorwissen realer Anleger zugrundegelegt werden. Häufig beobachtbare Kombinationen dieser Faktoren ließen sich dann allerdings gedanklich zu "Anlegertypen" zusammenfassen.

Soll gezeigt werden, wie Risikoneigung und Vorwissen am Grauen Markt ausgeprägt sind, stößt man jedoch mangels empirischer Untersuchungen auf Probleme[2] und muß sich mit mehr oder weniger plausiblen Annahmen behelfen.

Für die Risikoneigung kann man noch auf eine bewährte Tradition der Kapitalmarkttheorie zurückgreifen und

1 Vgl. H.-D. Assmann, Prospekthaftung, 1985, S. 317, Fn. 21. Das liegt an der unterschiedlichen Fragestellung: Der Jurist legt Schutzbereiche (welcher Anlegertyp soll geschützt werden?) dogmatisch begründet fest, gestaltet daraufhin Prospektvorschriften und kümmert sich wenig um Informationskosten, die z.B. entstehen, weil noch andere, aber in Juristenaugen nicht schutzwürdige Anleger Schäden erleiden. Der Ökonom hingegen fragt: Wie teuer kommen unterschiedliche Prospekte, die am realen Markt auf die tatsächlich vorhandenen Anleger treffen? Dann wählt er den Vorschlag, der in der Realität insgesamt die geringsten Kosten hervorzurufen verspricht.

2 Zum Mangel an empirischen Kenntnissen und zu Problemen, sie zu gewinnen, vgl. die in Teil 1, B.III.2. zit. Lit.

Risikoaversion unterstellen.[1] Der risikoscheue Anleger wird auf Informationen, die er für wichtig hält, nur verzichten, wenn ihre Kosten extrem hoch sind. Schwieriger sind Annahmen über Vorwissen. Hier lassen sich aber einige Eingrenzungen vornehmen. Event information kann sich bei neugegründeten, jungen Emittenten des Grauen Markts nur auf gesamtwirtschaftliche oder branchenspezifische Faktoren beziehen. Denn Unternehmensinformation zirkuliert vor Prospektveröffentlichung kaum. Höchstens über Initiatoren, die fortgesetzt Emissionen placieren, sind Nachrichten in Umlauf. Über mehr als diese ontologischen Informationen kann der Anleger kaum verfügen.

Schwieriger gestalten sich Annahmen über nomologisches Vorwissen (Model Information und Meta-Information). Solches Wissen erwerben Investoren durch Ausbildung und Anlageerfahrung. Entscheidungsträger, die profunde Ausbildung genossen haben und auf langjährige, ständige Analyse- und Anlageerfahrung zurückblicken können, finden sich fast ausschließlich im Kreis institutioneller Investoren ("sophisticated investors"[2]). Solche Anleger investieren jedoch nur in Ausnahmefällen am Grauen Markt; sie sind nicht Adressaten des hier diskutierten Prospekts.

Der Anleger des Grauen Markts ist Privatanleger[3]). Sein nomologisches Wissen bildet sich durch gelegentliche Anlageentscheidungen und Lektüre der Wirtschafts-

---

1 H. Reuter, Aktienmarkt, 1980, S. 50 mit Nachweisen.

2 Diesen Ausdruck verwendet das Advisory Committee on Corporate Disclosure in einem Atemzug mit securities professionals, vgl. SEC, Report, 1977, S. 348. Anleger solchen Wissens dürfte die SEC auch bei ihrem "accredited investor concept" für nonpublic offerings im Auge gehabt haben, vgl. SEC, An Analysis of Regulation D, Hrsg. SEC, Directorate of Economic and Policy Analysis, Washington D.C. 1984. Zur Definition dieses Investor-Typs speziell S. 28-30.

3 Zum Anlegerkreis des Grauen Markts z.B. W. Spannagel, Kapitalmarkt, 1983, S. 193 f.

presse und anderer Quellen[1]. Allerdings dürfte es nicht bei allen Anlegern identisch ausgeprägt sein. Plausibel erscheint es daher, das Publikum in zwei Anlegertypen zu differenzieren, den kundigen und den unkundigen Privatanleger. Über ihr nomologisches Vorwissen seien folgende Hypothesen aufgestellt:

1. Der kundige Anleger wird nicht nur die "durchschnittliche Gefährlichkeit bestimmter Gruppen von Anlageobjekten" abschätzen können[2], vielmehr kennt er die "Standard"-Risiken von Anlagen des Grauen Markts sowie sie auslösende Risikofaktoren. Fließen ihm hierüber ontologische Informationen zu, kann und wird er auch analysieren, wie diese Risiken im Einzelfall ausgeprägt sind, und Anlageofferten entsprechend einstufen. Auch über die Qualität von Prospekten bildet er sich ein hinreichend zutreffendes Urteil. Dieses Transformationsmodell speichert der Anleger und kann es wiederverwenden. Bevorzugt man für diesen Typus eine gängige Bezeichnung aus der Publizitätsdiskussion, kommt der "reasonably prudent investor"[3] in Frage.

2. Der unkundige Anleger verfügt nicht über ein geschlossenes Transformationsmodell. Gleichwohl ist er nicht völlig arglos und glaubt nicht an sichere Anlagen am Grauen Markt. So meint Koester[4] für Effektenmärkte, der vielbeschworene Typus des völlig

---

1 Zu den Informationsquellen des Anlegers vgl. Teil 2, C.II.1.a.

2 So eine Annahme von H.-D. Koch und R.H. Schmidt, Ziele des Anlegerschutzes, 1981, S. 247, über die Fähigkeit von Anlegern.

3 K.J. Hopt und M.R. Will, Europäisches Insiderrecht, Stuttgart 1973, S. 58 f.; St.C. van Arsdell, Criteria for Determinating Materiality, in: JoA, 140.Jg., Oktober 1975, S. 72 ff.; W.H. Beaver, Trends in Disclosure, 1978, S. 49.; H. Faßbender, Vermögensanlagengesetz, 1978, S. 1871. Dieser Typus dient juristischen Anlegerschutzüberlegungen als normativer Modelladressat und Publizitätsmaßstab, ohne daß sein Vorwissen jedoch exakt definiert wird.

4 H. Koester, Wie weit geht die Prospekthaftung? in: Kreditwesen, 36. Jg., 1983, S. 701

arglosen Kleinanlegers komme angesichts der breiten Berichterstattung aller Medien über Risiken von Geldanlagen in Beteiligungstiteln nicht mehr vor. Der Anleger weiß deshalb, daß seine Beteiligung mit Risiken behaftet ist, wenn er diese Risiken im einzelnen auch nicht näher kennt. Er schätzt aber Anlagen des Grauen Markts riskanter ein als z.B. börsennotierte Publikumswerte, kennt die "durchschnittliche Gefährlichkeit" dieser Anlageform.

Diese Hypothesen beschreiben eine statische Welt. Entscheidend für Publizität ist jedoch auch, ob Anleger darüber hinaus lernen. Zwei Gründe sprechen dafür: Erstens sind Anleger annahmegemäß risikoscheu und wissen um Risiken; daher werden sie sich bemühen, zusätzliche Kenntnisse zu erwerben, mit denen sie Risiken reduzieren können. Zweitens ist jedes Vorwissen notgedrungen Resultat von Lernprozessen. Wer Anlegern überhaupt Vorwissen zubilligt, muß begründen, warum Lernprozesse plötzlich abbrechen sollten. Kurz: Anleger lernen[1]). Dann fragt sich jedoch, wie sie lernen und wieweit sie das tun.

Lernvorgänge können erstens über längere Zeiträume hinweg ablaufen: Trifft der Anleger wiederholt Anlageentscheidungen, wird er feststellen, welche im Prospekt vorhandenen Angaben besonders ausschlaggebend sind, und sie künftig entsprechend gewichten. Er kann langfristig auch analysieren, welche Faktoren für den Erfolg seiner Anlagen entscheidend waren, seine Model Information um solche Variable ergänzen und andere Angaben fortan unberücksichtigt lassen. Letztlich kann er neue Variable versuchsweise zur Bewertung heranziehen und "testen".[2])

---

1 Anders meint K.J. Hopt. Gutachten, 1976, S. 54, daß "das Anlergerpublikum ... nicht auf Dauer dazulernt."

2 Bei Entscheidungsproblemen mit Wiederholungscharakter lernen Entscheidungsträger ihren Informationsbedarf auch ohne weitere Außeneinflüsse zunehmend besser kennen, vgl. E. Witte, Informations-Verhalten, 1972, S. 71. P. Höflinger, Informationsoptimierung, 1975, S. 138, spricht von einer "intrinisische(n) Vitalisierung des Informationsbedarfs in Form einer ständigen, bewußten Reflexion der Entscheidungssituation und damit verbunden einer selektiven Anpassung der Problemdefinition durch den Entscheidungsträger".

Einen zweiten Weg zu lernen, schlagen Anleger ein, wenn sie Berater konsultieren. Nimmt der Berater dem Anleger seine Entscheidung nicht durch konkrete Anlageempfehlungen ab, so wird er ihn über Risiken spezieller Angebote aufklären und dabei auf Informationen hinweisen, die diese Risiken transparent machen. Kurz, Berater entwickeln die Model-Information des Beratenen.

Auch ein dritter Weg verändert die Transformationsmodelle von Anlegern. Lernten Anleger bisher "von sich aus", so können Publizitätsregulatoren ihrerseits Lernprozesse anregen, indem sie den Prospekt entsprechend gestalten. Stellte das Transformationsmodell des Anlegers für Regulatoren bisher einen unbeeinflußbaren Umweltzustand dar, so wird es jetzt zur abhängigen Zielvariablen. Da eine solche "Vitalisierung der Informationsnachfrage"[1] durch den Norm-Prospekt selbst - also durch GoP - hervorgerufen werden soll, sei sie eingehender dort behandelt, wo es um GoP als Determinanten der Informationskosten geht, in Teil 2, C.II.2.b.

Wieweit beide Anlegertypen ihr oben beschriebenes nomologisches Vorwissen fortbilden, wird je nach Typus unterschiedlich beantwortet werden müssen.

1. Kundige Anleger entwickeln ihr Transformationsmodell bei jeder Entscheidung über Anlagen am Grauen Markt schrittweise fort. Sie werden dabei jedoch nicht die Kompetenz institutioneller Investoren erreichen, denn die Qualität des nomologischen Vorwissens richtet sich entscheidend nach der Häufigkeit ihrer Anlageentscheidung[2]: Anders als Anleger in Effek-

---

1 E. Witte, Informations-Verhalten, 1972, S. 74-88; H.Ph. Platz, Informationswirtschaftliche Engpässe, 1980, S. 30

2 Entscheidend ist für Privatanleger das Sammeln von Erfahrung bei konkreten Anlagehandlungen, u.U. noch die Auswertung der kapitalmarktbezogenen Presse, die er aber auch primär im Hinblick auf akute Anlageentscheidungen hin vornehmen wird. Anders als professionelle Investoren betreiben Privatanleger i.d.R. keine planmäßige, theoretische Aus- und Weiterbildung.

ten kann der Investor des Grauen Markts sein Portefeuille nicht fortwährend umschichten und dabei ständig Entscheidungen fällen. Denn Graue Sekundärmärkte fehlen. Die Titel sind daher wenig fungibel und zeichnen sich durch lange Halteperioden aus.[1] Er kann seinen Bestand auch nicht beliebig aufstokken, weil verfügbare Mittel i.d.R. begrenzt sind. Entscheidend bleibt aber, daß er durch regelmäßige Anlage sein Transformationsmodell fortbildet und dabei seine Vorstellungen verbessert, welche Variablen geeignet und wichtig sind, Anlagen zu bewerten.

2. Unkundige Anleger sind inkompetent, weil sie selten investieren oder darauf verzichten, Entscheidungssituationen, -ergebnisse und herangezogene Informationen bewußt zu reflektieren. Trotzdem werden sie aufgrund der Risikoscheu und Risikokenntnis nomologisches Wissen, das ihnen zum Zeitpunkt der Entscheidung zufließt, wahrnehmen und es zur Fundierung ihrer Entscheidung heranziehen. D.h. sie lernen. Zu vermuten ist allerdings, daß dieses Wissen nur einfache Zusammenhänge beschreiben darf, damit der Anleger es verwenden kann. Da dieser Anlegertypus annahmegemäß selten Entscheidungen trifft und verwendete Informationen nicht reflektiert, muß er sein nomologisches Wissen vor jeder weiteren Anlageentscheidung erneut auffrischen. D.h. er bildet kein permanentes Transformationsmodell heraus und kann es daher auch nicht im Zeitablauf fortentwickeln. Langfristige Lernprozesse scheiden hier aus, das Transformationsmodell dieses Anlegers ist stets nur so gut wie das nomologische Wissen, das ihm unmittelbar zur Entscheidung zufließt.

Es ließe sich nun einwenden, auch unkundige Anleger könnten dazu übergehen, häufiger zu investieren. Dann entwickelten sie ihre Modelle ebenfalls fort und würden zu kundigen Anlegern. Doch dürften umgekehrt einige

---

1 Zu den Gründen vgl. Teil 2, A.III.

kundige Investoren die Frequenz ihrer Anlageentscheidungen reduzieren. Dadurch stagniert ihr nomologisches Wissen und gerät langfristig in Vergessenheit. Sie werden zu unkundigen Anlegern. Es pendelt sich ein dynamisches Gleichgewicht zwischen beiden Anlegertypen ein. Angenommen sei, jeder Typus repräsentiere die Hälfte des Publikums.

Dieses Modell eines Anlegerpublikums mag ungenau sein, gleichwohl versteht es sich als Beschreibung der künftigen Realität, nicht als normative Festlegung, welcher Anleger schutzwürdig ist, wie sie der Jurist vornehmen würde. Im folgenden Abschnitt wird gezeigt, daß nicht nur die Zusammensetzung des Publikums und seine Transformationsmodelle die Informationskosten beeinflussen, sondern darüber hinaus auch sein Umfang eine Rolle spielt.

dd. Die Anlegerzahl

Anleger erwerben zusätzliches Wissen von kommerziellen Nachrichtenproduzenten, sie produzieren selbsttätig Informationen und analysieren Prospekte. Dabei entstehen Informationskosten. Je mehr Anleger unabhängig voneinander identische oder ähnliche Informationsaktivitäten ausüben, weil das Informationsangebot des Prospekts sie dazu zwingt, desto höher ist die Summe der Informationskosten.[1] Die Anzahl sich informierender, potentieller Investoren berührt die Informationsbeschaffungskosten und Kosten für Analysezeit eines Kapitalmarkts.

Man könnte nun annehmen, das gelte auch für Sicherungskosten der Anleger, für Kosten schlechter Prospektinterpretation und für Kontrollkosten bei Auswertung fortlaufender Publizität. Das ist jedoch nicht unmittelbar der Fall. Diese Kosten sind von der Zahl sich informierender Anleger scheinbar nicht betroffen: Vielmehr fallen sie proportional zum Zeichnungsvolumen an;

1 Zu diesem "duplication argument" vgl. N. Gonedes, N. Dopuch und St.H. Penman, Disclosure Rules, 1976, S. 105

das aber ist konstant oder zumindest unabhängig davon, wieviele Investoren sich - über die Zahl derjenigen hinaus, die tatsächlich Beteiligungstitel kaufen - über Anlagen informieren. (Informationsbeschaffungskosten dagegen entstehen auch bei diesen "Schaulustigen".) Wenn jedoch mit wachsender Zahl informationswilliger, also interessierter Anleger auch mehr Anlagen konzipiert und abgesetzt werden, steigt das Emissionsvolumen. Dann nehmen bei unveränderter Publizität mit höherer Anlegerzahl auch die absoluten Schäden zu. Unmittelbar hängen diese Kosten zwar vom Marktvolumen ab, mittelbar aber doch vom Umfang des interessierten Publikums. Da - wie gezeigt - alle Informationskosten auf Investorenseite vom Umfang der interessierten Anlegerschaft beeinflußt werden und Angebote des Grauen Markts auf ein Massenpublikum zielen und es auch vorfinden, können Informationskosten des Publikums einen bedeutsamen Anteil der gesamten Informationskosten ausmachen.

Faßt man zusammen, lassen sich folgende Faktoren festhalten, die vom Regulator nicht beeinflußt werden können, aber die Informationskosten auf Anlegerseite mitbestimmen:

- ein Publikum, das sich aus kundigen und unkundigen, gemeinsam aber lernfähigen und risikoscheuen Investoren zusammensetzt
- eine große Zahl interessierter und informationswilliger Anleger.

Die tatsächliche Höhe der Informationskosten wird jedoch auch von den GoP selbst bestimmt - im Zusammenwirken mit den eben skizzierten unabhängigen Umweltfaktoren. Wie bei den Informationskosten des Emittenten sollen deshalb folgend GoP als Kostendeterminanten betrachtet werden.

b. GoP als Determinanten der Informationskosten

Bisher wurde untersucht, welche Umweltfaktoren Informationskosten mitbestimmen und welche Umweltzustände plausibel sind. Darauf kann ein Publizitätsregulator keinen Einfluß nehmen. Jetzt geht es darum, wie Regulatoren Informationskosten des Anlegers beeinflussen können. Das läßt sich durch eine Fragestellung verdeutlichen: Wie hoch sind jeweils die Informationskosten, wenn Regulatoren (bei speziellen Umweltzuständen) Prospekte mit unterschiedlichen Merkmalen vorschreiben? Wie bei den Informationskosten des Emittenten seien hier tendenzielle Abhängigkeiten zwischen Prospektmerkmalen und Kosten dargestellt. Diese Beziehungen werden auch auf Anlegerseite von Ergebnis- oder Zuordnungsfunktionen beschrieben. Das geschieht wiederum zunächst für jede Kostenart isoliert.

Um grundsätzliche Abhängigkeiten deutlicher herauszustellen, sei jedoch zuerst eine vereinfachte Situation angenommen: In aa. existiere nur ein Anlegertypus mit konstantem Transformationsmodell, der auch die Prospektqualität kenne. Es wird eine statische Situation unterstellt. Erst Abschnitt bb. berücksichtigt, wie sich die Kosten denkbarer Standardprospekte entwickeln, wenn das Anlegerpublikum lernen, d.h. sein Transformationsmodell neuen Erkenntnissen anpassen kann und darüber hinaus nicht homogen ist. Es werden dann u.a. dynamische Aspekte einbezogen.

aa. Informationskosten von Norm-Prospekten bei konstantem Transformationsmodell des Anlegers und homogenem Anlegerpublikum

Der folgende Abschnitt untersucht, welche Informationskosten Norm-Prospekte beim Anleger hervorrufen, wenn das gesamte Publikum nur über ein bestimmtes, konstantes Transformationsmodell verfügt. Informationskosten auf Anlegerseite richten sich danach, was für Angaben der Prospekt enthält und wie Investoren sie in Erwartungen umsetzen. Dieser Umsetzungsprozeß wiederum hängt davon ab,

- wieweit der Investor seinen quantitativen Informationsbedarf gedeckt sieht[1])
- wieweit er glaubt, seine Qualitätsansprüche seien erfüllt.[2])

Die Höhe von Informationskosten des Anlegers bestimmt sich deshalb durch folgende zweistufige Frage: Wie verhalten sich Prospektinhalt und -qualität zu den Informationswünschen des Anlegers, wie sich diese zur tatsächlich entscheidungsrelevanten Informationsmenge?

Folgend sollen drei grundsätzliche Arten von Norm-Prospekten daraufhin abgeklopft werden, welche Informationskosten sie beim Anleger tendenziell hervorrufen:

1. Prospekte, deren Angebot an Nachrichten die Informationswünsche der Anleger übersteigt
2. Prospekte, die auf den Bedarf der Anleger abgestimmt sind
3. Prospekte, mit denen Anleger ihren Bedarf nur zum Teil decken können.

Betrachtet man zunächst Prospekte der ersten Art, so enthalten diese mehr Information, als der Anleger wünscht, also verarbeiten will und kann.[3]) Der Emittent verwendet hier komplexere Model Information als der Anleger. Die Literatur bezeichnet das als "informa-

---

1 Wie in Teil 2, C.II.2.a.aa., ausgeführt, kann davon ausgegangen werden, daß der Anleger Informationen, die seinen Informationsbedarf decken, auch verarbeiten kann.

2 Die Betonung liegt auf glaubt, weil der Anleger die Qualität ja nicht unmittelbar erkennen kann, sondern anhand seiner GoP-Kenntnisse und Erfahrung (Meta-Information) beurteilen muß, vgl. dazu Teil 2, C.II.2.a.bb.

3 Der Prospekt enthalte aber mindestens jene Angaben, die sich der Anleger wünscht. Sonst wäre die Nachfrage des Anlegers trotz Mehrinformation nicht gedeckt, es läge eine Kombination aus Prospekten der ersten und dritten Art vor. Auch die (vom Anleger vermutete) Qualität der Angaben entspreche seinen Ansprüchen. Sonst würde der Anleger zu Prüfungszwecken Parallelinformationen erwerben. Auch das wird bei Prospekten der dritten Kategorie angesprochen.

tion overload"[1]: Investoren können unerwünschte Informationen mangels Verknüpfungswissens nicht nur nicht in Erwartungen umsetzen, vielmehr behindern sie ihn sogar, wenn er gewünschte Angaben verarbeiten will. Ungefragte Information ist nicht nur nutzlos, sondern ruft "Reibungsverluste" hervor. Der Anleger ist dann trotz - oder besser: aufgrund - mehr Information schlechter informiert, als er es bei geringerer Informationsversorgung wäre.[2] Dabei spielt es - in dieser zunächst als statisch angenommenen Situation - keine Rolle, ob die ungefragte Information sachlich relevant ist oder nicht.[3]

Ein Blick auf Informationskosten, die ein solcher Prospekt beim Anleger hervorruft, zeigt: Beschaffungskosten entstehen nicht. Denn mehr Information wird sich der ohnehin überforderte Anleger nicht zumuten.[4] Bemüht sich der Anleger dagegen, zu umfangreiche Prospekte auszuwerten, wird er dafür erhebliche Analysezeit verbrauchen. Allerdings mit geringem Resultat: Folgekosten schlechter Prospektinterpretation - sie

---

1 Zum "information overload" E. Witte, Informations-Verhalten, 1972, S. 18 f., 35 ff.; ders., Informationsverhalten, 1975, Sp. 1919-1921; P. Höflinger, Informationsoptimierung, 1975, S. 86 ff. und S. 129-138; S. Grotz-Martin, Informations-Qualität, 1976, S. 2 f.; H.C. Lucas und N.R. Nielsen, The Impact of the Mode of Information Presentation in Learning and Performance, in: MSc, 26. Jg., 1980, Nr. 10, S. 982; P. Weinberger, Entscheidungsverhalten, 1981, S. 62; W. Kroeber-Riel, Konsumentenverhalten, 1984, S. 345 f.; H.-D. Assmann, Prospekthaftung, 1985, S. 30

2 P. Höflinger, Informationsoptimierung, 1975, S. 131 u. 135 f.; S. Grotz-Martin, Informations-Qualität, 1976, S. 3, Fn. 2

3 E. Witte, Informations-Verhalten, 1972, S. 5, 54 ff.; P. Höflinger, Informationsoptimierung, 1975, S. 136; H.Ph. Platz, Informationswirtschaftliche Engpässe, 1980, S. 35

4 Es ließe sich einwenden, überforderte Anleger würden Berater konsultieren. Der Einwand ist zweifellos berechtigt. Nur: Berater würden dem Anleger den Zweck von Angaben verdeutlichen, die er zuvor nicht verknüpfen konnte. D.h. der Anleger "lernt". Damit wird die bisherige, statische Sichtweise, der Anleger habe bestimmte "feste" Transformationsmodelle, aufgegeben. Dieser dynamische Fall soll aber anschließend gesondert betrachtet werden.

erfassen, wie gut Anleger nach Prospektlektüre schließlich informiert sind - nehmen zu, je mehr Information der Prospekt über den Bedarf der Anleger hinaus enthält. Sie richten sich zunächst danach, wie gut das - hier konstant gesetzte - Transformationsmodell des Anlegers ist. Denn das bestimmt, welche Informationen Anleger überhaupt verarbeiten. Hinzu kommen aber Reibungsverluste wegen Überinformation. Sie verringern die Qualität der Erwartungen, wie sie der Anleger bei wunschgemäßer Information hätte erzielen können, und erhöhen die Folgekosten.

Bei Prospekten der zweiten Art stimmt der Emittent das Nachrichtenangebot auf den Informationsbedarf der Anleger ab. Er gleicht Prospekte dem Transformationsmodell der Anleger an.

Fragt man nach den Informationskosten dieses Prospekttyps, so entfallen zunächst Beschaffungskosten: Ist der Anleger zufriedengestellt, wird er keine weiteren Informationen erwerben. Auch Sicherungskosten setzt er nicht an. Kosten für Analysezeit sind gering; der Anleger kann alle Informationen problemlos in sein Modell "einpassen". Auf den ersten Blick scheinen auch die Folgekosten dieses Prospekttyps minimal zu sein, denn Witte bemerkt: "Informationsgleichgewicht steht ... mit hoher Effizienz in Zusammenhang"[1] - und meint mit Effizienz den "Zielerreichungsgrad der Entscheidung".[2] Informationsgleichgewicht führt jedoch nur dann zu guten Anlageentscheidungen, wenn Anleger auch wirklich entscheidungsrelevantes Wissen nachfragen und kein unnötiges,[3] wenn also ihr Transformationsmodell gut ist. Immerhin verarbeiten Investoren bei diesem Prospekttyp alle Angaben problemlos, weil sie wissen, wie sie diese zu verknüpfen haben und dabei nicht durch ungewünschte Information behindert werden. Anleger

---

1 E. Witte, Informationsverhalten, 1975, Sp. 1920

2 E. Witte, Informationsverhalten, 1975, Sp. 1919

3 P. Höflinger, Informationsoptimierung, 1975, S. 129 und 130, weist auf diese implizite Annahme Wittes hin.

erzeugen keine Reibungsverluste, man kann von effektiver Informationsverarbeitung sprechen. Die Folgekosten schlechter Prospektinterpretation richten sich hier allein danach, wie gut das Transformationsmodell des Anlegers ist, denn daran orientiert der Emittent den Prospekt. Die Kosten sind geringer als beim ersten Prospekttyp, weil Reibungsverluste fehlen.

Prospekte der dritten Art informieren den Anleger in dessen eigenen Augen unzureichend. Verzichtet er nicht von vornherein auf Anlagen mit solcher Emissionspublizität, wird er

- zunächst den Prospekt analysieren und Angaben, die er für brauchbar hält, heranziehen
- weitere Informationsaktivität entfalten, um das Ungleichgewicht abzubauen.[1]

Informationskosten fallen für die Beschaffung zusätzlicher oder paralleler Informationen an, je mehr der Prospekt die Ansprüche der Anleger unbefriedigt läßt. Ein wichtiger Kostenfaktor wird die Analysezeit sein: Auskünfte anderer Quellen müssen nicht nur mit Prospektangaben kombiniert werden, der Anleger muß vielmehr ergiebige Quellen erst ausfindig machen und deren Qualität bewerten, bevor er die Outputs verwenden kann. Sicherungskosten gegen Informationsrisiken wird der Anleger soweit ansetzen, wie er Risiken nicht durch eigenes Informieren ausräumen kann oder ihm die Kosten hierfür zu hoch erscheinen. Sicherungsprämien fußen allerdings oftmals nur auf pauschalen Erfahrungswerten und schließen deshalb im Einzelfall Schäden nicht vollständig aus. Anders dagegen gezieltes Informieren, es bietet die Möglichkeit, Informationsrisiken des Prospekts exakt zu beseitigen. Folgekosten schlechter Prospektinterpretation schließlich werden bei diesem Prospekttyp nicht durch Reibungsverluste erhöht: Solange dem Anleger weniger Informationen zufließen als gewünscht, setzt er Prospektangaben (und andere, selbst

1 S. Grotz-Martin, Informations-Qualität, 1976, S. 175-177; W. Kroeber-Riel, Konsumentenverhalten, 1984, S. 252 f.

beschaffte Auskünfte) problemlos in Erwartungen um. Die Kosten richten sich dann auch bei diesem Prospekttyp zunächst nach der Qualität seines Transformationsmodells: Stellen Prospekte den Anleger nicht zufrieden, informiert er sich soweit selbst, wie es ihm sein Modell vorgibt.[1)] Die Folgekosten gleichen denen des zweiten Prospekttyps.

Das setzt allerdings voraus, Investoren könnten alle Informationen, die der Prospekt vermissen läßt, aus anderen Quellen beschaffen und alle Prospektangaben zweifelhafter Qualität durch bessere Parallelinformationen ersetzen. Unternehmenspublizität müßte durch Selbstinformation von Investoren substituierbar sein. Offensichtlich ist das nicht immer der Fall. Bestimmte Informationen, wie z.B. Planungsdetails, zirkulieren außerhalb des Unternehmens i.d.R. nicht. Veröffentlicht auch die Emissionspublizität solche Angaben nicht, obwohl sie entscheidungsrelevant sind, muß das Anlegerpublikum entweder Sicherungskosten kalkulieren oder aber Schäden hinnehmen, die als Folgekosten zu Buche schlagen. Folgekosten des dritten Prospekttyps hängen bei Nichtsubstituierbarkeit gewünschter und notwendiger Angaben auch davon ab, welchen Inhalt und welche Qualität der Norm-Prospekt aufweist; es nützt dem Anleger hier nichts, wenn er persönlich über ein besseres Transformationsmodell verfügt.

Rekapituliert man die Wirkungen der drei Prospekttypen auf die Kostenarten und unterstellt dabei ein konstantes Transformationsmodell, so ergibt sich folgendes: Informationsbeschaffungskosten fallen ausschließlich beim dritten Typ an, der Informationsansprüche von Investoren nur unvollkommen befriedigt. Kosten für Analysezeit entstehen zwar bei allen Prospektarten, sie sind jedoch beim dritten Typ am höchsten, während der zweite ("Informationsgleichgewicht") sie minimiert. Sicherungskosten gegen Informationsrisiken setzt der

---

1 Insofern gilt es nicht als schädlich, wenn die Versorgung mit Informationen geringer ist als die Nachfrage, vgl. P. Höflinger, Informationsoptimierung, 1975, S. 136 f.

Anleger ebenfalls nur beim dritten Prospekt an - sofern er sich nicht selbst informiert. Folgekosten schlechter Prospektinterpretation schließlich werden von der Prospektart zunächst dadurch beeinflußt, wie hoch die Reibungsverluste bei Prospektinterpretation sind. Solche Verluste treten indes nur beim ersten Prospekttyp auf - er überfordert Anleger - und sind ansonsten null. Prospekte der dritten Kategorie erhöhen die Folgekosten, wenn sie notwendige und gewünschte Angaben vermissen lassen, der Anleger sich diese Informationen aber nicht anderweitig beschaffen kann.

bb. Informationskosten von Norm-Prospekten bei dynamischem Transformationsmodell der Anleger und inhomogener Anlegerschaft

Die bisherige Annahme, Transformationsmodelle von Anlegern wären im Zeitablauf konstant, ist unrealistisch und diente nur dazu, Kostenverläufe zu verdeutlichen. Deshalb wird jetzt untersucht, welche Kosten Norm-Prospekte hervorrufen, wenn Anleger hinzulernen. Unterstellt sei zuerst homogenes, dann inhomogenes Publikum.

Bevor diese Frage geprüft wird, muß nochmals kurz auf Lernprozesse der Investoren eingegangen werden. Zwei Lernanstöße wurden bereits in C.II.2.aa. dargestellt. Erstens: Anleger ziehen bei wiederholten Anlageentscheidungen von sich aus neue Variable heran und testen, wie gut sie sich zur Bewertung eignen. Zweitens: Anleger lernen durch Berater. Diese Lernprozesse kann der Publizitätsregulator nicht beeinflussen, sie zählen zu seinen Umweltzuständen. Angedeutet wurde aber auch, daß der Prospekt selbst Informationswünsche anregen könnte. GoP müßten dann eine entsprechende Gestaltung des Prospekts vorschreiben. Die Anregung von Lernprozessen durch Prospekte muß deshalb an dieser Stelle, wo es um GoP als Determinanten der Informationskosten geht, kurz dargestellt werden.

Wie gezeigt, genügt es nicht, einfach mehr oder andere Informationen zu publizieren als Anleger wünschen; soll derartige Mehrinformation reibungslos verarbeitet werden, muß vielmehr eine entsprechende Fortentwicklung der Informationswünsche vorangehen.[1] D.h. der Prospekt muß dem Anleger vermitteln, welche "neuen" Variablen er wie zur Bewertung heranziehen und warum er das tun sollte. Voraussetzung ist, der Regulator verfügt über "bessere" model information als der Anleger.

Ein Beispiel dafür bietet die schriftliche "Aufforderung zur Informationsnachfrage" in Wittes Experimenten. Sie verdeutlicht das Entscheidungsproblem, zeigt, mit welchen Informationen es lösbar ist, und regt an, diese Informationen von einem "Informationszentrum" abzurufen.[2] Als Ansatz, Informationswünsche anzuregen, lassen sich auch Hinweise auf spezielle Risiken von Anlagen interpretieren, wie sie z.B. die SEC für Prospekte sog. "hot issues" vorschreibt.[3] Z.B. wären Risiken hoher Fremdfinanzierung zu erläutern und so geweckte Informationsbedürfnisse der Anleger zu stillen, indem der Prospekt Informationen über Tilgungsmodalitäten und Liquiditätspläne veröffentlichte. Schließlich könnte der Prospekt Meta-Informationen über die Qualität der in ihm abgedruckten Angaben enthalten.[4] Das gäbe dem Investor Fingerzeige auf die

---

1 E. Witte, Informations-Verhalten, 1972, S. 74-89, spricht von "Vitalisierung der Informationsnachfrage", vgl. auch ders., Informationsverhalten, 1975, Sp. 1922; P. Höflinger, Informationsoptimierung, 1975, S. 137 f.; H.Ph. Platz, Informationswirtschaftliche Engpässe, 1980, S. 28-30, 110-120

2 Vgl. E. Witte, Informations-Verhalten, 1972, S. 78; zu solchen Informationen über Informationsnotwendigkeiten und Versorgungsmöglichkeiten im Mensch-Maschine-Dialog vgl. L. Möllhoff, Unvollkommenes Informationsnachfrage-Verhalten im Mensch-Maschine-Dialog, Stuttgart 1978, S. 143. Allerdings soll die Vitalisierung dort den Adressaten dazu bewegen, entsprechende Informationen aktiv aus einem Speicher abzurufen. Vitalisierung im Emissionsprospekt bedeutet dagegen: der Anleger lernt, daß "neue" Variable entscheidungsrelevant sind, und kann sodann im Prospekt vorhandene Information über diese Variablen auch zur Anteilsbewertung heranziehen.

3 Vgl. J.G.A. Schmeding, Werbung für Kapitalanlagen, 1978, S. 741; V. Mallison, Prospektanforderungen und Prospektprüfung in Deutschland und in den USA, in: DB, 35.Jg., 1982, S. 2122 f. mit Nachweisen

4 Analog für Meta-Informationen im Mensch-Maschine-Dialog L. Möllhoff, Informationsnachfrage, 1978, S. 149

Vertrauenswürdigkeit der Informationen und wiese ihn darauf hin, wo er eigene Informationsaktivität entfalten sollte.

Zweifellos kann Vitalisierung die Transformationsmodelle von Investoren nur bis zu einem gewissen Grad fortbilden. Trotzdem verhilft sie nach Witte zu effizienteren Entscheidungen.

Ausgangspunkt für Überlegungen zu Lernprozessen des Anlegers waren Folgekosten schlechter Prospektinterpretation. Jetzt fragt sich: Welche Folgekosten rufen Norm-Prospekte hervor, wenn Anleger lernen? Bei statischer Betrachtung vermeidet "Informationsgleichgewicht" Reibungsverluste. Allerdings ist dann die Qualität der Erwartungen begrenzt durch die Güte vorhandener Transformationsmodelle. Können Anleger dagegen lernen, liegt zunächst der Gedanke an ein Informationsgleichgewicht auf höherem Niveau nahe: Der Prospekt vitalisiere die Informationswünsche der Anleger und orientiere sein Nachrichtenangebot an diesem neuen Bedarf.[1)]

Das vernachlässigt indes, daß Anleger darüber hinaus auch von sich aus lernen. Hier weiß der Marktregulator nicht, welche Variablen der Anleger versuchsweise heranziehen wird. Folglich kann er das Nachrichtenangebot des Norm-Prospekts auch nicht diesem fortgebildeten Modell angleichen. Als Lösung dieses Problems sollte der Prospekt aber eine größere Menge potentiell entscheidungsrelevanter Angaben enthalten, auch wenn gerade nicht feststeht,wie sich Transformationsmodelle fortentwickeln. Der Investor kann dann aus diesem Reservoir Informationen über die Variablen, die er gerade testen will, herausfiltern und mit ihnen seine Entscheidung fundieren. Zwar wird er zuerst Probleme überwinden müssen, "neue" Variable zweckmäßig zu verknüpfen, auch behindern ihn Prospektangaben, die selbst

---

1 E. Witte, Informations-Verhalten, 1972, S. 74-89; H.Ph. Platz, Informationswirtschaftliche Engpässe, 1980, S. 28 f.

seinem jeweils revidierten Modell nach noch irrelevant sind. Mit anderen Worten, seine ursprünglich begrenzten Informationswünsche und -verarbeitungsfähigkeiten erweisen sich im Lernprozeß zunächst als "Störgröße" und erzeugen Reibungsverluste.[1] Langfristig jedoch erklimmt sein Wissen Schritt für Schritt ein höheres Niveau und kompensiert so anfängliche Reibungsverluste über. Lernen Anleger, sind Prospekte mit umfangreichem Informationsangebot weniger mit Folgekosten belastet als anfangs angenommen.

Für solche Prospekte spricht ein weiterer Grund: Wie gezeigt,[2] verfügen auch Marktregulatoren nicht über das optimale Modell der entscheidungsrelevanten Umwelt. Können Regulatoren im Norm-Prospekt nur Informationen über wenige ausgewählte Faktoren veröffentlichen, um Anleger nicht zu überfordern, besteht die Gefahr, daß auch weniger geeignete Angaben publiziert werden, andere, wichtige dagegen fehlen. Dürfen Prospekte jedoch umfangreicher sein, können Anleger die tauglichsten Informationen langfristig selbst herausfiltern und sich an "bessere" Model Information herantasten, ohne daß der Norm-Prospekt ständig revidiert werden müßte.

Faßt man die Wirkung von Lernprozessen der Anleger auf die Folgekosten schlechter Prospektinterpretation zusammen, ergibt sich folgendes Bild: Argumente, die umfangreichere Prospekte mit Blick auf anfangs begrenzte Informationswünsche der Anleger und hohe Folgekosten verwerfen, verlieren an Boden, wenn Anleger lernen. Erstens können Prospekte Informationswünsche anregen, zweitens verkraften lernende Investoren langfristig auch Angaben, die über ihren vitalisierten Informationsbedarf hinausgehen, und verbessern mit ihnen ihre Transformationsmodelle.

---

1 P. Höflinger, Informationsoptimierung, 1975, S. 100

2 Vgl. Teil 2, C.I.2.b.

Das gilt allerdings nur, solange das Anlegerpublikum homogen ist. Existieren - wie in C.II.2.a.cc. angenommen - zwei Anlegertypen, muß differenziert werden: Minimiert ein Norm-Prospekt die Folgekosten beim kundigen Privatanleger, indem er auf dessen Wünsche und Lernkapazitäten abstellt, wird das inkompente Anleger überfordern. Zwar erzielen auch sie Lernerfolge, doch holen sie Erfahrungsvorsprünge und darauf aufbauende Lernerfolge der kompetenten Gruppe nicht auf. Umgekehrt stellen Prospekte für inkompetente Anleger den kundigen Privatinvestor nicht zufrieden, er müßte vermißte Informationen anderweitig beschaffen. Das aber ist häufig teuer oder nicht möglich Auch Prospekte, die zwischen diesen Niveaus angesiedelt sind, lösen das Problem nicht. Vielmehr rufen sie Folgekosten bei beiden Anlegergruppen hervor.

Das läßt an einen vierten Prospekttyp denken: an eine nach Anlegergruppen differenzierte Emissionspublizität. Damit könnten die Folgekosten schlechter Prospektinterpretation für jede Gruppe gesondert minimiert werden. Wie oben gezeigt, heißt minimale Folgekosten dabei, Vitalisierungsmöglichkeiten des Prospekts und selbständige Lernprozesse bei beiden Anlegergruppen zu nutzen.

Allerdings läßt sich anhand der Folgekosten allein nicht entscheiden, welcher Prospekttyp optimal ist. Vielmehr bildet die Gesamtsumme der Informationskosten das Entscheidungskriterium. Ob z.B. differenzierte Prospektpublizität mit niedrigen Folgekosten mehr dazu beiträgt, die Summe der Informationskosten zu minimieren, als ein einziger Prospekt für kundige Privatinvestoren mit höheren Folgekosten beim uninformierten Publikum, klärt sich erst dann, wenn auch alle Interdependenzen zwischen den verschiedenen Arten von Informationskosten bekannt sind: Was bedeutet differenzierte Publizität mit geringen Folgekosten für die Prospekterstellungskosten des Emittenten? Solche Interdependenzen zwischen Kostenarten betrachtet der folgende Abschnitt C.III.

III. Interdependenzen zwischen den Kostenarten

Die Abschnitte C.I. und C.II. stellten dar, wie GoP die einzelnen Arten von Informationskosten beim Emittenten und beim Anleger beeinflussen. Das geschah für jede Kostenart isoliert. Damit ist es jedoch nicht getan. Viele GoP berühren nicht nur eine Kostenart, sondern mehrere gleichzeitig. Dabei verändern sie die Kosten teils in die gleiche Richtung, teils gegenläufig. Da es um die Gesamtsumme der Informationskosten geht, sind alle Effekte, die ein Regelungsvorschlag hervorruft, zu saldieren.[1] Dazu ist es hilfreich, die Interdependenzen zwischen den Kostenarten zu kennen. Es steht folgende Frage im Raum: Wenn ein Regelungsvorschlag Kosten einer Art in einer bestimmten Höhe hervorruft, welche Kostenarten sind dann ebenfalls betroffen und wie verhalten sie sich?

Abhängigkeiten bestehen zwischen

1. Kostenarten des Emittenten untereinander
2. Kostenarten auf Anlegerseite
3. Kostenarten bei Emittenten und Anlegern.

1. Interdependenzen zwischen Kostenarten des Emittenten

Interdependenzen herrschen zwischen allen Kostenarten, bezieht man den Kostenartenbegriff auf Planungs-, Prospekt-, Prüfungs- und Folgekosten. Ihre einzelnen Komponenten jedoch (z.B. Kosten der Datenbeschaffung als Teil der Planungskosten) sind teils stark, teils wenig, teils nicht korreliert.[2] Diese Komponenten sind dann

---

1 H. Schmidt, Kosten, 1983, S. 191

2 Als Beispiel geringer Abhängigkeit seien Datenbeschaffungskosten (Planung) und Druckkosten (Prospekt) genannt. Wie umfangreich und teuer im Druck Prospekte sind, richtet sich nicht nach der Menge von Planungsinputs sondern nach dem Aggregationsgrad des Prospekts. Stark hängen jedoch die Prüfungskosten von den Beschaffungskosten ab: Umfangreiche Planungsinputs haben nur dann Wert, wenn ihre Richtigkeit geprüft ist. Unabhängig sind z.B. Planungskosten und Distributionskosten des Prospekts.

unabhängig voneinander, wenn Schritte der Prospekterstellung keinen Einfluß auf andere Planungs- oder Prospekterstellungstätigkeiten und deren Resultate ausüben. GoP, die solche Schritte reglementieren und damit nur eine Kostenkomponente betreffen, können "isoliert" ausgewählt werden: Optimal ist eine Regelung, wenn sie die eine, ausschließlich berührte Kostenkomponente minimiert; das hilft gleichzeitig, die Gesamtsumme der Informationskosten so gering wie möglich zu halten. Folgende werden deshalb nur starke Abhängigkeiten dargestellt. Das sind besonders solche zwischen

1. Personal- und Datenbeschaffungskosten als Komponenten der Planungskosten einerseits und Prüfungskosten andererseits
2. Folgekosten der Selbstbindung und Planungs- sowie Prüfungskosten.

Von den Komponenten der Planungskosten sind zunächst Personalkosten des Emittenten positiv mit den Prüfungskosten, speziell den zeit- und qualifikationsabhängigen Honoraranteilen korreliert. Denn hohe Personalkosten des Emittenten lassen sich stellvertretend für komplexe Planungs- und Prognoseverfahren sehen. Prüfungskosten entwickeln sich gleichlaufend mit Personalkosten, weil komplexere Verfahren auch mehr Prüferzeit und -qualifikation verlangen.[1] Ebenfalls positiv korreliert sind die Prüfungskosten mit einer zweiten Komponente der Planungskosten, den Kosten der Datenbeschaffung - jedenfalls solange man nur den Mengenaspekt sieht: Vermehrte Planungsinputs verlangen mehr Prüfungszeit. Stammen Inputs allerdings aus verläßlichen externen Quellen, so brauchen sie nicht mehr vom Prüfer auf Richtigkeit hin abgeklopft zu werden. Hohe Beschaf-

---

1 Strenggenommen wird die Abhängigkeit auch von den in C.I.2.b. erwähnten Prüfungsrichtlinien mitbestimmt. Theoretisch könnten diese dem Prüfer erlauben, auch komplexere Prognoseprozesse nur durch grobe Plausibilitätskontrollen zu "prüfen". Dann wäre eine Prüfung trotz hoher Planungskosten billig -allerdings auch wenig sinnvoll, stellte sie doch die Zweckmäßigkeit hoher Anforderungen an die Prognoseverfahren in Frage.

fungskosten beim Emittenten aufgrund guter Qualität erworbener Prognoseinputs verringern die Prüfungskosten.

Die zweite starke Interdependenz herrscht zwischen Folgekosten der Selbstbindung und Planungs- sowie Prüfungskosten. Je mehr ein Management sich bindet, beispielsweise durch Verträge mit künftigen Geschäftspartnern, desto weniger erfolgsrelevante Größen müssen prognostiziert werden, sondern sind durch Verträge vorgegeben. Dadurch sinken die Planungskosten. Vertraglich determinierte Erfolgsdeterminanten lassen sich auch leichter überprüfen; damit reduzieren sich gleichzeitig die Prüfungskosten. Insgesamt herrscht eine gegenläufige Tendenz.

Es ließe sich anmerken, bisher seien etwaige Beziehungen zwischen Planungs-, Prüfungs- und Prospektkosten einerseits und der Prospektqualität - repräsentiert durch erwartete Anlegerschäden - andererseits übersehen worden. Anlegerschäden werden jedoch beim Anleger erfaßt, es handelt sich daher um eine Interdependenz zwischen Anleger- und Emittentenkosten.

2. Interdependenzen zwischen den Kostenarten auf Anlegerseite

Auch zwischen Informationskosten beim Anleger bestehen Abhängigkeiten. Wichtige Interdependenzen herrschen zwischen

1. Kosten eigener Informationsbeschaffung und Kosten für Analysezeit
2. Informationsbeschaffungskosten sowie Kosten für Analysezeit einerseits und Folgekosten schlechter Prospektinterpretation andererseits
3. Informationsbeschaffungs- und Analysekosten sowie Sicherungskosten gegen Informationsrisiken
4. Sicherungskosten und Folgekosten schlechter Prospektinterpretation.

Kosten für Informationsbeschaffung und für Analysezeit entwickeln sich stets gleichlaufend, sofern der Anleger Informationen erwirbt, um sie selbst in sein Bewertungsmosaik einzupassen. Je mehr Informationen er neben dem Prospekt bezieht, desto länger benötigt er, Quellen ausfindig zu machen und ihre Outputs zu verarbeiten. Nehmen Anleger jedoch einen Beratungsservice in Anspruch und lassen sich Schritte zur Anteilsbewertung abnehmen, können sie dadurch ihre Analysezeit kürzen und Opportunitätskosten sparen.

Eine zweite wichtige Abhängigkeit herrscht zwischen den Beschaffungs- und Analysekosten einerseits und den Folgekosten schlechter Prospektinterpretation - sie erfassen, wie gut Anleger letztendlich informiert sind - andererseits. Nehmen Beschaffungskosten zu, reduzieren sich die Folgekosten. Denn ein Anleger wird nur solche Informationen zusätzlich einkaufen, die er selbst für wichtig hält und deshalb auch zur Verbesserung seiner Erwartungen heranziehen kann. Auch wenn der Anleger sich für die Interpretation des Prospekts und anderer Informationen mehr Zeit nimmt, wird er die Folgekosten senken.

Diese gegenläufige Tendenz besteht in zwei Fällen scheinbar nicht. Erstens: Der Anleger hat schlechte Model Information und bemüht sich deshalb um irrelevante Nachrichten, die seine Erwartungen objektiv nicht verbessern. Zweitens: Er erwirbt Nachrichtenpakete, wie z.B. einen Brancheninformationdienst, die - neben zweckmäßigen - auch ungewünschte oder irrelevante Nachrichten enthalten. Solche "Paketanteile" verringern Folgekosten nicht, erhöhen sie im Gegenteil, wenn die ungefragten Informationen Reibungsverluste bei der Prospektinterpretation hervorrufen. Allerdings nimmt die Bedeutung dieser Gegenbeispiele ab, weil zumindest die kundigen Anleger lernen: Sie verbessern langfristig ihre Model Information und vergeuden immer weniger Mittel für unbrauchbare Informationen, gleichzeitig lernen sie, die Qualität von Informationspaketen besser einzuschätzen und erwerben nur noch solche, die ihren Anforderungen genügen. Nach wie vor läßt sich deshalb von einer gegenläufigen Tendenz zwischen Beschaffungs- und Analysekosten einerseits und Folgekosten schlechter Prospektinterpretation andererseits sprechen.

Die dritte Beziehung besteht zwischen Informationsbeschaffungs- und Analysekosten einerseits und Sicherungskosten gegen Informationsrisiken andererseits. Beschaffungskosten etc. fallen an, weil Anleger sich zusätzlich selbst informieren. Dadurch räumen sie Informationsrisiken des Prospekts aus der Welt. Ihnen entstehen "Informationserträge", um die sie ihre Sicherungskosten kürzen: Gegen ausgeräumte Informationsrisiken braucht man sich nicht mehr abzusichern. Die Abhängigkeit zwischen diesen Kostenarten ist stets gegenläufig.

Eine vierte und ebenfalls inverse Beziehung herrscht zwischen Sicherungskosten und Folgekosten schlechter Prospektinterpretation. Folgekosten setzt der Marktregulator an, um Schäden zu berücksichtigen, die Anleger nach Prospektinterpretation und etwaiger Selbstinformation noch erleiden. Kalkuliert der Anleger Sicherungskosten, so erleidet er diese Schäden nicht; Sicherungskosten substituieren die Folgekosten. Dadurch bleibt die Gesamtsumme der Informationskosten unberührt, sofern Regulator und Anleger gleichhohe Schäden erwarten.

Damit sind die wichtigsten Abhängigkeiten zwischen den Kostenarten auf Anlegerseite behandelt. Jetzt geht es um ihre Beziehung zu den Kostenarten des Emittenten.

3. Interdependenzen zwischen den Kostenarten des Emittenten und den Kostenarten des Anlegers

Erlegt ein Regelungsvorschlag Emittenten strengere Informationspflichten auf als ein anderer und verursacht ihnen höhere Informationskosten, so muß das die Anleger um mehr als diese zusätzlichen Kosten entlasten, soll der betrachtete Vorschlag insgesamt niedrigere Informationskosten hervorrufen als der andere. Um den Gesamteffekt eines Regelungsvorschlags abschätzen zu können, muß bekannt sein, wie Kosten des Emittenten von denen des Anlegers abhängen und umgekehrt. Es fragt sich daher:

1. In welche Richtung beeinflussen Änderungen der Emittentenkosten die Kosten auf Anlegerseite (und umgekehrt)?
2. Wie hoch sind etwaige Ersparnisse der Anleger im Vergleich zu denkbaren Mehrkosten des Emittenten tendenziell (et vice versa)?

Als Hypothese läßt sich zur ersten Frage formulieren: Je höher die Kosten des Emittenten, desto geringer sind die des Anlegers, et vice versa. Informationen müssen nur einmal produziert werden; tut das z.B. der Emittent, bleibt es dem Anleger erspart. Dieser Grundtendenz soll jetzt für einzelne Kostenarten detaillierter nachgegangen werden, und zwar für die Kombinationen:

1. Planungs- und Prospektkosten des Emittenten vs. Folgekosten schlechter Prospektinterpretation des Anlegers
2. Planungs- und Prospektkosten des Emittenten vs. Informationsbeschaffungskosten des Anlegers
3. Folgekosten der Selbstbindung von Managements vs. Informationskosten auf Anlegerseite.

Vergleichsweise strengere GoP legen Emittenten höhere Planungs- (und ggfs. Prüfungs-)pflichten und -kosten auf als weniger strenge und sollen dadurch die Qualität des Prospekts verbessern. Produziert der Emittent aufgrund strengerer Grundsätze mehr Informationen und veröffentlicht sie, so verbessert das die Qualität der Anlegererwartungen - senkt die Folgekosten der Prospektinterpretation -, sofern die Angaben nützlich sind und vom Anleger verarbeitet werden können. Da Investoren lernen, nützliche Angaben aus weniger nützlichen herauszufiltern und sie zu verknüpfen, sind diese Bedingungen erfüllt. Verlangen strenge GoP nicht mehr Prospektangaben, sondern besser fundierte, führt auch das unmittelbar zu besseren Anlegererwartungen, wenn Investoren die Prospektqualität nicht unberechtigt anzweifeln. Aber auch die Qualität von Prospektinformationen lernen Anleger einzuschätzen. Höhere Planungskosten des Emittenten führen daher bei lernendem Publikum tendenziell zu geringeren Folgekosten der Prospektinterpretation.

Eine ebenso inverse Beziehung besteht zu den Beschaffungskosten der Anleger. Investoren informieren sich aus anderen Quellen selbst, solange sie ihren quantitativen und qualitativen Informationsbedarf nicht gedeckt sehen. Je mehr der Prospekt Informationswünsche der Anleger erkennbar erfüllt, je mehr Informationskosten die Emittenten dadurch übernehmen, desto weniger Beschaffungsaktivitäten und -kosten sind auf Anlegerseite zu verzeichnen.

Letztlich geht es um die Beziehung zwischen Kosten der Selbstbindung auf Emittentenseite und Informationskosten der Anleger. Binden sich Emittenten selbst - z.B. durch Verträge mit künftigen Geschäftspartnern - , so erhöht das die Bindungskosten. Das verringert aber nicht nur das Risiko der Anlage selbst, sondern auch die Gefahren, über dieses Risiko fehlinformiert zu werden, verringert auch Informationsrisiken. Denn vertraglich gesicherte Erfolgsdeterminanten sind "prognosefreundlicher" und können vom Prüfer exakter kontrolliert werden als unsichere Größen. Dadurch müssen geringere Folgekosten der Prospektinterpretation angesetzt werden, die das Maß für Informationsrisiken sind. Ist die Selbstbindung erkennbar, kann der Anleger den Prospekt darüber hinaus leichter interpretieren, denn er muß sich weniger Gedanken über die Unsicherheit von Zukunftsinformationen und ihr Informationsrisiko machen. Das vermeidet Folgekosten für etwaige Fehlinterpretation. Gleichzeitig sehen Anleger weniger Veranlassung, Prognosen im Prospekt anzuzweifeln und sich selbst zu informieren. Das spart Beschaffungskosten. Hohe Selbstbindungskosten lassen daher niedrige Informationskosten der Anleger erwarten.

Insgesamt gesehen, ersparen nicht nur höhere Planungs-, Prospekt- und Prüfungskosten sondern auch erhöhte Folgekosten des Emittenten dem Anleger eigene Informationsaktivitäten und -kosten. Eine differenziertere Analyse untermauert damit die anfangs formulierte Hypothese: Emittenten- und Anlegerkosten verhalten sich tendenziell gegenläufig. Bis jetzt blieb aber noch die zweite, eingangs aufgeworfene Frage offen, wie hoch die Anlegerersparnis im Verhältnis zu Mehrkosten des Emittenten tendenziell ist.

Das richtet sich prinzipiell nach den konkreten Regelungsvorschlägen, also nach denkbaren GoP. Als Grundtendenz jedoch werden zusätzlichen Informationskosten des Emittenten von einem bestimmten Kostenniveau an abnehmende Grenzerträge (in Form sinkender Folgekosten des Anlegers) gegenüberstehen. Denn erhöht man Informationsqualität über ein bestimmtes Maß hinaus, so steigen die Kosten überproportional an.[1)]

Allerdings spielen auch Umweltzustände eine Rolle. Will man Tendenzaussagen über ihren Einfluß auf das Verhältnis von Ersparnis und Mehrkosten gewinnen, lassen sich die bereits isoliert dargestellten Umweltzustände auf Emittentenseite denen auf Anlegerseite gegenüberstellen: Informationsaktivitäten des Emittenten, die nötig sind, um ordnungsmäßige Prospekte zu erstellen, lassen sich nicht immer den GoP zurechnen, sind nicht immer Informationskosten. Auch können Emittenten Informationen häufig billiger produzieren oder erwerben als Anleger und müssen das für jede Emission auch nur ein einziges Mal tun. Dem steht eine Vielzahl von Anlegern gegenüber. Befreit man Emittenten von Informations-

1 P. Höflinger, Informationsoptimierung, 1975, S. 192 f. für Informationsgenauigkeit und -sicherheit. Entsprechend warnt H. Schmidt, Zirkulationsmarkt, 1977, S. 27, (allerdings für den Spezialfall eines kleinen Anlegerpublikums): "Je kleiner nun die Zahl der interessierten Anleger, desto eher wird ein Punkt erreicht werden, an dem weitere Verbesserungen der Publizität zusätzliche Kosten verursachen, die größer sind als die Verringerung der Kosten der Anleger durch diese Maßnahme ..."

pflichten und -kosten, müssen nötige Nachrichten von jedem informationswilligen Anleger gesondert gekauft werden - zu Preisen, die meist über denen liegen, die Emittenten zahlen. Da Anleger diese Informationsprozesse nur dann durchführen, wenn sie Prospekte ergänzen müssen, nicht aber aus anderen Gründen, sind ihre Kosten darüber hinaus voll als Informationskosten zu zählen.

Führen darüber hinaus lockere Informationspflichten des Emittenten zu Anlegerschäden, fällt das umso mehr ins Gewicht, je höher Emissionsvolumen und Anlegerzahl des Markts sind. Für den gesamten Grauen Markt können erhebliche Folgekosten auflaufen. Insgesamt werden daher Regelungsansätze, die Emittenten höher belasten, oftmals doch zu Ersparnissen beim Publikum führen, die die Mehrkosten der Emittenten übersteigen.

Damit sind die wichtigsten Zusammenhänge zwischen den einzelnen Arten von Informationskosten dargestellt. Mit diesen Beziehungen hat Teil 2, C. die letzten Rahmenbedingungen beschrieben, die bekannt sein müssen, sollen konkrete GoP bestimmt werden. Rekapituliert man den Inhalt von Teil 2, A. - Regelungsprobleme bei Prospekten des Grauen Markts und Regelungsansätze zu ihrer Lösung - sowie den von Teil 2, B. - Minimierung der Informationskosten als Regelungsziel -, so sind jetzt alle Bausteine des Entscheidungskalküls, mit dem Marktregulatoren Publizitätsgrundsätze auswählen können, für den Grauen Markt konkretisiert. Nun läßt sich darangehen, konkrete GoP abzuleiten. Das ist Absicht des folgenden dritten Teils.

3. TEIL

Grundsätze der Planung und Prospektgestaltung

A. Grundlegendes zur Reglementierung von Planung und Prospekt

I. Durchsetzbarkeit der Grundsätze

Normen, die Interessen begrenzen, bedürfen i.d.R. der Durchsetzung. Das heißt für den Fall von GoP zweierlei:

1. Eine Institution muß GoP (fort-)entwickeln und ihnen - beispielsweise durch Überprüfung -Geltung verschaffen.

2. Prospektherausgeber müssen haften und durch Sanktionen bedroht sein, sollten sie gegen GoP verstoßen.

Diese institutionellen und juristischen Aspekte denkbarer GoP klangen in der Einleitung und bei der Darstellung der Informationskosten bereits an: Eine denkbare Institution könnte beispielsweise das IdW sein. Es hätte seine Prospektprüfungsgrundsätze in Zusammenarbeit mit der Wissenschaft zu GoP auszubauen und den Wirtschaftsprüfern als Kriterien für - z.Zt. freiwillige - Prospektprüfungen vorzugeben.

Alternativ dazu könnte der Gesetzgeber GoP in Gesetzesform gießen, wie es mit dem Vermögensanlagengesetz bereits versucht wurde. Als obligatorische Kontrollinstanzen kämen Wirtschaftsprüfer oder eine bereits bestehende Institution wie beispielsweise das Bundesaufsichtsamt für Kreditwesen in Frage, der Prospekte vor Veröffentlichung einzureichen wären.

Eine Haftung für die Umgehung möglicher GoP tritt ein, wenn Anleger infolge nicht ordnungsmäßiger Prospekte zu Schaden kommen. Griffe die Zivilrechtssprechung GoP als Maßstab für "richtige und vollständige" Prospekte auf, so wäre die Haftung der Prospektherausgeber sichergestellt.[1] Auch ohne Anlegerschäden würden Verstöße gegen GoP durch den § 264 a StGB geahndet, sofern die Strafrichter GoP heranzögen, um die vom Gesetzgeber sanktionierte Unrichtigkeit und Unvollständigkeit von Prospekten zu präzisieren. Eine Durchsetzbarkeit denkbarer GoP durch Haftung und Ahndung wäre damit im Rahmen bestehender Rechtsvorschriften möglich.

Die skizzierten institutionellen und juristischen Gesichtspunkte möglicher GoP bergen zweifellos umfangreichen Diskussionsstoff. Gleichwohl sind sie nicht Gegenstand der vorliegenden Arbeit; sie würden den Rahmen sprengen. Hier geht es zunächst nur um eine ökonomische Begründung denkbarer GoP und um ihre konkrete Herleitung. Spricht diese Arbeit im Zusammenhang mit GoP von Publizitätsregulatoren und Normengebern, so stehen diese Begriffe stellvertretend für eine noch undefinierte Institution. Im folgenden geht es daher ausschließlich um die inhaltliche Ausgestaltung denkbarer GoP.

II. Systematik und Interdependenzen der Grundsätze für Planung und Prospektgestaltung

GoP legen Merkmale von Prospektinformationen oder von Informations-Produktionsprozessen fest. Die Merkmale werden den "Grundbedingungen" Wahrheit, Klarheit und Vollständigkeit subsumiert. Damit folgt diese Arbeit einer traditionellen Systematik der Publizitätsdiskussion.[2] Welche Merkmale und Regeln welcher Bedingung zuzuordnen sind, steht jedoch nicht a priori fest: Wahrheit, Klarheit und Vollständigkeit sind Worthülsen, sie müssen erst im Hinblick auf das jeweilige Publizitätsproblem konkretisiert werden.[3] Jeder Publizitätsregulator ist deshalb nur an die recht vagen seman-

1 Der Kreis der Haftenden erfaßt auch Prospektprüfer, die Verstöße gegen GoP nicht reklamieren.

2 Vgl. z.B. A. Moxter, Fundamentalgrundsätze, 1976; U. Leffson, GoB, 1987

3 H.-P. Berndsen, Unternehmenspublizität, 1979, S. 24

tischen Konventionen über die Bedeutung dieser Begriffe gebunden. Das wird deutlich, wenn bei Hopt Vollständigkeit als Ausfluß der Wahrheit gilt,[1] Moxter auf die Untrennbarkeit der Bedingungen verweist[2] und Leffson eine sich überschneidende Verwendung des Klarheits- und Wahrheitsbegriffs kritisiert.[3] Kurz: Jeder, der Publizitätsgrundsätze erstellen will, schafft sich eigene Definitionen, indem er Informationsmerkmale im Hinblick auf sein Publizitätsziel optimiert und sie den Begriffen Wahrheit, Klarheit und Vollständigkeit zuordnet.

In Publizitätsdiskussionen werden häufig noch andere Grundsätze erwähnt. Beispielhaft seien Wesentlichkeit, Reliabilität, Sicherheit und Vergleichbarkeit genannt. Diese Grundsätze lassen sich aber aufgrund der Flexibilität der Begriffe Wahrheit, Klarheit und Vollständigkeit diesen zuordnen. So ist Wesentlichkeit ein Auswahlkriterium, das festlegt, welche Informationen ein Prospekt enthalten muß, und so dessen Vollständigkeit sichert. Reliabilität und Sicherheit zählen zur Wahrheitssphäre. Wie vergleichbar Prospekte untereinander sind, richtet sich danach, wie eindeutig der Regulator die Wahrheits-, Klarheits- und Vollständigkeitsgrundsätze formuliert, d.h. welche Ermessensspielräume den Emittenten bleiben. Vergleichbarkeit ist daher kein eigenständiges Kriterium, sondern Ausfluß der anderen Grundsätze[4].

Drei weitere Begriffe sind häufig Gegenstand der Publizitätsdiskussion: Richtigkeit, Willkürfreiheit und Überprüfbarkeit. Sie werden als "formale" Grundsätze

---

1 K.J. Hopt , Kapitalanlegerschutz, 1975, S. 433

2 A. Moxter, Fundamentalgrundsätze, 1976, S. 92 f.; auch H.-P. Berndsen, Unternehmenspublizität, 1979, S. 27

3 U. Leffson, GoB, 1987, S. 207 f.

4 Auch die Frage, wie vergleichbar Prospekte mit der laufenden Publizität sind (zur ex-post Prospektkontrolle), wird hier nicht einem gesonderten Stetigkeitsgrundsatz zugeordnet (wie beispielsweise von D. Rückle, Externe Prognosen, 1984, S. 67), sondern von den anderen Grundsätzen mit erfaßt.

angesehen, weil sie keine konkreten Anweisungen enthalten, wie Informationen zu gewinnen sind.[1] Trotzdem sind sie notwendig, denn formale Grundsätze sichern die Einhaltung der konkreten Normen und runden sie formal ab, wo diese zweideutig und interpretationsbedürftig sind. Formalgrundsätze gelten unabhängig davon, welche konkreten Anforderungen GoP an Prospekte stellen. Sie werden in Teil 3, B. den "materiellen" Grundsätzen vorangestellt, die in Teil 3, C. und D. konkrete Anweisungen geben, wie Prognosen und Prospekte zu gewinnen sind.

Die Systematisierung der GoP nach den Gesichtspunkten Wahrheit, Klarheit und Vollständigkeit wirft ein Interdependenzproblem auf. Die Literatur bezeichnet es als "Nutzenabhängigkeit von Informationsgrundsätzen:"[2] Z.B. leistet der Wahrheitsgehalt von Informationen nur dann einen Beitrag zum Informationsnutzen, wenn die Informationen gleichzeitig relevant[3] und klar sind, u.s.f. Fehlt ihnen ein Merkmal vollkommen, sind sie nutzlos, obwohl sie die anderen Bedingungen erfüllen. Das ruft scheinbar Probleme hervor, wenn die Grundsätze Schritt für Schritt festgelegt werden sollen. Ein Beispiel: Vollständigkeitsüberlegungen könnten zunächst zu dem Schluß gelangen, daß Anleger am besten informiert sind, wenn komplette Wahrscheinlichkeitsverteilungen künftiger Ausschüttungen publiziert werden. Da Prospekte vollständig <u>und</u> klar sein müssen, könnte die Diskussion des Klarheitsgrundsatzes jedoch nahelegen, sich auf ein oder zwei Ausschüttungsentwicklungen zu beschränken. Erhöhte Klarheit wäre gegen

---

1 U. Leffson, GoB, 1987, S. 200-205

2 H.F. Hub, Unternehmensberichterstattung für Anlageentscheidungen, Diss. Karlsruhe 1972; Ph.A. Frings, Berichterstattung, 1975, S. 269; K.H. Müller, Auswahl von Rechnungslegungs-Vorschlägen, 1978, S. 198-205; H.-P. Berndsen, Unternehmenspublizität, 1979, S. 208

3 Relevanz hier als Kriterium für die einzelne Information. Die Summe relevanter Informationen bestimmt die Vollständigkeit des Gesamtprospekts.

geringere Vollständigkeit abzuwägen, der Vollständigkeitsgrundsatz u.U. zu revidieren.

Diese Interdependenzen lassen sich jedoch zerschneiden. Dazu ordnet man das jeweilige Regelungsproblem - hier: die Zahl der Alternativprognosen - eindeutig einem Systematisierungspunkt zu - etwa der Vollständigkeit. Dort werden alle Wirkungen auf die Informationskosten behandelt, die gegenläufigen abgezogen und alle Aspekte diskutiert, auch wenn sich einige von ihnen semantischen Kriterien nach auch anderen Gliederungspunkten - etwa der Klarheit - zuordnen ließen. Alle Auswirkungen der Prognosegrundsätze dürfen nur einmal und unter einem Gliederungspunkt erfaßt werden.

Ein zweites Interdependenzproblem folgt aus der Zweiphasigkeit der Prospekterstellung:

- Im ersten Schritt werden interne Planungs- und Prognoserechnungen aufgemacht
- Ein zweiter Schritt formt interne Rechnungen in externe Prospekte um.

Es liegt hier der Gedanke nahe, zunächst Grundsätze für die interne Planung und Prognose und dann solche für die Gestaltung externer Prospekte zu gewinnen. Das ist indes strenggenommen nicht möglich, denn beide Regelungsbereiche sind eng verflochten: Welche Anforderungen an Prospekte gestellt werden können, richtet sich auch nach der Qualität der internen Rechnungen. Diese wiederum richtet sich zweckmäßigerweise danach, wie gut Prospekte sein müssen. Ein erster Kreis schließt sich.

Wie gut Prospekte sein müssen, kommt aber - wenn die Gesamtsumme der Informationskosten minimiert werden soll - auch darauf an, welche Informationsmöglichkeiten und -bedürfnisse die Anleger selbst haben. Anleger ihrerseits machen eigene Informationsaktivitäten auch von der Prospektqualität abhängig. Ein zweiter Zirkel schließt sich. Diese Wechselwirkungen - sie drückten sich schon in Teil 2, C. aus, als es um die Interdependenzen der Kostenarten bei Anleger und Emittenten ging - führen aber gleichzeitig dazu, daß das Anlegerverhalten indirekt die Planungs- und Prognosequalität mitbestimmt, ebenso wie diese wiederum mittelbar Informationsverhalten und Informationskosten der Anleger beeinflußt[1]). Abb. 3 verdeutlicht das.

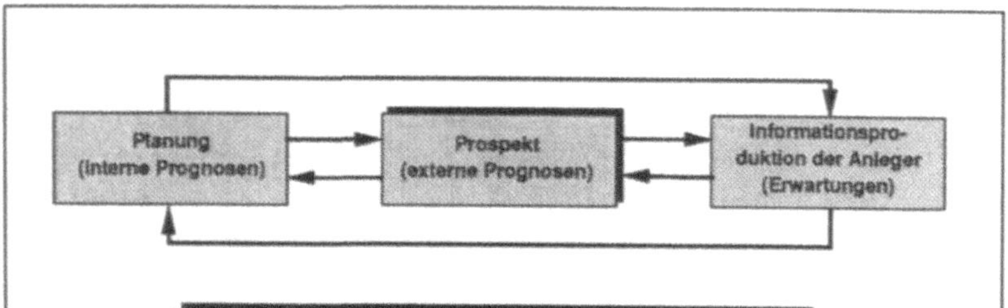

Abb. 3: Wechselwirkungen zwischen Planung, Prospekt und Informationsproduktion der Anleger

Durch diese Interdependenzen gezwungen, müßte der Regulator Informationspflichten der Emittenten und Informations-Aufgaben der Anleger strenggenommen simultan ermitteln sowie Planungs- und Prospektgrundsätze in einem Schritt festlegen. Simultanes Vorgehen gerät in einer verbalen Analyse jedoch zwangsläufig unübersichtlich. Einfacher ist es, zunächst doch Grundsätze für interne Rechnungen isoliert zu diskutieren (Teil 3, C.). Dabei werden Informationsverhalten von Investoren und darauf abgestimmte Prospekte zunächst nicht ausdrücklich berücksichtigt.Allerdings benötigt man auch dann ein Maß für die Wirkungen der Regelungsvorschläge, ein Maß für die Qualität interner Prognoserechnungen. Prognosequalität wird daher zunächst "objektiv" definiert, ohne zu berücksichtigen, wie Anleger auf alternative Qualitätsniveaus reagieren und was für Erwar-

1 Diese Abhängigkeiten werden in der Literatur zu Prognosegrundsätzen regelmäßig übersehen, so z.B. von D. Rückle, Externe Prognosen, 1984, S. 65, der meint, GoP müßten "zunächst nach dem erforderlichen Ausmaß und den Eigenschaften interner Prognosen und Planungen (fragen), in zweiter Linie erst nach den Besonderheiten externer Prognosen."

tungen sie daraus ableiten würden. Beispielsweise wäre es möglich, daß Investoren des Grauen Markts objektiv hochwertige Prognosen nicht erkennen und verarbeiten könnten.

Erst ein zweiter Schritt fragt, welche Informationsaktivitäten Anleger durchführen können und welche Kosten ihnen dabei entstehen (Teil 3, D.I.) Stellt sich dabei z.B. heraus, Anleger können minderwertige Prognosen eines Prospekts zu geringen Kosten verbessern,so lassen sich strenge Prognoseregeln für Emittenten "rückwirkend" lockern. An die Stelle simultaner Bestimmung tritt sukzessive Analyse mit Abstimmungsprozessen. Erst wenn hier geklärt ist, welche Informationen Anleger produzieren sollten, welche Emittenten, kann in Teil 3, D.I.-IV. diskutiert werden, wie Emittenten interne Rechnungen zu externen Prospekten umformen müssen, können Grundsätze für Prospekte erstellt werden.

III. Beschränkung der Planungsgrundsätze auf die Prognosephase der Planung

Der Planungsprozeß besteht aus mehreren Phasen mit Rückkoppelungen. An seinem Ende steht die Unternehmensstrategie, die den besten Erfolg erwarten läßt, sowie eine Prognose dieses Erfolgs[1]. Es fragt sich jetzt, ob GoP auch beeinflussen sollen, welche Unternehmensstrategie der Emittent wählt, mit anderen Worten, ob GoP auch einwirken sollen auf die Risiken und Chancen der Projekte, deren Beteiligungstitel emittiert werden. Dann griffen GoP nicht nur in die Prognosephase des Planungsprozesses ein, sondern auch in die Konzeption des Angebots selbst.

Ein Blick auf die Zielgröße des Marktregulators beantwortet die Frage: Informationskosten zu minimieren bedeutet, Risiken und Chancen der Anlageobjekte in zweckmäßiger Weise transparent zu machen, nicht aber, riskante (und damit oft chancenreiche) Konstruktionen zu verhindern oder gar erfolgversprechende Merkmale von

1 Vgl. Teil 2, A.I.2.

Anlageangeboten vorzuschreiben.[1] Z.B. kann ein Publizitätsregulator nicht verlangen, eine Publikums-KG müßte einen unabhängigen Treuhänder einschalten. Nur muß der Prospekt erkennen lassen, ob der Emittent einen Treuhänder vorsieht und ob dieser unabhängig ist.

Das entspricht dem Grundprinzip des Anlegerschutzes durch Publizität: Projekte mit ungünstigen Risiko-Rendite-Relationen werden vom informierten Anleger ausgesondert, nicht vom Gesetzgeber.[2] Daher ist die Aufgabe von GoP darauf beschränkt sicherzustellen, daß die Erfolge frei konzipierter Anlageobjekte zweckmäßig vorhergesagt werden. GoP sind Prognose-, keine Planungsgrundsätze.

IV. Prognosegrundsätze und Vorsichtsprinzip

Für unsichere Elemente in Bilanz und Erfolgsrechnung gilt das Vorsichtsprinzip. Es führt dazu, daß Aktiva bzw. Erträge zu niedrig, Passiva bzw. Aufwendungen eher zu hoch angesetzt werden.[3] Was läge näher, als auch "vorsichtig" zu prognostizieren? Das beugte Enttäuschungen der Anleger vor.

Vorsichtiges Prognostizieren ließe sich durch verschiedene Maßnahmen erreichen: Einzahlungen und Auszahlungen oder zugehörige Wahrscheinlichkeiten könnten durch

---

1 O. Wanik, Aufstellung von Prognosen, 1975, S. 58, meint analog für die Prüfung von Prognosen des Geschäftsberichts, daß es nicht um die Zweckmäßigkeit der geplanten Maßnahmen gehe, sondern nur darum, "ob die Maßnahmen den prognostizierten Erfolg haben können."

2 Diese "reine" Form des Anlegerschutzes kommt natürlich nicht vor. Jede gesellschaftsrechtliche Regelung, die die Stellung des Anlegers nach Vertragsschluß stärkt und Risiken reduziert, denen keine Ertragschancen gegenüberstehen, führt zu Mischformen. Mischformen rechtfertigen sich durch die begrenzte Wirkung der Publizität, die in dieser Arbeit ja auch ausgelotet werden soll. Publizitätsgrundsätze dürfen in diesen Bereich jedoch nicht zusätzlich eingreifen.

3 W.H. Böse, Grundsätze ordnungsmäßiger Jahreserfolgsrechnung, Wiesbaden 1973, S. 203; U. Leffson, GoB, 1987, S. 466

Sicherheitsab- bzw. -zuschläge korrigiert,[1] immer mögliche Fehlentwicklungen wie der Konkurs eines Großkunden berücksichtigt werden, obwohl keine Anhaltspunkte dafür vorliegen.[2] Bei Intervallprognosen würde der "pessimistische", nicht der Mittelwert angesetzt.[3] Weiteres ist denkbar. Vorsicht bedeutet, beim Prognostizieren prinzipiell denkbare Fehlentwicklungen stärker zu betonen, als es die Ergebnisse sorgfältiger Informationsbemühungen verlangen.

Vorsichtige Prognosen ließen sich mit dem bilanziellen Prinzip rechtfertigen, wenn Vorsicht in Bilanz und Prospekt ähnlichen Zwecken diente. Das ist jedoch nicht der Fall. Vorsichtige Bilanzen sind Folge des Kapitalerhaltungsgedankens, denn Bilanzen fungieren auch als Grundlage von Ausschüttungsansprüchen. Prospekte dagegen sollen lediglich so gut wie möglich informieren.[4] Dabei wäre Vorsicht fehl am Platz: "Das Vorsichtsprinzip ist zwar herrschender Grundsatz der Bilanzbewertung, ist jedoch in Planungsrechnungen maßvoll zu handhaben. Anderenfalls werden die Ergebnisse der Planungsrechnung verzerrt und können - da sie als Entscheidungsgrundlagen dienen - zu falschen Dispositionen führen."[5]

Besonders negativ würden sich Vorsichtselemente bei innovativen und daher risikoreichen Projekten auswirken. Ohnehin hohe Risiken <u>über</u>zubetonen, räumte solchen

1 Dazu - allerdings kritisch - H. Koch, Grundlagen der Wirtschaftlichkeitsrechnung, Wiesbaden 1970, S. 136 f.

2 U. Leffson, GoB, 1987, S. 474, lehnt allerdings den Ansatz "unerwartbarer" Ereignisse auch für die vorsichtige Bilanzierung ab.

3 Z.B. U. Leffson, GoB, 1987, S. 479

4 D. Rückle, Externe Prognosen, 1984, S. 65

5 G. Jaensch, Wert und Preis der ganzen Unternehmung, Köln und Opladen 1966, S. 92. Auch K. Käfer, Unternehmensbewertung nach Maß, in: Der Schweizer Treuhänder, Zürich 1971, S. 7 ff.; D. Schneider, Grundsätze ordnungsmäßiger Rechnungslegung über Gewinnprognosen, in: ZfbF, 32. Jg., 1980, S. 250; D. Rückle, Externe Prognosen, 1984, S. 65

Angeboten kaum eine Chance ein, weil Vorsichtsüberlegungen gleichzeitig das Herausstellen kompensierender Ertragschancen dämpften. Prognosen sollen daher nicht vorsichtig erstellt, sondern sorgfältig fundiert sein.

V. Prognosegrundsätze und "Starting-Concern-Prinzip"

Anlagen des Grauen Markts sind mit Placierungsrisiken behaftet:[1] Wird das Angebot nicht voll gezeichnet, ist seine Realisierung in Frage gestellt. Oftmals wird es zum Abbruch und zur Rückabwicklung kommen. Dabei können Anlegern finanzielle Nachteile entstehen, beispielsweise weil bereits eingezahlte Eigenmittel z.T. verbraucht wurden.

Prognosegrundsätze könnten nun verlangen, daß Emittenten einen möglichen Verlust der Anleger aus Rückabwicklung mit einer bestimmten geringen Wahrscheinlichkeit bei der Prognose des Unternehmenserfolgs berücksichtigen. Das verzerrte jedoch die Erfolgsprognose erheblich und machte sie für den Fall beginnender Geschäftstätigkeit unbrauchbar. Ordnungsmäßige Erfolgsprognosen sollten daher auf der Prämisse basieren dürfen, das Unternehmen werde seinen Geschäftsbetrieb auch aufnehmen, sollten auf einem "Starting-Concern-Prinzip" fußen.[2]

B. Formale Grundsätze für Prognosen und Prospektgestaltung

Formale Grundsätze entspringen der Erkenntnis, daß sich Prognoseaktivitäten nie absolut eindeutig werden normieren lassen. Die folgenden Anforderungen schließen zwangsläufige Lücken in den Prognosenormen zumindest formal und stellen sicher, daß die Grundsätze befolgt werden.

---

1 Zum Placierungsrisiko O. Loistl, Regulierung, 1978, S. 815 ff., H.-D. Koch, Kapitalanlegerschutz, 1981, S. 246

2 Worauf Anleger ggfs. hinzuweisen wären. Auch Konsequenzen etwaiger Rückabwicklung könnten gesondert anzugeben sein.

I. Richtigkeit

Richtigkeit verlangt vom Emittenten, Grundsätze zu beachten, wo diese eindeutig sind. Sie bezieht sich damit auf die objektivierbaren Bereiche der Informationsproduktion.[1] Allerdings ist der Begriff inhaltsleer, was konkrete Maßnahmen angeht: "Einen konkreteren Inhalt erhält die ... Richtigkeit erst durch die einzelnen zum Normensystem ... gehörenden Detailvorschriften."[2] Strenggenommen ist dieser Grundsatz daher überflüssig; daß Normen zu beachten sind, legt schon ihre Existenz nahe und braucht nicht gesondert betont zu werden.[3]

GoP in jedem Fall strikt zu befolgen, wie es der oben ausgeführte Richtigkeitsgrundsatz verlangt, kann indes zu hohen Informationskosten führen. Wie in Teil 2, C.I.2.b. ausgeführt, verfügen auch Publizitätsregulatoren nicht über das "wahre" Modell zur Ableitung von Prognosen. Weichen nun Prognoseprobleme in Ausnahmefällen dort, wo eindeutige Normen greifen, vom Üblichen ab oder tauchen neue Einflußfaktoren auf, kann die Qualität der Erfolgsprognose beeinträchtigt werden. Hier könnten es Managements "vor Ort" u.U. besser beurteilen, wie man zweckmäßige Prognosen erstellt.

Deshalb sollte Richtigkeit anders ausgelegt werden: In begründeten Einzelfällen dürfen Emittenten von den GoP abweichen und "eigene" Prognosen erstellen. Damit Objektivität und Vergleichbarkeit gewahrt bleiben, müßte neben der eigenen auch die ordnungsmäßige Prognose publiziert und der Abweichungsgrund erläutert werden. Eigene Prognosen und Abweichungsgründe könnten zudem vom Prospektprüfer abzusegnen sein. Das ruft zwar Prüfungskosten hervor, weil dem Prüfer eindeutige Normen

1 U. Leffson, GoB, 1987, S. 201

2 U. Leffson, GoB, 1987, S. 201

3 J. Hartle, Möglichkeiten der Entobjektivierung der Bilanz, Frankfurt/M. 1984, S. 73

zur Beurteilung der Managementprognose fehlen und er deshalb eigene Werturteile treffen muß,[1] doch öffnet die flexible Interpretation der Richtigkeit den Emittenten sonst zu große Manipulationsspielräume.

Legt man Richtigkeit wie beschrieben flexibel aus, dürfte das insgesamt zu geringeren Informationskosten führen, als ein Normensystem, dessen Vorschriften immer befolgt werden müssen, wo sie eindeutig formuliert sind.

II. Willkürfreiheit

GoP werden Merkmale von Informationen oder Informationsproduktionsprozessen jedoch nicht immer eindeutig festlegen oder festlegen können - vor allem nicht bei Prognosen. Diese nicht objektivierten oder nicht objektivierbaren Lücken vollkommen offenzulassen, könnte jedoch Manipulation hervorrufen. Hier kommt der Grundsatz der Willkürfreiheit zum Zug: Dort, wo Vorschriften gewollt oder ungewollt Ermessensspielräume lassen, hat der Emittent so zu handeln, daß er selbst der subjektiven, ehrlichen Überzeugung ist, so gut wie möglich zu informieren.[2]

Der Nachteil der Formulierung liegt auf der Hand: Ob ein Management gegen seine innere Überzeugung handelt, ist kaum prüfbar.[3] Meint der Prospektprüfer, das Management lege einen Ermessensspielraum willkürlich aus, kann er das nicht beweisen. Das Management kann immer behaupten, es sei der Ansicht, so gut wie möglich zu informieren. Besser scheint eine andere Formulierung: Dort, wo das Normensystem Lücken aufweist, hat der Emittent von sich aus im Rahmen vertretbarer Kosten so gut wie möglich zu prognostizieren. Ob ein Wertansatz das tatsächliche gewährleistet,ist zwar vom

1 Vgl. zu den Prüfungskosten in solchen Fällen Teil 2, C.I.2.b.
2 U. Leffson, GoB, 1987, S. 203 f. für willkürfreie Bilanzierung.
3 J. Hartle, Entobjektivierung der Bilanz, 1984, S. 74

Prospektprüfer nur schwer zu überprüfen: Wo das Normensystem tatsächlich Lücken aufweist, tritt an die Stelle der subjektiven Überzeugung des Emittenten die des Prüfers. Das führt nicht immer zu besseren Prognosen, verhindert aber, daß Emittenten Ermessensspielräume des Normensystems zu offensichtlichen Manipulationen nutzen.

Allerdings kennt auch der Prüfer die Zukunft nicht, er wird daher stets Wertebereiche als willkürfrei akzeptieren müssen. Auch erhöhen Prüferurteile, die sich nicht auf konkrete Normen stützen können, die Prüfungskosten. Daher kann es bei manchen Prognoseproblemen billiger sein, auf ein differenzierteres Urteil zu verzichten und vom Prüfer nur die Bestätigung zu verlangen, daß Wertansätze des Emittenten die von den Normen gelassenen Spielräume wenigstens nicht sprengen. Unter der Zielsetzung minimaler Informationskosten schließt auch der Grundsatz der Willkürfreiheit Ermessensspielräume des Emittenten nicht völlig aus, sondern verringert sie nur bei manchen Prognoseproblemen.

III. Überprüfbarkeit

Publizitätsvorschriften haben nur dann einen Sinn, wenn überprüft werden kann, ob Emittenten sie einhalten. Prospekte müssen überprüfbar sein. Was überprüfbar heißt, läßt sich jedoch erst präzisieren, wenn der Begriff "Prüfung" definiert ist.

Um Nachrichten auf ihre Ordnungsmäßigkeit hin zu prüfen, betrachtet der Prüfer zuerst die "realen Tatbestände", die von den Nachrichten abgebildet werden. Auf sie wendet er die Abbildungsregeln an und konstruiert so eine "ideale" Abbildung, das Soll-Objekt. Mit diesem Soll-Objekt wird die zu prüfende Information, das Ist-Objekt, verglichen. Intolerable Abweichungen signalisieren unrichtige Nachrichten.[1)]

1 Zum Prüfungsprozeß z.B. J. Hagest und G. Kellinghusen, Prognoseprüfung, 1977, S. 408 f.; U. Leffson, Wirtschaftsprüfung, 1980, S. 13 ff.

Die erste Voraussetzung für Prospektprüfungen ist daher die Existenz von Abbildungsregeln[1] - also von GoP. Sie dienen dem Prüfer dazu, sein Soll-Objekt, den Idealprospekt, zu konstruieren. Darüber hinaus lassen sich auch Prüfungsgrundsätze für die Durchführung des Soll-Ist-Vergleichs schaffen. Sie entlasten den Prüfer von Überlegungen, wie er den Vergleich durchführen soll.[2]

Als zweites setzt Überprüfbarkeit voraus, daß dem Prüfer die realen Tatbestände vorliegen.[3] Das sind bei Prospektprüfungen meist künftige Unternehmensentwicklungen. Offensichtlich kann der Prüfer sie nicht in Augenschein nehmen. "Als Prüfungsobjekt kommt daher nicht isoliert die Prognoseaussage, sondern die Aussage unter Einbeziehung des gesamten Herleitungsmodus' in Betracht. Über die Art der Gewinnung einer Prognoseaussage kann dann ein ex ante Soll-Ist-Vergleich angestellt werden."[4]

---

1 Y. Iyiri, Accounting Measurement, 1975, S. 152; J. Hagest und G. Kellinghusen, Prognoseprüfung, 1977, S. 409 ff. Weil allgemein akzeptierte Prognosegrundsätze bisher fehlen, werden Prognoseprüfungen (Prospektprüfung ist essentiell Prognoseprüfung) meist nicht als Ordnungsmäßigkeitsprüfung, sondern als Plausibilitäts- oder Schlüssigkeitsprüfungen bezeichnet (vgl. W. Wanik, Aufstellung von Prognosen, 1975, S. 56, 58; P. Knief, Die Bestätigung von Finanzplanungen als Aufgabe der wirtschaftsprüfenden und steuerberatenden Berufe, in: WPg, 36. Jg., 1983, S. 307; W.-R. Bretzke, Prognoseprüfung, 1983, Sp. 1113 f.). Je eindeutigere GoP jedoch entwickelt werden, desto mehr weicht der beurteilende Aspekt der Plausibilitätsprüfung einem Soll-Ist-Vergleich. Allerdings würden bei Prognosen absolut eindeutige Normen immer auf Kosten des Informationsgehalts gehen (vgl. zu diesem Zielkonflikt Teil 2, C.I.2.b.), deshalb werden zweckmäßige GoP oftmals Ermessensspielräume lassen. Muß ihre Nutzung auf Willkürfreiheit geprüft werden, schwindet der Beurteilungsaspekt niemals ganz.

2 Z.B. vollständig oder stichprobenmäßig, vgl. auch Teil 2, C.I.2.b.

3 J. Hagest und G. Kellinghusen, Prognoseprüfung, 1977, S. 408

4 J. Hagest und G. Kellinghusen, Prognoseprüfung, 1977, S. 409; auch Y. Iyiri, Accounting Measurement, 1975, S. 154; G. Kellinghusen, Rückstellungsprognosen, München 1978, S. 56; W.-R. Bretzke, Prognoseprüfung, 1983, Sp. 1109; M. Künnemann, Objektivierte Unternehmensbewertung, Frankfurt/M. 1985, S. 243

Diese Sichtweise kann hingegen in manchen Fällen zu eng sein. So sieht Wild[1] nicht in der Gewinnung das Entscheidende einer Prognose, sondern in ihrer Begründung. Dann sind auch die Argumente zu beurteilen, die sie stützen.

Prognoseprüfung erfaßt die Prognoseaussage, ihre Herleitung und Begründung. Sie ist damit eine Kombination aus Ergebnis- und Systemprüfung.[2] Überprüfbarkeit verlangt vom Publizitätsregulator, sowohl ergebnisbezogene als auch systembezogene Grundsätze zu entwikkeln.[3]

Einfacher gestaltet sich die Prüfung der Prospekte. "Reale Tatbestände" sind die geprüften Pläne und internen Prognosen, hierauf wendet der Prüfer die Normen für die Prospektgestaltung an und erhält den Soll-Prospekt, mit dem er den Ist-Prospekt vergleicht.

Die bisher genannten Voraussetzungen der Prüfbarkeit hat der Publizitätsregulator zu schaffen - nämlich zweckmäßige Normen für die Herleitung und die Qualität von Prospektaussagen. Prüfbarkeit hat aber noch weitere Implikationen, es sind Verhaltensvorschriften, die der Emittent erfüllen muß, damit der Prüfer den Prospekt kontrollieren kann.

Zunächst hat das Management dem Prüfer den Zugang zu allen prüfungsrelevanten Unterlagen zu ebnen. Damit der Prüfer die Prognosegewinnung nachvollziehen kann, benötigt er eine Aufstellung aller verwendeten Prognoseinputs. Weil die Verknüpfung von Prognoseinputs zu Pro-

---

1 J. Wild, Theoretische Deduktion, 1970, S. 553-576; ders., Unternehmungsplanung, 1982, S. 95 f.; auch G. Kramer, Die Gewinnung von Prognosen im Rahmen von Marketing-Informationssystemen, Diss. Stuttgart 1982, S. 72 f; ausführlich dazu noch Teil 3, C.II.1.

2 D. Rückle, Externe Prognosen, 1984, S. 68

3 Vgl. Teil 2., A.IV.

gnosen primär ein mentaler Prozeß ist, müssen zumindest die wichtigsten gedanklichen Prognoseschritte und ihre (Zwischen-) Ergebnisse dokumentiert und gespeichert werden. Das gilt auch für die Argumente, mit denen das Management Prognoseaussagen begründet.

Kostenmäßig vertretbar wird eine Prüfung aber nur sein, wenn der Prüfungsstoff zugriffsbereit und für den Prüfer verständlich ist. Das verlangt z.B. eine deutsche oder englische Fassung von Dokumenten, eindeutige Hinweise darauf, wo benötigte Unterlagen gespeichert sind, Angaben darüber, wo beschriebene reale Sachverhalte (z.B. Grundstücke bei einem Bauherrenmodell) besichtigt werden können, sowie Angaben der angezapften Nachrichtenquellen.

Weitere formale Anforderungen sind denkbar. Sie scheinen jedoch entbehrlich, weil der Prüfer vom Management Aufklärung verlangen kann. Eine Drohung des Prüfers, das Testat einzuschränken oder zu verweigern, dürfte der Schlüssel zu allen gewünschten Klarstellungen sein.

C. Materielle Grundsätze für die interne Prognose des Unternehmenserfolgs als Vorstufe der Prospektpublizität

Der folgende Abschnitt behandelt, wie Emittenten Prognosen des Unternehmenserfolgs erstellen sollten, damit die Informationskosten so gering wie möglich werden. Diese internen Prognosen - und alle Informationen, die in sie eingehen - bilden die Grundlage, aus der das Management in einem zweiten Schritt Prospekte entwikkeln muß. Dabei wird davon ausgegangen, daß Anleger eine Prognose des Unternehmenserfolgs benutzen, um Anlageentscheidungen zu fundieren.[1])

1 Anleger entscheiden annahmegemäß anhand einer Prognose künftiger Nettozahlungen, die ihnen vom Emittenten zufließen, vgl. Teil 2, A.II.1. und 2. Deshalb sei der Unternehmenserfolg hier entsprechend definiert. Hinzu kommen am Grauen Markt geldwerte Steuervorteile. Sie zählen zwar nicht zum Erfolg des Unternehmens, sind aber wichtig für die Anlegerrendite. Deshalb werden sie in die folgenden Überlegungen zur Prognose des Erfolgs einbezogen.

Will man Grundsätze für Prognosen des Unternehmenserfolgs formulieren, ist es hilfreich, vor Augen zu haben, welche Struktur die Erfolgsprognose aufweist und auf welche Weise man überhaupt zu der Vorhersage kommen kann. Deshalb werden in C.I. zunächst Struktur und Methoden der Erfolgsprognose dargestellt. Die Abschnitte C.II. bis C.IV. behandeln dann Prognosegrundsätze.

I. Struktur und Methoden der Prognose des Unternehmenserfolgs

Der Erfolg eines Unternehmens läßt sich in Komponenten (z.B. Ein- und Auszahlungen) und Determinanten (z.B. Kundenverhalten) auflösen. Dabei kann man sich alle Komponenten und Determinanten zu einer Pyramide geordnet vorstellen, mit dem Unternehmenserfolg an der Spitze. Er ist der komprimierteste Ausdruck der künftigen Unternehmenssituation. Auf der zweiten Ebene der Pyramide wären z.B. Ein- und Auszahlungen erfaßbar, auf der dritten deren Bestimmungsfaktoren wie die Maßnahmen des Unternehmens, die Konkurrenzsituation, Marktbewegungen etc. Schließlich gelangt man auf der "untersten" Ebene zu Einflußfaktoren wie Konjunkturentwicklung und Volkseinkommen. Vorhersagen für diese unterste Pyramidenebene sind sog. "Basisannahmen .., die letztlich das gedankliche Fundament jeder Prognose bilden".[1)]

Theoretisch könnte man allerdings auch Basisannahmen wiederum in ihre Determinanten auflösen und die Pyramide unbegrenzt nach unten verbreitern, solange sich erkennen läßt, welche Faktoren wirksam sind. Moxter spricht jedoch von einem Determinantengefüge, das sich an seinen Rändern ins Ungewisse verflüchtigt.[2)] Offensichtlich muß das Management irgendwann den Regreß auf

1 W.-R. Bretzke, Prognoseprüfung, 1983, Sp. 1112

2 A. Moxter, Fundamentalgrundsätze, 1976, S. 94

weitere Determinanten abbrechen und die Pyramide auf festen Boden, die Basisannahmen, stellen.[1]

Zwischen Determinanten unterschiedlicher Pyramidenebenen bestehen vertikale Ursache-Wirkungs-Beziehungen; Faktoren höherer Ebenen werden von denen der darunterliegenden beeinflußt. Aber auch zwischen Determinanten, die auf derselben Ebene liegen, bestehen - horizontale - Abhängigkeiten. Die gesamte Pyramide mit ihren Determinanten und deren Abhängigkeiten stellt ein Modell der erfolgswirksamen Umwelt dar, kurz: die Modellstruktur der Prognose oder das Prognosemodell[2] (vgl. Abb. 4). Dieses Modell kann auch - ganz oder teilweise - durch ein mathematisches Prognoseverfahren beschrieben werden.[3]

Wollen Emittenten prognostizieren, stehen ihnen grundsätzlich drei Wege offen:

1. Sie stützen sich auf ein Prognosemodell.
2. Sie kommen ohne explizites Modell aus und prognostizieren intuitiv.
3. Sie betreiben Marktforschung.

Zu 1. Will ein Management Vorhersagen des Erfolgs (oder einzelner Erfolgsdeterminanten) auf ein Modell stützen, muß es analysieren, welche Faktoren die Prognosegröße beeinflussen, und sodann ein Prognosemodell formulieren oder aus gegebenen Modellen auswählen. Hier bieten sich zunächst mathematisch-statistische Verfahren an. Sie lassen sich in

- nichtkausale
- kausale

---

1 Zur sonst bestehenden Gefahr des "unendlichen Prognoseregresses" vgl. Teil 2, A.I.2.

2 Vgl. z.B. D. Rückle, Externe Prognosen, 1984, S. 63

3 Vgl. z.B. D. Rückle, Externe Prognosen, 1984, S. 63

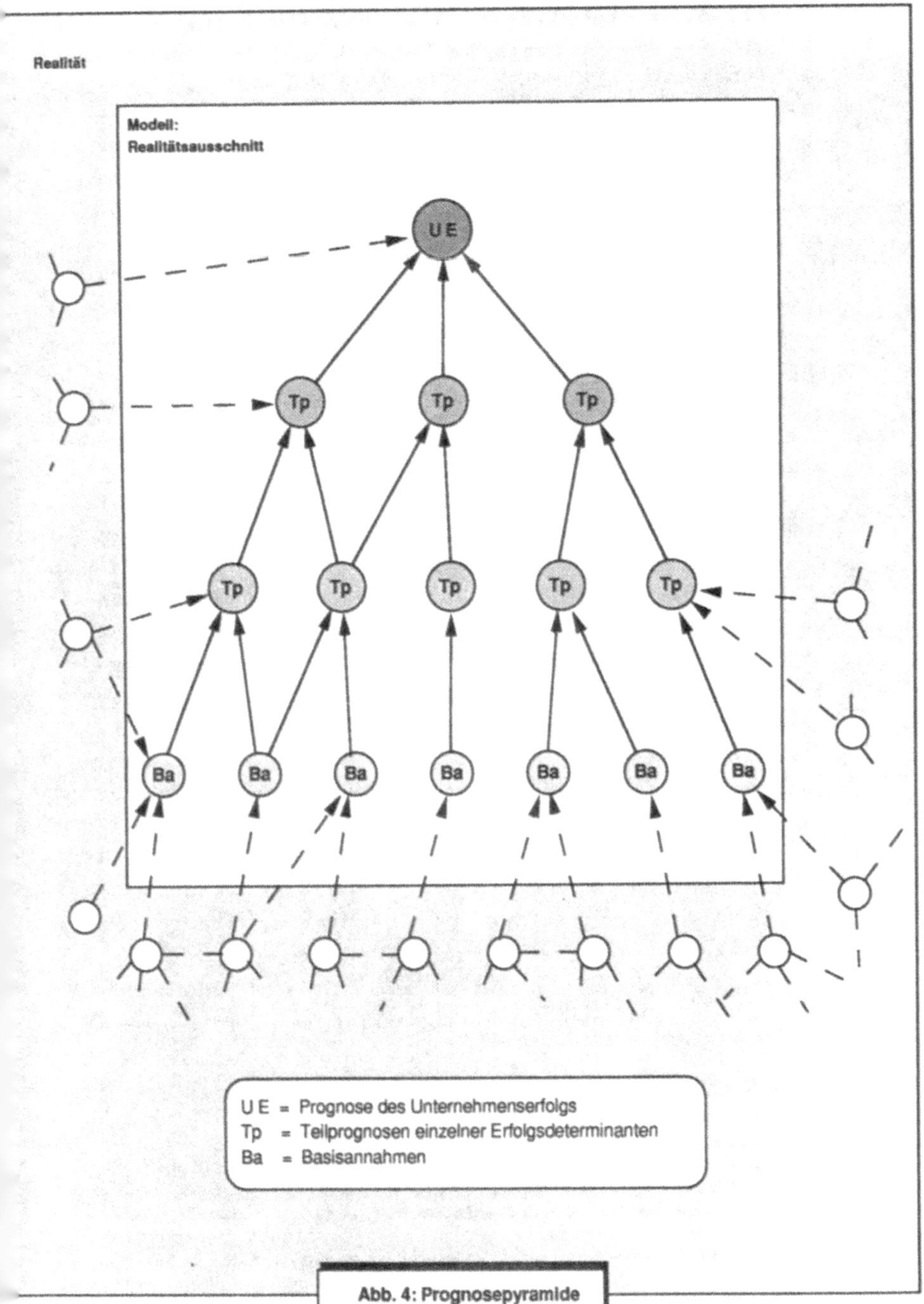

Abb. 4: Prognosepyramide

Verfahren einteilen.[1] Nichtkausale Verfahren extrapolieren die historische Entwicklung der Prognosevariablen in die Zunkunft (Zeitreihenanalyse), fragen aber nicht danach, welche Faktoren diese Entwicklung hervorgerufen haben. Das Prognosemodell degeneriert zur Annahme, ein nichtidentifiziertes Ursachensystem verhalte sich auch künftig wie in der Vergangenheit. Kausale Verfahren dagegen führen die Entwicklung der Prognosevariablen explizit auf erklärende Größen zurück (z.B. Regressionsanalysen). Die künftigen Werte der Prognosevariablen wurden regressiv aus der Entwicklung unabhängiger Größen errechnet. Hier liegen explizite Prognosemodelle vor, die Zusammenhänge zwischen der vorherzusagenden Größe und ihren Determinanten beschreiben und quantifizieren.

Mathematische Verfahren benötigen als Input geeignete numerische Daten. Fehlen einem Emittenten diese Daten - beispielsweise, weil das Unternehmen, wie am Grauen Markt üblich, neu gegründet wurde -, so können ihm stattdessen aber gesetzmäßige Ursache-Wirkungs-Zusammenhänge zwischen Faktoren bekannt sein, die für den Erfolg eines Unternehmens relevant sind. Im Idealfall liegt dieses Wissen in Form von Wenn-Dann-Sätzen vor. Lassen sich diese nomologischen Hypothesen auf sein spezielles Prognoseproblem anwenden, so kann er Vorhersagen des Unternehmenserfolgs (oder seiner einzelnen Determinanten) durch einfache progressiv-deduktive Schlußfolgerungen gewinnen: Beobachtet er die in der Hypothese beschriebenen Randbedingungen oder nimmt er an, sie würden künftig eintreffen, läßt sich schließen, daß auch die behaupteten Wirkungen eintreffen wer-

1 Zur Darstellung und Klassifizierung dieser Verfahren W.-R. Bretzke, Prognoseproblem, 1975, S. 126-180; K. Brockhoff, Prognoseverfahren für die Unternehmensplanung, Wiesbaden 1977, S. 87-134; S. Makridakis und S.C. Wheelwright, Forecasting Methods for Management, 3. Aufl., New York 1980, S. 54-218; R. Buchner, Grundzüge der Finanzanalyse, München 1981, S. 370-393; E. Witte und H. Klein, Finanzplanung der Unternehmung, 3.Aufl., Opladen 1983, S. 73-97

den.[1] Auch hier liegt ein explizites Prognosemodell vor.

Zu 2. Intuitive Vorhersagen verzichten auf ein explizites Prognosemodell. "In methodischer Hinsicht läßt sich die intuitive Prognosegewinnung als Umkehrung der bei Prognoseverfahren sonst üblichen Vorgehensweise darstellen: Während dort durch die systematische Verarbeitung von Inputdaten ein einzelner ... Pfad in die Zukunft erzeugt wird, ... werden hier alternativ mögliche künftige Ereignisse oder Entwicklungen hypothetisch vorausgesetzt und dann vor dem Hintergrund verfügbaren Wissens auf ihre Wahrscheinlichkeit untersucht."[2]

Die einfachste Art intuitiver Prozesse sind subjektive Schätzungen von Variablenausprägungen und ihren Glaubwürdigkeiten. Der Prognostiker verzichtet auf die Analyse von Ursache-Wirkungs-Strukturen; stattdessen verdichtet er seine bewußten und unbewußten Erfahrungen (Hintergrundwissen) intuitiv zu einem Wertansatz. Allerdings wendet er damit ebenfalls theoretisches Wissen an, auch wenn ihm das meist nicht bewußt ist.[3] Schätzungen basieren insofern im weitesten Sinn auf Analogien.[4]

Das gilt auch für komplexere intuitive Verfahren. Auch sie "erfinden" die künftigen Entwicklungen intuitiv, aber sie tun das nach formalen Rastern. Intuitionen müssen nicht willkürlich sein, denn es "lassen sich auch intuitive Einfälle zu logisch stringenten und damit ... überprüfbaren Gedankenketten ausbauen, und andererseits gibt es auch für intuitive Denkprozesse bestimmte Ordnungsschemata, die wie etwa die morpholo-

1 Zu diesem "klassischen" deduktiven Prognoseschema vgl. Teil 2, A.I.2.

2 W.-R. Bretzke, Prognoseprüfung, 1983, Sp. 1111

3 U. Leffson, GoB, 1987, S. 472; ders., Wirtschaftsprüfung, 1980, S. 122

4 O. Wanik, Aufstellung von Prognosen, 1975, S. 53

gische Analyse, das Relevanzbaumverfahren oder das Szenario-Writing insoweit als "Verfahren" bezeichnet werden können, als sie ... gedankliche Raster zur Anregung und Orientierung des Denkens und zur formalen Einordnung seiner Ergebnisse bereitstellen."[1] Gruppenverfahren wie Brainstorming oder Delphi-Methode[2] nutzen zusätzlich die Kreativität von Kollektiven und bauen gleichzeitig Subjektivismen ab.

Zu 3. Eine letzte Kategorie von "Prognoseverfahren" sind Marktbeobachtungen und -analysen.[3] Strenggenommen sind sie jedoch keine Prognoseverfahren. Vielmehr kann der Emittent mit ihnen nur prüfen, ob bestimmte Ursache-Wirkungs-Beziehungen auf sein Problem anwendbar sind. Oder er kann einzelne Verhaltensweisen und Meinungen registrieren, aus denen er dann im zweiten Schritt induktiv auf prognosetaugliche Ursache-Wirkungs-Beziehungen oder auch direkt auf künftige Einzelereignisse schließen kann.[4] Marktforschung liefert nur Prognoseinput. Da es von der Marktbeobachtung zur Marktprognose jedoch nur ein kleiner Schritt ist, wird sie oft als Prognoseverfahren angesehen. Ihre Anwendbarkeit dürfte auf einige Determinanten des Unternehmenserfolgs (z.B. Absatz) beschränkt sein.

Die Prognoseverfahren lassen sich kombinieren. Will der Emittent seinen wirtschaftlichen Erfolg z.B. nicht durch ein umfassendes Regressionsmodell vorhersagen, weil ihm Daten fehlen, so kann er sein Prognosemodell stattdessen als System von Definitions- und Funktions-

---

1 W.-R. Bretzke, Prognoseproblem, 1975, S. 181 f. Bretzke skizziert auch die erwähnten Verfahren. Vgl. auch S. Makridakis und S.C. Wheelwright, Forecasting Methods, 1980, S. 267-288

2 Zu den Methoden E. Gehmacher, Methoden der Prognostik, Freiburg 1971, S. 59 f.; W.-R. Bretzke, Prognoseproblem, 1975, S. 185 f.; G. Kellinghusen, Rückstellungsprognosen, 1978, S. 84, 90 f.

3 Zur Beschreibung ausführlich K. Brockhoff, Prognoseverfahren, 1978, S. 62-74

4 R. Köhler, "Inexakte Methoden" in der Betriebswirtschaft, in: ZfB, 46. Jg., 1976, S. 44 f.

gleichungen formulieren[1] und dessen Variable (Teilprognosen) und Parameter mit Hilfe verschiedener Verfahren vorhersagen bzw. bestimmen.[2]

Nachdem die Prognose des Unternehmenserfolgs und ihre Determinanten als Pyramide vor Augen stehen und Möglichkeiten gezeigt wurden, wie Erfolgsprognosen prinzipiell gewonnen werden können, seien jetzt Grundsätze dafür abgeleitet, wie das Management die Vorhersage zu minimalen Informationskosten erstellen kann. Dabei geht es zuerst um die "Wahrheit" der Erfolgsprognose.

II. Wahrheitsgrundsätze für die interne Prognose des Unternehmenserfolgs

1. Definition der Wahrheit und der Qualität von Prognosen

Eine Prognose kann dann, wenn der Emittent sie erstellt und veröffentlicht, noch nicht mit der Realität verglichen werden. Die empirische Wahrheit einer Prognose ist ex-ante nicht prüfbar und kann deshalb auch kein Prognosegrundsatz sein. Ebensowenig läßt sich fordern, eine Prognose müsse sich wenigstens später als wahr herausstellen. Absolut sichere Vorhersagen kann niemand machen. Stattdessen liegt es nahe, Prognosen hoher Qualität zu verlangen.

Dazu muß Prognosequalität definiert werden. Diese Definition hat an dieser Stelle losgelöst davon zu sein, wie Anleger des Grauen Markts die Vorhersage verarbeiten können - was sich ebenfalls als Qualitätsaspekt ansehen ließe. Prognosequalität wird daher durch "ob-

1 Ein solches Modell zur Ermittlung des Unternehmenserfolgs findet sich z.B. bei W.-R. Bretzke, Prognoseproblem, 1975, S. 194-205. Vgl. auch detaillierter Teil 3, C.II.5. d.A.

2 Zu solchen Verfahrenskoppelungen z.B. G. Jaensch, Wert und Preis, 1966, S. 53-55; R. Buchner, Finanzanalyse, 1981, S. 403; E. Witte und H. Klein, Finanzplanung, 1983, S. 97. Siehe auch das in der vorhergehenden Fn erwähnte Modell von Bretzke.

jektive" Kriterien bestimmt[1]. Im System der Informationskosten bietet sich als Qualitätsmaß die "Hilfsgröße" der Folgekosten schlechter Norm-Modelle an, sie bewertet Prognosequalität, solange Reaktionen realer Anleger auf Prognosen unbekannt sind.[2]

Prognosen sind qualitativ umso hochwertiger,

1. je besser sie empirisch begründet sind,
2. je sorgfältiger sie hergeleitet werden,
3. je höher ihr Informationsgehalt und ihre Sicherheit sind.

Zu 1. Eine Prognose ist empirisch begründet, wenn sie durch Erfahrungen der Vergangenheit gestützt wird. Die Vergangenheitserfahrung bildet paradoxerweise die einzige Basis, auf die man Aussagen über die Zukunft stützen kann, denn gesichertes Wissen über die künftige Realität, mit dem man Prognosen eigentlich am besten begründen könnte, besitzt niemand.[3] Fragt man, warum Vergangenheitserfahrungen überhaupt Begründungskraft für Künftiges haben, so liefert die "Zeitstabilitätshypothese" eine Antwort: Man nimmt an, daß die einst beobachteten Sachverhalte durch bestimmte Ursachen hervorgerufen wurden und daß sich dieses "Ursachensystem" sowie seine Wirkungsweise nicht oder nur in Grenzen ändert.[4] Bleiben Ursache-Wirkungs-Beziehungen aber stabil, so lassen sich Aussagen über die Zukunft mit Beobachtungen aus der Vergangenheit unter-

---

1 Vgl. Teil 3, A.II.

2 Vgl. Teil 2, C.I.1.b. Eine gedankliche Hilfskonstruktion möge das verdeutlichen: Eine Prognose, die im definierten Sinne qualitativ hochwertig ist, birgt geringe Informationsrisiken und ruft geringe Schäden hervor, wenn ein "idealer" Anleger sie ohne Reibungsverluste in Erwartungen umsetzt und mit diesen Erwartungen seine Entscheidung fundiert.

3 J. Wild, Theoretische Deduktion, 1970, S. 560; ders., Unternehmungsplanung, 1982, S. 91; Y. Iyiri, Accounting Measurement, 1975, S. 153; J. Hagest und G. Kellinghusen, Prognoseprüfung, 1977, S. 408

4 J. Wild, Unternehmungsplanung, 1982, S. 93 f.; W.-R. Bretzke, Prognoseprüfung, 1983, Sp. 1110

mauern. Allerdings ist diese Stabilitätsannahme von Prognoseproblem zu Prognoseproblem unterschiedlich plausibel.

Eine Vorhersage läßt sich umso besser begründen,[1]

- je häufiger die vorhergesagte Ausprägung der Prognosevariablen beobachtet, d.h. durch Erfahrung gestützt wurde (positive Evidenzen) und je seltener Beobachtungen gegen die Vorhersage sprachen (negative Evidenzen)
- je aktueller positive Evidenzen (je älter negative) sind und je kürzer die Prognosereichweite ausfällt
- je unterschiedlicher die Bedingungen waren, unter denen stützende Erfahrungen gewonnen wurden (Varietät der Beobachtungsbedingungen: wurde z.B. ein bestimmter Umsatz nur in Boom- oder in Boom- wie in Rezessionszeiten verzeichnet?)
- je höher der Informationsgehalt positiver Evidenzen ist
- je mehr die Prognose durch eine Theorie gestützt wird.[2]

Die Begründungsqualität (der Bestätigungsgrad) einer Prognose ist allerdings weder quantifizierbar noch objektiv meßbar[3]. Sie liefert einem Publizitätsregu-

---

1 Vgl. J. Wild, Unternehmungsplanung, 1982, S. 134-140; G. Kramer, Gewinnung von Prognosen, 1982, S. 109-116. Die Autoren lehnen sich z.T. an Poppers Ausführungen zur Bestätigung von Theorien an, vgl. K.R. Popper, Logik, 1973, S. 198 ff., spez. 211-231. Popper bezieht sich jedoch auf die Bewährung genereller (nomologischer) Ursache-Wirkungs-Aussagen, während die Autoren diese Kriterien auch für die Begründung singulärer Prognoseaussagen heranziehen.

2 Allerdings ist auch eine Theorie nur ein Gebäude von Hypothesen, das sich gut bewährt hat. Damit überträgt die Theorie nur ihre eigene empirische Bestätigung auf die Prognose (J. Wild, Unternehmungsplanung, 1982, S. 137). Außerdem gibt es gerade im ökonomischen Bereich viele widersprüchliche "Quasi-Theorien" für denselben Sachverhalt. Je mehr konkurrierende Theorien, desto geringer ist ihr Beitrag zur Bestätigung einer Prognose (G. Kramer, Gewinnung von Prognosen, 1982, S. 116).

3 W.-R. Bretzke, Möglichkeiten und Grenzen der wissenschaftlichen Lösung praktischer Prognoseprobleme, in: BFuP, 27.Jg., 1975, S. 505 f.; J. Wild, Unternehmungsplanung, 1982, S. 126 f., 137-139; G. Kramer, Gewinnung von Prognosen, 1982, S. 120; M. Tietzel, Kriterien für die Qualität von Wirtschaftsprognosen, in: Sparkasse, 102.Jg., 1985, S. 105

lator daher höchstens Anhaltspunkte, will er eine erforderliche (Mindest-)Begründung exakt vorgeben. Immerhin scheint sie einen Vergleich zweier Vorhersagen zu ermöglichen. Allerdings fehlen konkrete Austauschregeln, mit denen sich einzelne Bestätigungskriterien gegeneinander abwägen lassen: Ist z.B. eine Prognose mit vielen positiven Evidenzen besser begründet als eine andere, die sich auf nur wenige, dafür besonders aktuelle Beobachtungen stützt?[1]

Zu 2. Manche Autoren sehen in einer fundierten Herleitung der Prognose das entscheidende Qualitätsmerkmal: es geht darum, wie eine Prognose gewonnen wird.[2] Dann hängt die Qualität einer Prognose auch vom Prognoseverfahren ab.[3] Dazu im Widerspruch scheint eine andere Meinung zu stehen: es komme nicht darauf an, wie eine Prognose gewonnen werde, wichtig sei vielmehr allein, welche Gründe für sie sprächen.[4] Das Gewicht scheint dann nur auf der eben angesprochenen Prognosebegründung zu liegen . Eine simple Schätzung des Unternehmenserfolgs, die sich gut begründen läßt, kann danach ebensogut oder besser sein als eine Vorhersage, die das Management z.B. regressionsanalytisch gewinnt. Dieser scheinbare Widerspruch läßt sich jedoch auflösen. Herleitung als Qualitätskriterium scheint zunächst nur für modellgestützte Prognosen geeignet. Der Beitrag von Prognosemodellen besteht aber "entgegen der vorherrschenden Auffassung nicht so sehr in der "Gewinnung" (Entdeckung), sondern primär in der Begründung

1 Dazu G. Kramer, Gewinnung von Prognosen, 1982, S. 120

2 Y. Iyiri, Accounting Measurement, 1975, S. 154; J. Hagest und G. Kellinghusen, Prognoseprüfung, 1977, S. 409

3 W.-R. Bretzke, Prognoseproblem, 1975, S. 121

4 J. Wild, Unternehmungsplanung, 1982, S. 95; G. Kramer, Gewinnung von Prognosen, 1982, S. 72 f. Man unterscheidet streng in "Entdeckungs-(Gewinnungs-)" und "Begründungszusammenhang" von Prognosen, vgl. ausführlich J. Wild, Theoretische Deduktion, 1970, S. 554 f.

von Prognosen. Sie "wählen" die Prognose aus, die sich am besten an das gegebene Erfahrungsmaterial anpaßt."[1] Darüber hinaus begründet auch die Struktur des Prognosemodells die mit seiner Hilfe gewonnene Vorhersage: Das Modell beschreibt Ursache-Wirkungs-Beziehungen. Diese Abhängigkeiten aber kennt das Management aus Erfahrung oder ermittelt sie, indem es Erfahrungsdaten auswertet.[2] Auch hier stützt Wissen der Vergangenheit die Prognose. Die empirische Absicherung der Modellstruktur überträgt sich dann auf die Prognoseaussage selbst[3]. Kurz, wer eine Prognose herleitet, indem er auf eine erfahrungsgestützte Modellstruktur achtet, sorgt gleichzeitig für eine gut begründete Vorhersage. Die Qualitätsaspekte "Gewinnung" und "Begründung" von Prognosen sind komplementär.

Fundierte Herleitung heißt darüber hinaus aber noch mehr. Prognoseverfahren übertragen Erfahrungen der Vergangenheit in die Zukunft. Nur wenn dieser Transformationsprozeß auch logisch schlüssig und fehlerfrei ist, kann sich die Begründungskraft des Modells auf die Prognoseaussage übertragen. Modellgestützte Prognosen werden nur dann gut begründet sein, wenn das Management bei der Herleitung diesen "verfahrenstechnischen" Aspekt zusätzlich beachtet. Insofern schließt das Kriterium guter Begründung auch diesen verfahrenstechnischen Qualitätsaspekt ein.

Fundierte Herleitung wurde bisher nur auf modellgestützte Prognosen bezogen, denn intuitive Aussagen werden auf den ersten Blick nicht Schritt für Schritt hergeleitet und werten keine Prognoseinputs aus. Herleitung scheint daher kein anwendbarer Qualitätsaspekt zu sein. Allerdings gibt es die erwähnten intuitiven Techniken. Je besser sie angewendet werden, desto wahr-

---

1 J. Wild, Unternehmungsplanung, 1982, S. 139

2 So räumt G. Kramer, Gewinnung von Prognosen, 1982, S. 72, auch ein, daß das Prognoseverfahren von (indirekter) Bedeutung sei, sofern es auf die Qualität der Begründung Einfluß habe.

3 G. Kramer, Gewinnung von Prognosen, 1982, S. 82

scheinlicher sind Prognosen, die sich gut begründen lassen. Auch hier existiert also ein verfahrensbezogener Qualitätsaspekt, der sich auf die Prognosebegründung auswirkt.

Zu 3. Sicherheit und Informationsgehalt bilden gemeinsam den dritten Aspekt der Prognosequalität.[1] Sicherheit fragt danach, wie wahrscheinlich das Eintreffen der Prognoseaussage ist. Steigender Informationsgehalt heißt, eine Prognose schließt mehr und mehr prinzipiell denkbare Entwicklungen des Unternehmenserfolgs aus. Sie sagt zunehmend, welche Entwicklung eintreten wird. Allerdings läuft sie damit auch zunehmend Gefahr, an der Realität zu scheitern, d.h. sie wird unsicherer. Informationsgehalt und Sicherheit konkurrieren miteinander. Diese rein logische Beziehung gilt unabhängig davon, wie gut eine Prognose begründet ist.[2]

Der Informationsgehalt einer Prognose hängt von drei Faktoren ab. Er wächst mit der Anzahl von Sachverhalten, die eine Prognose anspricht, mit der Allgemeinheit. Sagt eine Vorhersage steigende Gewinne für alle Firmen einer Branche voraus, ist sie allgemeiner, als wenn sie es nur für ein Unternehmen täte. Informativer wird die Aussage auch, wenn sie genauer wird, wobei quantitative Aussagen (von der Punkt- bis zur Intervallprognose) am präzisesten sind, gefolgt von komparativen und qualitativen Verbalaussagen.[3] Unabhängig von der Aussageform wächst die Genauigkeit, je mehr Details eines Sachverhalts angegeben werden.[4] Knüpft

---

1 Zur Definition von Informationsgehalt und Sicherheit sowie zu deren folgend dargestellten Beziehungen vgl. z.B. K.W. Rothschild, Wirtschaftsprognose, Berlin, Heidelberg und New York 1969, S. 165-171; K. Brockhoff, Prognoseverfahren, 1977, S. 18 ff.; K. Chmielewicz, Forschungs-Konzeptionen, 1979, S. 123-131; J. Wild, Unternehmungsplanung, 1982, S. 88, 124-126; G. Kramer, Gewinnung von Prognosen, 1982, S. 102-109

2 J. Wild, Unternehmungsplanung, 1982, S. 130

3 Ausführlicher zur Genauigkeit G. Wasser, Prognosepublizität, 1976, S. 43 f.

4 P. Höflinger, Informationsoptimierung, 1975, S. 146

der Prognostiker den Eintritt der Prognoseaussage an das Vorliegen bestimmter Eintrittsbedingungen (Bedingtheit), schränkt das die Allgemeinheit und damit den Informationsgehalt - bei Sicherheitszuwachs - wieder ein.[1)]

Nun sind die angesprochenen Aspekte der Prognosequalität nicht unabhängig voneinander. Angenommen, ein Emittent will seinen Gewinn für 1988 in einem DM-Betrag vorhersagen, ohne die Prognosegültigkeit durch Bedingungen einzuschränken. D.h. der Informationsgehalt steht fest. Dann nimmt die Sicherheit der Vorhersage zu, je besser er sie begründet. Bei konstantem Informationsgehalt wächst die Prognosesicherheit mit zunehmender empirischer Fundierung.[2)] Daher muß auch eine Prognose mit hohem Informationsgehalt (z.B. eine Punktprognose) und entsprechend geringer Sicherheit besonders gut empirisch fundiert sein, soll sie insgesamt gute Qualität aufweisen. Allerdings bereitet es Schwierigkeiten, die gegenläufigen Auswirkungen von Informationsgehalt und Sicherheit auf die Gesamtqualität zu quantifizieren und aufzurechnen.[3)] Abb.5 stellt die Aspekte der Prognosequalität und ihre Zusammenhänge im Überblick dar.

---

1 Bei bedingten Prognosen legt sich der Prognostiker nicht fest, ob die Bedingung, von deren Vorliegen er den Eintritt der Prognoseaussage abhängig macht, auch tatsächlich eintreten wird oder nicht (J. Wild, Theoretische Deduktion, 1970, S. 567 f.). Deshalb ist die Prognose besser "... gegen Mißerfolge abgeschirmt, da sie nur bei Eintritt der vorausgesetzten Bedingung getestet werden kann. Liegen die Bedingungen nicht vor, kann überhaupt nicht festgestellt werden, ob die Prognose richtig oder falsch war." (K.W. Rothschild, Wirtschaftsprognose, 1969, S. 167)

2 G. Kramer, Gewinnung von Prognosen, 1982, S. 109. Prognosesicherheit ist deshalb als relative logische oder "induktive" Hypothesenwahrscheinlichkeit zu interpretieren. Sie berücksichtigt neben der formallogischen Beziehung zum Informationsgehalt (absolute logische Hypothesenwahrscheinlichkeit) auch die Qualität der empirischen Fundierung. Zu diesem Wahrscheinlichkeitskonzept J. Wild, Unternehmungsplanung, 1982, S. 128-131; G. Kramer, Gewinnung von Prognosen, 1982, S. 101 f. u. 109, beide mit weiterer Literatur.

3 Zu diesen Problemen G. Kramer, Gewinnung von Prognosen, 1982, S. 117-120

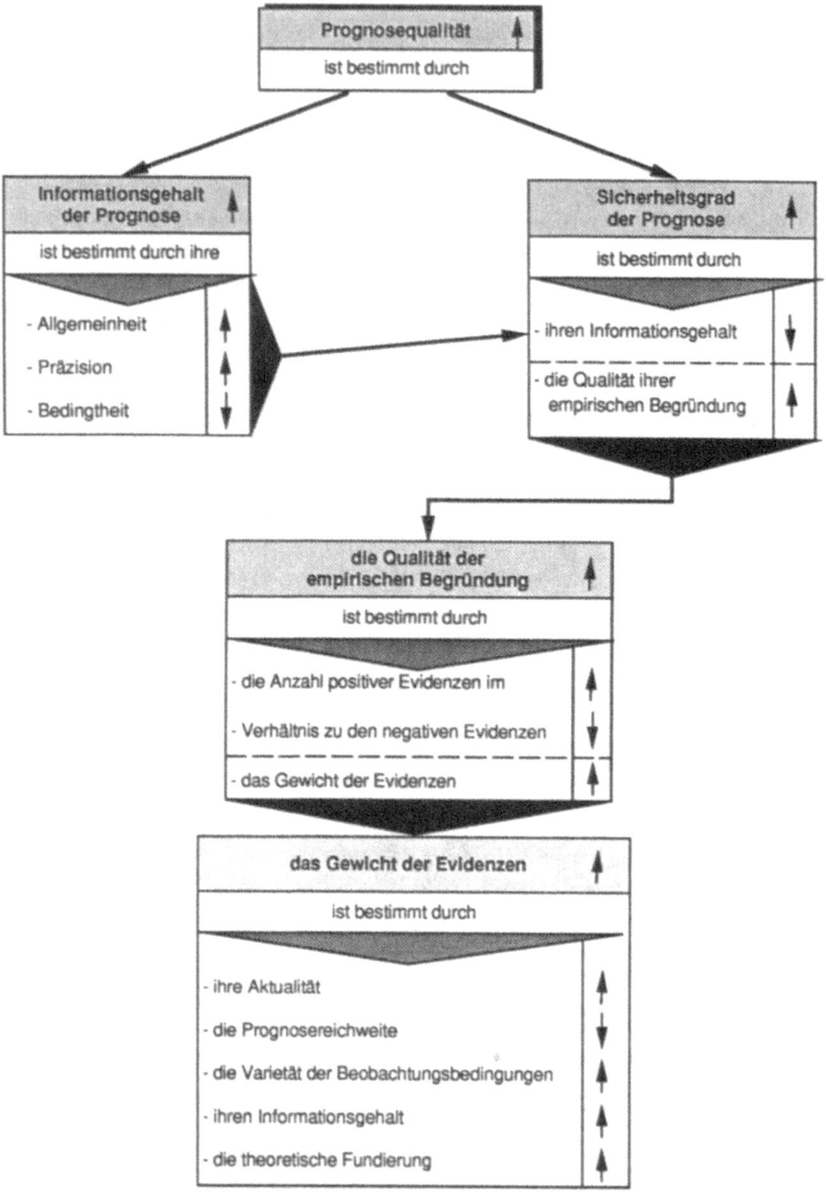

Abb. 5: Kriterien der Prognosequalität
(Quelle: J. Wild, Unternehmungsplanung, 1982, S. 138)

Neben den drei bisher dargestellten Aspekten der Prognosequalität lassen sich weitere Merkmale des Begriffs finden. Sie gelten für spezielle Arten von Prognosen. Bisher wurde davon ausgegangen, der Emittent sage unsichere Ereignisse selbst voraus. Manche Teilprognosen der Prognosepyramide können jedoch aus externen Quellen wie dem Statistischen Bundesamt bezogen werden (z.B. Branchentrends). Die Qualität solcher "Fremdprognosen" richtet sich ebenfalls danach, wie gut sie begründet sind. Das läßt sich aber durch GoP nicht regeln und kann auch nicht überprüft werden.[1] Für Qualität bürgt hier nur der gute Ruf der Quelle. Qualität von Fremdprognosen richtet sich danach, wie kompetent die Quelle ist und wie unverfälscht der Emittent solche Vorhersagen ins eigene Prognosemodell integriert.

Andere Teilprognosen erscheinen besonders sicher - nicht, weil sie gut begründet oder inhaltsleer sind oder kompetenten Quellen entstammen, sondern weil Selbstbindungen des Emittenten, Gesetze oder Verträge dafür sorgen, daß die in der Prognose beschriebenen Ereignisse auch eintreten. Die Qualität solcher "determinierten" Zukunftsaussagen richtet sich offensichtlich nicht nach Herleitung und Begründung,[2] sondern danach, wie gut die Prognose Vertragswirkungen wiedergibt und auch nicht vertuscht, daß selbst Verträge keine absolute Sicherheit garantieren. Da sich Fremdprognosen und determinierte Aussagen in ihren Qualitätsmerkmalen von "echten" Prognosen unterscheiden, ist es zweckmäßig, gesonderte Wahrheitsgrundsätze abzuleiten für

- selbsterstellte Prognosen des Emittenten (C.II.2.)
- determinierte Prognosen (C.II.3.)
- Fremdprognosen (C.II.4.).

---

1 Wie in Teil 2, C.II.2.a.bb. dargestellt, kann man Informationen ihre Qualität nicht ansehen.

2 Es sei denn, man sieht in einem Vertrag eine besonders gute Begründung. Allerdings hat das dann nichts mit der bisher verwendeten Definition von Prognosebegründung zu tun.

Die Qualität von Prognosen wurde bisher - ausgehend von der Forderung nach "Wahrheit" der Prognoseaussage - diskutiert, ohne zu berücksichtigen, daß sich manche Merkmale guter Herleitung oder Begründung viel plausibler unter Vollständigkeitsgesichtspunkten betrachten lassen. Da diese Arbeit der traditionellen Systematik von Publizitätsgrundsätzen folgt, müssen die Merkmale der Prognosequalität den einzelnen Grundsätzen zugeordnet werden:[1] Bei den Wahrheitsgrundsätzen soll die logische Wahrheit von Verknüpfungs- und Vorhersageoperationen behandelt werden sowie die Frage, wieweit Prognoseinputs mit der Realität übereinstimmen sollten. Hierhin gehört auch, wie Argumente, die eine Prognose begründen, beschaffen sein müssen. Vollständigkeitsgrundsätze regeln später, aus wie vielen und welchen Variablen sich ein "gutes" Prognosemodell zusammenzusetzen hat, und auf welche Menge von Erfahrungen eine Prognosebegründung zurückgreifen sollte. Klarheitsgrundsätze spielen für interne Prognosen - wie gezeigt wird - eine untergeordnete Rolle.

2. Grundsätze prognostischer Wahrheit für echte Prognosen des Emittenten

Will der Emittent den Unternehmenserfolg prognostizieren, so verknüpft er Prognoseinputs mit Hilfe von Prognoseverfahren zu Teilprognosen und diese wiederum zur Prognose des Erfolgs. Die folgenden Grundsätze widmen sich deshalb Wahrheitsaspekten von

- Prognoseverfahren
- Prognoseinputs.

---

1 Vgl. Teil 3, A.II.

a. Grundsätze für die Anwendung von Prognoseverfahren

In Abschn. C.I. wurden verschiedene Prognoseverfahren vorgestellt. Auf den ersten Blick könnte jedes von ihnen benutzt werden, um den Unternehmenserfolg vorherzusagen. Aber: "Different methods will generally provide different forecasts".[1] Damit steht eine erste zentrale Frage im Raum: Welches Prognoseverfahren soll der Emittent anwenden? Ist das geklärt, fragt sich zweitens: Wie soll er das Verfahren anwenden?

Zur ersten Frage. Verschiedene Verfahren erzeugen verschiedene Prognosen, weil den Verfahren unterschiedliche Modellstrukturen zugrundeliegen und sie entwickelt wurden, um verschiedenartige Inputs verwerten zu können. Prognoseverfahren sind problemorientiert.[2] Deshalb muß der Emittent ein Verfahren wählen, das

- der Struktur seines Prognoseproblems entspricht
- der Art des verfügbaren Datenmaterials angemessen ist.[3]

Nur dann trägt das Verfahren - unter Beachtung der anderen Informationskosten - zur guten Begründung der Prognose bei, nur dann kann der Emittent die Vorhersageergebnisse nicht willkürlich durch die Wahl des Verfahrens beeinflussen.

---

1 S. Makridakis und R.L. Winkler, Averages in Forecasts, Some Empirical Results, in: MSc, 29. Jg., 1983, Nr. 9, S. 987

2 W.-R. Bretzke, Prognoseproblem, 1975, S. 122; ders., Wissenschaftliche Lösung, 1975, S. 497; J. Hagest und G. Kellinghusen, Prognoseprüfung, 1977, S. 412

3 J. Hagest und G. Kellinghusen, Prognoseprüfung, 1977, S. 411 f.; A. Picot, Prognose, 1977, S. 2150 f.; D. Rückle, Externe Prognosen, 1984, S. 69; zur Orientierung der Verfahrenswahl an Problem- und Datenstruktur auch S. Makridakis und S.C. Wheelwright, Forecasting Methods, 1980, S. 6-11

Die Struktur eines Prognoseproblems wird deutlich, wenn man drei Fragen beantwortet. Erstens: Benötigt der Emittent eine kurz-, mittel- oder langfristige Prognose? Zweitens: Will er die Wirkung eigener Maßnahmen voraussagen (Wirkungsprognosen) oder externe Faktoren (Lageprognosen)? Drittens: Sind tiefgreifende Veränderungen bei den Determinanten der Prognosegröße, im "Ursachensystem", zu erwarten? Offensichtlich hängen diese Fragen eng zusammen: Änderungen des Ursachensystems werden umso wahrscheinlicher, je langfristiger eine Prognose ist;[1] eigene, womöglich kreative Strategien des Unternehmens verbieten es, historische Ursache-Wirkungs-Beziehungen unbesehen anzuwenden.

Soll das Verfahren zur Problemstruktur passen, lassen sich folgende Grundsätze aufstellen: Mathematische Verfahren kommen für sog. "Fortführungsprozesse" in Frage; diese werden infolge "träger" Ursachensysteme von Neuem nicht abrupt beeinflußt.[2] Dabei sind Zeitreihentechniken primär für kurzfristige Problemstellungen zweckmäßig[3], denn diese Verfahren unterstellen Unveränderlichkeit im Verhalten der Ursachensysteme. Bei stabilen Systemen kann die Prognosereichweite ausgedehnt werden.[4] Zeitreihenverfahren kommen zudem nur für unternehmensexterne Größen wie Branchentrends in Betracht, weil interne Größen wie der Umsatz durch

---

1 K. Brockhoff, Prognoseverfahren, 1977, S. 20; J. Wild, Unternehmungsplanung, 1982, S. 93-95

2 A. Picot, Prognose, 1977, S. 2151. Ein Beispiel wären Prognosen für Garantieaufwendungen in going concerns mit gleichbleibender Produktionstechnik und unverändertem Kundenstamm. Auch Folgeprozesse wie der Ersatzteilbedarf zählen hierzu.

3 Z.B. W.-R. Bretzke, Prognoseproblem, 1979, S. 155; J. Prätsch, Langfristige Finanzplanung und Simulationsmodelle, Frankfurt/M. 1986, S. 275

4 W.-R. Bretzke, Prognoseproblem, 1975, S. 187, führt als Beispiel stabiler Branchen die Bier- und Waschmittelbranche an - im Gegensatz zur innovativen Elektronikindustrie.

geplante Maßnahmen geprägt werden, die sich im Dateninput nicht niederschlagen.[1)]

Nun sind oft längerfristige Prognosen nötig, ebenso ist die Annahme unveränderter Strukturen selbst bei Fortführungsprozessen nicht immer plausibel: Auch verfestigte Systeme machen dauernd kleinere Veränderungen durch.[2)] Schließlich will der Emittent Wirkungsprognosen erstellen. Hier erscheinen kausale Verfahren geeignet. Zwar unterstellen auch sie zunächst eine unveränderte Welt, aber sie weisen deren Strukturen explizit aus. Das erlaubt dem Management, Veränderungen in mathematische Verfahren zu integrieren: "The forecaster should incorporate subjective judgements in dynamic situations when the quantitative models do not reflect ... internal and external changes. Even in these cases, the forecaster should incorporate the subjective adjustments as inputs in the model rather than adjusting the model's final outcome."[3)] Beispielsweise könnte der Emittent eine funktionale Abhängigkeit zwischen Volkseinkommen und Branchenumsatz, die er regressionsanalytisch ermittelt hat, ergänzen um eine subjektive Schätzung des Funktionsparameters, weil er es für denkbar hält, der Branche fließe künftig ein höherer Anteil des Volkseinkommens zu als bisher. Bei gleichem Datensatz und unveränderter Prognose der unabhängigen Variablen Volkseinkommen erhielte er dann zwei alternative Vorhersagen. Ein neugegründetes Unternehmen könnte auf diese Art auch Erfahrungsdaten ähn-

---

1 S. Makridakis und S.C. Wheelwright, Forecasting Methods, 1980, S. 25, wollen Zeitreihenanalysen ebenfalls auf "environmental factors" beschränken, weil sie Wirkungen geplanter Maßnahmen nicht berücksichtigen. Zeitreihenverfahren eigenen sich nur dann für Wirkungsprognosen, wenn man ein going concern mit absolut konstanter Unternehmensstrategie unterstellen kann. Zu solchen "Trägheitsprojektionen" M. Künnemann, Unternehmensbewertung, 1985, S. 266 f.; W. Ballwieser, Unternehmensbewertung, 1987, S. 82-86

2 So E. Gehmacher, Prognostik, 1971, S. 25

3 D.M. Georgoff und R.G. Murdick, Manager's Guide to Forecasting, in: HBR, 64. Jg., 1986, Nr. 1, S. 120; auch schon W.-R. Bretzke, Prognoseproblem, 1975, S. 180, 187

licher going concerns heranziehen und seine eigenen Merkmale durch adjustments bei der Modellstruktur berücksichtigen, sofern es sich nicht um ein innovatives Unternehmen handelt, bei dem sich der Rückgriff auf Erfahrungsdaten verbietet.

Subjective adjustments eröffnen dem Management allerdings Manipulationsspielräume. Sie rufen deshalb Informationsrisiken hervor. Jedoch wird eine Prognose von höherer Qualität sein, wenn das Management denkbare Strukturveränderungen explizit berücksichtigt, als wenn es sie vernachlässigen muß, damit es objektivere Prognosen vorweisen kann. Denn für objektive Prognosen besteht bei denkbaren Strukturveränderungen die Gefahr der Fehlinformation in jedem Fall. Subjective adjustments dagegen wären vom Prospektprüfer auf Willkürfreiheit zu prüfen; das schränkte immerhin zu gravierende Subjektivismen ein.[1)]

Mathematische Verfahren setzen voraus, daß historische Datenreihen vorliegen. Das ist jedoch auch bei Fortführungsprozessen nicht immer der Fall. Doch wird das Management oft generelle Ursache-Wirkungs-Beziehungen kennen, mit denen es die Entwicklung der Prognosegröße (z.B. Umsatz) auf andere Variable (z.B. Branchentrends und eigene Werbeaufwendungen) zurückführen kann. Passen diese Ursache-Wirkungs-Zusammenhänge zum speziellen Prognoseproblem, lassen sich mit ihrer Hilfe sowohl Lage- als auch Wirkungsprognosen erstellen. Fehlen Informationen über solche Ursache-Wirkungs-Beziehungen, muß das Management Erhebungen vornehmen (z.B. Marktforschung) und aus den so gewonnenen Daten prognosetaugliche Hypothesen ableiten. Da aktuelle Erhebungen immer die neuesten Entwicklungen aufzeigen, können sie auch solche Tendenzen identifizieren, die sich gerade im Umbruch befinden. Damit sind Prognosen auf Basis aktueller Marktforschung auch für solche

---

1 Subjective adjustments sind ihrem Wesen nach intuitiv gewonnene Prognoseinputs. Gelingt es im weiteren Verlauf dieser Arbeit noch, GoP für intuitive Verfahren und Inputs zu konzipieren, könnte sich der Prüfer auf diese GoP stützen, was die Prüfungskosten senkt.

Determinanten des Unternehmenserfolgs geeignet, die sich nicht mehr streng in die Kategorie "Fortführungsprozesse" einordnen lassen.

Im Gegensatz zu Fortführungsprozessen stehen sog. Ausgangsprozesse. Sie sind von vergangenen und gegenwärtigen Strukturen relativ unabhängig,[1)] weil im System ihrer Ursachen "qualitative Sprünge"[2)] wahrscheinlich sind. Prognosen für solche Prozesse lassen sich aus formalisierbaren Vergangenheitserfahrungen nicht ableiten. Hier kommen die intuitiven Techniken zum Zug. Die Delphi-Methode eignet sich dabei besonders für technologische Langfristprognosen.[3)] Einfachere intuitive Ansätze wie Schätzungen muß das Management allerdings auch anwenden, wenn es um "subjective adjustments" bei mathematischen Verfahren geht.

Die zweite Forderung für die Verfahrenswahl war, das Verfahren müsse zum Erfahrungsmaterial passen. Das Erfahrungsmaterial kann entweder in quantitativer oder in qualitativer Form vorliegen. Für quantitative Datenentwicklungen lassen sich wiederum verschiedene Muster unterscheiden, z.B. horizontale, saisonale, zyklische und trendabhängige.[4)] Das Management muß zunächst analysieren, welchem dieser Grundmuster sein Datenmaterial entspricht, sodann das mathematische Verfahren wählen, das dieses Muster am besten verarbeitet.[5)]

---

1 A. Picot, Prognose, 1977, S. 2151. Ein Beispiel aus der Vergangenheit des Grauen Markts wäre das Projekt Autowaschstraße ("Mr. Wash") für den damals Handwäsche gewohnten deutschen Autofahrer.

2 E. Gehmacher, Prognostik, 1971, S. 20 f.

3 H. Albach, Technologische Prognosen, in: HdB, 1976, Sp. 3861-3877; E. Salinger und Ch. Kunz, Zum Nachweis der Effizienz der Delphi-Methode, in: ZfB, 51. Jg., 1981, S. 470

4 S. Makridakis und S.C. Wheelwright, Forecasting Methods, 1980, S. 20-22, 300

5 Ausführlicher zur Zuordnung von Verfahren und Datenmuster S. Makridakis und S.C. Wheelwright, Forecasting Methods, 1980, S. 300-302; G. Kramer, Gewinnung von Prognosen, 1982, S. 180 f. Bei Trendmustern gilt es darüber hinaus zu entscheiden, welcher Funktionstyp sich am besten an das Datenmaterial anpaßt, erst dann sind die Parameter der Funktion durch mathematische Techniken zu schätzen, vgl. W.R. Bretzke, Prognoseproblem, 1975, S. 140-154.

Qualitatives Erfahrungsmaterial erlaubt nur einfache deduktive Schlüsse (sofern die qualitativen Erfahrungen Gesetzmäßigkeitscharakter aufweisen) oder intuitive Vorhersagen. Das bedeutet auch, Managements dürfen Erfahrungsmaterial nicht gewaltsam an gewünschte Verfahren anpassen, z.B. nicht qualitativ erfaßte Variable willkürlich in Zahlenform pressen.[1] Kann der Emittent allerdings auf gemischte Informationen zurückgreifen, muß das Management am Einzelfall entscheiden, ob teilweiser Informationsverzicht oder Anpassung die Prognosebegründung mehr schwächt. "Klar dürften hier nur die Fälle als 'fehlerhaft' zu qualifizieren sein, in denen zugunsten einer mathematischen Formalisierbarkeit der Fragestellung auf wesentliche Informationen und Argumente verzichtet wird. Eine formal stringente Aussageherleitung kann eine ungenügende Argumentationsbasis ... nicht kompensieren."[2]

Problemstruktur und Erfahrungsmaterial lassen oftmals doch noch mehrere Verfahren geeignet erscheinen; "das" richtige Verfahren gibt es i.d.R. nicht. Bessere Prognosen erhält man, wenn man wichtige Größen mit verschiedenen, passenden Verfahren vorhersagt und ihre Ergebnisse mittelt oder als mehrwertige Prognoseaussage verwendet.[3] "By carefully matching two or more complementary techniques, the forecaster can offset any technique's limitations with the advantages of another, all the while retaining the strenghts of the first."[4]

---

1 J. Hagest und G. Kellinghusen, Prognoseprüfung, 1977, S. 412

2 J. Hagest und G. Kellinghusen, Prognoseprüfung, 1977, S. 412

3 S. Makridakis und R.L. Winkler, Averages in Forecasts, 1983, S. 987 ff.

4 D.M. Georgoff und R.G. Murdick, Guide to Forecasting, 1986, S. 119

Die Auswahlkriterien haben bisher Verfahrenskosten vernachlässigt. Einige möglicherweise passende Methoden scheinen aber hohe Kosten hervorzurufen: Kausale mathematische Verfahren benötigen große Datenmengen, erfordern Computer und Know-How bei Emittent und Prüfer. Erhebungen sind kostspielig. Komplexere intuitive Verfahren wie die Delphi-Methode verlangen hohen Zeit- und Personalaufwand, besonders, wenn - wie üblich - auch externe Experten befragt werden.[1] Möglicherweise sind die Informationskosten geringer, wenn der Emittent weniger passende, dafür billigere Verfahren wie Schätzungen anwendet.

Kosten für Sammlung und Speicherung umfangreicher Datenmengen lassen sich in der Tat nicht vernachlässigen. Jedoch sollten auch einfache intuitive Prognosen durch Hintergrundwissen und Problemkenntnis untermauert sein, so daß ihr Kostenvorteil abnimmt. Gleichwohl müssen Kosten für umfangreiche Daten im Auge behalten werden. Kosten für Computer und Know-How dagegen können die meisten Emittenten auf viele Emissionen umlegen und sind darüber hinaus nicht immer Informationskosten. Standard-Software erspart es den Initiatoren, zu tief in mathematische Probleme eindringen zu müssen. Auch der Prüfer kann sich auf die Richtigkeit bewährter Programme verlassen. Mathematische Verfahren verlangen von ihm zudem weniger Ermessensentscheidungen; das verringert gegenüber einer Prüfung von Schätzungen Haftungsrisiken und senkt die Prüfungskosten. Angebracht scheint dagegen Skepsis gegenüber einer Mehrfachprognose. Ob die höhere Prognosequalität die vermehrten Verfahrenskosten aufwiegt, wird nirgends diskutiert. Eine Variable mehrfach mit Hilfe komplexer mathematischer Verfahren vorherzusagen, dürfte i.d.R. sehr aufwendig sein. Vertretbar erscheint es höchstens, eine quantitative Prognose um geschätzte Werte zu ergänzen oder die Kombination mathematischer Verfahren auf freiwilliger Basis zuzulassen. Das Argument hoher Verfah-

---

1 W.-R. Bretzke, Prognoseproblem, 1975, S. 186; E. Salinger und Ch. Kunz, Delphi-Methode, 1981, S. 470

renskosten dürfte auch bei komplexen qualitativen Gruppenverfahren, wie insbesondere der Delphi-Methode, greifen.[1]

Ist ein passendes Verfahren gewählt, muß die zweite eingangs gestellte Frage beantwortet werden: Wie soll das Verfahren angewendet werden? Die Antwort ist zunächst einfach. Die Prognoseinputs müssen logisch schlüssig in Prognoseaussagen transformiert werden.[2] Mathematische Verfahren erfüllen diese Forderung, wenn das Management sie rechnerisch und formal richtig anwendet und die Verfahrensimplikationen[3] beachtet. Rechnerische Richtigkeit der Verfahren impliziert ihre logische Widerspruchsfreiheit.[4] Deduktive Schlußfolgerungen sind logisch widerspruchsfrei, wenn das formale Schlußschema eingehalten wird.

Problematischer ist logische Stringenz bei intuitiven Methoden. Hier gilt es gerade, eingefahrene deduktive Denkbahnen aufzubrechen. Darüber hinaus ist oft nicht klar, welche Inputs in die Prognose einfließen, da hier das z.T. unbewußte "Hintergrundwissen" des Prognostikers dominiert. Trotzdem müssen zumindest die im Prognoseprozeß explizit geäußerten Gedanken, die schließlich in eine Prognoseaussage münden, folgerichtig aufeinander aufbauen.[5] Das gewährleisten z.T. die intuitiven Denkschemata, die "Verfahren", denn sie sollen kreative Gedanken nicht nur anregen, sondern auch ob-

---

1 Delphi-Prognosen werden z.B. im Rahmen der Unternehmensbewertung nur bei Großunternehmen eingesetzt, vgl. R. Buchner, Finanzanalyse, 1981, S. 405

2 J. Hagest und G. Kellinghusen, Prognoseprüfung, 1977, S. 411 f.; D. Rückle, Externe Prognosen, 1984, S. 69

3 Sie ergeben sich aus den zugrundeliegenden mathematisch-statistischen Prämissen. Z.B. dürfen bei multiplen Regressionsanalysen die unabhängigen Variablen nicht korreliert sein. Dazu (und zu weiteren) Implikationen der Regression vgl. S. Makridakis und S.C. Wheelwright, Forecasting Methods, 1980, S. 155-160.

4 J. Hagest und G. Kellinghusen, Prognoseprüfung, 1977, S. 412

5 W.-R. Bretzke, Prognoseproblem, 1975, S. 184

jektivieren und ordnen.[1] Das Management muß die Verfahren deshalb formal richtig anwenden. Prospektprüfer können das anhand von Durchführungsprotokollen kontrollieren.[2]

Noch schwieriger läßt sich eine schlüssige Transformation der Inputs beim billigsten Verfahren, der einfachen subjektiven Schätzung, fordern, denn hier liegt offenbar überhaupt kein formalisierter und prüfbarer Prozeß vor. Dadurch gewinnen psychologische Strukturen des Schätzenden an Gewicht.[3] Trotzdem lassen sich einige "Regeln" aufstellen, die eine gewisse Logik in Schätzungen bringen und Subjektivismen zurückdrängen. Zunächst sollte das Management mindestens eine optimistische, eine mittlere und eine pessimistische Schätzung abgeben.[4] Glaubwürdigkeiten für diese Werte müssen zusammen eins ergeben und revidiert werden, wenn neue Informationen auftauchen.[5] Für die Schätzung von Glaubwürdigkeiten existieren spezielle Interview-Techniken, die den intrasubjektiven Erkenntnisprozeß steuern und Subjektivismen abbauen sollen.[6] Solche

---

1 Vgl. Teil 3, C.I.

2 K. Brockhoff, Prognoseverfahren, 1977, S. 83; G. Kellinghusen, Rückstellungsprognosen, 1976, S. 84

3 Zu den Determinanten subjektiver (Wahrscheinlichkeits-) Schätzungen z.B. V. Schindel, Risikoanalyse, 2. Aufl., München 1978, S. 117; P. Brose und H. Corsten, Bedeutung und Bestimmungsfaktoren subjektiver Wahrscheinlichkeiten, in: WiSt, 12. Jg., 1983, S. 329-335

4 Zu diesem in der Netzplantechnik üblichen Verfahren D.L.S. Chang und S.S. Liao, Forecast Reliability, 1977, S. 78; G. Kellinghusen, Rückstellungsprognosen, 1978, S. 88. Die dort propagierte Mehrfachzählung der Normalschätzung und anschließende Mittelwertbildung ist jedoch nur nötig, wenn einwertige Größen benötigt werden.

5 V. Schindel, Risikoanalyse, 1978, S. 116; P. Brose und H. Corsten, Subjektive Wahrscheinlichkeiten, 1983, S. 335

6 Vgl. V. Schindel, Risikoanalyse, 1978, S. 121-127; G. Kellinghusen, Rückstellungsprognosen, 1978, S. 89, sowie das Beispiel bei D.B. Hertz und H. Thomas, Decision and Risk Analysis in a New Product and Facilities Planning Problem, in: Sloan Management Review, 24. Jg., Winter 1983, (Nr. 2), S. 22 f.

Techniken sind einfach strukturiert, billig und sollten deshalb "richtig" angewendet werden. Da sich Schätzen trainieren läßt, sollten erfahrene und routinierte Manager die Vorhersagen vornehmen.[1)]

Faßt man zusammen, ergibt sich folgendes Bild: Emittenten müssen das Verfahren wählen, das der Struktur der Vorhersage (Reichweite, Stabilität, Lage- oder Wirkungsprognose) am besten entspricht. Mathematische Prognosemethoden eignen sich dabei nur für Fortführungsprozesse. Zeitreihenverfahren sind auf kurzfristige Umweltentwicklungen stabiler Natur beschränkt. Kausale Verfahren dürfen dagegen auch für längerfristige Vorhersagen und für Wirkungsprognosen angewendet werden, denn hier kann das Management kleinere Strukturveränderungen und den Einfluß eigener Maßnahmen durch "subjective adjustments" berücksichtigen. Fehlen numerische Daten, kommt das klassisch-deduktive Prognoseschema zum Zug, sofern Erfahrungssätze über Beziehungen zwischen Prognosegröße und ihren Determinanten vorliegen. Nötigenfalls muß der Emittent solche Beziehungen durch Erhebungen ermitteln. Sind Strukturbrüche wahrscheinlich oder Ausgangsprozesse, hat das Management qualitativ-intuitive Verfahren heranzuziehen. Die Verfahrenskosten verbieten hier allerdings die "ausgereifteste" Methode, das Delphi-Verfahren. Kostenüberlegungen ersparen es dem Emittenten auch, daß er wichtige Variable mit verschiedenen mathematischen Verfahren vorhersagen muß, um bessere Ergebnisse zu erzielen. Mathematische Prognosen sind aber um Schätzungen zu ergänzen. Die schließlich geeigneten Verfahren sollen ihre Inputs logisch schlüssig in Prognosen transformieren. Das ist bei modellgestützten Prognosen sichergestellt, wenn das Management die Verfahren richtig anwendet und formale Schemata beachtet. Verfahrensregeln für intuitive Prognoseprozesse garantieren das nur bedingt, trotzdem "verbessern" sie die Qualität der Vorhersage.

---

1 S. Makridakis und S.C. Wheelwright, Forecasting Methods, 1980, S. 263

Der folgende Abschnitt befaßt sich mit den Inputs, die von den eben skizzierten Prognoseverfahren in Vorhersagen transformiert werden.

b. Grundsätze für Prognoseinputs

Prognoseinput ist vergangenheitsbezogenes Wissen, dessen Implikationen durch Prognoseverfahren in die Zukunft übertragen werden. In ein komplexes Prognosemodell fließen allerdings auch zukunftsbezogene Prognoseinputs ein, die Teilprognosen.[1] Es lassen sich folgende Inputs unterscheiden:

- numerische Daten als Inputs mathematischer Prognoseverfahren
- Hintergrundwissen bei intuitiven Prognoseprozessen
- Ursache-Wirkungs-Beziehungen zwischen Determinanten des Unternehmenserfolgs
- Randbedingungen der Erfolgsprognose.

aa. Numerische Daten als Inputs mathematischer Prognoseverfahren

Prognostiziert das Management den Unternehmenserfolg oder einzelne seiner Komponenten mit Hilfe mathematischer Prognoseverfahren, bestehen deren Inputs aus historischen Daten. Wahrheit heißt hier, die verwendeten Daten müssen empirisch wahr, d.h. in der Realität beobachtet worden sein. Da mathematische Prognoseprozesse in neugegründeten Unternehmen oft nur mit Daten aus fremden Erhebungen gespeist werden können, gilt zusätzlich: Sie müssen zum Prognoseproblem des Emittenten passen, d.h. unter Bedingungen gewonnen worden sein, die der Struktur seines aktuellen Prognoseproblems gleichen. Gleichzeitig muß die Datenquelle verläß-

---

1 Führt der Emittent z.B. eine Branchenprognose regressionsanalytisch auf das Volkseinkommen zurück, so ist prognostisches Wissen über das Volkseinkommen Prognoseinput für die Vorhersage des Branchenumsatzes.

lich sein. Diese zusätzlichen Bedingungen werden in Teil 3, C.II.4. eingehender behandelt, der sich mit Prognosen und anderen Informationen aus fremden Quellen befaßt.

bb. Hintergrundwissen des Prognostikers als Input intuitiver Prognoseprozesse

Eine weitere Art von Prognoseinput ist Hintergrundwissen des Prognostikers, das in intuitive Prognoseprozesse einfließt. Da dieses Wissen z.T. unbewußt ist und nicht explizit formuliert wird,[1] können keine Wahrheitsgrundsätze aufgestellt werden. Allerdings können Kriterien für das Hintergrundwissen selbst ersetzt werden durch Anforderungen an den Prognostiker, der es anwendet: Ist er Experte, kann qualitativ hochwertiges (und umfangreiches) Hintergrundwissen unterstellt werden.[2] Wann Experten heranzuziehen sind und wer als Experte gelten darf, wird bei den Grundsätzen für Prognosen aus fremden Quellen in Teil 3, C.II.4. behandelt, denn Experten werden i.d.R. unternehmensfremde Fachleute sein.

cc. Hypothesen über Ursache-Wirkungs-Beziehungen zwischen Determinanten des Unternehmenserfolgs

Fehlen einem Emittenten individuelle Daten, aus denen sich mit Hilfe mathematischer Verfahren Beziehungen zwischen Erfolgsdeterminanten ableiten lassen, so können ihm stattdessen generell gültige Ursache-Wirkungs-Beziehungen bekannt sein, die er auf sein Prognoseproblem anwenden möchte. Eine solche Hypothese könnte lauten: "Wenn der Branchenumsatz um 10 Prozent wächst, steigen bei konstanter Marketingpolitik der Unternehmen auch deren Umsätze um 10 Prozent." Die Prognose des Unternehmensumsatzes trifft offenbar nur ein, wenn

---

1 Vgl. die Charakterisierung intuitiver Prognosetechniken in Teil 3, C.I.

2 K. Brockhoff, Prognoseverfahren, 1975, S. 75

- der Branchenumsatz wie angenommen wächst und die Marketingpolitik der Unternehmen konstant bleibt
- die Beziehung zwischen Branchen- und Unternehmensumsatz "wahr" ist.

Die erste Bedingung betrifft die Wahrheit von Randbedingungen, sie wird im folgenden Abschnitt dd. behandelt. Hier geht es um die Beziehung zwischen den Variablen.

Damit die Prognose eintreten kann, muß die Kausalbeziehung Verhältnisse der Realität wiedergeben, sie darf keine Phantasieannahme des Managements sein. Gleichzeitig muß sie auch künftig, d.h. mindestens bis zum Prognosezeitpunkt gelten.[1] Das wäre erfüllt, wäre die Kausalbeziehung eine allgemein- und immergültige Gesetzmäßigkeit. Nur sie gäbe die Realität in jedem Fall wieder, nur sie überspränge die "induktive Lücke" zwischen heutiger Erfahrung und künftiger Gültigkeit.

Allerdings existieren solche Gesetze im ökonomischen Bereich kaum, weil wirtschaftliche Prozesse verhaltensgesteuert sind und selten unter identischen Bedingungen ablaufen; oder aber Gesetzmäßigkeiten, die komplexen ökonomischen Systemen zugrundeliegen, sind bisher nicht hinreichend identifiziert.[2] Trotzdem läßt sich argumentieren, wirtschaftliche Prozesse seien durch grundsätzliche Interessen sowie durch realwirtschaftliche und psychologische Strukturen "konditioniert", man könne deshalb durchaus mit gewissen "Regelmäßigkeiten" rechnen.[3] Man muß das auch, will man überhaupt pro-

---

1 J. Hagest und G. Kellinghusen, Prognoseprüfung, 1977, S. 410 f.

2 Zu dieser Kritik an der Gewinnung von Prognosen aus nomologischen Hypothesen W.-R. Bretzke, Prognoseproblem, 1975, S. 126; ders. Prognoseprüfung, 1983, Sp. 1110; G. Kramer, Gewinnung von Prognosen, 1982, S. 85 f.; D. Rückle, Externe Prognosen, 1984, S. 57

3 U. Hielscher, Kapitalanlageplanung, 1969, S. 72, 80; vgl. zum Problem auch R. Köhler, Theoretische Systeme, 1966, S. 40 f.; K. Chmielewicz, Forschungs-Konzeption, 1979, S. 105 ff.

gnostizieren, nur lassen sich an diese "Regelmäßigkeiten" nicht so strenge Anforderungen stellen wie an Gesetzmäßigkeiten.

Nun lassen sich selbst Gesetzeshypothesen nie endgültig als "wahr" beweisen; man kann sie zwar falsifizieren, ihre Gültigkeit aber nur durch "strenge Tests" vorläufig bestätigen:[1)] Die Wahrscheinlichkeit, daß eine Ursache-Wirkungs-Hypothese die Realität beschreibt und auch künftig gilt, wächst, je besser sich die Annahme in der Realität bisher bewährt hat. Kausalbeziehungen, auf die Emittenten Prognosen stützen möchten, müssen daher einen bestimmten Bestätigungsgrad aufweisen, auch wenn dieser geringer sein darf als bei Hypothesen, die beanspruchen, Gesetzmäßigkeiten zu sein.

Der Bestätigungsgrad genereller Ursache-Wirkungs-Hypothesen richtet sich danach, wie oft sich diese als zutreffend oder falsch erwiesen haben etc., kurz: richtet sich nach den Kriterien, die in Teil 3, C.II.1. für die Begründung (Bestätigung) singulärer Prognosen dargestellt wurden. Denn auch generelle Ursache-Wirkungs-Hypothesen sollen Aussagen über die Zukunft sein, auch sie können sich nur auf ihre Bewährung in der Vergangenheit stützen.

Wie hoch der Bestätigungsgrad sein muß, ist jedoch schwer in Regeln zu kleiden. Denn Bestätigung ist nicht objektiv meßbar.[2)] Es lassen sich auch keine starren Normwerte für ihre Unterkriterien vorgeben, z.B. eine Mindestzahl positiver Evidenzen, ihr Maximalalter etc. Das ist für wirtschaftliche Regelmäßigkeiten oftmals im einzelnen gar nicht feststellbar, auch läßt es sich meist nur im Einzelfall entscheiden, ob z.B. das (ungefähre) Ausmaß positiver Evidenzen ausreicht, um Hypothesen als geeignet erscheinen zu lassen.

---

1 J. Wild, Theoretische Deduktion, 1970, S. 559 f.;K.R. Popper, Logik, 1973, S. 3-8, 198 ff.; M. Tietzel, Kriterien, 1985, S. 105

2 Vgl. Teil 3, C.II.1.

Management und Prüfer werden sich daher eigene Gedanken über die "Güte" verwendeter Kausalannahmen machen müssen.[1] Allerdings sollten sie sich dabei an den Bestätigungskriterien als Leitlinien orientieren.[2] Das gibt zumindest objektive Anhaltspunkte für die Beurteilung, schränkt so Ermessensspielräume des Managements ein und erleichtert auch dem Prospektprüfer die Kontrolle, ohne dabei durch starre Regeln Folgekosten schlechter Norm-Modelle hervorzurufen. Für das Urteil wird man allerdings nicht zu strenge Maßstäbe anlegen dürfen: "Im schwächsten Fall könnte ... noch eine der Alltagserfahrung entnommene tendenzielle Invarianz in der Entwicklung bestimmter Geschäftsabläufe akzeptabel sein."[3]

Die Bestätigung von Erfahrungssätzen schützt indes nur dann vor willkürlichen Prognosen, wenn die Erfahrungen auch auf das spezielle Prognoseproblem anwendbar sind: Damit Prognoseproblem und Hypothese zueinander passen, müssen sich die (vorher analysierten) Bedingungsstrukturen des Problems der Wenn-Komponente der Hypothese logisch subsummieren lassen.[4] Das wird am ehesten bei einer Hypothese gelingen, deren Wenn-Komponente weit gefaßt ist[5] und es deshalb ermöglicht, die

---

1 J. Hagest und G. Kellinghusen, Prognoseprüfung, 1977, S. 411

2 G. Kramer, Gewinnung von Prognosen, 1982, S. 121

3 J. Hagest und G. Kellinghusen, Prognoseprüfung, 1977, S. 410

4 J. Hagest und G. Kellinghusen, Prognoseprüfung, 1977, S. 410. Soll z.B. der Umsatz eines Investitionsgutes gesteigert und die Steigerung prognostiziert werden, müssen zunächst die Einflußfaktoren des Umsatzes analysiert werden. Es seien Produktqualität und Konkurrenz. Plant das Management daraufhin eine Produktqualität x und prognostiziert Konkurrenzsituation y, muß es eine (bestätigte!) Hypothese finden, deren Wenn-Komponente x und y für Investitionsgüter erfaßt und deren Dann-Komponente dieser Bedingungsstruktur den Umsatz u zuordnet. Nicht getan ist es offensichtlich mit einem Erfahrungssatz, der z.B. steigender Produktqualität von Konsumgütern in bestimmten Konkurrenzsituationen steigende Umsätze zuweist.

5 Und z.B. für viele Konkurrenzsituationen und Arten der Qualitätssteigerung einen Umsatzzuwachs behauptet. Solche Hypothesen gelten als wertvoll, weil sie sich für viele Prognoseprobleme eignen; vgl. W.-R. Bretzke, Wissenschaftliche Lösung, 1975, S. 501; P. Höflinger, Informationsoptimierung, 1975, S. 154; K. Chmielewicz, Forschungs-Konzeptionen, 1979, S. 159

Hypothese auf viele Problemstrukturen anzuwenden. Hierin liegt für den Prognostiker jedoch ein Dilemma: Hypothesen, die vielen unterschiedlichen Problemstrukturen eine bestimmte Wirkung zuschreiben, scheitern leicht an der Realität. Anders ausgedrückt: wenig bedingte Prognosen sind sehr informativ, sie sind deshalb aus logischen Gründen unsicher[1]. Daher lassen sie sich nur schwer bestätigen. Gerade aber Hypothesen, die aus logischen Gründen unsicher sind, sollten wenigstens empirisch besonders gut bestätigt sein, nur dann weisen sie (und aus ihnen abgeleitete Prognosen) insgesamt ausreichende Qualität auf.[2] Der Emittent müßte deshalb nach Hypothesen suchen, die sich enger auf sein spezielles Prognoseproblem beziehen und sich doch bei gleichartigen Problemen bereits bewährt haben. Das ist jedoch für junge Unternehmen, die am Grauen Markt vorherrschen, schwer: sie verfügen - anders als going concerns - noch nicht über bewährte Erfahrungen, die ihre eigene Situation betreffen. Ihr Ausweg liegt darin, Hypothesen zu gewinnen durch

- Erhebungen (Marktforschung)
- Übernahme bestätigter Erfahrungssätze aus strukturähnlichen going concerns.[3]

Ein gleichgelagertes Problem ergibt sich, wenn genaue Prognoseaussagen erforderlich sind. Auch Hypothesen mit präzisen Dann-Aussagen sind sehr informativ und deshalb aus logischen Gründen unsicher, auch sie müßten deshalb

---

1 Vgl. Teil 3, C.II.1.

2 Auf diesen Zusammenhang zwischen absoluter logischer Hypothesenwahrscheinlichkeit (Informationsgehalt vs. Sicherheit) und empirischer Bestätigung (induktive Wahrscheinlichkeit), die zusammen die Qualität der Prognose ausmachen, weist hin G. Kramer, Gewinnung von Prognosen, 1982, S. 101 f.; auch M. Tietzel, Kriterien, 1985, S. 105

3 Zu solchen "Fremdinformationen" siehe auch noch Teil 3, C.II.4.

besonders gut bestätigt sein, was wiederum schwierig ist. Fehlen genaue und doch gut bewährte Hypothesen, so wären sie ebenfalls durch Erhebungen oder Anwendung fremder Erfahrung zu gewinnen.

Faßt man zusammen, so darf der Emittent seine deduktiv gewonnenen Prognosen nur auf Basis hinreichend bewährter Kausalannahmen erstellen. Gleichzeitig müssen diese Hypothesen zu seinem Prognoseproblem "passen". Fehlen dem Management Hypothesen, die beide Anforderungen erfüllen, sind sie selbst zu gewinnen durch Erhebungen oder Anwendung fremder Erfahrungen. Der Bestätigungsgrad kann allerdings nicht als absoluter Maßstab formuliert und dem Emittenten vorgegeben werden, will man nicht durch starre Regeln Folgekosten schlechter Norm-Modelle hervorrufen. Allerdings wurden "Leitlinien" entwickelt, die Emittent und Prüfer helfen und Ermessensspielräume eingrenzen.

dd. Randbedingungen der Erfolgsprognose

Prognosen, die auf kausalen Modellen basieren, setzen das Eintreten expliziter Randbedingungen voraus. Aussagen über Randbedingungen sind ebenfalls Prognoseinput. Für Randbedingungen lassen sich zwei Situationen denken:

1. Sie sind dann, wenn der Emittent seinen Erfolg vorhersagt, bereits Wirklichkeit geworden.
2. Sie müssen vom Emittenten prognostiziert werden.[1)]

Zu 1. Haben sich Randbedingungen realisiert, besteht zwischen ihrem Eintritt und dem Eintreffen der Prognose ein time lag. So zählen Bohrrechte bei Explorationsvorhaben zu den Grundvoraussetzungen des Erfolgs. Behauptet der Emittent, eine solche Bedingung liege bereits vor, und behandelt sie im weiteren Prognoseprozeß als sicheres Ereignis, muß das empirisch wahr, d.h. in der

1 Sie können auch durch Verträge oder eigene Maßnahmen determiniert oder aus Fremdquellen bezogen sein. Dazu aber erst Teil 3, C.II.3. und 4.

Realität beobachtbar sein. Um das zu kontrollieren, kann der Prospektprüfer "sich durch eine Ortsbesichtigung Gewißheit über die tatsächlichen Gegebenheiten ... verschaffen."[1] Soweit möglich, sollte er jedoch auf Originaldokumente verläßlicher Quellen zurückgreifen und dadurch Prüfungskosten sparen.

Zu 2. Unrealisierte Randbedingungen (Teilprognosen des Modells) sagt das Management vorher, indem es mathematische und intuitive Verfahren oder Schlußfolgerungen auf Basis nomologischer Hypothesen heranzieht und mit ihrer Hilfe Erfahrungsmaterial verarbeitet. Verfahrensanwendung und -input sind aber bereits durch die bisherigen Grundsätze erfaßt. Es fragt sich daher, warum weitere Normen für Randbedingungen diskutiert werden.

Teil 3, C.II.1. zeigte, daß Prognosequalität von der empirischen Begründung abhängt, setzt man den Informationsgehalt einmal konstant. Ein "passendes" Verfahren mit "wahren" Inputs garantiert nun aufgrund seiner problemadäquaten Struktur i.d.R. eine recht hohe Begründungsqualität, nicht gesagt ist aber, daß es sich um die "beste" Prognose handelt.[2] Möglicherweise kann der Prognostiker einen anderen Wert schätzen, für den mehr Gründe sprechen. Die folgenden Grundsätze sollen daher die Auswahl der tatsächlich am besten begründeten Prognosen sicherstellen. Sie ergänzen bisher formulierte Normen.

Bei der Prognose des Erfolgs wird von den Basisvariablen des Modells ausgegangen. Das Management sagt für sie zunächst einen Wert mit Hilfe des "passendsten" Verfahrens vorher. Dabei handelt es sich stets um ein

---

1 F. Schenk, Zur Praxis der Prüfung von Prospekten über Bauherrenmodelle, in: WPg, 34. Jg., 1981, S. 128

2 Das gilt umso mehr, als trotz der bisher aufgestellten Grundsätze gewisse Ermessensfreiräume bei Verfahrenswahl und -gestaltung sowie bei der Auswahl der Inputs bestehen. Dann wird möglicherweise gar nicht das passendste Verfahren angewendet; oder es werden gar nicht die besten Inputs herangezogen.

nichtkausales Verfahren, z.B. um eine Trendextrapolation, das nicht explizit auf weitere Bedingungen rekurriert. Sonst bräche der Prognoseregreß nicht ab, wie durch Basisvariable beabsichtigt. Neben dieser (einwertigen) Prognose muß der Prognostiker sodann - intuitiv oder durch andere Verfahren - weitere mögliche Werte vorhersagen und ein Spektrum alternativer Aussagen bilden. Anhand der Kriterien für Begründungsqualität aus Teil 3, C.II.1. ist dann die fundierteste Prognose herauszufiltern. Dieses Vorgehen wird als "argumentative Auswahl" von Prognosen bezeichnet.[1]

Da diese einwertige Vorhersage trotz ihrer vergleichsweise hohen Begründungsqualität extrem unsicher ist, muß eine mehrwertige Aussage getroffen werden. "Soll ... mit mehrwertigen Prognosen gearbeitet werden, bedarf es lediglich einer Reduzierung der Zahl der Alternativprognosen auf eine vertretbare Größenordnung durch Ausschluß (schrittweise Negativauswahl) derjenigen Prognosen, die am schlechtesten bewertet wurden"[2]. "Vertretbar" dürften mindestens drei Alternativentwicklungen sein. Ihnen muß das Management im letzten Schritt Glaubwürdigkeiten zuordnen, die sich an der Reihenfolge der Begründungsqualität orientieren sollten. Basisannahmen sind insofern als mindestens dreiwertige Glaubwürdigkeitsverteilungen zu formulieren. Ihre "argumentative Auswahl" gewährleistet höhere Prognosequalität als die richtige und mit wahren Inputs

---

1 Vgl. J. Wild, Unternehmungsplanung, 1982, S. 96 f.; G. Kramer, Gewinnung von Prognosen, 1982, S. 91-93, 109-116. Wild will zuerst nur intuitive Prognosen in die Auswahl einbeziehen, (S. 96) schlägt dann aber vor, auch modellgestützte Vorhersagen mit zu berücksichtigen und gegen intuitive abzuwägen, weil auch Modellprognosen nicht a priori besser wären als intuitive (S. 139 f.). Die Erfahrungen, die die Struktur des gewählten Verfahrens im Einzelfall plausibel machen, gehen dabei als positive Evidenzen in die Begründung der modellgestützten Prognoseaussage ein, vgl. Teil 3, C.II.1.

2 J. Wild, Unternehmungsplanung, 1982, S. 97. Analog meint W.-R. Bretzke, Prognoseproblem, 1975, S. 131 u. 140, daß die Ergebnisse von Zeitreihenanalysen (modellgestützte Prognose) gegen alternative (intuitive) Annahmen über andere Entwicklungsmöglichkeiten "getestet und zu einem breiteren Erwartungsspektrum ergänzt werden können" (S. 131).

gespeiste Anwendung eines einzigen, passenden Prognoseerfahrens, auf die sich die bisherigen Grundsätze beschränkten.

Für die Prüfung von Vorhersagen wird nun scheinbar zusätzlich gefordert, der Prüfer müsse u.a. kontrollieren, ob zugrundegelegte Annahmen plausibel und wirklichkeitsnah seien und nicht allgemein bekannten wirtschaftlichen Tatsachen widersprächen,[1] ob sie sich mit bisherigen Entwicklungen und betriebswirtschaftlichen Erkenntnissen vereinbaren ließen,[2] oder schlicht, ob sie "reasonable" seien.[3] Bei genauerem Hinsehen decken die o.e. Bestätigungskriterien diese Forderungen jedoch bereits vollkommen ab: Ob Basisannahmen wirklichkeitsnah und "reasonable" sind und betriebswirtschaftlichen Erkenntnissen oder "wirtschaftlichen Tatsachen" entsprechen, ist eine Frage, wie oft und wie gut die bisherige Erfahrung das bestätigt hat. Darauf aber geben die Bestätigungskriterien im Einzelfall eine exaktere Antwort als die genannten vagen Anforderungen.

Die bisherigen Grundsätze beziehen sich auf jede Basisannahme einzeln. Darüber hinaus sollten Basisannahmen eine weitere Bedingung erfüllen: Sie sollten untereinander kompatibel, also widerspruchsfrei sein.[4] Unproblematisch sind hier völlig unabhängige Größen; ihre Ausprägungen können sich niemals widersprechen. Viele Basisannahmen werden aber nicht völlig unabhängig voneinander sein - was das Management i.d.R. nicht explizit erkennt, denn es bricht bei Basisannahmen den wei-

---

1 IdW, Grundsätze, 1987, D.II.(2)

2 F.J. Bönkhoff, Kreditwürdigkeitsprüfung, 1983, S. 45

3 Z.B. P.M. McMonnies, Corporate Reporting in the Future, in: ABR, 6. Jg., Spring 1976, S. 100; D.E. Altschul und J.D. Mandel, Financial Forecasts, 1977, S. 48, 50; P. Danos und E.A. Imhoff, Auditor and Financial Forecasts, 1981, S. 108; AICPA, Statement on Prospective Financial Information, 1986, Abschn. 28.b.

4 F.J. Bönkhoff, Kreditwürdigkeitsprüfung, 1983, S. 119; J.D. Wild, Unternehmungsplanung, 1982, S. 100

teren, expliziten Begründungsregreß ab, der allein Abhängigkeitsbeziehungen zu Tage gefördert hätte. Hier hilft eine Kompatibilitätskontrolle der Variablenwerte weiter, auch wenn sie sich auf recht allgemeine Kenntnisse über "übliche" Größenverhältnisse wird stützen müssen.[1]

Es ließe sich einwenden, zwei gut begründete Variablenwerte würden sich i.d.R. nicht widersprechen. Da die Begründungsqualität aber ein Maßstab mit Ermessensspielräumen ist und zudem funktionale Beziehungen zwischen Basisvariablen nicht explizit erfaßt, sticht das Argument nicht: "For example, low double-digit inflation, rapid economic growth, and severe oil shortage by themselves might seem plausible but their joint occurrence does not."[2] Da allerdings für jede Basisvariable mindestens drei Werte anzugeben sind, muß schon bei wenigen Basisannahmen die Plausibilität vieler Kombinationen getestet werden.[3] Streuen die prognostizierten Ausprägungen nicht zu stark, wird man vereinfachend Mittelwerte bilden und deren Widerspruchsfreiheit prüfen müssen, auch wenn dann u.U. manche Inkonsistenzen unbemerkt bleiben.

Basisannahmen werden im weiteren Prognoseprozeß zu "höheren" Teilprognosen des Prognosemodells verknüpft. Auch solche Teilprognosen müssen auf Widerspruchsfreiheit kontrolliert werden. Obwohl sie aus kompatiblen Basisannahmen abgeleitet werden, können sich Inkonsistenzen ergeben, weil die Verknüpfungsprozesse Ermessens- und Irrtumsspielräume beinhalten. Diese "internal integrity, such as the relationship of sales to

---

1 F.J. Bönkhoff, Kreditwürdigkeitsprüfung, 1983, S. 119. Bönkhoff spricht hier von "stochastischen" Zusammenhängen, wenn "funktionale" Abhängigkeiten nicht ermittelt werden können.

2 R.E. Linnemann und J.D. Kennell, Shirt Sleeve Approach to Long-Range-Plans, in: HBR, 55.Jg., 1977, Nr. 2, S. 146

3 Vgl. z.B. die "Plausibilitätsmatrix" für mehrwertige "key variables" bei R.E. Linnemann und J.D. Kennell, Long-Range-Plans, 1977, S. 147. Bei drei Variablen mit zweimal zwei und einmal drei Werten ergeben sich zwölf Tests.

production capacity"[1]), werden Management und Prüfer besser beurteilen können als "vernünftige" Relationen zwischen externen, also volkswirtschaftlichen Basisannahmen.

Schneider hofft nun, alle Regelungsprobleme und ihre etwaigen Schwächen zu umgehen:[2]) An die Stelle wenig objektivierbarer Basisannahmen sind zwingende Normwerte zu setzen. So könnten die Erfolgsprognosen aller Emittenten auf einem vorgegebenen Zinssatz von 10 Prozent basieren. Dann wäre die Prognose zwar weniger manipulierbar, aber auch keine Information über die künftige Realität mehr. Sie verkäme vielmehr zu einer reinen Möglichkeitsaussage auf Basis eines Normwertes. Um fundierte Anlageentscheidungen fällen zu können, müßte der Anleger selbst überlegen, welcher Zinssatz realistisch ist und wie sich Abweichungen vom Normwert auf die Erfolgsprognose auswirkten[3]). Kann er das nicht und trifft seine Entscheidung anhand der normwertgestützten Erfolgsprognose, verzerrt das i.d.R. die Entscheidung. Denn weicht der Normwert von einer empirisch gehaltvollen Prognose ab, beeinflußt das die Vorteilhaftigkeit verschiedener Anlageangebote unterschiedlich stark.[4]) Normierte Basisannahmen sind daher keine Hilfe bei dem Bestreben, Informationskosten zu senken.

---

1 D.R. Carmichael, Financial Forecasts, 1974, S. 85. Zu "Plausibilitätsprüfungen" derartiger Zusammenhänge vgl. auch Th. Schildbach, Analyse des Rechnungswesens, 1975, S. 277 f., W. Bechtel, H. Köster und H.-U. Steenken, die Veröffentlichung und Prüfung von Vorhersagen über die Entwicklung der Unternehmung, in: Bilanzfragen, Festschrift für U. Leffson, 1976, S. 210

2 D. Schneider, Grundsätze über Gewinnprognosen, 1980, S. 251 f.; ders., Betriebswirtschaftliche Gewinnermittlung oder ökonomische Analyse des Bilanzrechts?, in.: ZfbF, 35. Jg., 1983, S. 1040 ff., spez. S. 1055-1057

3 Vgl. dazu später Teil 3, D.I.2.b.

4 Liegt die Norm für eine Zinsprognose bei 10 Prozent, eine aktuelle, fundierte Prognose dagegen bei 5 Prozent, so benachteiligt das ein Unternehmen, das gegenüber einem anderen höher fremdfinanziert ist.

Faßt man zusammen, dürfen Basisannahmen weder willkürlich gesetzt noch Normwerte sein. Vielmehr hat der Emittent ein Spektrum alternativer Werte zu prognostizieren - es umfaßt auch den Wert, der mit dem "passendsten" Verfahren gewonnen wurde - und sodann anhand der skizzierten Kriterien für die Begründungsqualität die drei am besten begründbaren Werte herauszufiltern. Anschließend sind die Basisannahmen und weiteren Teilprognosen des Modells daraufhin zu prüfen, ob sie untereinander widerspruchsfrei sind.

Mit Grundsätzen für Prognoseverfahren und -inputs sind "echte" Vorhersagen des Emittenten erschöpfend geregelt. Im folgenden Abschnitt geht es um "determinierte" Zukunftsaussagen, die in die Prognose des Unternehmenserfolgs einfließen.

3. Grundsätze prognostischer Wahrheit für determinierte Vorhersagen des Emittenten

Eine Reihe erfolgswirksamer Faktoren, die der Emittent in seinem Prognosemodell erfaßt, sind durch zukunftswirksame "Determinierungen" wie Verträge, eigene Maßnahmen und Gesetze festgelegt. Solche Vorhersagen scheinen sicherer zu sein als "echte" Prognosen; deshalb müssen sie auch nicht nach denselben Verfahrensvorschriften gewonnen werden. Vielmehr fragt sich, wie Emittenten determinierte Teilprognosen im weiteren Prognoseprozeß verwenden sollen. Das hängt davon ab, wie unsicher diese Zukunftsinformationen trotz Determinierung noch sind.[1)]

1 Dabei wird unterstellt, daß die Determinierungen selbst tatsächlich vorliegen: Verträge müssen rechtswirksam geschlossen, Garantien gegeben sein und den beschriebenen Sachverhalt abdecken, Maßnahmen des Unternehmen tatsächlich geplant sein: Die Determinierungen selbst sind Randbedingungen der Prognose, deren Existenz das Management behauptet. Sie müssen im Prognosezeitpunkt empirisch wahr sein, also tatsächlich wie behauptet vorliegen, vgl. Teil 3, C.II.2.b.dd. Hier geht es darum, ob geschlossene Verträge etc. auch zu sicheren Vertragswirkungen führen.

Diese Unsicherheit richtet sich nach zwei Fragen:

1. Wie weit schirmt eine Determinierung den erfolgsrelevanten Faktor gegen unsichere Umwelteinflüsse ab?

2. Existiert und wirkt eine ursprünglich vorhandene Determinierung auch später noch? D.h. wie "stabil" ist die Determinierung selbst?

Das soll für die wichtigsten Arten determinierter Vorhersagen, die für Emittenten des Grauen Markts relevant sind, untersucht werden, für

- Wirkungen geplanter Maßnahmen
- Vertraglich determinierte Prognosen
- Prognosen des steuerlichen Erfolgs.

a. Wirkungen geplanter Maßnahmen

Wirkungen geplanter Maßnahmen kann der Emittent sicherer voraussagen als Umweltentwicklungen, weil er Eintrittsbedingungen der Vorhersage durch eigenes Handeln herbeiführen kann.[1)] "Im Grenzfall kann das zur deterministischen Prognose führen."[2)] Hier wären alle Randbedingungen der Vorhersage durch den Emittenten beeinflußbar. Dieser Grenzfall kommt jedoch kaum vor; Konsequenzen unternehmerischen Handelns werden i.d.R. von externen Einflüssen mitbestimmt.[3)] Daher müssen auch Wirkungsprognosen als Vorhersage gelten. Z.B. kann ein Unternehmen seine Umsatzprognose durch verkaufsfördernde Maßnahmen nur unvollkommen gegen Umwelteinflüsse abschirmen.

1 Zu solchen auch als "technologisch" bezeichneten Prognosen J. Wild, Theoretische Deduktion, 1970, S. 570 f.; ders., Unternehmungsplanung, 1982, S. 86; G. Kramer, Gewinnung von Prognosen, 1982, S. 220 f.

2 D. Rückle, Externe Prognosen, 1984, S. 57

3 W. Ballwieser, Unternehmensbewertung, 1987, S. 79; F.J. Bönkhoff, Kreditwürdigkeitsprüfung, 1983, S. 111

Wer die Sicherheit einer Wirkungsprognose beurteilen will, benötigt jedoch Kenntnisse darüber, wie gewiß die Durchführung der geplanten Maßnahmen selbst ist. Geplante Maßnahmen sind zwar nicht vertraglich determiniert - eine Ausnahme bilden Selbstbindungen -, lassen sich aber verläßlicher vorhersagen (planen!) als Umweltbedingungen;[1] schließlich unterliegt ihre Realisierung eigenem Willen. Auch können in der Gründungsphase bereits Aktivitäten eingeleitet worden sein. "In diesen Fällen ergibt sich häufig ein ökonomischer Zwang, die Maßnahmen nicht aufzuschieben oder gar abzubrechen."[2] Gleichwohl sind geplante Maßnahmen nicht sicher. Zwar kann ein Management bis zu einem gewissen Maß "starr" planen und versuchen, die entwickelte Strategie zu realisieren. Doch ist das nur solange möglich, wie sich die Umwelt nicht gravierend anders verhält als angenommen. Bei größeren Abweichungen würde das Unternehmen gefährdet.[3] "Sicherer" ist nur ein "flexibles" oder "bedingtes" Programm alternativer Anpassungsstrategien: Welche Strategie zum Zuge kommt, richtet sich nach der eintretenden Umweltsituation, doch läßt sich mit hoher Wahrscheinlichkeit eine Strategie des Programms verwirklichen.

Ein zweiter Grund für die Unsicherheit ursprünglich geplanter und ausgewiesener Strategien sind Vermögensverschiebungen. Nach erfolgreicher Emission könnten Initiatoren versuchen, Maßnahmen zu korrigieren und Anleger so weit wie möglich zu schädigen.[4] Dagegen wären geplante Maßnahmen (-programme) nur gefeit, wenn sich das Management durch Selbstbindungen gezwungen

---

1 A. Ciesielski, Unternehmungsberichterstattung, 1977, S. 55

2 A. Moxter, Publizitätsvorschriften, 1962, S. 205

3 Auf die Gefahr, daß Initiatoren ausgewiesene Maßnahmen ungeachtet abweichender Umweltentwicklungen durchführen, um honorig zu erscheinen - auch wenn das Folgekosten verursacht -, wurde in Teil 2, C.I.1.b. hingewiesen.

4 R.H. Schmidt, Rolle von Informationen, 1979, S. 546. Geringere Motivation zu schädigen haben u.U. Daueremittenten - speziell bei Existenz von Sekundärmärkten, vgl. Teil 2, A.III.

sähe, ausgewiesene Maßnahmen auch zu realisieren oder Anpassungsstrategien bei Eintritt der ihnen zugrundegelegten Umweltlagen wie geplant in Angriff zu nehmen.

Jetzt fragt sich: Wie soll sich die Unsicherheit geplanter Maßnahmen in der Prognose der Maßnahmenwirkung niederschlagen? Wären Maßnahmen sicher, könnte der Emittent ihre Konsequenzen einfach für alle denkbaren Umweltentwicklungen "durchspielen" und in einem mehrwertigen Spektrum abbilden. Die Unsicherheit der Konsequenzen resultierte hier ausschließlich aus der Ungewißheit der Umwelt. Hat der Emittent alternative Strategien entwickelt - und kommt jede Strategie mit Sicherheit zum Zug, sobald die jeweils zugrundegelegten Umweltentwicklungen eintreten -, lassen sich Spektren für jede Strategie ermitteln und aggregieren.[1)]

Dieses Vorgehen basiert auf der Annahme, Maßnahmen seien sicher. Risiken einer Planrevision zu Schädigungszwecken sind nicht berücksichtigt. Sollte das geschehen, müßten - neben umweltbedingten Anpassungsmaßnahmen - auch verschiedene und verschieden wahrscheinliche Schädigungsstrategien berücksichtigt und mit ihren unsicheren Konsequenzen ins Prognosemodell integriert werden. Neben Umweltrisiken träte die Unsicherheit geplanter Maßnahmen. Das machte das Modell allerdings sehr komplex.

Verfahrenstechnisch einfacher wäre es, Verteilungen einzelner Erfolgskomponenten um eine Alternativprognose zu ergänzen, die Vermögensverschiebung mit einer bestimmten Wahrscheinlichkeit widerspiegelte. So ließe sich die Vorhersage der Personalkosten um eine Entwicklungsmöglichkeit erweitern, die höhere Managemententgelte erfaßte als geplant.

---

1 Vgl. auch F.J. Bönkhoff, Kreditwürdigkeitsprüfung, 1983, S. 122 f. Bönkhoff meint jedoch, daß schon bei wenigen Alternativprogrammen der Rechenaufwand sehr hoch wäre. Deshalb wird in Teil 3, C.II.5. auf die vereinfachte Ermittlung mehrwertiger Aussagespektren durch Simulationsverfahren eingegangen. Sie können auch die Wirkungen mehrerer Alternativprogramme bei unsicherer Umwelt erfassen und aggregieren.

Allerdings sprechen gewichtige Gründe dagegen, Schädigungsrisiken überhaupt zu berücksichtigen:

- Emittenten müßten eigene Schädigungsabsichten prognostizieren. Das ist kaum durchsetzbar.
- Mit welcher Höhe und Wahrscheinlichkeit Schädigungen bei der Erfolgsprognose berücksichtigt werden, muß sich nach der Honorigkeit des jeweiligen Initiators oder dem Grad seiner Selbstbindung (Treuhänder, eigene Anteile) richten. Beides hätte der Prüfer zu kontrollieren. Für Ehrlichkeit fehlen jedoch objektive Maßstäbe. Welche Schäden bei der vom Management gewählten Bindung noch wie wahrscheinlich sind, kann der Prüfer ebenfalls nur nach eigenem Ermessen beurteilen. Das ist riskant und erhöht die Prüfungskosten.
- Manche Projekte erfordern flexible Unternehmenspolitik. Richtet sich der "Risikoabschlag" nach der Selbstbindung, müssen ehrliche Initiatoren solcher Projekte hemmende Bindungen eingehen, wollen sie den Abschlag nicht tragen. Das ruft Folgekosten hervor.
- Will man diese Probleme umgehen und setzt deshalb bei allen Projekten eine durchschnittliche und durchschnittlich wahrscheinliche Vermögensverschiebung an, zwänge das auch ursprünglich honorige Managements, den Anleger durchschnittlich zu schädigen, wollten sie auf ihre Kosten kommen. A la longue würden deshalb höhere Korrektursätze nötig, denen sich die "ehrlicheren" Initiatoren wiederum anpassen müßten usf. Die Angebotsqualität sänke kontinuierlich, schließlich versagte der Markt.[1]

---

1 Durchschnittliche Zwangskorrekturen hätten tendenziell den gleichen "lemon process" zur Folge wie Entscheidungen von Anlegern, die die Qualität von Anlageangeboten nicht differenziert einschätzen können, sondern nur das durchschnittliche Risiko aller Angebote kennen; vgl. G.A. Akerlof, The Market for 'Lemons': Qualitative Uncertainty and the Market Mechanism, in: Quarterly Journal of Economics, 84. Jg., 1970, S. 488-500; auch R.H. Schmidt, Rolle von Informationen, 1979, S. 530; H.-D. Koch, Kapitalanlegerschutz, 1981, S. 212-214; M. Hopf, Ausgewählte Probleme zur Informationsökonomie, in: WiSt, 12. Jg., 1983, S. 313-318

Kurz: Es scheint keine kostenmäßig vertretbare Methode sichtbar, die Gefahr von Planrevisionen zu Schädigungszwecken korrekt - womöglich quantitativ - zu erfassen. Geplante Maßnahmen oder bedingte Strategieprogramme dürfen deshalb als "sichere" Randbedingungen in die interne Prognose des Unternehmenserfolgs eingehen. Die ordnungsmäßige Erfolgsprognose spiegelt ausschließlich Umwelt-, nicht jedoch Vermögensverschiebungsrisiken wider.

b. Vertraglich determinierte Prognosen

Bei Emittenten des Grauen Markts sind viele Leistungsbeziehungen bereits auf längere Zeit vertraglich fixiert, bevor ihr Prospekt publiziert wird.[1] Das liegt zum einen an besonders engen funktionalen, personellen und finanziellen Verflechtungen der Unternehmen, die an der Leistungserstellung beteiligt sind, zum anderen sind in den Branchen, denen Emittenten des Grauen Markts typischerweise angehören, langfristige Generalmietverträge, Mietgarantien, Charter-, Abnahme- und Verleihverträge an der Tagesordnung. Auch erleichtert es ein weitgehend geschlossenes Vertragswerk den Initiatoren, ihr steuerliches Konzept gegenüber der Finanzverwaltung "abzusichern". Das verleiht determinierten Prognosen bei Projekten des Grauen Markts ein höheres Gewicht, als es ihnen Bönkhoff für die Planung "normaler" Unternehmen beimißt.[2] Auch hier interessiert jetzt, wie sicher diese Vorhersagen sind. Erst dann kann diskutiert werden, wie sie in den weiteren Prognoseprozeß integriert werden müssen.

Vertragswirkungen sind sicher, solange Verträge gültig und durchsetzbar bleiben. Das richtet sich in erster Linie danach,

1 Z.B. G. Haas, Möglichkeiten des Anlegerschutzes, 1980, S. 140

2 F.J. Bönkhoff, Kreditwürdigkeitsprüfung, 1983, S. 111 f.

1. wieweit Vertragspartner von den Initiatoren beherrscht werden

2. ob Vertragspartner wirtschaftlich und technisch ausreichend leistungsfähig sind.

Wendet man sich zunächst unabhängigen Vertragspartnern zu - sie seien mit den Initiatoren weder personell noch kapitalmäßig verflochten -, können Vertragswirkungen wie sichere Ereignisse behandelt werden, wenn Kontrahenten solvent und vom Know-How her in der Lage sind, die vereinbarte Leistung zu erbringen.[1] Dann werden sie ihre Verpflichtungen erfüllen, anderenfalls Schadenersatz leisten können.[2] Verträge mit unabhängigen, solventen Partnern schirmen vereinbarte Vertragswirkungen ausreichend gegen Umwelteinflüsse ab.[3] Vertragswirkungen können hier als Punktprognose angesetzt werden.

Allerdings ist die Prämisse künftiger Solvenz von Vertragspartnern immer unsicher, sie kann i.d.R. zwei diskrete Ausprägungen (Solvenz/Insolvenz) annehmen.[4] Insolvenz wichtiger Partner läßt sprunghafte Änderungen des projektierten Unternehmenserfolgs erwarten. Hegt der Emittent Zweifel an der Bonität eines Part-

---

1 U. Leffson, GoB, 1987, S. 471

2 Regreßansprüche gegen vertragsbrüchige Partnerunternehmen und Initiatoren beleuchtet für den Immobiliensektor F. Schniewind, Baukostenüberschreitungen beim Bauherrenmodell, in: BB, 38. Jg., 1983, S. 2196-2205

3 Einen Sonderfall stellen bedingte Verträge dar - z.B. eine Abnahmegarantie für Rohstoffe, wenn ein bestimmtes Weltmarkt-Preisniveau erreicht wird. Vertragswirkungen sind dann gerade so sicher wie ihre Bedingungen - auch wenn der Partner Erfüllungswillen zeigt.

4 Sieht man von Vergleichsverfahren ab.

ners, muß er das berücksichtigen[1]), indem er für die determinierte Erfolgskomponente - z.B. vereinbarte Mieteinnahmen - anstelle einer Punktprognose eine diskrete Wahrscheinlichkeitsverteilung erstellt, die neben der immer noch denkbaren Vertragserfüllung auch mögliche Einbußen erfaßt. Das beeinflußt auch die Verteilung des Unternehmenserfolgs.[2])

Offen sind jedoch noch zwei Fragen:

1. Wie hoch sind denkbare Schäden anzusetzen?
2. Wann muß das Management Zweifel an der Solvenz von Vertragspartnern hegen, und mit welcher Wahrscheinlichkeit ist der Insolvenzfall anzunehmen?

Die Höhe eines Insolvenzschadens ist i.d.R. gut abschätzbar. Erfahrungsgemäß kann man mit Ausfall der gesamten Forderung rechnen. Etwaige Sicherheiten (z.B. Sicherungsübereignungen) sind zu berücksichtigen. Hat das Management für den Insolvenzfall eines Partners Anpassungsmaßnahmen geplant, treten an die Stelle der Insolvenzschäden die Wirkungen dieser Anpassung: Beispielsweise könnte ein Ersatzpartner vorgesehen sein, der aber andere Konditionen gewährt als der gefährdete Kontrahent. In allen Fällen erscheint es vertretbar, nur eine Schadenshöhe anzunehmen. Ist Partnerinsolvenz

---

1 Zwar werden seriöse Initiatoren in solchen Fällen keine Verträge schließen, sondern sich nach anderen Partnern umsehen. Stellt der Verzicht jedoch die Realisierung des Projekts - und eigene Einkünfte - in Frage oder rufen Konzeptionsänderungen Kosten hervor, dürfte die Bereitschaft wachsen, das erhöhte Risiko in Kauf zu nehmen. Das gilt besonders, wenn Initiatoren nach Erzielung ihres Gründerlohns das Interesse am Projekt verlieren. Auch könnten Gefährdungssymptome erst nach Vertragsschluß, aber vor Prospektveröffentlichung auftauchen. Da Gefährdungshinweise allein den Emittenten nicht berechtigen, den Vertrag zu lösen, muß er "mit dem Risiko leben" - und es in seiner Erfolgsprognose berücksichtigen.

2 D. Rückle, Externe Prognosen, 1984, S. 63, schlägt vor, für Randbedingungen, die - wie Partnerinsolvenz - nur wenige diskrete Ausprägungen annehmen können und die Zielgröße wesentlich beeinflussen, "nach Art der Szenariotechnik" alternative Prognosen der Zielgröße - also alternative Verteilungen des Unternehmenserfolgs - zu erstellen. Will man nur eine Prognose des Erfolgs veröffentlichen, könnte sich die erhöhte Unsicherheit der Randbedingungen auch in einer breiteren Streuung der Erfolgsverteilung niederschlagen. Vgl. dazu später Teil 3, C.II.5.

zu erwarten, muß die Vorhersage der Vertragswirkungen daher zweiwertig ausfallen: Sie erfaßt die volle und die um den Insolvenzschaden verminderte Vertragserfüllung.

Jetzt fragt sich, wann das Management Partnerinsolvenz annehmen muß und mit welcher Wahrscheinlichkeit. Zunächst könnte es amtliche Insolvenzstatistiken einsehen, die die Insolvenzhäufigkeit bestimmter Unternehmenstypen ausweisen.[1] Die Häufigkeit der Kategorie, in die ein Partner fällt, könnte als Wahrscheinlichkeit seiner künftigen Insolvenz anzusetzen sein. Allerdings gilt für Insolvenzstatistiken: "Eine .. unmittelbar verwertbare Aussage über das Risiko des einzelnen Unternehmens kann hieraus .. direkt nicht abgeleitet werden."[2] Vielmehr sollte sich eine derartige Aussage immer auf konkrete Informationen über die Lage des Vertragspartners stützen. Eine - wenn auch nur geringe - Insolvenzwahrscheinlichkeit anzunehmen, ohne daß konkrete Anzeichen darauf hindeuten, verletzte das "Nicht-Vorsichts-Prinzip" für Prognosen[3].

Zur Solvenzanalyse können bei unabhängigen Vertragspartnern i.d.R. nur öffentlich zirkulierende Informationen ausgewertet werden, insbesondere publizierte Jahrsabschlüsse. Neben der traditionellen Bilanzanalyse diskutiert die neuere Literatur die mathematisch-statistische Analyse von Kennzahlenkonzentraten.[4]

---

1 Dazu F.J. Bönkhoff, Kreditwürdigkeitsprüfung, 1983, S. 51

2 F.J. Bönkhoff, Kreditwürdigkeitsprüfung, 1983, S. 51. Auch eigene statistische Auswertungen des Emittenten - z.B. des Forderungsausfalls in einem größeren Kreis homogener Kunden, wie für das Delcredere in der Bilanzierung üblich - scheitern, weil im Gründungsunternehmen Erfahrungswerte fehlen und ohnehin meist nur wenige, besonders bedeutsame Vertragspartner individueller Struktur zu beurteilen sind.

3 Vgl. Teil 3, A.IV.

4 Z.B. G. Gebhardt, Insolvenzprognose, 1980; F.J. Bönkhoff, Kreditwürdigkeitsprüfung, 1983, S. 61-65; D. Schneider, Eine Warnung vor Frühwarnsystemen - Statistische Jahresabschlußanalysen als Prognosen zur finanziellen Gefährdung einer Unternehmung? in: DB, 38. Jg., 1985, S. 1489-1494

Allerdings eignen sich Jahresabschlüsse und auf sie gestützte Kennzahlensysteme nur bedingt zur Insolvenzprognose.[1] Gleichzeitig erfordern solche Prognosen viel Know-How und Zeitaufwand des Emittenten sowie des Prüfers, der dessen Solvenzurteile überprüfen müßte.

Informationen, die sich möglicherweise besser zur Solvenzprognose eignen (z.B. Finanzpläne), sind von unabhängigen Vertragspartnern jedoch meist nicht erhältlich. Deshalb muß es genügen, wenn der Emittent alle Informationen auswertet, die ein "ordentlicher Geschäftsleiter bei Aufnahme neuer Geschäftsverbindungen einholen sollte."[2] Neben Bilanzen handelt es sich hier um Bankauskünfte und um Anfragen an Wirtschaftsauskunfteien und Verbände.[3] Diese professionellen Nachrichtenproduzenten haben oftmals Zugang zu Nachrichtenquellen, die Initiatoren und Prospektprüfern verschlossen sind, und verfügen über Know-How und Dateien bewertungsrelevanter Nachrichten. Deshalb sind ihre Solvenzurteile relativ verläßlich und i.d.R. billig. Existieren zuverlässige Informationssurrogate wie die Börsennotierung des Vertragspartners oder die ständige Aufsicht durch ein Bundesaufsichtsamt, kann der Emittent sogar darauf verzichten, Auskünfte einzuholen.[4] Besser noch wären Ratings, die Unternehmen ihrer Bonität nach klassifizieren.[5]

---

1 Zu Problemen und Schwächen solcher Solvenzprognosen ausführlich F.J. Bönkhoff, Kreditwürdigkeitsprüfung, 1983, S. 57-65; D. Schneider, Warnung vor Frühwarnsystemen, 1985,S. 1489-1494

2 IdW, Grundsätze, 1987, D.III.7.

3 H. Nehm, Grundsätze ordnungsmäßiger Durchführung von Prospektprüfungen, in: WPg, 34. Jg., 1981, S. 652 f.; D. Bihr, Prospektprüfung, 1983, S. 938

4 D. Ulrich, Prüferische und steuerliche Aspekte bei der Prüfung von Bauherrenmodellen, in: Prospektprüfung, Hrsg. IdW, 1983, S. 33

5 Vgl. R. Brealey und S. Meyers, Principles of Corporate Finance, 2. Aufl., New York 1984, S. 481-489; E. Mattern, Rating im internationalen Kreditgeschäft, in: Die Bank, o. Jg., 1984, Heft 8, S. 374-378; o.V., Systeme für die Zukunft, in: WiWo, 38. Jg., 1984, Heft 25, S. 118-120

Geben diese Informationsquellen keine Hinweise auf Insolvenzgefahr, sollte die Prognose der Vertragswirkungen - wie oben angedeutet - als fiktiv sicher gelten und als Punktprognose aufgestellt werden dürfen.

Liegen Aussagen vor, der Partner verfüge nur über geringe Bonität oder sei gar gefährdet, so ist das jedoch kein Hinweis auf sichere Insolvenz.[1]. Angaben, mit welcher Wahrscheinlichkeit ein gefährdetes Unternehmen tatsächlich failliert, lassen sich den Informationsquellen jedoch nicht entnehmen. Es erscheint daher zweckmäßig, daß Emittenten die Insolvenz gefährdeter Partner mit einer fiktiven Normalwahrscheinlichkeit von beispielsweise 30 Prozent ansetzen. Die Verteilung möglicher Vertragswirkungen beschreibt dann mit 70 Prozent Wahrscheinlichkeit die Konsequenz erfüllter Verträge und berücksichtigt mit 30 Prozent Wahrscheinlichkeit den Schaden aus Insolvenz.

Anders als der oben diskutierte Normwert Schneiders für Basisannahmen (beispielsweise generell 4 Prozent künftige Preissteigerung als Grundlage aller Prognosen) ist die Normwahrscheinlichkeit nicht völlig ohne Informationsgehalt: Sie läßt sich als (u.U. im Zeitablauf revidierbarer) Erfahrungswert dafür interpretieren, wie gut die Insolvenzindikatoren ihre Aufgabe erfüllen. In jedem Fall ist sie in einem derart erfolgsentscheidenden Bereich wie der Solvenz wichtiger Vertragspartner angebrachter als eine - nicht weiter normierbare - Schätzung des Initiatoren-Managements.

Die zweite Kategorie von Vertragspartnern ist <u>von den Initiatoren abhängig</u>. An abhängigen Partnern sind Initiatoren direkt, indirekt oder über Strohmänner beteiligt und nehmen Einfluß auf die Geschäftspolitik. Wirkungen von Verträgen mit abhängigen Partnern sind im Schnitt unsicherer als bei unabhängigen Kontrahenten:

---

1 Vgl. F.J. Bönkhoff, Kreditwürdigkeitsprüfung, 1983, S. 64 f. der darauf hinweist, daß bedrohte Unternehmen i.d.R. Sanierungsmaßnahmen einleiten, die Insolvenz verhindern.

- Initiatoren gründen Partnerunternehmen (z.B. gewerbliche Zwischenmieter für Immobilien) oftmals nur zu einem Zweck: sie sollen ausschließlich mit der emittierenden Anlagegesellschaft (oder mit anderen Gesellschaften, die ein Daueremittent an den Markt gebracht hat) Geschäfte abschließen. Dabei sind diese Partner häufig nicht in der Lage, ihren Verpflichtungen vollständig nachzukommen, weil ihnen eine solide wirtschaftliche Basis fehlt. Vereinbarungsgemäß in Anspruch genommen, werden solche Partner häufig insolvent[1]. Verträge mit solchen Kontrahenten schirmen die Vertragswirkung (z.B. Mieteinnahmen des Emittenten) nur unvollkommen gegen unsichere Umwelteinflüsse (z.B. Preisverfall am Mietmarkt) ab. Ist ein Unternehmen in diesem Sinn labil und verschweigen Initiatoren das, so besteht die Gefahr einer Vermögensverschiebung.

- Verträge mit abhängigen Partnern bergen weitere Vermögensverschiebungsrisiken, weil Initiatoren einmal geschlossene Verträge später zuungunsten der emittierenden Anlagegesellschaft revidieren können.

Die Bonität abhängiger Partner scheint zunächst gut beurteilbar, weil die Initiatoren über alle internen Informationen verfügen.[2] Aufgrund der Interessenlage ist auf ihre Auskünfte jedoch wenig Verlaß.[3] Der Prospektprüfer kann Bonitätsangaben der Initiatoren

---

1 W. Klumpe, Prospektwahrheit, in: Handelsblatt, Nr. 54 vom 13.3.1981, S. 9; W. Spannagel, Kapitalmarkt, 1983, S. 196; o.V., Bauherren-Garantie : Im Zweifel Null, in: WiWo, 38. Jg., 1984, Heft 7, S. 74-76; E. Reitz, Letzte Hilfe, in: Capital, 25.Jg., 1986, Heft 1, S. 268-271

2 Deshalb sieht U. Leffson, GoB, 1987, S. 471 "vertrauenswürdige", punktuelle Bilanzansätze vor, wenn jemand, der eine Forderung bewertet, im Aufsichtsrat des Schuldners sitzt und keine Zweifel an dessen Bonität hegt.

3 Allenfalls könnten Haftungsrisiken - insbesondere nach dem neuen § 264 a StGB (Kapitalanlagebetrug) - Initiatoren dazu bewegen, die Bonität abhängiger Vertragspartner zutreffend darzustellen und in der Prognose zu berücksichtigen.

zudem schwer kontrollieren, denn fundierte Bonitätsprüfungen sind aufwendig. Strohmann-Konstruktionen erschweren es darüber hinaus, Abhängigkeiten überhaupt zu erkennen. Deshalb scheint es zweckmäßig, Vertragswirkungen bei abhängigen Vertragspartnern - ebenso wie bei unabhängigen - als sicheres Ereignis anzusehen, solange das Management seine Bonitätsbehauptung mit nicht negativen Auskünften professioneller Informationsquellen (Bankauskünfte etc.) untermauern kann. Die Quellen müssen zusätzlich bestätigen, daß der Partner in der Lage erscheint, die vereinbarte Leistung zu erbringen. Geben diese Quellen dagegen Fingerzeige auf Insolvenzgefahren, ist wiederum eine zweiwertige Verteilung möglicher Vertragswirkungen aufzustellen. Hierbei wäre eine höhere Insolvenzwahrscheinlichkeit als bei abhängigen Partnern anzusetzen, z.B. 50 Prozent, um der höheren Gefährdung Rechnung zu tragen.

Anlegerschädliche Vertragsänderungen sind der zweite Unsicherheitsaspekt bei Verträgen mit abhängigen Partnern. Hier gilt analog, was zu Schädigungsrisiken innerhalb der Anlagegesellschaft gesagt wurde: Umfang und Wahrscheinlichkeit von Vermögensverschiebungen lassen sich in einer ordnungsmäßigen Erfolgsprognose nicht berücksichtigen. Anders als bei insolvenzgefährdeten Vertragspartnern gibt es keine konkreten und objektiven Informationen, die eine Gefahr von Schädigungen durch einzelne Initiatoren betätigen oder widerlegen. Abb. 6 vermittelt einen Überblick.

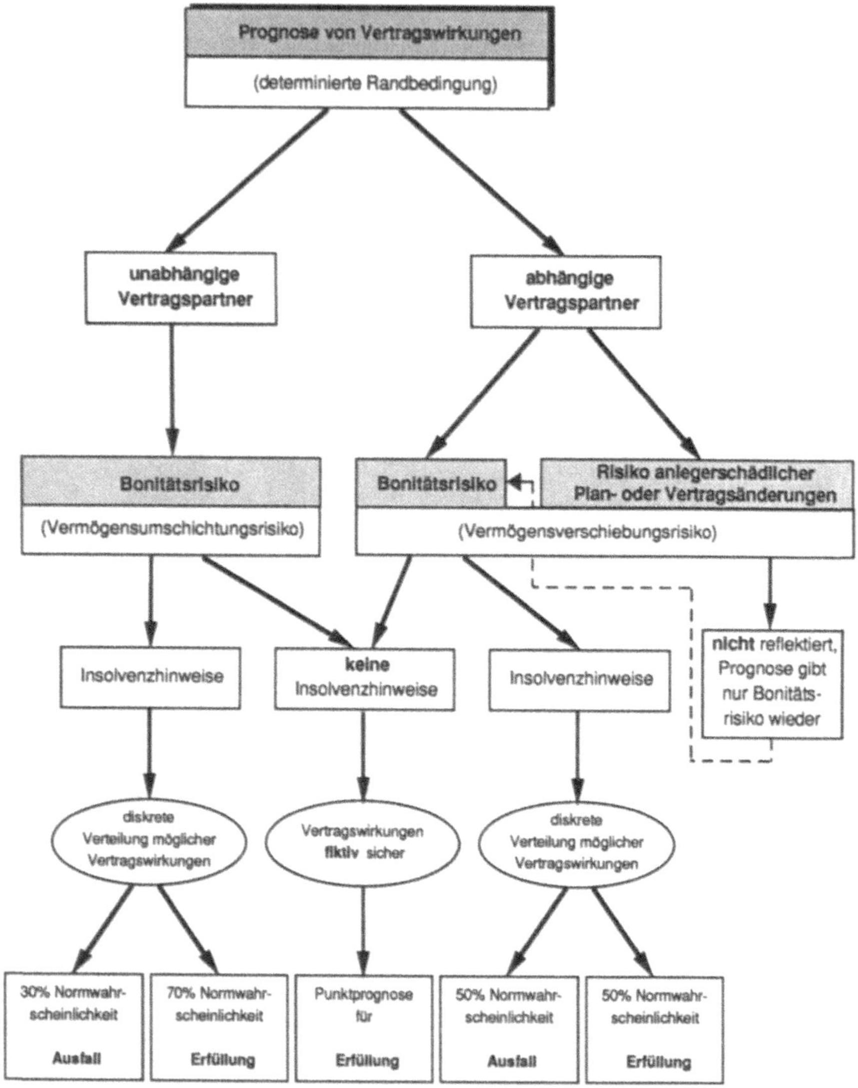

Abb. 6: Reflektion der Unsicherheit vertraglich determinierter Einflußfaktoren des Unternehmenserfolgs durch die Prognose der Vertragswirkungen

c. Prognosen des steuerlichen Erfolgs

Anlagen des Grauen Markts bieten dem Investor i.d.R. mehr oder minder hohe Steuervorteile.[1] Die Vorteile richten sich nach dem steuerlichen Jahresergebnis der Anlage. Dieser künftige "steuerliche Erfolg" ist durch Steuergesetze und -verordnungen sowie Rechtsprechung und Verwaltungspraxis determiniert. Auch hier stellen sich die beiden eingangs aufgeworfenen Fragen, wieweit die Determinierung eine Prognose gegen unsichere Umwelteinflüsse abschirmt und wie "stabil" die Determinierung selbst ist.

Steuergesetze etc. sind insofern "sicher", als die Rechtsordnung rückwirkende Änderungen geltender Gesetze und rechtskräftiger Verwaltungsakte zum Nachteil der Betroffenen i.d.R. ausschließt. Die Unsicherheit der Determinierung liegt woanders, nämlich bei der Frage, ob und wieweit die individuelle Konzeption einer Anlage mit den Anforderungen übereinstimmt, an die der Gesetzgeber bestimmte Vorteile knüpft. Bevor diese Unsicherheit detaillierter betrachtet wird, sei jedoch die einfachere Frage geklärt, wie gut die Prognose des steuerlichen Erfolgs gegen Unsicherheiten der Umwelt abgeschirmt ist, wenn zunächst angenommen werden kann, die Konzeption der Anlage sei unstrittig und stimme exakt mit den gesetzlichen Kriterien überein.

Steuerliche Auswirkungen wie Verlustzuweisungen etc. sind auch bei unstrittiger Konzeption nicht sicher, vielmehr basieren sie auf dem betriebswirtschaftlichen Jahresergebnis und sind deshalb mit Umweltrisiken behaftet.[2] Zwar wächst ihre Sicherheit, je mehr erfolgswirksame Faktoren durch Verträge etc. determiniert sind und je mehr das steuerliche Jahresergebnis von umwelt<u>un</u>abhängigen Determinanten wie Sonderabschreibungen bestimmt ist, prinzipiell jedoch hängt die Si-

1 Vgl. Teil 2, A.II.1.

2 J. Köndgen, Prospekthaftung, 1983, S. 98

cherheit des steuerlichen Ergebnisses vom Risiko des zugrundeliegenden wirtschaftlichen Erfolgs ab. Im Extrem berühren Umweltrisiken nicht nur die Höhe des Steuererfolgs, sondern bringen eine anfangs anerkannte Konzeption sogar zu Fall - mit entsprechender Wirkung auf die Steuervorteile.[1] Daher sind Aussagen über Steuervorteile auch bei unstrittiger Konzeption (also "stabiler" Determinierung) als Prognosen anzusehen. Sie sind als mehrwertige Vorhersagen zu formulieren, die das Risiko ihrer umweltabhängigen Eintrittsbedingungen widerspiegeln.

Nun ist die bisherige Prämisse, es ließe sich exakt sagen, eine Konzeption sei mit den steuerlichen Anforderungen kongruent, gewagt. Oftmals schälen sich bei späteren Betriebsprüfungen Inkongruenzen heraus, wo Initiatoren keine gesehen haben. "Die steuerlichen Auswirkungen ... können ... angesichts immer wieder neuartiger Konstruktionen und einer notorisch unterschiedlichen "Großzügigkeit" der lokalen Finanzämter schlechterdings kein Gegenstand von Zusagen sein."[2] Deshalb fordert Rückle eine obligatorische Alternativprognose unter der Annahme, die steuerliche Anerkennung werde versagt.[3]

---

1 Beispielsweise können bereits gewährte Steuervorteile wieder hinfällig werden, wenn ein gewerblicher Zwischenmieter durch Marktentwicklung insolvent wird (vgl. E. Reitz, Wenn die Mietgarantien ausfallen, in: Capital, 24. Jg., 1985, Heft 4, S. 110-113). Ebenso können Vermögensverschiebungen eine ursprünglich anerkannte Konzeption in Frage stellen. Ähnliche Gefahren drohen aus der Umwelt des Anlegers: Ist er gezwungen, sich steuerschädlich zu verhalten - beispielsweise mehrere Immobilien zu veräußern -, entfallen Vorteile rückwirkend (vgl. D. Bihr, Prospektprüfung, 1983, S. 941).

2 J. Köndgen, Prospekthaftung, 1983, S. 97; für tax-incentive limited partnerships nach US-Steuerrecht auch W.J. Jones und C.R. Ward, Forecasts, 1986, S. 101 f.

3 D. Rückle, Externe Prognosen, 1984, S. 63. Nach den Ausführungen zur Unsicherheit des steuerlichen Erfolgs wäre die Alternativprognose allerdings eine alternative Wahrscheinlichkeitsverteilung. Auch W.J. Jones und C.R. Ward, Forecasts, 1986, S. 102, schlagen vor, bei Unsicherheit von Steuerwirkungen eine "range" zu veröffentlichen: "The upper limit of the range might be the expected filing position and the lower limit of the range would be the minimum tax position achievable if the IRS successfully challenged the filing position. For example, the lower limit of the range might contain an item that the IRS would capitalize but the management expects to deduct."

Eine obligatorische Alternativprognose rückt jedoch viele Emittenten in zu schlechtes Licht. Viele Konzeptionen entsprechen durchaus buchstabengetreu den Gesetzen. Obwohl Köndgen verbindliche Urteile über die Reaktion der Finanzverwaltung ablehnt, traut das IdW Wirtschaftsprüfern ein ja/nein-Urteil darüber, ob eine Konzeption Gesetz und Rechtsprechung hinreichend entspricht, durchaus zu.[1] Deshalb sollte ein Wirtschaftsprüfer die Konzeption vor Prospektveröffentlichung obligatorisch begutachten. Die Gefahr, daß er zu einem anderen Urteil gelangt als später die Finanzverwaltung, ist zwar nicht auszuschließen, gleichwohl aber gering.[2] Sieht der Gutachter keine gravierenden Inkongruenzen, sollte auf die Alternativprognose verzichtet werden dürfen. Eine ordnungsmäßige Erfolgsprognose reflektiert das (geringe) Risiko abweichender Urteile von Gutachter und Finanzamt nicht[3].

Stellt der Gutachter hingegen Inkongruenzen zwischen der Konzeption und steuerlichen Anforderungen fest, müssen zusätzliche Risiken berücksichtigt werden. Sie überlagern die Unsicherheit des Steuererfolgs bei unstrittiger Konzeption. Zwei Fälle sind zu unterscheiden: erwiesene und strittige Inkongruenz. Hält der Gutachter die Inkongruenz für erwiesen - z.B. weil einem gleichartigen Projekt die Anerkennung bereits rechtswirksam versagt wurde - wird auch das Finanzamt Inkongruenz erkennen und die Konzeption nicht anerkennen. Hier sollte nach GoP ein unsicherer steuerlicher

1 IdW, Grundsätze, 1987, D.II. Anm. 1

2 Allerdings begründete der Entwurf des VermAnlG das Verbot einer steuerlichen Vorprüfung durch Prospektprüfer noch mit genau diesem Risiko, vgl. K.H. Steder, Entwurf, 1978, S. 180

3 Müßten Emittenten in jedem Fall eine Alternativprognose erstellen (und veröffentlichen), verlören sie den Anreiz, "gute" Konzeptionen zu entwickeln. Denn bessere steuerliche Konzepte schlügen sich nur wenig in der Erfolgsprognose und deshalb auch nicht in höheren Preisgrenzen der Anleger nieder.

Erfolg angesetzt werden, wie ihn der Gutachter unter Berücksichtigung ähnlicher Fälle für angemessen hält.

Ist die Inkongruenz dagegen strittig - weil z.B. ein Rechtsstreit über ein gleichartiges Projekt noch schwebt -, kann auch der Gutachter kein fundiertes Urteil fällen.[1] Da die Wahrscheinlichkeit, mit der ein Rechtsstreit positiv oder negativ ausgeht, nicht quantifizierbar ist, muß ebenso verfahren werden wie bei insolvenzgefährdeten Vertragspartnern: Will der Emittent seine strittige Konzeption beibehalten, muß er zwei bedingte Verteilungen für den steuerlichen Erfolg ermitteln, eine basiert auf der Annahme der Versagung, eine auf Anerkennung der Konzeption. Beide Vorhersagen dürfen als gleichwahrscheinlich gelten, weil Anhaltspunkte für eine andere Gewichtung fehlen. Abb. 7 verschafft einen Überblick.

Faßt man die Ergebnisse von Abschn. C.II.3. zusammen, ergibt sich für die drei Arten determinierter Prognosen folgendes Bild:

- Wirkungen geplanter Maßnahmen sind umweltabhängig, auch wenn Pläne realisiert werden. Wirkungsprognosen sind daher mehrwertig zu formulieren. Zum Umweltrisiko tritt die Gefahr hinzu, daß Initiatoren Pläne zu Zwecken der Vermögensverschiebung revidieren. Dieses Risiko läßt sich jedoch nicht erfassen. Wirkungsprognosen spiegeln daher nur Umweltrisiken wider, nicht aber die Möglichkeit der Planrevision.

- Vertraglich determinierte Ereignisse werden gegen Umweltrisiken abgeschirmt, solange Vertragspartner solvent sind. Fehlen Hinweise auf Insolvenzsymptome aus berufenen Quellen, dürfen Vertragswirkungen als sicher gelten. Liegen solche Hinweise vor, muß der Emittent eine zweiwertige Verteilung der vertraglich

1 D. Ulrich, Prüferische Aspekte, 1983, S. 35

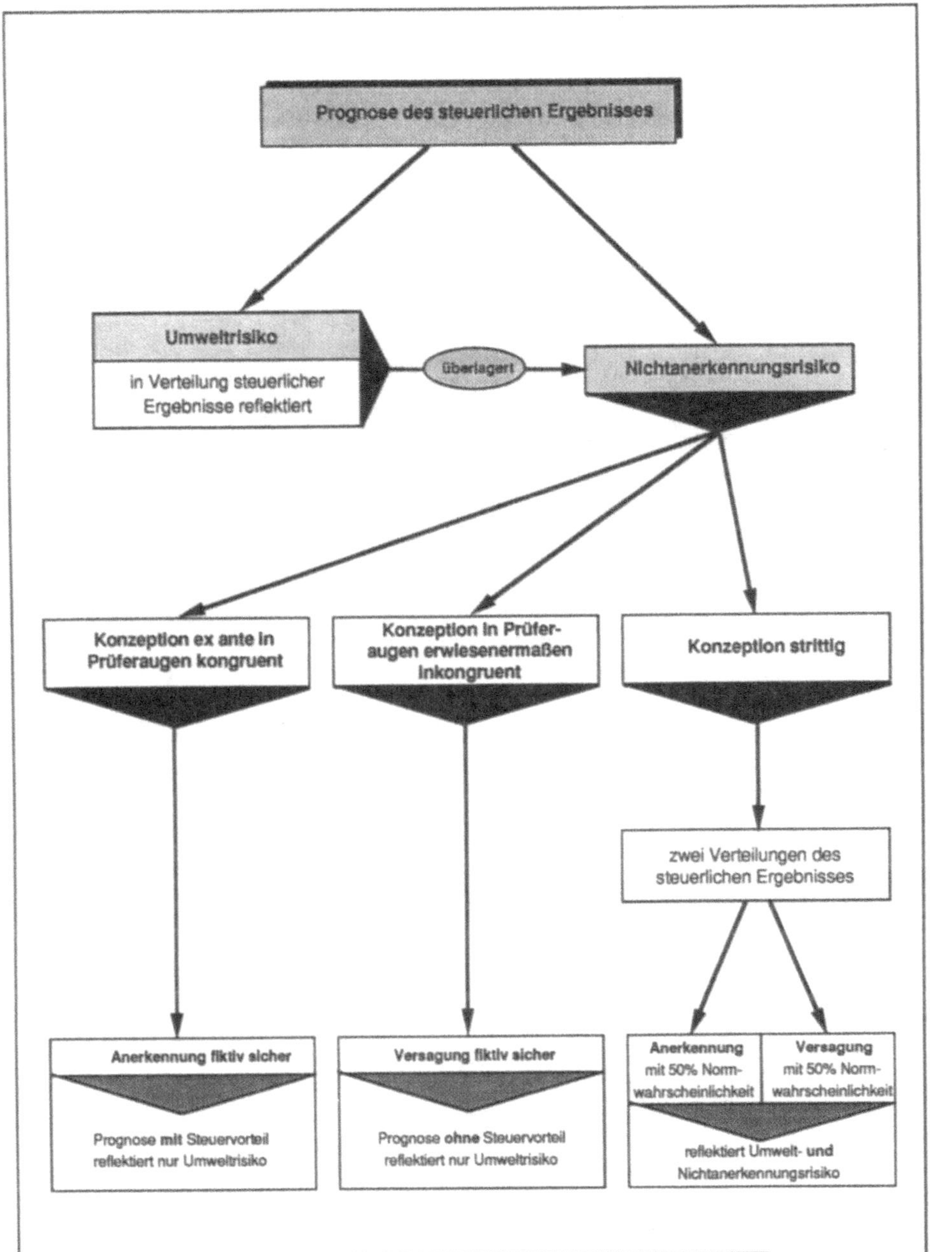

Abb. 7: Reflektion der Unsicherheit steuerlicher Größen durch die Prognose des steuerlichen Ergebnisses

festgelegten Größe aufstellen. Sie spiegelt den Insolvenzfall mit einer Normwahrscheinlichkeit von 30 Prozent, den Normalverlauf mit 70 Prozent wider. Sind Vertragspartner von Initiatoren abhängig, bestehen höhere Insolvenzrisiken und zusätzlich Schädigungsrisiken. Schädigungsrisiken lassen sich nicht, höhere Bonitätsrisiken durch eine höhere Normwahrscheinlichkeit berücksichtigen, mit der die Alternativprogose zu gewichten ist, falls Gefährdungssymptome bekannt werden.

- Prognosen des steuerlichen Erfolgs sind durch Steuergesetze determiniert. Gleichwohl hängen sie z.T. vom unsicheren wirtschaftlichen Erfolg ab und sind daher als mehrwertige Vorhersagen zu formulieren. Ist die steuerliche Konzeption nach Urteil eines kompetenten Gutachters unstrittig, bestimmt nur die Unsicherheit des zugrundeliegenden wirtschaftlichen Erfolgs die Verteilung steuerlicher Ergebnisse. Steht eine abschließende gerichtliche Klärung, wieweit eine Konzeption gesetzeskonform ist, noch aus, muß der Emittent eine Verteilung des steuerlichen Erfolgs für den Fall der Nichtanerkennung, eine weitere für Anerkennung aufstellen. Beide bedingten Verteilungen dürfen als gleichwahrscheinlich gelten.

Mit diesen Regeln sind die letzten Teilprognosen des Prognosemodells behandelt, die der Emittent selbst aufstellt. Im folgenden Abschnitt geht es um solche zukunftsbezogenen Informationen, die er aus externen Quellen beziehen kann.

4. Grundsätze prognostischer Wahrheit für Vorhersagen fremder Quellen

Emittenten können manche Teilprognosen ihres Prognosemodells "fertig" aus externen Quellen beziehen (z.B. Basisannahmen über Branchentrends)[1]. Externe Quellen

1 Emittenten können nicht nur Prognosen fremdbeziehen, sondern auch vergangenheitsbezogene Informationen, mit denen sie eigene Vorhersagen fundieren. Auch für diese Prognoseinputs gelten die Ausführungen des vorliegenden Abschnitts.

zu nutzen, verringert unter bestimmten Bedingungen die Informationskosten: Fremdquellen

- verringern Informationskosten, wenn ihre Outputs von hoher Qualität sind
- sind billig, oftmals kostenlos, wenn sie zum günstigen Service verpflichtet sind (z.B. Statistische Ämter) oder Produktionskostenvorteile an Abnehmer weitergeben
- erhöhen die Vergleichbarkeit von Prospekten, wenn alle Emittenten gesamt- und branchenwirtschaftliche Randbedingungen einheitlich bestimmten Quellen entnehmen[1]
- erübrigen bei hoher Kompetenz eine Überprüfung und sparen dem Emittenten dadurch Prüfungskosten.[2]

Eine Voraussetzung geringer Informationskosten, hohe Qualität, ist nicht bei jeder Quelle garantiert. Auch der Emittent kann sie nicht beurteilen: weder weiß er, wie die Informationen gewonnen werden, noch kann er ihnen ihre Qualität ansehen. Er muß sich auf die Kompetenz der Quelle verlassen. Auch lohnt Fremdbezug nur bei bestimmten Informationen. Damit die Nutzung fremder Quellen tatsächlich Kostenvorteile bringt, müssen daher vier Fragestellungen geklärt sein:

1. Wodurch zeichnen sich kompetente Quellen aus, und welche Nachrichtenproduzenten können als kompetent gelten?

---

1 D. Rückle, Externe Prognosen, 1984, S. 63

2 Entsprechend ist das Management auch nicht für die Qualität dieser Prognoseinputs verantwortlich und darf sie ungeprüft übernehmen. Analog erlaubt das IdW Prospektprüfern bei Sachverhalten, die sie nicht beurteilen können, Untersuchungen Dritter unbesehen heranzuziehen, sofern diese Quellen qualifiziert, unabhängig, unparteilich etc. sind (IdW, Grundsätze, 1987, D.IV.). Ein weiteres Beispiel findet sich am Aktienmarkt: Emissionshäuser können Auskünfte technisch-wissenschaftlicher Experten ungeprüft und ohne Haftungsrisiko in den Emissionsprospekt einfließen lassen (vgl. J. Köndgen, Prospekthaftung, 1983, S. 127 mit weiteren Nachweisen).

2. Welche Teilprognosen (oder andere Prognoseinputs) hat der Emittent aus kompetenten Fremdquellen zu beziehen?

3. Wie müssen Informationen fremder Quellen und Prognoseprobleme des Emittenten strukturell zueinander passen?

4. Wie sollen Angaben kompetenter Quellen in den internen Prognoseprozeß übernommen werden, damit Übertragungsmanipulationen entfallen?

Nachrichtenquellen dürfen als kompetent angesehen werden, wenn sie auf die Produktion der gefragten Nachricht spezialisiert sind, vom Emittenten nicht beeinflußt werden können und der ständigen Kontrolle einer Vielzahl von Nachrichtenverwendern unterliegen. Dann verspricht ihr Output, regelmäßig von hoher Qualität zu sein.

Zu solchen Quellen zählen zunächst die "offiziellen" Produzenten gesamtwirtschaftlicher Daten wie Bundesbank, statistische Ämter, Konjunkturforschungsinstitute, Kammern und Verbände.[1] Werden diese Quellen in der Presse zitiert, sollte der Emittent Angaben durch Rückgriff auf die Originalquellen prüfen.

Nachrichtenproduzenten einer zweiten Gruppe qualifizieren sich durch standardisierte Ausbildung, Berufszulassung und Berufsausübungsnormen als kompetente Quellen. Gedacht ist an Anwälte, Steuerberater, Wirtschaftsprüfer, technisch-wissenschaftliche Sachverständige und Banken.

---

1 Zur Verwendung "offizieller" Daten und Prognosen in der Unternehmensplanung z.B. G. Jaensch, Wert und Preis, 1966, S. 42; K. Brockhoff, Planung und Prognose in deutschen Großbetrieben, in: DB, 27. Jg., 1974, S. 838-841; W. Bechtel, H. Koester und H.-U. Steenken, Veröffentlichung von Vorhersagen, 1976, S. 215; D. Rückle, Externe Prognosen, 1984,S. 63; M.C. Stilwell, Prospective Reporting, 1986, S. 84

Fraglicher scheint das Kompetenzsiegel bei einer dritten Gruppe von Nachrichtenproduzenten, die zwar qualifiziert sind, nicht aber durch Standesorganisationen kontrolliert werden. Gedacht ist z.B. an Marktforschungsinstitute, Informationsdienste und Auskunfteien. Wird ihr Service benötigt, sollte auf seriöse Institute zurückgegriffen werden. Diese Eigenschaft läßt sich z.B. durch Verbandsauskünfte absichern, so daß Initiatoren und Prospektprüfer nicht allein stehen mit der Aufgabe, die Eignung einer Quelle zu begutachten.[1)]

Die zweite Frage lautete: Welche Nachrichten muß der Emittent aus kompetenten Quellen beziehen? Dazu läßt sich als erster Grundsatz formulieren: alle volkswirtschaftlichen Basisannahmen seines Prognosemodells, mit anderen Worten, alle Vorhersagen exogener Variabler, die der Emittent nicht beeinflussen kann, alle gesamtwirtschaftlichen Lageprognosen z.B. für Inflationsrate, Volkseinkommen und Zinsentwicklung. "Nichts spricht dafür, daß das einzelne Unternehmen diese für die Zukunft treffender bestimmen kann als Unternehmensverbände und andere überbetriebliche Institutionen."[2)] Diese kompetenten Quellen der ersten Gruppe stellen ihre Outputs zudem i.d.R. kostenlos zur Verfügung.[3)]

Auch für unternehmensbezogene Teilprognosen bieten sich externe Quellen an. Z.B. könnte der Emittent die Prognose des eigenen Umsatzes von einem Branchenexperten

---

1 Da der Emittent immer zwischen mehreren kompetenten Quellen - jedenfalls der zweiten und dritten Gruppe - wird wählen können und Qualitätsunterschiede nicht auszuschließen sind, muß für die später zu diskutierenden Prospektgrundsätze daran gedacht werden, den Namen der Quelle zu veröffentlichen, damit Anleger ggfs. eigene Rückschlüsse auf die Qualität der Information ziehen können.

2 F.J. Bönkhoff, Kreditwürdigkeitsprüfung, 1983, S. 118

3 Kritisch allerdings zur Qualität von "Absatzmarktprojektionen", die von Verbänden etc. erstellt werden A. Moxter, Grundsätze ordnungsmäßiger Unternehmensbewertung, 2. Aufl., Wiesbaden 1983, S. 102. Moxter will stattdessen "Branchenkenner" konsultieren, also Quellen der zweiten und dritten Gruppe, die allerdings nicht kostenlos sind.

erstellen lassen, der - auf Basis eines "offiziellen" Branchentrends - die Marktchancen des Emittenten beurteilt. Solche Vorhersagen müssen die individuelle Planung des Emittenten einbeziehen[1] und deshalb speziell für ihn erstellt werden. Zwar mögen solche Fremdprognosen eigene Vorhersagen des Managements an Qualität übertreffen, doch entfallen Kostenvorteile, wie sie bei gesamtwirtschaftlichen Größen auftreten. Deshalb kommen externe Quellen für unternehmensbezogene Prognosen nur in Betracht,

- wenn es sich um wesentliche Determinanten des Unternehmenserfolgs handelt
- wenn der Prospektprüfer diese wesentlichen Prognosen der Emittenten nicht durch eigenes Urteil kontrollieren kann und auch die GoP ihm hier nur unklare Kriterien vorgeben.[2]

Was wesentliche Erfolgsdeterminanten sind, diskutiert die Literatur vornehmlich für die Frage, welche Erfolgskomponenten in der externen Rechnungslegung veröffentlicht werden sollen und durch welche Informationen externe Angaben zu fundieren sind.[3] Dieses Problem wird in der vorliegenden Arbeit bei der Vollständigkeit von Prognosemodellen und des Prospekts akut, es sei auf diese Abschnitte verwiesen. Vorweggeschickt sei aber eines: Wesentlichkeit läßt sich nicht als gene-

---

1 Zur Interdependenz von Planung und Prognose Teil 2, A.I.2.

2 Nach den IdW-Grundsätzen, 1987, D.IV. müssen Wirtschaftsprüfer in solchen Fällen Experten konsultieren. Dann aber ist es günstiger, der Emittent zieht diese Experten schon während der Planung heran. Das erspart es dem Prüfer, sich überhaupt mit dem Komplex zu befassen, und erübrigt etwaige Revisionen der Prognosen nach ihrer Prüfung.

3 Zur Wesentlichkeit (Materiality) z.B. W. Lück, Materiality in der internationalen Rechnungslegung, Wiesbasen 1975; S.C. Van Arsdell, Determinating Materiality, 1975; W.H. Beaver, Trends in Corporate Disclosure, 1978, S. 49 f.; U. Leffson, GoB, 1987, S. 180-186; F.J. Bönkhoff, Kreditwürdigkeitsprüfung, 1983, S. 45-48

reller Maßstab vorgeben, erst Überlegungen am speziellen (Prognose-) Problem helfen weiter[1].

Will der Emittent wesentliche Erfolgsdeterminanten jedoch selbst vorhersagen, muß der Prospektprüfer diese Prognosen kontrollieren können. Hier muß das Management den Prüfer nach seiner Kompetenz befragen. Erklärt dieser sich für überfordert, sind kompetente Experten heranzuziehen. Einen sicheren Platz als Quellen sollten - vor allem bei innovativen Unternehmen - technisch-wissenschaftliche Experten haben, um Entwicklungs- und Marktchancen neuer Produkte zu beurteilen.

Die dritte Fragestellung erfaßt, wieweit das Prognoseproblem des Emittenten und extern produzierte Informationen strukturell zueinander passen sollten. Bei Informationen über gesamtwirtschaftliche (exogene) Bestimmungsfaktoren des Unternehmenserfolgs wie dem Sozialprodukt stellt sich das Problem nicht. Solche Faktoren beeinflussen alle Unternehmen unabhängig von deren individueller Struktur, sie liegen implizit oder explizit der Erfolgsprognose jeder Unternehmung zugrunde.

Relevant ist die Fragestellung dagegen für fremde Erhebungen über unternehmensinterne Größen wie z.B. Betriebsergleiche, die von den Gewerbezweigen erarbeitet werden,[2] und für Erfahrungswerte laufender Unternehmen, mit denen der Emittent seine Prognosen begründen möchte, weil ihm eigene Daten fehlen.[3]

---

1 Solche Überlegungen wurden implizit bereits angestellt, als es in Teil 3, C.II.3. um die Bonität wichtiger Vertragspartner und um die Eignung der steuerlichen Konzeption ging: Beidesmal sind Urteile von Quellen einzuholen, die soeben als kompetent charakterisiert worden sind.

2 So könnte ein neugegründeter Emittent "gewerbetypische" Kostenstrukturen zur Prognose eigener Betriebskosten heranziehen, vgl. z.B. K. Nathusius, Gründungsplanung, 1980, S. 341; P. Knief, Finanzplanung, 1983, S. 303

3 Bei Erfahrungswerten, die auf quantitativ-statistischen Erhebungen beruhen, spricht die Bilanzierungsliteratur von der Transformation überbetrieblicher Häufigkeits- bzw. Wahrscheinlichkeitsfälle auf das bilanzierende Unternehmen oder von unternehmensexternen Normwerten, die auf überbetrieblichen Erhebungen beruhen, vgl. G. Kellinghusen, Rückstellungsprognosen, 1978, S. 77; U. Leffson, GoB, 1987, S. 474 f.

Soll ein Emittent solche Zahlen übernehmen, um eigene Prognosen zu fundieren, müssen die Verhältnisse, die diese Zahlen erzeugt haben, mit denen des Emittenten übereinstimmen, müssen die Konstellationen wesentlicher Bestimmungsfaktoren einander gleichen. Überbetriebliche Erhebungen als erste Datenquelle klassifizieren untersuchte Unternehmen allerdings meist nur nach wenigen Merkmalen wie Gewerbe, Beschäftigtenzahl, Größe und Alter. Der Emittent muß hier wenigstens den Merkmalen entsprechen, die den herangezogenen Erhebungsergebnissen zugrundeliegen. Viele andere Strukturmerkmale, die ebenfalls als Bestimmungsfaktoren der zu prognostizierenden Größe relevant sein könnten, werden von den Erhebungen jedoch nicht erfaßt. Das Management muß sich deshalb immer fragen, ob nicht besondere eigene Verhältnisse es verbieten, statistisches Material der eigenen Vorhersage zugrundezulegen.

Will der Emittent dagegen Zahlen einzelner, bereits laufender Unternehmen verwerten, kann man die Übereinstimmung weiterer Faktoren prüfen. Wer z.B. Mieteinkünfte eines geplanten Einkaufszentrums vorhersagen will, indem er Erträge eines bestimmten ähnlichen Projekts extrapoliert,[1] muß darauf achten, daß sich z.B. Standort, (geplanter) Verwendungszweck, mögliche Mieterstruktur und Ausstattungsqualität genügend gleichen. Welche Faktoren allerdings im Einzelfall übereinstimmen müssen, also wesentlich für die projektierte Miete sind, läßt sich nicht allgemeingültig festlegen.[2] Besser als eine starre Aufzählung solcher Faktoren durch GoP wäre das Urteil eines Branchenexperten für das jeweilige Projekt. Denn starre Kasuistik

---

1 Das bietet sich vor allem bei den Daueremittenten des Grauen Markts an, die ständig ähnliche Projekte placieren und über entsprechende Daten verfügen.

2 Vgl. die Ausführungen zur Wesentlichkeit, als es um die Frage ging, welche Teilprognosen fremdzubeziehen sind.

kann im Einzelfall wichtige Faktoren übersehen und Folgekosten hervorrufen. Der Experte muß auch entscheiden, ob Abweichungen zwischen geplantem Projekt und Vergleichsobjekt noch tolerabel sind. Durch ein solches Expertenurteil, das alle wichtigen Eigenheiten der Projekte berücksichtigt, wäre auch ein Einwand Ziegelers ausgeräumt, der meint: "Da die Bestimmungsgründe für eine erfolgreiche Immobilieninvestition, wie Bau- und Grundstückskosten, Vermietbarkeit, Zinshöhe, Steuervorteile etc., stark von regionalen sowie kapitalmarktmäßigen und steuerpolitischen Gegebenheiten geprägt werden, ist eine bloße Extrapolation derartiger Größen von in der Vergangenheit am Ort A realisierten Objekten auf ein derzeit am Ort B geplantes Objekt nicht möglich. Der Gewinn an Nachprüfbarkeit ... würde erkauft durch einen beträchtlichen Verlust des Zielentsprechungsgrades der gebotenen Informationen. Zu einer Verbesserung des Anlegerschutzes könnte man auf diese Weise kaum gelangen."[1)]

Weichen geplantes Objekt und Vergleichsobjekt zu stark voneinander ab und fehlen besser geeignete Daten, kommen einfache Extrapolationen nicht mehr in Frage. Dann kann sich der Emittent bei der Prognose zwar auf vorhandene Daten beziehen, muß aber Eigenheiten des geplanten Objekts explizit berücksichtigen.

Der vierte Fragenkreis rückt die Vermeidung von Übertragungsmanipulationen in den Blickpunkt. Nur wenn Angaben kompetenter Quellen auch unverfälscht in den Prognoseprozeß eingehen, hat die Nutzung solcher Quellen Sinn. Deshalb müssen Emittenten Angaben der originalen Nachrichtenträger (Dokumente, Gutachten, Veröffentlichungen) wahr, bei Zahlenangaben in richtiger Höhe in die Planungsunterlagen aufnehmen. Die sachliche Bezeichnung der Zahlenangaben muß den Originalen entsprechen und deutlich ausweisen, worum es sich handelt. So, wie in den Unterlagen ausgewiesen, müssen die Angaben als Inputs in Prognose- und Rechenprozesse einfließen. Geben externe Quellen mehrwertige Angaben - z.B.

---

1 W. Ziegeler, Leistungsbilanzen, 1985, S. 421

drei mögliche Zinsentwicklungen - ist das beizubehalten.[1] Weitere Regeln sind hier entbehrlich, da der Prüfer Übertragungsmanipulationen weitgehend ausschließen kann, indem er Originale und Planungsunterlagen vergleicht.

Mit den Teilprognosen aus externen Quellen ist die letzte Kategorie von Vorhersagen angesprochen, die der Prognostiker in seinem Prognosemodell zu einer Aussage über den künftigen Unternehmenserfolg verknüpft. Mit der rechnerischen Aggregation aller Teilprognosen zu einer Verteilung möglicher Zukunftserfolge befaßt sich der folgende Abschnitt.

5. Grundsätze für die Aggregation mehrwertiger Teilprognosen zur Vorhersage des Unternehmenserfolgs

In einem umfassenden Modell zur Vorhersage des Unternehmenserfolgs sind Basisannahmen und geplante Maßnahmen zu Teilprognosen und diese schließlich zur Erfolgsprojektion verknüpft. Hat der Prognostiker das Modell konzipiert, sagt er sodann - ausgehend von den Basisannahmen - dessen Variable vorher. Basisannahmen und Teilprognosen sind unsicher, diese Unsicherheit spiegelt sich z.T. in mehrwertigen Aussagen wider.[2] "Wenn für mehrere Prognosevariablen, die miteinander verknüpft sind, und/oder mehrere Randbedingungen mehrwertige Prognosen erstellt werden, so müssen für höher aggregierte Größen (wie insbesondere den prognostizierten Gewinn) zusammengefaßte Wahrscheinlichkeitsverteilungen erstellt werden."[3] Diese Aufgabe liegt den

1 D. Rückle, Externe Prognosen, 1984, S. 63

2 Vgl. Teil 3.C.II.2-4. Ein Teil der Vorhersagen ist jedoch einwertig (z.B. Umsätze, die durch Verträge mit solventen Partnern abgesichert sind), da fiktiv unterstellt werden darf, sie seien sicher.

3 D. Rückle, Externe Prognosen, 1984, S. 64

Verfahren der Risikoanalyse zugrunde.[1] Abb. 8 verdeutlicht das Prinzip.

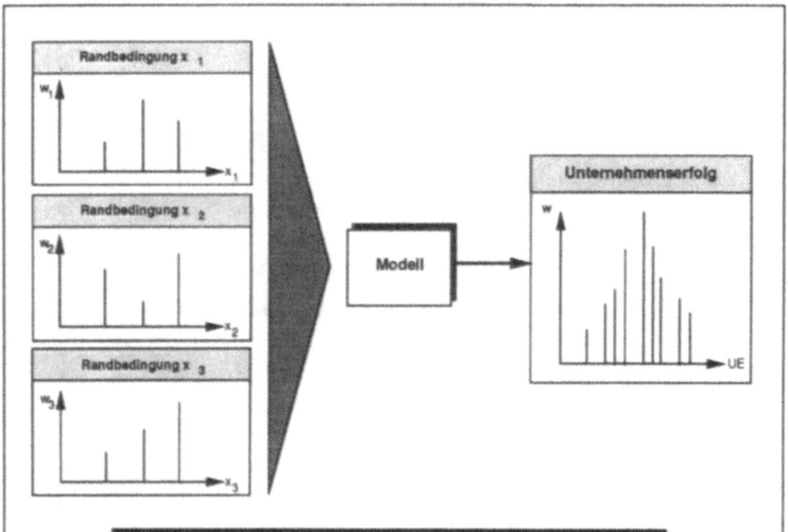

Abb. 8: Aggregtion mehrwertiger Randbedingungen zur Verteilung des Unternehmenserfolgs durch Risikoanalyse

1 V. Schindel, Risikoanalyse, 1978, S. 30

Bevor Grundsätze für die Aggregation durch Risikoanalyse aufgestellt werden können, sind einige Vorarbeiten zu leisten: Der folgende Abschnitt

- beschreibt zuerst zwei Verfahren der Risikoanalyse
- fragt, ob sie unabhängig davon anwendbar sind, wie der Prognostiker sein Prognosemodell formulieren muß. Das ist an dieser Stelle wichtig, weil wesentliche Merkmale ordnungsmäßiger Prognosemodelle erst durch Vollständigkeitsgrundsätze festgelegt werden. Verfahren der Risikoanalyse lassen sich hier nur dann vorschreiben, wenn die Verfahren allen denkbaren Modelltypen gewachsen sind
- prüft, ob ihre Informationskosten vertretbar sind
- zeigt ihre Fähigkeit, Szenarien zu bilden, wie sie für die Veröffentlichung im Prospekt wichtig sein könnten.

Zwei Verfahren der Risikoanalyse seien angesprochen. Erstens: Vollenumeration, zweitens: Simulation.[1]

Will der Prognostiker eine Verteilung des Unternehmenserfolgs ermitteln, müßte er theoretisch alle prognostizierten Ausprägungen aller Randbedingungen miteinander kombinieren und den Erfolg jeder Kombination errechnen. Wendet er dieses Verfahren der Vollenumeration an, ist schon bei wenigen Werten weniger Randbedingungen erhebliche Rechenarbeit zu leisten.[2]

---

1 Eine dritte Art der Risikoanalyse bedient sich mathematisch-analytischer Verfahren (z.B. das Hillier-Modell). Voraussetzungen sind normalverteilte Inputgrößen und Korrelationen von 0 oder 1. Vgl. dazu V. Schindel, Risikoanalyse, 1978, S. 34-36. M. Mühlbayer, Prospektive Erfolgsanalyse und Unternehmensbonität, Frankfurt/M. 1986, S. 158 f. Die Verfahren sind daher für praktische Prognoseprobleme kaum anwendbar und sollen hier nicht dargestellt werden.

2 Zur Vollenumeration als Verfahren der Risikoanalyse V. Schindel, Risikoanalyse, 1978, S. 37-41. Die Anzahl der zu berechnenden Erfolgsgrößen (=Wertekombinationen) ergibt sich, indem man die Zahl der diskreten Werte der Randbedingungen multipliziert. Daher kommt Vollenumeration nur bei sehr wenigen Variablen mit wenigen Werten in Frage (ebenda, S. 37 f.).

Simulationstechniken helfen hier weiter. Ein geeignetes Verfahren ist die Monte-Carlo-Simulation.[1] Sie ermittelt die Verteilung des Unternehmenserfolgs, indem sie aus der Verteilung jeder Inputgröße zunächst einen zufallsabhängigen Wert zieht und sodann alle gezogenen Werte nach einem vorgegebenen Definitionssystem zu einem möglichen Unternehmenserfolg verknüpft. Jede Inputverteilung wird dabei durch eine Folge von Zufallszahlen repräsentiert, deren Häufigkeitsverteilung der Wahrscheinlichkeitsverteilung der Inputgröße entspricht. Das Verfahren wiederholt Zufallsstichprobe und Verknüpfungsoperation so oft - führt so viele "Simulationsläufe" durch -, bis sich eine hinreichend genaue Verteilung denkbarer Erfolgswerte ergeben hat. Die relative Häufigkeit eines Wertes in dieser Verteilung steht für die Wahrscheinlichkeit seines Eintretens.[2]

Jetzt interessiert die zweite Fragestellung, ob Simulationsverfahren überhaupt bei jeder Art von Prognosemodellen anwendbar sind, wie GoP sie vorschreiben könnte. Ein erstes Hindernis scheint bei Modellen mit solchen Teilprognosen aufzutauchen, die intuitiv gewonnen werden und nur als qualitative Aussagen vorliegen. Qualitative Prognosen aber lassen sich nicht aggregieren. Sie müssen daher quantifiziert werden. Dagegen

---

1 Zur Darstellung des Verfahrens und zu seiner Anwendung für die Risikoanalyse bei einzelnen Investitionsprojekten oder ganzen Unternehmen vgl. D.B. Hertz, Risk Analysis in Capital Investment, in: HBR, 42. Jg., 1964, Nr. 1, S. 95-106; A.H. Mallinson, A Risk Analysis Approach to Profit Forecasts, in: ABR, 4. Jg., Spring 1974, S. 83-95; W.-R. Bretzke, Prognoseproblem, 1975, S. 189-206; D.L.S. Chang und S.S. Liao, Forecast Reliability, 1977, S. 76-87; V. Schindel, Risikoanalyse, 1978, S. 42-45; H. Blohm und K. Lüder, Investition, 5. Aufl., München 1983, S. 203-220, spez. S. 213-220; J.F. Weston und Th.E. Copeland, Managerial Finance, 8. Aufl., Hinsdale/Ill. 1986, S. 475-478

2 Deutlich wird: Simulation ist kein Prognoseverfahren, sondern ausschließlich eine Technik der Datenaggregation: Sie faßt mehrwertige Aussagespektren für Inputgrößen zu einer einzigen Verteilung des Erfolgs zusammen. Der Prognostiker muß daher zuvor ein Prognosemodell erstellt und dessen Basisvariable vorhergesagt haben.

ließe sich einwenden, das widerspräche dem Verbot, Informationen gewaltsam bestimmten Verfahren anzupassen.[1] Dieses Argument greift aber nur bedingt, denn auch nach Quanatifizierung stehen die intuitiv gewonnenen Teilprognosen etwaigen Betrachtern in ihrer ursprünglichen Aussageform zur Verfügung. Quantifizierung ist unumgänglich, will man nicht auf eine Prognose des Unternehmenserfolgs verzichten oder die qualitative Randbedingung vernachlässigen. So sollten "dennoch quantitative Vorhersagen (hier: Teilprognosen, d. Verf.) vorgezogen werden, selbst wenn sie aus intuitiven Prognosemodellen abgeleitet werden."[2]

Ein weiteres wichtiges Merkmal von Prognosemodellen ist, ob ihre Variablen abhängig oder unabhängig voneinander sind. Beiden Varianten muß das Simulationsverfahren gewachsen sein.[3] Das einfache, einperiodische Modell in Abb. 9 mag die Unterschiede verdeutlichen.

1 Vgl. Teil 3, C.II.2.a.

2 D. Rückle, Externe Prognosen, 1984, S. 62. Auch W.-R. Bretzke, Prognoseproblem, 1975, S. 184, hält intuitiv-qualitative Prognosen für eine "brauchbare Unterlage zur Ableitung eines mehrwertigen Erwartungsspektrums ..., in dem pessimistische, "wahrscheinliche" und optimistische Schätzungen zu einer Wahrscheinlichkeitsverteilung möglicher Zukunftslagen zusammengefaßt werden können."

3 Ob und wieweit Abhängigkeiten im ordnungsmäßigen Prognosemodell zu erfassen sind, regeln die Grundsätze über die Vollständigkeit des Modells in Teil 3, C.IV.2.a.

$E = u - k$

u = Umsatz; k = Gesamtkosten; E = Erfolg

$u = p \cdot a$

p = erzielbarer Preis; a = Absatzmenge

$k = k_v + F$

k_v = variable Kosten; F = Fixkosten

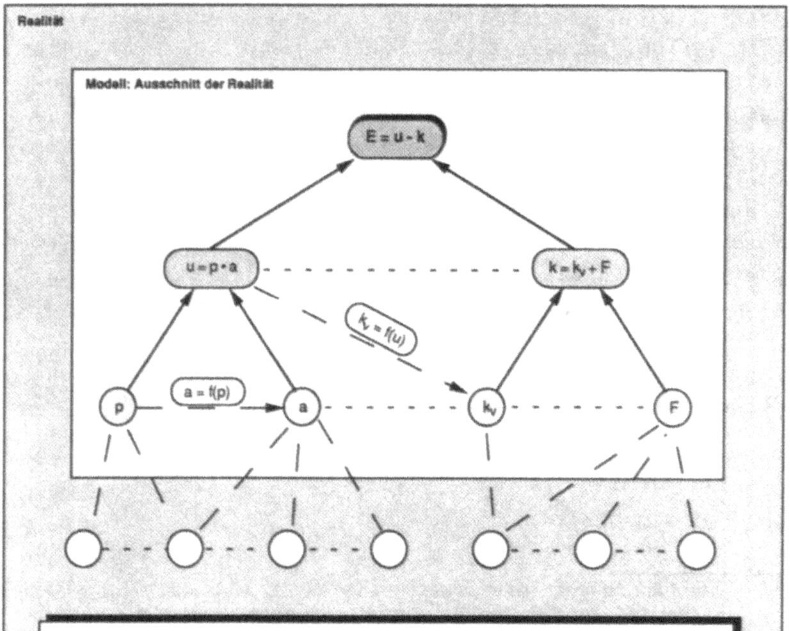

Abb. 9: Modell zur Erfolgsermittlung mit möglichen Abhängigkeitsbeziehungen

Unterstellt der Prognostiker Unabhängigkeit,[1] so ermittelt er für die Basisannahmen des Modells p, a, k_v und F isolierte Wahrscheinlichkeitsverteilungen. Das Modell ist durch die Definitionsgleichungen vollständig beschrieben. Simulationsprogramme wählen in diesem Fall bei jeder Iteration je einen zufälligen Wert aus jeder Basisverteilung und kombinieren diese Werte nach den Vorschriften des Definitionssystems (durchgezogene Pfeile in Abb. 9) zu einer denkbaren Ausprägung des Erfolgs.

Will man dagegen Abhängigkeiten berücksichtigen (z.B. zwischen Preis und Absatz sowie zwischen Umsatz und variablen Kosten, gestrichelte Pfeile in Abb. 9), müssen bedingte Verteilungen erstellt werden.[2] Das Simulationsprogramm zieht hier in jedem Lauf zunächst einen Wert der unabhängigen Variablen, sucht die zugehörige abhängige Verteilung und wählt dann zufallsgesteuert einen ihrer Werte aus.[3] Erst dieser Wert wird verknüpft. Für die Anwendung des Simulationsverfahrens (nicht jedoch für die Qualität der Erfolgsprognose!) ist es daher unerheblich, ob der Prognostiker Abhängigkeit oder Unabhängigkeit der Input-Variablen zugrundelegt.

Abhängigkeiten lassen sich auf zwei Arten berücksichtigen:

1 Unabhängigkeit unterstellt D.B. Hertz, Risk Analysis, 1964, S. 95-106, im "Urbeispiel" für Risikoanalyse mittels Monte-Carlo-Simulation.

2 V. Schindel, Risikoanalyse, 1978, S. 93-96; J.F. Weston und Th.E. Copeland, Managerial Finance, 1986, S. 475, FN. 1; J.C. van Horne, Financial Management and Policy, 7. Aufl., Englewood Cliffs 1986, S. 180

3 Vgl. z.B. H. Blohm und K. Lüder, Investition, 1983, S. 206 f.; M. Mühlbayer, Prospektive Erfolgsanalyse, Frankfurt/M. 1986, S. 176 f.

1. Der Prognostiker beschreibt sie explizit durch (ggfs. stochastische) Funktionsgleichungen.[1] Diese Funktionsgleichungen [im Beispiel: $a = f(p)$ und $k_v = f(u)$] treten zu den Definitionsgleichungen des Modells hinzu. Funktionsgleichungen ermöglichen es, die Werte der abhängigen Variablen (z.B. in einem Unterprogramm des Simulationsprogramms) maschinell zu errechnen.

2. Das Management schätzt für jeden Wert der unabhängigen Größe einen Wert (oder eine Glaubwürdigkeitsverteilung) der abhängigen Variablen und berücksichtigt dadurch die (unsichere) Abhängigkeitsbe-

---

1 Eine einfachste Funktionsgleichung wäre folgende Preis-Absatz-Funktion: $a = B \cdot 1/p$.
Das täuscht jedoch vor, die Beziehung zwischen a und p sei sicher. Nach den Grundsätzen für Prognoseverfahren darf das aber nur bei kurzfristigen und sehr "stabil" erscheinenden Prognoseproblemen angenommen werden. Hier könnte B beispielsweise regressionsanalytisch gewonnen werden, sofern geeignete Daten vorliegen. Bei längerfristigen Problemen, bei denen Strukturänderungen denkbar sind, stehen dem Prognostiker zwei Wege offen, die kombinierbar sind:
1. Er erstellt eine Glaubwürdigkeitsverteilung für B:
$a = B_n \cdot 1/p$ mit $n=1,2...k$, wobei $B_{n=1}$ mit w_1, $B_{n=2}$ mit w_2, $B_{n=3}$ mit w_3 und $B_{n=k}$ mit w_k eintreten wird.
2. Er verwendet darüber hinaus verschiedene Funktionstypen:
$a = f_n(p)$ mit $n=1,2...k$, wobei $f_{n=1}(p)$ mit w_1, $f_{n=2}(p)$ mit w_2 und $f_{n=k}(p)$ mit w_k eintritt.
Sind entsprechende Daten verfügbar, kann auch hier je ein möglicher Parameter der Funktionen durch statistische Methoden identifiziert werden, die alternativ möglichen Parameter sind ebenso wie die Eintrittswahrscheinlichkeiten der Funktionsverläufe intuitiv zu schätzen (vgl. dazu W.-R. Bretzke, Prognoseproblem, 1975, S. 195-197, spez. S. 197). Die geschätzten Alternativ-Parameter wurden schon in Teil 3, C.II.2.a. als "subjective adjustments" bei mathematischen Prognoseverfahren erwähnt. Das Simulationsprogramm wählt hier über den Zufallsgenerator pro Simulationslauf jeweils einen Funktionstyp und -parameter.
Ist es denkbar, daß außer p noch andere Faktoren a beeinflussen, die vom Modell aber nicht erfaßt werden (Faktoren außerhalb des Kastens in Abb. 9), kann der Prognostiker eine zufallsgesteuerte Störvariable z einfügen, die die Wirkung aller anderen Faktoren simulieren soll:
$a = B \cdot 1/p + z$
(vgl. V. Schindel, Risikoanalyse, 1978, S. 107-111).
Alle Methoden führen für jeden möglichen Wert von p zu einer bedingten Wahrscheinlichkeitsverteilung für a.

ziehung intuitiv, ohne sie als Funktionsgleichung auszudrücken.[1] Daher müssen die Werte der abhängigen Verteilung vom Prognostiker explizit angegeben und dem Computer eingespeist werden.

Das Simulationsverfahren eignet sich für beide Varianten. Denn es kombiniert ausschließlich Verteilungswerte miteinander und kümmert sich nicht darum, wie diese Werte zustandekommen.

In den Abhängigkeitsbeziehungen drücken sich nicht nur extern vorgegebene Beziehungen wie z.B. zwischen Preis und Absatz aus. Vielmehr können sie auch geplante Maßnahmen des Unternehmens widerspiegeln oder durch diese Maßnahmen beeinflußt werden. Gibt die Gleichung $k_v = ß \cdot u$ die Relation zwischen variablen Kosten und Umsatz wieder, so drückt ß z.B. geplante Produktionsmaßnahmen aus, ist "Steuerungsparameter" des Prognosemodells, die Verteilung von k_v eine Wirkungsprognose, die sich aus Umsatz und geplanter Produktionsstrategie ergibt.[2]

Bönkhoff wendet nun gegen die Simulation von Erfolgsprognosen für ganze Unternehmen ein, sie ermittelten den Unternehmenserfolg bei nur einem Aktionsprogramm der Unternehmensleitung, vernachlässigten aber die Möglichkeit von Anpassungsmaßnahmen an extreme Umweltentwicklungen in späteren Perioden ("Eventualprogramme"). Er begründet das mit hohen Planungskosten und hoher Komplexität von Modellen, die Eventualprogramme

---

1 Vgl. das Simulationsbeispiel bei D.L.S. Chang und S.S. Liao, Forecast Reliability, 1977. Dort schätzen "Experten" für jeden denkbaren Absatzpreis eine diskrete Glaubwürdigkeitsverteilung für die Absatzmenge, ohne eine (stochastische) Preis-Absatz-Funktion zu definieren.

2 Andere Möglichkeiten, geplante Maßnahmen ins Prognosemodell zu integrieren und dadurch Wirkungsprognosen zu erstellen, sind: Wahl des Funktionstyps, Vorgabe bestimmter Größen, die ein bestimmtes Aktionsprogramm widerspiegeln (hat das Management z.B. eine Finanzierungsentscheidung getroffen, kann es diese Entscheidung im Prognosemodell berücksichtigen, indem es die Folge der zu dieser Entscheidung gehörenden Zins- und Tilgungszahlungen angibt) oder einfach eine Schätzung der abhängigen Größe, die die Wirkung der geplanten Aktion berücksichtigt.

erfassen.[1] Kosten komplexer Modelle werden jedoch später bei den Vollständigkeitsgrundsätzen betrachtet. Hier geht es zunächst nur darum, ob die Simulationstechnik Eventualstrategien überhaupt bewältigen kann. Verzichtet das Management darauf, Anpassungsmaßnahmen zu planen[2], simuliert das Programm den Erfolg der einzigen geplanten Strategie, Umweltrisiken schlagen voll auf die Erfolgsprognose durch. Sind dagegen Anpassungsmaßnahmen konzipiert, so schaltet das Programm dann, wenn es an extreme Entwicklungen exogener Variabler gerät, die für diese Extremwerte geplanten Anpassungsstrategien ein und simuliert deren Wirkung auf den Unternehmenserfolg.[3]

Bisher wurde nicht gefragt, ob die Entwicklung eines Umweltfaktors z im Zeitablauf davon abhängt, welchen Wert er in der jeweiligen Vorperiode angenommen hat, ob z_t abhängig oder unabhängig von z_{t-1} ist. Herrscht Unabhängigkeit, muß der Prognostiker für jede Periode eine einfache Glaubwürdigkeitsverteilung für z ermitteln. Soll z.B. Periode t_2 simuliert werden, so zieht

---

1 F.J. Bönkhoff, Kreditwürdigkeitsprüfung, 1983, S. 122 f. Dieses Problem stellt sich nicht bei der Betrachtung von Erfolg und Risiko eines isolierten Investitionsprojekts, weil dieses ja gerade **ein** Aktionsprogramm darstellt.

2 Eventualpläne sind Maßnahmen, um Risiken zu reduzieren. GoP sollen aber Risiken nicht verringern, sondern nur transparent machen (vgl. Teil 3, A.III.). Daher liegen Eventualpläne im Ermessen des Managements.

3 Im Modell von W.-R. Bretzke, Prognoseproblem, 1985, S. 204 f. hängen künftige Investitions- und Finanzierungsentscheidungen des Managements von der Höhe späterer Rohgewinne ab. Bretzke definiert drei Klassen möglicher Rohgewinnentwicklungen und führt eine Vorschrift ein, die jeder Klasse einen "Plan", d.h. eine zugehörige Folge von Abschreibungs- und Finanzierungsaufwand zuordnet. Ermittelt eine Iteration der Simulation einen Rohgewinn einer Klasse, so wählt es den Abschreibungs- etc. -aufwand nur aus der Verteilung, die dieser Klasse zugeordnet ist. Diese Werte werden zu einem möglichen Jahresüberschuß verknüpft, er repräsentiert den Überschuß bei einer bestimmten Rohgewinnentwicklung und dem hierdurch ausgelösten Investitions- und Finanzierungsprogramm. Die bedingten Strategien (Investitionsprogramme) hängen in diesem Modell vom Rohgewinn ab, sie lassen sich aber ebensogut an die Entwicklung von Umweltvariablen knüpfen.

das Programm pro Iteration einen Wert aus der unbedingten Verteilung für t_2 - und zwar willkürlich.

Plausibler ist jedoch Abhängigkeit: Sind in t_0 mehrere Entwicklungen für z denkbar, dann dürften auch in t_1 wiederum mehrere künftige Verläufe möglich erscheinen, die allerdings davon beeinflußt werden, welches z sich in t_1 realisiert hat. Diese Struktur läßt sich in einem Zustandsbaum mit bedingten Glaubwürdigkeiten $w(z_t|z_{t-1})$ abbilden, die zwischen Null und Eins liegen.[1] Das Management muß pro Periode mehrere bedingte Glaubwürdigkeitsverteilungen für z erstellen. Hier benötigt das Programm allerdings eine zusätzliche Vorschrift: Wenn es in einem bestimmten Simulationslauf für t_1 ein bestimmtes z gezogen hat, beispielsweise $z_{a,t=1}$, darf es in diesem Lauf den z-Wert für t_2 nur aus der "Verästelung" des Zustandsbaums wählen, die aus $z_{a,t=1}$ "herauswächst". Denn nachdem in t_1 z_a eingetreten ist, sind in t_2 nur noch diese bedingten Werte $z|z_{a,t=1}$ möglich. Damit kommen auch nur noch die bedingten Aktionsprogramme in Betracht, die das Management für diese Teilmenge von Umweltentwicklungen geplant hat. Simulationsprogramme können daher sowohl stochastisch abhängige Periodenübergänge berücksichtigen als auch Eventualpläne durchspielen, sofern das Prognosemodell die Entwicklung unabhängiger Variabler als Zustandsbaum abbildet.

Das Beispielmodell in diesem Abschnitt sollte den Unternehmenserfolg simulieren können. Möglicherweise muß das Programm aber nicht nur den Erfolg des Unternehmens, sondern auch den seiner Anteilseigner errechnen. Deren Erfolg hängt zwar vom Unternehmenserfolg ab, richtet sich aber zusätzlich nach Ausschüttungsentscheidungen, steuerlichem Gewinn und Faktoren im persönlichen Bereich des Investors.[2] Hier muß das Prognosemodell um entsprechende Definitionsgleichungen für

1 Vgl. z.B. den Zustandsbaum bei J.C. van Horne, Financial Management, 1986, S. 177

2 Vgl. Teil 2, A.I.3.

den Anlegererfolg und um Basisannahmen für die zusätzlichen Variablen erweitert werden. Das ist problemlos möglich. Je nach zugrundeliegendem Prognosemodell lassen sich Verteilungen beliebiger Zielgrößen simulieren.

Faßt man die Überlegungen zur zweiten Fragestellung zusammen, so präsentiert sich die Simulation als universelles Verfahren. Sie ist bei beliebiger Modellformulierung anwendbar.[1] Struktur und Formulierung des Modells richten sich nach dem Einzelfall,[2] bei normierter Prognosepublizität nach der Anwendung von GoP auf den Einzelfall. Daher läßt sich die Simulation schon an dieser Stelle als geeignetes Aggregationsverfahren für Prognosen nach GoP kennzeichnen, sofern die Verfahrenskosten vertretbar sind.

Damit steht die dritte Frage dieses Abschnitts, die Frage nach den Informationskosten im Raum. Computerprogramme zur Wirtschaftlichkeitsberechnung für Anlagen des Grauen Markts existieren bereits.[3] Strenggenommen dienen diese Programme allerdings nicht der Errechnung von Erfolgsverteilungen aus mehrwertigen Randbedingungen, stattdessen sollen sie ermitteln, wie sensibel der Erfolg (z.B. Nettoüberschuß nach Steuern, Rendite, Endwert) oder einzelne seiner Komponenten (z.B. Mieteinnahmen) auf Variation wichtiger Randbedingungen wie Wiederverkaufswert, Steuervorteil, Fremdkapitalkosten, Auslastung und weiterer Faktoren reagiert. Sie dienen der Sensitivitäts-, nicht der Risi-

---

1 M. Mühlbayer, Prospektive Erfolgsprognose, 1986, S. 165 und 175, Fn 1

2 W.-R. Bretzke, Prognoseproblem, 1975, S. 194

3 Vgl. O.H. Jacobs, R. Rupp, W. Scheffler und U. Schreiber, Wirtschaftlichkeitsberechnung von Immobilieninvestitionen, in: DStR, 22. Jg., 1984, S. 607-614; D. Quast, Rendite richtig rechnen, in: Das Geld-Magazin, Jahrbuch für ihre Anlageberatung in 1985, Köln o.J., S. 79-83; Ch. Jaap, Möglichkeiten der betriebswirtschaftlichen Beurteilung privater Kapitalanlagen, Berlin und München 1986

koanalyse.[1] Allerdings dürfte es nicht schwerfallen, sie z.B. durch Einbeziehung von Zufallsprogrammen den Erfordernissen der Risikoanalyse anzupassen.

Wie ihre Existenz und Anwendung zeigen, sind Computerprogramme, die Inputs über Systeme von Definitions- und Funktionsgleichungen verknüpfen, kostenmäßig realisierbar. Sie müssen allerdings auf die individuelle Struktur des Emittenten zugeschnitten und um problemadäquate Prognoseprogramme ergänzt werden, die alle nicht intuitiv geschätzten Inputs ermitteln. Dazu lassen sich jedoch oftmals standardisierte Routinen modulartig zum individuellen Modell kombinieren.[2] So könnte an das exemplarische Simulationsmodell dieses Abschnitts ein Standard-Regressionsprogramm gekoppelt werden, das den Absatz auf Volkseinkommen und Zinsniveau zurückführt. Simulation wird daher nur dann zu prohibitiven Informationskosten führen, wenn der Unternehmenserfolg in zuviele Determinanten aufzulösen ist, ordnungsmäßige Prognosemodelle zu komplex werden[3]. Darauf ist bei den Vollständigkeitsgrundsätzen zu achten.

---

1 Die Risikoanalyse aggregiert mehrwertige Randbedingungen zur Wahrscheinlichkeitsverteilung der Zielgröße. Sensitivitätsanalyse dagegen fragt: 1. Wie wirken sich vorgegebene Änderungen von Randbedingungen auf die Zielgröße aus? 2. Wie weit dürfen Inputgrößen von ihrem Erwartungswert abweichen, damit die Zielgröße einen bestimmten Grenzwert nicht unterschreitet? (V. Schindel, Risikoanalyse, 1978, S. 17 f.; H. Blohm und K. Lüder, Investition, 1983, S. 191; F.J. Bönkhoff, Kreditwürdigkeitsprüfung, 1983, S. 122, FN 4 und 5) Die Struktur des zugrundeliegenden Modells ist jedoch identisch, der Verfahrensablauf zumindest ähnlich: Beide Verfahren errechnen nach den Definitions- und Funktionsgleichungen des Modells mehrfach den Wert der Zielgröße für verschiedene Inputwerte. Der Sensitivitätsanalyse fehlt nur das Zufalls-Stichproben-Programm zur Bewältigung großer Datenmengen, gleichzeitig ist die Fragestellung anders also bei der Risikoanalyse.

2 Zur Wahl einer "Modellbank" mit modularem Aufbau, aus der das Management Teilmodelle (Prognoseverfahren für bestimmte Variable des Gesamtmodells) abrufen kann, vgl. G. Kramer, Gewinnung von Prognosen, 1982, S. 172-174. Die Modellbank müßte nicht vom Emittenten gehalten werden, vielmehr könnte der Software-Handel kompatible Teilprogramme verleihen.

3 Zumal Hardware-Kosten nur z.T. Informationskosten sind, vgl. Teil 2, C.I.2.a.

Zur vierten Fragestellung, der Bildung von Szenarien. Bisher wurde unterstellt, der Prognostiker hätte für jede Randbedingung eine diskrete Wahrscheinlichkeitsverteilung erstellt, und das Programm kombiniere unsichere Werte aller Verteilungen zu einer umfassenden Verteilung des Unternehmenserfolgs. Diese Verteilung reflektiert die Unsicherheit aller Randbedingungen. Nun kann der Prognostiker aber auch eine bestimmte Randbedingung konstant setzen, d.h. nur einen Wert für sie vorgeben. Das Programm zieht dann in jedem Simulationslauf diesen Wert. So gelangt man zu einer Erfolgsverteilung, die auf der Prämisse basiert, die Randbedingung werde sicher eintreten.[1] Die Erfolgsprognose spiegelt dann nur die Unsicherheit der anderen Randbedingungen wider. Abb. 10 stellt die "ursprüngliche" Erfolgsverteilung einer "bedingten" gegenüber.

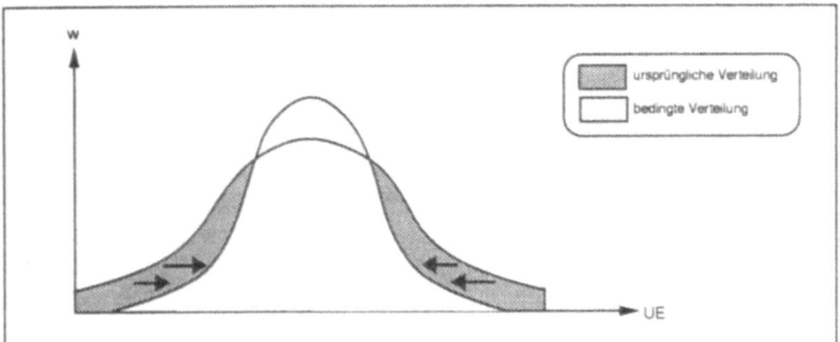

Abb. 10: Auswirkungen der Determinisierung einer unabhängigen Randbedingung (Quelle: V. Schindel, Risikoanalyse, 1978, S. 92)

1 V. Schindel, Risikoanalyse, 1978, S. 91 f. spricht von Determinisierung eigentlich stochastischer Variabler.

Auch lassen sich mehrere Randbedingungen gleichzeitig konstant setzen. Der Prognostiker kann so Szenarien konstruieren und für jedes Szenario eine bedingte Erfolgsverteilung errechnen. Emittenten könnten daher im Prospekt nicht nur eine einzige aggregierte Erfolgsverteilung veröffentlichen, sondern zusätzlich bestimmte Szenarien nebst zugehörigen bedingten Erfolgsprognosen publizieren.[1)]

Die bis jetzt geleisteten Vorarbeiten für Aggregationsgrundsätze haben folgendes gezeigt: Simulation ist ein geeignetes Aggregationsverfahren. Sie ist kostenmäßig realisierbar, kann bedingte Prognosen errechnen und unabhängig von der Struktur des ihr zugrundeliegenden Prognosemodells angewandt werden. Die bisher skizzierten Anwendungsfragen und -probleme sind entweder Wahrheitsprobleme der Modellinputs oder betreffen Vollständigkeitsaspekte des Prognosemodells. Die meisten Aggregationsprobleme sind im Kern Modellprobleme. Für die eigentliche Aggregation bleiben daher nur recht lapidare Regeln übrig: Teilprognosen sind durch Risikoanalyse, speziell Simulation, zu verknüpfen. Die Simulation ist richtig, d.h. den technischen und mathematisch-statistischen Verfahrensvorschriften nach anzuwenden.[2)] Die Zufallsprogramme müssen Zufälligkeit der Werte garantieren, die das Programm aus den Verteilungen der Randbedingungen zieht.[3)] Letztlich hat die Anzahl der Stichproben, d.h. die Zahl der Simulationsläufe, groß genug zu sein, damit die simulierte Verteilung die "richtige" hinreichend approximiert. Eine einfache Verfahrensvorschrift dazu lautet: Man vergleiche in bestimmten Abständen - beispielsweise nach 100, 200, 400, 800 Simulationsläufen - die errechneten Ver-

---

1 Ob das sinnvoll ist, richtet sich danach, wie gut Anleger beurteilen können, welche Szenarien wahrscheinlich sind. Darauf wird bei den Prospektgrundsätzen einzugehen sein. Hier ist wichtig, daß Simulation die prinzipielle Voraussetzung schafft, Szenarien nebst Erfolgsprognosen zu publizieren.

2 Vgl. die Literatur zur Simulation.

3 Vgl. dazu V. Schindel, Risikoanalyse, 1978, S. 139 f. mit weiteren Nachweisen.

teilungen. Sind sie gleich, ist die Zahl der Iterationen hoch genug. Kurz, es sind soviele Läufe durchzuführen, bis sich die Häufigkeitsverteilung des Unternehmenserfolgs stabilisiert hat.[1)]

Mit diesen verfahrenstechnischen Regeln für die Aggregation ist der letzte Punkt angesprochen, der die Prognosequalität entscheidend mitbestimmt und in Teil 3, C.II.1. dem Aspekt der Prognose-"Wahrheit" zugeordnet wurde. Weitere Aspekte der Prognosequalität werden unter dem Punkt Klarheit und vor allem dem der Vollständigkeit behandelt.

III. Klarheitsgrundsätze für die interne Prognose des Unternehmenserfolgs

1. Definition der Klarheit

Klarheit ist ein Kriterium für die Darstellung von Wissen und soll gewährleisten, daß Adressaten die übermittelte Nachricht auch verstehen. Klarheitsaspekte wie Eindeutigkeit, Einfachheit, geringe Interpretationsspielräume, keine Irreführung etc. zeigen, daß Klarheit für Adressaten wichtig ist, die eine Nachricht nicht selbst produziert haben und den abgebildeten Sachverhalt nicht kennen.[2)]

2. Irrelevanz von Klarheitsgrundsätzen für interne Prognosen

Adressaten von Unternehmensplänen und der internen Prognose des Unternehmenserfolgs sind Initiatoren und Prospektprüfer. Anleger werden mit Plänen nicht konfrontiert, ihnen stehen nur Prospekte zur Verfügung. Für das Management selbst sind keine Klarheitsnormen nötig, es hat selbst die präzisesten Vorstellungen über

---

1 D.L.S. Chang und S.S. Liao, Forecast Reliability, 1977, S. 82; H. Blohm und K. Lüder, Investition, 1983, S. 208; M. Mühlbayer, Prospektive Erfolgsanalyse, 1986, S. 179

2 A. Moxter, Fundamentalgrundsätze, 1976, S. 93; K.-H. Müller, Auswahl von Rechnungslegungs-Vorschlägen, 1978, S. 146

geplante Maßnahmen und ihre Konsequenzen. Die Verständlichkeit der Pläne für den Prüfer ist bereits durch die Forderung nach Überprüfbarkeit festgeschrieben.[1] Klarheitsgrundsätze müssen ausschließlich für die Entscheidungsunterlagen externer Anleger, die Prospekte, formuliert werden, nicht aber für interne Pläne und Prognosen. Die folgenden Ausführungen befassen sich daher nur noch mit den Vollständigkeitsaspekten interner Erfolgsvorhersagen.

---

1 Vgl. Teil 3, B.III.

IV. Vollständigkeitsgrundsätze für die interne Prognose des Unternehmenserfolgs

1. Definition prognostischer Vollständigkeit

Vollständigkeit ist ein quantitatives Merkmal von Informationswerken[1] oder des Informationsstands von Personen.[2] Absolute Vollständigkeit herrscht, wenn jedes Element eines realen Sachverhalts durch Nachrichten oder Wissen abgebildet wird. Das ist jedoch nur bei einfachen Abbildungsproblemen möglich. Will man die Determinanten des künftigen Unternehmenserfolgs erfassen, kommt nur eine "qualitative" Vollständigkeit in Frage; sie liegt vor, sobald alle "zur zutreffenden Beurteilung des Sachverhalts unentbehrlichen Berichtselemente" berücksichtigt sind.[3]

Gesucht ist daher ein Kriterium, das "entbehrliche" Elemente herausfiltert. Es wird als Wesentlichkeit oder Materiality bezeichnet.[4] Zwar wird Wesentlichkeit vornehmlich im Zusammenhang mit der externen Rechnungslegung diskutiert, sie ist aber gleichzeitig ein Kriterium dafür, wie Informationen unternehmensintern gewonnen werden sollen[5] - also auch für die Prognose des Unternehmenserfolgs. Das Kriterium begrenzt die Vollständigkeit als Maximalkriterium, sichert sie jedoch auch als Minimalanforderung[6]: Der Prognostiker braucht nur solche Informationen zu berücksichtigen - muß aber auch mindestens alle Informationen beachten -, die weniger kosten als sie zu nutzen versprechen. Der Emittent muß Faktoren berücksichtigen und

1 U. Leffson, GoB, 1987, S. 219
2 S. Grotz-Martin, Informations-Qualität, 1976, S. 30
3 A. Moxter, Fundamentalgrundsätze, 1976, S. 92
4 Vgl. die Literatur in Teil 3, C.II.4.
5 F.J. Bönkhoff, Kreditwürdigkeitsprüfung, 1983, S. 45 f.
6 U. Leffson, GoB, 1987, S. 182

Informationen über sie einholen, wenn das die Gesamtsumme der Informationskosten senkt.

Obwohl es Versuche gibt, allgemeingültige quantitative Schwellenwerte dafür festzulegen, wann eine Information wesentlich ist und wann nicht,[1] zeigt die Diskussion, daß über die Wesentlichkeit eines Sachverhalts nur anhand des Einzelfalls entschieden werden kann und daß dieses Urteil stets eine Ermessensentscheidung ist.[2] "The materiality-concept is judgemental in nature and it is not possible to translate this into a numerical formula."[3] Daher lassen sich dem Emittenten auch keine quantitativen Schwellenwerte für "Tests" vorgeben, mit denen er die Wesentlichkeit einer Information im Einzelfall prüfen kann. Der Begriff kann für das einzelne Prognoseproblem nur qualitativ konkretisiert werden, wobei stets Ermessensentscheidungen zu treffen sind.

Was wesentlich ist, muß für die wichtigsten Aspekte prognostischer Vollständigkeit geklärt werden. Vollständigkeitsüberlegungen könnte man bei folgenden Prognoseproblemen anstellen:

1. Vollständigkeit des Prognosemodells (Welche Randbedingungen und Abhängigkeitsbeziehungen muß der Emittent in seinem Modell zur Vorhersage des Unternehmenserfolgs explizit berücksichtigen?)

2. Vollständigkeit der Prognoseperioden (Für wieviele Perioden müssen Prognosen erstellt werden?)

---

1 So wurde für die Veröffentlichung von Prognoseprämissen vorgeschlagen, alle Prämissen zu publizieren, deren Veränderung (um einen bestimmten Satz) den prognostizierten Gewinn um mehr als 15 % schwanken läßt, vgl. z.B. J.J. Clark, P. Elgers und R.E. Speagle, The Role of Assumptions in Financial Forecasts, in: JoA, 138. Jg., July 1974, S. 65

2 A. Sperl, Prüfungsplanung, 1978, S. 53 ff.; U. Leffson, GoB, 1987, S. 180-186; F.J. Bönkhoff, Kreditwürdigkeitsprüfung, 1983, S. 47

3 SEC, Report, 1977, S. 327

3. Vollständigkeit erfaßter Alternativentwicklungen bei Basisannahmen, Teilprognosen und Unternehmenserfolg (Wieviele alternative Werte müssen für jede Prognosevariable vorhergesagt werden?)

4. Vollständigkeit bei der Berücksichtigung bereits realisierter Determinanten des Unternehmenserfolgs (Welche Fakten, die der Emittent im Gründungsprozeß bereits geschaffen hat, muß er bei der Prognose berücksichtigen?)

5. Vollständigkeit des prognosebegründenden Erfahrungswissens (Durch wieviel Erfahrungsmaterial muß der Emittent Hypothesen und Teilprognosen seines Modells begründen?)

6. Vollständigkeit des Planungssystems und der Schritte zur Gewinnung der Erfolgsprognose (Was muß der Emittent alles unternehmen, damit er zu einer ordnungsmäßigen Prognose gelangt?)

Punkt eins klärt, "wie sehr Unternehmensleitung und Prüfer bei der Auflösung des Unternehmenserfolgs in einzeln zu prognostizierende Erfolgskomponenten (z.B. Aufwandarten) und Erfolgsdeterminanten (z.B. Marktbewegungen) in die Tiefe zu gehen haben."[1] Damit legen GoP fest, wann der Emittent den Prognoseregreß abbrechen und Basisannahmen setzen darf. "Vollständigere" Modelle haben für die Qualität der Erfolgsprognose Vorteile gegenüber solchen, die den Erfolg in nur wenige Komponenten, beispielsweise eine Schätzung des Umsatzes und eine der Kosten, zerlegen: In umfangreicheren Modellen kann der Prognostiker den Einfluß geplanter Maßnahmen auf die einzelnen, direkt betroffenen Erfolgsdeterminanten explizit berücksichtigen und so Planung und Prognose besser integrieren; gleichzeitig können differenziertere Überlegungen zur Entwicklung

1 W.-R. Bretzke, Prognoseprüfung, 1983, Sp. 1111

einzelner Determinanten einfließen.[1] Der Prognostiker muß daher nicht alle Einflußgrößen und ihre Auswirkungen auf den Unternehmenserfolg in einem einzigen, simultanen Denkschritt erfassen, was ihn i.d.R. überfordern dürfte.[2] Die Erfolgsprognose wird durch mehr explizit formuliertes und damit auch nachprüfbares Wissen begründet als in "kleineren" Modellen.[3] Darüber hinaus gleichen sich Prognosefehler in Modellen mit vielen Variablen eher aus als bei solchen mit wenigen Prognosegrößen.[4]

Der zweite Aspekt bedarf keiner Erläuterung; daß es wichtig ist, wieviele Perioden durch Prognosen abgedeckt werden müssen, spricht für sich selbst.

Der dritte Punkt, die Anzahl von Alternativentwicklungen, die für jede Prognosevariable vorherzusagen ist, wurde bereits beim Wahrheitsgrundsatz angesprochen, weil sie sich unmittelbar auf die Sicherheit der Prognoseaussage bezieht: Ob einwertige Prognosen oder mehrwertige abzugeben sind, richtet sich bereits nach den Grundsätzen für Prognoseverfahren und -inputs. Die Wertigkeit aggregierter Prognosen, insbesondere des Unternehmenserfolgs, ergibt sich - abhängig von den Glaubwürdigkeitsverteilungen ihrer Randbedingungen - durch Simulation. Dieses denkbare Vollständigkeits-

---

1 W.-R. Bretzke, Prognoseproblem, 1975, S. 170

2 W.-R. Bretzke, Prognoseproblem, 1975, S. 202, FN 178

3 Es ließe sich einwenden, wenn der Prognostiker den Erfolg nur auf wenige Basisannahmen (z.B. Umsatz, Kosten) zurückführe, diese Annahmen dafür aber gut begründen könne, wäre dieses "kleine" Modell ebensogut wie ein komplexes. Das ist zwar richtig, nur: Will der Prognostiker die Schätzung von Umsatz und Kosten "gut" begründen, wird er das bei derart unternehmensnahen Variablen mit Argumenten tun, die schließlich einem komplexeren Modell sehr ähnlich werden. Hier zeigt sich nochmals - wie in Teil 3, C.II.1. (Prognosequalität) dargestellt -, daß Herleitung und Begründung einer Prognose nur zwei Sichtweisen der Prognosequalität sind.

4 Auf den Ausgleich von Schätzfehlern bei Komponenten der Erfolgsprognose weist hin: L. Lachnit, Betriebliche Früherkennung auf Prognosebasis, in: SzU, Hrsg. H. Jacob, Bd. 34, Wiesbaden 1986, S. 25

problem braucht daher nicht weiter diskutiert zu werden.

Zum vierten Punkt. Auch Emittenten, die sich im Gründungsstadium befinden, können einige ihrer geplanten Aktionen bereits realisiert haben, bevor sie Prognose und Prospekt erstellen. So erwerben sie bereits Rechte und materielle Güter oder schließen Verträge über Geschäfte in späteren Perioden. Diese Faktoren berühren die künftige Ausprägung von Erfolgsdeterminanten und Erfolg. Auch diese realisierten Erfolgsdeterminanten und ihre Auswirkungen müssen vollständig bei der Prognose berücksichtigt werden.

Der fünfte Punkt spricht die Vollständigkeit des Erfahrungswissens an, mit dem Prognostiker die Ursache-Wirkungs-Hypothesen ihres Modells bestätigen und seine Basisannahmen begründen. Welches Erfahrungsmaterial notwendig ist, wurde jedoch bereits diskutiert, als es um den Bestätigungsgrad dieser Prognoseinputs ging.[1]) Auch dieses Problem muß hier nicht weiter behandelt werden. Undiskutiert blieb bisher nur die Frage, wie umfangreich die Datenkollektive sein müssen, auf die sich mathematische Prognoseverfahren stützen. Sie ist als Vollständigkeitsproblem noch abzuklären.

Zuletzt geht es um die Vollständigkeit der Planungssysteme und der Informationsaktivitäten, die Emittenten entfalten müssen, um zu ordnungsmäßigen Erfolgsprognosen zu kommen. Diese Punkte wären zu regeln, wenn eindeutige Vorschriften für die Ergebnisse von Informations- und Prognoseprozessen nicht formuliert werden können: Vermag es der Publizitätsregulator z.B. nicht, eindeutig und erschöpfend aufzuzählen, welche Faktoren für den Erfolg wesentlich sind, muß er wenigstens Anweisungen dafür geben, wie der Emittent sie im Einzelfall aufzuspüren hat, d.h. welche Such- und Auswahlprozesse er vornehmen muß. Solche Verfahrensvorschriften bilden jedoch kein eigenes Vollständigkeitsproblem, vielmehr werden sie neben ergebnisbezogenen Grundsätzen

---

1 Vgl. Teil 3, C.II.2.b.

ergänzend herangezogen, um die anderen eben skizzierten Vollständigkeitsaspekte zu regeln.

Faßt man zusammen, besteht prognostische Vollständigkeit - so wie sie in dieser Arbeit abgegrenzt werden soll - noch aus vier der eingangs aufgezählten Aspekte. Es sind die

- Vollständigkeit des Prognosemodells
- Vollständigkeit der Planungsperioden
- Vollständigkeit realisierter Determinanten des Unternehmenserfolgs
- Vollständigkeit von Datenkollektiven als Inputs mathematischer Prognoseverfahren.

Für diese Teilprobleme werden im folgenden Abschnitt Vollständigkeitsgrundsätze formuliert.

2. Grundsätze prognostischer Vollständigkeit

a. Vollständigkeit des Prognosemodells

Einen "Zwang zur Vollständigkeit" und genaueren "... inhaltlichen Festlegung der Prognosegegenstände"[1]) sieht die Literatur durch geschlossene Systeme wie Kapitalflußrechnungen, Planbilanzen, Plan-G+V-Rechnungen und Finanzpläne gewährleistet. Solche Systeme gelten als "normatives Fernziel".[2]) Daß dieses Ziel jedoch nur Mindestmaß sein kann, verdeutlicht folgender Gedanke: Solche Rechnungen stellen den Unternehmenserfolg zwar in Komponenten aufgelöst dar; wieweit diese Komponenten durch sorgfältige Vorhersage ihrer Determinanten wie Branchenentwicklung und eigene Maßnahmen ermittelt werden, bleibt aber völlig offen. Auch

1 W. Busse v. Colbe, Prognosepublizität von Aktiengesellschaften, in: Beiträge zur Lehre der Unternehmung, Festschrift für K. Käfer, Hrsg. O. Anghern und H.P. Künzi, Stuttgart 1969, S. 114; vgl. auch W. Bechtel, H. Köster und H.-U. Steenken, Veröffentlichung von Vorhersagen, 1976, S. 210; J. Hagest und G. Kellinghusen, Prognoseprüfung, 1977, S. 415; D. Rückle, Externe Prognosen, 1984, S. 66

2 J. Hagest und G. Kellinghusen, Prognoseprüfung, 1977, S. 415

Finanzpläne lassen sich durch grobe Schätzungen erstellen, sofern auf oberflächliche Stimmigkeit der Zahlungsgrößen geachtet wird. Geschlossene Rechnungssysteme sind Darstellungsformen für Erfolgskomponenten, keine Garanten vollständiger Prognosemodelle.

Der Weg zu umfassenden Prognosemodellen führt stattdessen über die Elemente des Planungsschemas. Es sind[1])

- die Konsequenzen geplanter Maßnahmen
- die geplanten Maßnahmen selbst
- die Umweltfaktoren
- die Abhängigkeitsbeziehungen zwischen diesen Elementen.

aa. Vollständigkeit von Maßnahmenkonsequenzen

Von den denkbaren Konsequenzen unternehmerischen Handelns interessieren an erster Stelle zahlungsmäßige Auswirkungen. Diese Priorität ergibt sich aus den Anlegerzielen und der daraus ableitbaren Definition des Unternehmenserfolgs als ausschüttbarer Zahlungsüberschuß.[2]) Der Beteiligungserfolg des Anlegers hängt darüber hinaus von etwaigen Steuervorteilen ab; deren Berechnungsgrundlage ist der steuerrechtliche Gewinn oder Verlust des Unternehmens. Deshalb richtet sich das Augenmerk auch auf Konsequenzen in Form des steuerlichen Ergebnisses[3]). Diese beiden Größen stellen die höchstaggregierten Variablen des Modells dar. Sie lassen sich im Finanzplan bzw. einer Plan-G+V-Rechnung ermitteln; das Prognosemodell mündet daher an der

1 Vgl. Teil 2, A.I.2. Etwas differenzierter teilt H. Albach, Wirtschaftlichkeitsrechnung bei unsicheren Erwartungen, Köln und Opladen 1959, S. 4 ff., diese "Sachbereiche der Erwartungen" ein.

2 Vgl. Teil 2, A.II.1.

3 Das gilt, wenn die Anlageform der (Publikums-)Personengesellschaft gewählt wird. Bei Erhaltungs-oder Erwerbermodellen etc. zählen steuerlich anerkannte Einnahmen und Werbungskosten.

Spitze der "Prognosepyramide" in ein Finanzplan- und ein G+V-Modell

Ausschüttungen und Liquiditätswirkungen etwaiger Steuervorteile können darüber hinaus in einer exemplarischen Rechnung zum Anlageerfolg verknüpft werden. Hier sind beispielhafte Annahmen über Faktoren aus der Anlegersphäre wie den persönlichen Steuersatz zu treffen.

Geht es nach den Informationsinteressen der Anleger,[1] muß der Emittent künftige Ausschüttungen und Erfolgsgrößen mitsamt ihren Eintrittswahrscheinlichkeiten und -zeitpunkten ermitteln. Eintrittswahrscheinlichkeiten lassen sich zwar nur begrenzt objektivieren - was angesichts ihres Charakters als subjektive Wahrscheinlichkeiten für Einzelereignisse nicht verwundert -, auf sie zu verzichten, macht mehrwertige Prognosen jedoch relativ wertlos[2] und wird als Verzicht auf verwendbare und gewinnbare Information angeprangert.[3] Ausschüttungszeitpunkte bestimmen die Vorteilhaftigkeit einer Anlage mit, sie sind als weitere Konsequenzen geplanter Strategien ebenfalls zu prognostizieren. Daher müssen auch für alle Teilprognosen des Prognosemodells Wahrscheinlichkeiten und Zeitpunkte geschätzt werden.

Eintrittstermine von Ereignissen sind - ebenso wie andere Merkmale von Erfolgsdeterminanten, z.B. die Höhe künftiger Umsätze - unterschiedlich sicher. Sie können vertraglich festgelegt, aber auch völlig unsicher sein.[4] Sollte das Management ein absolut vollständiges Modell erstellen, müßte es im zweiten Fall für

1 Vgl. Teil 2, A.II.2.

2 W.-R. Bretzke, Prognoseproblem, 1975, S. 187

3 J. Drucarczyk, Zur Interpretation des § 156 Abs. IV. Aktiengesetz, in: Bilanzfragen, Festschrift für U. Leffson, 1976, S. 127; P. Brose und H. Corsten, Subjektive Wahrscheinlichkeiten, 1983, S. 332, 335

4 Zur Unsicherheit von Zeitpunkten im Rahmen der Liquiditätsplanung schon A. Moxter, Publizitätsvorschriften, 1962, S. 213 f.

jeden Wert erfolgsrelevanter Faktoren, den es mit einer bestimmten Glaubwürdigkeit erwartet, auch eine Verteilung der Eintrittszeitpunkte ermitteln. In einer grafischen Darstellung mit Zeitachse gelangte es zu "Glaubwürdigkeitsgebirgen". Dadurch gerieten Planung und Prognoseprozeß sehr komplex, vor allem die Verknüpfung "dreidimensionaler" Prognosevariabler mit weiteren Größen erforderte erheblichen Rechenaufwand. Deshalb sollte sich der Emittent auch bei temporär unsicheren Ereignissen auf einen mittleren Zeitpunkt beschränken dürfen, obwohl das Unsicherheit verschleiert. Diese Sicherheitsfiktion erscheint aber in hellerem Licht, bedenkt man, daß Ausschüttungen und steuerliche Ergebnisse in größeren periodischen Abständen anfallen bzw. ermittelt werden. Eine fiktiv sichere Terminschätzung verzerrt Ausschüttungs- und Steuerprognose nur dann, wenn sich die Verteilung möglicher Termine über mehrere Perioden erstreckt hätte.[1)]

Wie zutreffend (einwertige) Terminprognosen bestenfalls sein können, hängt u.a. davon ab, wie detailliert das Unternehmen Strategien plant und Umweltentwicklungen vorhersagen kann. Der Detaillierungsgrad von Strategien betrifft den zweiten Aspekt vollständiger Prognosemodelle, die Vollständigkeit der Maßnahmenplanung.

bb. Vollständigkeit geplanter Maßnahmen

Überlegungen zur Planungsvollständigkeit erschöpfen sich i.d.R. in recht allgemeinen Anweisungen. Das Management müsse alle Funktionsbereiche der Unternehmung

---

1 Für die kurzfristige Liquiditätsplanung einer Unternehmung könnten allerdings exaktere Zeitpunktschätzungen nötig werden, um zwischenzeitliche Engpässe vorherzusehen. Bei einer Beteiligung an einem Unternehmen ist das für den Anleger indes nicht so relevant, da das Unternehmen Engpässe i.d.R. durch Reserven oder Kreditaufnahme überbrücken wird. Bei Erwerber- und Erhaltungsmodellen etc. muß der Anleger Unterdeckungen dagegen selbst finanzieren. Hier könnte das Risiko etwaiger Unterdeckung durch die fiktive Sicherheit verdeckt werden, z.B. dann, wenn die Gefahr verspäteter Mietzahlungen unberücksichtigt bleibt, Hypothekenzins und -tilgung aber pünktlich zu zahlen sind.

planerisch erfassen,[1] alle Interdependenzen berücksichtigen und Teilpläne aufeinander abstimmen. Alle Teilpläne hätten in den Finanzplan zu münden, wo alle Zahlungen zu dokumentieren wären.[2] Bei den Maßnahmen (der einzelnen Funktionsbereiche) müßten Termine (s.o.), Maßnahmenträger und Ressourcen eingeplant werden.[3] Diese fundamentalen Prinzipien gelten auch für Emittenten des Grauen Markts, anderenfalls könnten sie - aufgrund der Verknüpfung von Planung und Prognose[4] - keine fundierten Erfolgsprognosen aufstellen. Mit diesen allgemeinen Prinzipien ist ein weiteres Problem indes noch nicht gelöst, nämlich, wie detailliert die Strategien zu planen sind (Grob- oder Feinplanung? Welche Strategiedetails sind so "wesentlich", daß sie schon im Planungsstadium festgelegt werden müssen?). Hierzu fehlen allgemeine Grundsätze.

Diese Unbestimmtheit scheint zunächst kein Manko zu sein, will man Prognosegrundsätze entwickeln. Wie fein ein Projekt geplant ist, zählt zu seinen Eigenschaften; erfolgsbestimmende Eigenschaften der Kapitalanlagen sollen aber von Publizitätsregulatoren nicht beeinflußt werden.[5] Der Markt darf vom minutiös geplanten Projekt bis zum nur umrißartig durchdachten "Blind-Pool"[6] alles anbieten. Publizitätsregulatoren haben

---

1 J. Wild, Unternehmungsplanung, 1982, S. 159, spricht von "Flächendeckung" im Gegensatz zur "Schwerpunktbildung", die einzelne Funktionsbereiche wie z.B. Personalplanung ausklammert.

2 F.J. Bönkhoff, Kreditwürdigkeitsprüfung, 1983, S. 41 f., 99-103 mit Nachweisen; H. Mühlbayer, Prospektive Erfolgsanalyse, 1986, S. 107 f. für vollständige Planungen, die als Basis der Bonitätsanalyse dienen.

3 J. Wild, Unternehmungsplanung, 1982, S. 14, 49; ders., Einleitung, in: Unternehmungsplanung, Reader und Abstracts, Hrsg. J. Wild, Reinbek 1982, S. 16

4 Vgl. Teil 2, A.I.2. Geplante Maßnahmen sind Randbedingungen der Erfolgsprognose.

5 Vgl. Teil 3, A.III.

6 Blind-Pools werden z.B. am Immobilienmarkt konzipiert. Bei Emission steht nicht fest, welches Projekt erworben oder saniert werden soll. Das ermöglicht es dem Pool später, günstige Projekte zu erwerben, ohne erst die Placierung abwarten zu müssen.

nur dafür zu sorgen, daß sich auch die Risiken global geplanter Projekte korrekt in den Erfolgsprognosen widerspiegeln.

Hier treten jedoch Probleme auf. Managements können Konsequenzen grob geplanter Strategien naturgemäß auch nur grob angeben. So müßte eine Prognose des Zinsaufwands notgedrungen eine extreme Spannweite aufweisen, wenn der Emittent sich zwar zur teilweisen Fremdfinanzierung entschlossen hat, aber noch im Unklaren darüber ist, welche Finanzierungsquellen er überhaupt ausschöpfen möchte. Das wäre problemlos, könnte man den Unschärfebereich exakt angeben. Ohne Anhaltspunkte für das, was geschehen soll, ist das aber kaum möglich. Prognosen über die Konsequenzen grob geplanter Strategien lassen sich nicht "gut" begründen, weil das Management gar nicht weiß, mit welchem Erfahrungsmaterial es diese Vorhersagen stützen soll. Damit nehmen auch Willkürspielräume und Informationsrisiken zu, Gefahren nämlich, über (ohnehin höhere) Risiken auch noch belogen zu werden. Deshalb bedeutet Prognosequalität auch, daß Emittenten ihre Strategien hinreichend detailliert ausarbeiten. Prognosegrundsätze wirken hier auf die Planungssorgfalt zurück.[1]

Was hinreichend detailliert ist, richtet sich nach dem Einzelfall; allgemeingültige Normen lassen sich hierzu nicht formulieren: "Eine über die formale Charakterisierung der Planbestandteile hinausgehende Aussage über den 'materiellen Planinhalt' (im Original kursiv) ist ... in allgemeiner Form nicht möglich."[2]

---

1 Blind-Pools müßten nicht angeben, welches Projekt sie erwerben wollen - was die exakteste Erfolgsprognose ermöglichte -, doch aber planen, ob sie Bürokomplexe, Industrieparks oder Wohnungen ins Auge fassen, an welchen möglichen Standorten etc. Dann erst lassen sich Ertragsprognosen überhaupt fundieren.

2 J. Wild, Einleitung, in: Unternehmungsplanung, 1982, S. 16

Wenigstens einen Hinweis darauf, wie fein geplant werden sollte, liefert die Notwendigkeit, Planung und Prognose zu integrieren: Unternehmensstrategien werden immer im Hinblick auf wichtige Umweltentwicklungen geplant, die vorhergesagt werden müssen. "Sehr detaillierte funktionale Teilpläne in Abhängigkeit von Umweltzuständen, deren Bedeutung für die Unternehmung nicht offenbar ist oder deren Ausprägungen nur grob umrissen und mit großer Unsicherheit prognostiziert werden können, stellen eher eine Spielerei dar als eine praktische Entscheidungshilfe ... . Die Forderung nach Abstimmung von Planungsgenauigkeit und Prognosemöglichkeiten findet sich gelegentlich als Planungsgrundsatz formuliert."[1] Der Vollständigkeitsgrundsatz für die Detailliertheit geplanter Maßnahmen ist daher ein Verfahrensgrundsatz und lautet: Der Emittent plane so detailliert, wie es im Hinblick auf seine Prognosen der entscheidungsrelevanten Umwelt zweckmäßig erscheint.[2] Hat sich der Emittent z.B. für eine langfristige Fremdfinanzierung entschlossen und sind aus kompetenten Quellen nur Prognosen für den gesamten Zinstrend langfristiger Finanzierungen, nicht aber differenzierte Vorhersagen für die Zinsentwicklung einzelner langfristiger Finanzierungsarten erhältlich, so muß der Emittent seinen Finanzierungsplan offensichtlich nicht schon nach einzelnen langfristigen Finanzierungsmaßnahmen differenzieren.

Wem dieser Grundsatz zu unpräzise zu sein scheint, dem läßt sich entgegenhalten: Emittenten werden oftmals von sich aus hinreichend detailliert planen. Nur dann können sie dem Anlegerpublikum ihre Planungskompetenz und die Qualität des geplanten Projekts überhaupt vor Augen führen, nur dann können sie vermeiden, daß die Erfolgsprognose ihr Angebot nur deshalb riskant erscheinen läßt, weil sie Planung scheuen.

---

1 W. Ballwieser, Unternehmensbewertung, 1987, S. 165

2 Zu den Folgen bei längerfristiger Planung vgl. Teil 3, C.IV.2.b.

Vollständigkeitsgrundsätze betreffen nicht nur die emittierende Gesellschaft selbst. Am Grauen Markt fungiert der Emittent oft als reine Kapitalsammelstelle, die wirtschaftliche Aktivität ist dagegen an (Betriebs-)Tochtergesellschaften delegiert.[1] Auch diese Tochtergeellschaften haben "vollständig" zu planen. Sie müssen auch alle anderen GoP beachten, denn erstellen diese Tochterunternehmen keine hochwertigen Prognosen, lassen sich auch Vorhersagen der zwischen Emittent und Tochter fließenden Zahlungsströme (z.B. Ergebnisabführungen, Mittelzuwendungen für Investitionszwecke) nicht begründen. Das Prognosemodell erfaßt Maßnahmen von Emittent und Tochtergesellschaften als Einheit.

Bei anderen Unternehmenskonzeptionen führen nicht Tochtergesellschaften des Emittenten die eigentlichen wirtschaftlichen Aktivitäten durch, sondern unabhängige Vertragspartner. Die emittierende Anlagegesellschaft erstellt oder erwirbt in diesen Fällen ein Investitionsobjekt und vermietet (verchartert, verleast) es. Die Planung des Mieters ist von GoP nicht betroffen. Denn an die Stelle vorhersagebedürftiger Zahlungen treten vertraglich determinierte Größen. Solche Erfolgskomponenten aber gelten als fiktiv sicher, solange der Partner solvent erscheint. Sie brauchen daher nicht prognostiziert zu werden - z.B. indem das Management Umweltfaktoren und Strategien des mietenden Unternehmens analysiert. Determinierte Größen, die fiktiv sicher sind, brechen den Begründungsregreß ab und begrenzen das Prognosemodell.

cc. Vollständigkeit erfaßter Umweltfaktoren

Dritte Komponente eines vollständigen Prognosemodells sind die wesentlichen Umweltfaktoren. Welche exoge-

---

1 Z.B. inländische (deutsche) Publikums-KG als Emittent, nordamerikanische limited partnership als Tochter, die Eigentümerin einer Immobilie ist und diese auch verwaltet. Vgl. zu denkbaren Funktionstypen E. Mösch, Abschreibungsgesellschaften, 1976, Sp. 13-15

nen[1] Faktoren den Erfolg entscheidend beeinflussen und daher prognostiziert werden müssen, richtet sich allerdings auch nach der geplanten Unternehmensstrategie. So interessieren Zinsentwicklungen weniger, wenn ein Unternehmen weitgehend eigenfinanziert werden soll. Initiatoren, die ein Projekt ohne Steuervorteile planen, richten ihr Augenmerk nicht auf das Verhalten der Finanzverwaltung. Welche Umweltfaktoren wesentlich sind, läßt sich daher nicht allgemeingültig angeben, jede abschließende Aufzählung wäre nur exemplarisch. Damit dieser Bereich nicht vollständig dem Ermessen des Managements überlassen bleibt, fragt sich, ob nicht wenigstens Leitlinien für den gedanklichen Prozeß formuliert werden können, der im Einzelfall zum Auffinden der relevanten Umweltfaktoren führt.[2]

Ballwieser strukturiert einen solchen Suchprozeß für ein laufendes Unternehmen.[3] Er geht von folgenden Gedanken aus: Relevante Umweltfaktoren hängen vom Unternehmensziel und daran orientierten denkbaren Unternehmensstrategien ab. Bei alternativ denkbaren Strategien achtet man i.d.R. auf bestimmte Umweltentwicklungen. Um zunächst eine gedankliche Basis für relevante Umweltfaktoren bei künftigen Strategien zu legen, analysiert das Management die vergangene Strategie (Lageanalyse) und erstellt dabei eine Erfolgsprognose unter der Annahme, das Unternehmen verhalte sich auch künftig so wie in der Vergangenheit (Trägheitsprojektion). Dabei kristallisieren sich ehemals wichtige Umweltfaktoren heraus. Die Brücke zu künftigen Strategien schlägt eine Stärken- und Schwächen-Analyse, der sich

1 Umweltfaktoren sind z.T. durch Maßnahmen des Emittenten beeinflußbar (vgl. Teil 2, A.I.2.). Was exogen ist, richtet sich daher auch nach der Unternehmensplanung, nämlich danach, welche Faktoren das Unternehmen beeinflussen will und kann. Das ist allerdings nur ein Abgrenzungsproblem; ein vollständiges Prognosemodell muß alle wesentlichen Umweltfaktoren erfassen: die beeinflußbaren als Bestandteile von Wirkungsprognosen, die unbeeinflußbaren als Lageprognosen.

2 W. Ballwieser, Unternehmensbewertung, 1987, S. 80

3 Zu den folgenden Ausführungen vgl. W. Ballwieser, Unternehmensbewertung, 1987, S. 82-91

eine Lückenanalyse anschließt. Diese stellt alte und denkbare künftige Strategien einander gegenüber. Das "verschiebt zugleich den Blickwinkel von den Umweltdeterminanten, die in der Vergangenheit den Erfolg bestimmter Strategien erklärten, zu neuen Determinanten, die simultan zu den neuen Strategien gesucht werden."[1] Eine abschließende Zielartikulation selektiert sodann Strategien und damit auch relevante Umweltfaktoren.

Die Suche nach relevanten Umweltfaktoren erweist sich mithin als umfassendes Raster für einen Großteil des gesamten Planungsprozesses. Die Gegenüberstellung von Vergangenheitserklärung und künftigen Strategien ist dabei der Katalysator für das Auffinden zukünftig relevanter Umweltfaktoren, deren Entwicklung das Management prognostizieren muß. Befolgt der Prognostiker diese Strukturierungsleitlinien, "so ist zu erwarten, daß sich relevante Umweltfaktoren für ihn herausbilden, ohne daß man im einzelnen voraussagen könnte, um welche es sich handelt."[2]

Unternehmen im Gründungsstadium müssen die Lageanalyse allerdings anhand eines geeigneten strukturähnlichen Vergleichsunternehmens durchführen, da sie selbst noch keine "alten" Strategien aufzuweisen haben. Dieser vorgeschaltete Suchschritt nach einem vergleichbaren Unternehmen bereitet vor allem Dauerplacierern keine Probleme, sie werden ähnliche Projekte bereits realisiert haben.[3] Da das Management die Suche nach Umweltfaktoren in geeigneter Weise dokumentieren muß,[4] kann der Prüfer nachvollziehen, ob der Auswahlprozeß ordnungsmäßig abgelaufen ist.

---

1 W. Ballwieser, Unternehmensbewertung, 1987, S. 88

2 W. Ballwieser, Unternehmensbewertung, 1987, S. 91

3 Vgl. zur "Strukturähnlichkeit" Teil 3, C.II.4.

4 Zum entsprechenden Überprüfbarkeitsgrundsatz vgl. Teil 3, B.III.

Hat das Management wesentliche Umweltfaktoren wie beschrieben identifiziert, wird es dabei zwei wichtige Fragen höchstens implizit beachtet haben:

1. Wie teuer ist es, Informationen über diese Faktoren zu beschaffen, d.h. sie selbst vorherzusagen oder entsprechende Prognosen aus fremden Quellen zu beziehen?

2. Was kostet es, diese Teilprognosen und mögliche Abhängigkeiten im Modell zu berücksichtigen? (Je mehr Faktoren beachtet werden sollen, desto komplexer wird das Prognosemodell, desto mehr Zeit verschlingt seine Konstruktion, desto mehr Daten müssen bei der Simulation des Unternehmenserfolgs aggregiert werden.)

Da diese Fragen nicht ausdrücklich beantwortet sind, müssen die Faktoren zunächst als "potentiell" wesentlich gelten.

Ob Informationen über potentiell wesentliche Umweltfaktoren "zu" teuer sind, richtet sich danach, wie stark die einzelnen Faktoren den Unternehmenserfolg beeinflussen. Das ließe sich durch Sensitivitätsanalysen testen, schon <u>bevor</u> das Management Informationen über die Entwicklung aller Faktoren einholt: Es integriert zunächst alle Umweltfaktoren "probeweise" ins Modell und unterstellt grob geschätzte Werte. Dann variiert es diese Faktorwerte cet. par. Dadurch ausgelöste Veränderungen der Erfolgsprognose zeigen, ob ein Faktor wesentlich ist. Ist er es, bleibt er Bestandteil des Modells und muß fundierter vorhergesagt werden, z.B. durch zusätzliche Informationsbeschaffung.[1] Unwesentliche Faktoren fallen aus dem Modell heraus. Oder sie verbleiben als grob geschätzte Größen, für deren Vorhersage das Management jedoch keine weiteren Mittel aufwendet.

---

1 Z.B. D.B. Hertz und H. Thomas, Risk Analysis, 1983, S. 19; L. Lachnit, Früherkennung, 1986, S. 26

Indes sprechen zwei Gründe gegen dieses Vorgehen. Erstens: Damit der Test objektiv ist, müßte festgelegt werden, ab wann Erfolgsveränderungen für Wesentlichkeit des variierten Faktors sprechen und um wieviel dieser Faktor dafür maximal variiert werden dürfte. D.h. es wären quantitative materiality-Schwellenwerte vorzugeben. Das aber ist nicht oder nur willkürlich möglich.[1] Zweitens: Zwar sparen Sensitivitätsanalysen Informationskosten, weil sie fundierte Vorhersage letztendlich doch unwesentlicher Faktoren erübrigen, die Testläufe kosten aber auch viel Zeit. Nimmt der Prognostiker drüber hinaus Faktoren wieder aus dem Modell heraus, auf deren Variation der Erfolg wenig reagiert, vereinfacht das zwar das Modell, mit dem er zuguterletzt den Erfolg prognostiziert. Anfangs jedoch muß er ein komplexes Modell erstellen, das alle zu testenden Variablen erfaßt. Insofern reduzieren Sensitivitätsanalysen zwar u.U. Informationsbeschaffungskosten (1. Frage), nicht aber Kosten für komplexe Prognosemodelle (2. Frage).

Daher sollte der Emittent auf solche Tests verzichten und alle Umweltfaktoren, die er als potentiell wesentlich erkannt hat, ins Modell aufnehmen. Zwar wird er dann in Einzelfällen auch einige Umweltfaktoren fundiert prognostizieren, deren Prognosequalität wenig Einfluß auf die Erfolgsprognose ausübt. Insgesamt jedoch dürften vereinzelt "zu gute" Prognosen weniger Informationskosten verursachen als obligatorische Sensitivitätstests für alle potentiell wesentlichen Umweltfaktoren.

Welche Informationskosten Vorhersage und Berücksichtigung eines wesentlichen Faktors hervorrufen, hängt weiterhin davon ab, wieweit ein solcher Umweltfaktor seinerseits in Determinanten aufzulösen ist. Beispielsweise könnte der Prognostiker die Branchenentwicklung für wesentlich halten. "In den Branchenerwartungen sind sowohl gesamtwirtschaftliche Prämissen wie Zinsniveau,

---

1 Vgl. oben Teil 3, C.IV.1.

Inflationsrate, Volkseinkommen und Wechselkurse als auch branchenbezogene Prämissen wie Mode- und Geschmacksveränderungen oder die Konkurrenzsituation ... komprimiert."[1] Daher kann der Prognostiker entweder diese Prämissen vorhersagen (oder entsprechende Prognosen aus Fremdquellen beziehen) und sie durch ein Modell zur Vorhersage der Branchenentwicklung verknüpfen oder aber die Branchenentwicklung ohne weitere Dekomposition als Basisannahme schätzen (extrapolieren oder einer externen Quelle entnehmen)[2]. Hier scheint es zweckmäßig, den Regreß abzubrechen, sobald Prognosen über die Entwicklung einer wesentlichen Variablen von einer kompetenten externen Quelle angeboten werden. Im Fall des Branchentrends darf der Emittent darauf verzichten, Informationen über Prämissen einzuholen. Vielmehr soll er sich mit einer aggregierten Branchenprognose eines Wirtschaftsforschungsinstituts begnügen. Hierbei hätte er stets die am höchsten aggregierte, erhältliche Information einzukaufen, beispielsweise nicht den allgemeinen Branchentrend, sondern eine Prognose für den regionalen Teilmarkt, auf dem er tätig werden will.[3] Das Prognosemodell wird bei der Auflösung relevanter Umweltfaktoren immer dort durch Basisannahmen begrenzt, wo Vorhersagen kompetenter Quellen verfügbar sind und weiteren Regreß erübrigen.

Andere wesentliche Umwelteinflüsse wird der Emittent nicht oder nicht vollkommen auf Determinanten zurückführen können, für die kompetente Quellen Vorhersagen

---

1 F.J. Bönkhoff, Kreditwürdigkeitsprüfung, 1983, S. 118

2 Zur Dekomposition des Unternehmenserfolgs in Simulationsmodellen M. Mühlbayer; Prospektive Erfolgsanalyse, 1986, S. 165 f. Sie richtet sich nach Mühlbayer ausschließlich nach den Möglichkeiten, die einzelnen Komponenten zu prognostizieren. Läßt sich eine Variable nicht weiter zerlegen, weil keine fundierten Prognosen für ihre Komponenten vorliegen, soll der Einfluß dieser Komponenten "nur indirekt, d.h. in der Wahrscheinlichkeitsverteilung der entsprechenden Modelleingangsgröße, Berücksichtigung finden" (S. 166).

3 Solche auf Regionen bezogene Prognosen gibt es beispielsweise für die Entwicklung von Mietpreisen, getrennt in Gewerbe- und Wohnobjekte.

bereithalten. Hierzu zählt vor allem das Verhalten wichtiger (nicht vertraglich gebundener) Konkurrenten, Kunden und Lieferanten. Um das Verhalten dieser Marktteilnehmer vorhersagen zu können, müßte ein umfassendes Prognosemodell des Emittenten auch deren Planung und Umweltsituation erfassen. Das sprengte jedoch den Umfang praktikabler Modelle, zudem fehlen dem Emittenten i.d.R. dic entsprechenden Informationen. Er wird sich daher mit relativ oberflächlichen Schätzungen des Konkurrenzverhaltens - z.B. der Preispolitik - begnügen dürfen.[1] Diese Schätzung ist dann Basisannahme und braucht nicht durch weitere kausale Prognoseschritte hergeleitet zu werden.[2]

dd. Vollständigkeit der Abhängigkeitsbeziehungen im Prognosemodell

Bei seinem Suchprozeß nach wesentlichen Umweltfaktoren und der Entwicklung seiner Strategien wird das Management auch Abhängigkeiten identifizieren, die in der Realität zwischen diesen Faktoren herrschen. Dabei lassen sich zwei grundsätzliche Beziehungen unterscheiden:

1. "Sachliche" Abhängigkeit einer Größe von einer anderen, z.B. $a = f(p)$. Variable können auch von mehreren anderen Faktoren beeinflußt werden. Oftmals ist die Kausalbeziehung darüber hinaus nicht einseitig, Variablenentwicklungen können sich auch wechselseitig bedingen.

2. "Zeitliche" Abhängigkeit einer Variablen von ihrer eigenen Vorperiodenentwicklung, z.B. $a_t = f(a_{t-1})$. Diese Beziehungen sind nur bei mehrperiodischen

---

1 Zur Prognose des Konkurrenzverhaltens vgl. W. Ballwieser, Unternehmensbewertung, 1987, S. 154

2 Wie jede Basisannahme muß die Schätzung mehrwertig und durch Argumente begründet sein. Beispielsweise könnte ein Hinweis auf die langfristig geübte Preispolitik eines Konkurrenten eine Basisannahme stützen.

Modellen relevant. Beide Abhängigkeitsarten können kombiniert auftreten.

Da nicht alle Abhängigkeiten auf den ersten Blick ins Auge fallen, muß das Management zunächst alle wesentlichen Einflußfaktoren des Unternehmenserfolgs gegenüberstellen und auf Abhängigkeit überprüfen.

Dann fragt sich allerdings, welche der erkannten Beziehungen explizit ins Prognosemodell aufzunehmen sind. Denn Abhängigkeiten tatsächlich zu berücksichtigen, läßt Prognosemodelle schnell sehr komplex geraten, beispielsweise müßten immer differenziertere, mehrfach bedingte Verteilungen geschätzt werden.[1] Vernachlässigt der Prognostiker erkannte Beziehungen dagegen, vereinfacht das zwar Modell und Variablenschätzung, verzerrt aber die Verteilung des Unternehmenserfolgs.[2] Daher muß das Management (nur) alle "wesentlichen" Abhängigkeiten explizit berücksichtigen.

Zunächst zu sachlichen Abhängigkeiten. Wesentlich sind diese Beziehungen dann, wenn Variable erfahrungsgemäß eng korreliert sind - unter Verhältnissen, die der geplanten Geschäftstätigkeit des Emittenten entsprechen.[3] Wirken mehrere Faktoren gleichzeitig auf die Entwicklung einer Variablen ein, braucht der Emittent nur die engste dieser mehrfachen Abhängigkeiten expli-

---

1 J.C. van Horne, Financial Management, 1986, S. 180

2 H. Blohm und K. Lüder, Investition, 1983, S. 219. Ausführlich werden mögliche Verzerrungen beschrieben bei V. Schindel, Risikoanalyse, 1978, S. 93-99

3 Es ließe sich daran denken, normative Grenzwerte für Korrelationskoeffizienten vorzugeben, die es dem Management erlauben, "enge" und "nicht enge" Abhängigkeiten eindeutig abzugrenzen. Das hilft aber nur, wenn ausreichende Datenreihen über die bisherige Entwicklung wesentlicher Faktoren vorliegen. Auch muß das Datenmaterial unter Bedingungen gewonnen worden sein, die der geplanten Strategie des Emittenten gleichen. Da solche Daten oft nicht verfügbar sein werden, kann sich die Beurteilung von Abhängigkeitsbeziehungen häufig nur auf den wirtschaftlichen Sachverstand des Managements und des Prognoseprüfers stützen.

zit in das Modell zu integrieren. Der Einfluß der anderen Faktoren kann vereinfachend durch Störvariable simuliert oder implizit in der Schätzung der Verteilung berücksichtigt werden.[1)]

Bisher wurde angenommen, unabhängige Faktoren beeinflußten einen abhängigen, die Abhängigkeitsbeziehung sei einseitig. Häufig jedoch bestehen zwischen Determinanten des Unternehmenserfolgs wechselseitige Beziehungen. So steuert der Verkaufspreis zweifellos die Absatzzahlen, gleichzeitig wirken diese auf den Preis zurück, da höherer Absatz erlaubt, Fixkosten auf mehr Einheiten umzulegen. Das senkt die Stückkosten und ermöglicht wiederum günstigere Preise. Solche Interdependenzen lassen sich in ökonometrischen Modellen durch simultan zu lösende Gleichungssysteme erfassen. Allerdings sind diese sehr komplex und nur aufwendig rechenbar. Die Schätzung der Gleichungsparameter ist darüber hinaus ungleich schwieriger als bei einseitigen Abhängigkeiten.[2)] "It is these problems that make the application of econometric forecasting difficult and expensive for the majority of small- or medium-size business firms."[3)] Emittenten dürfen daher explizite Abhängigkeitsbeziehungen ihres Prognosemodells auf einseitige Relationen beschränken.[4)]

---

1 Die Konzentration auf engste Abhängigkeiten kann die ursprüngliche Modellstruktur ändern. Wird eine Größe als von zwei Faktoren beeinflußt gesehen, die das Modell als Basisvariable berücksichtigt, darf sich das Modell aber auf die engste Beziehung beschränken, so wird die Abhängigkeit zur einen Basisvariablen wieder zerschnitten. Beeinflußt diese Basisvariable nicht noch andere Größen dominierend, fällt sie aus dem Modell heraus.

2 S. Makridakis und S.C. Wheelwright, Forecasting Methods, 1980, S. 206

3 S. Makridakis und S.C. Wheelwright, Forecasting Methods, 1980, S. 206

4 W.-R. Bretzke, Prognoseproblem, 1975, S. 176 f., meint, daß betriebswirtschaftliche Problemstellungen primär durch einseitige Abhängigkeiten gekennzeichnet sind. Die Vereinfachung führt daher nicht zu gravierenden Qualitätsverlusten.

Wendet das Management die Grundsätze über wesentliche Modellinputs und Abhängigkeiten an, ergeben sich auch die Basisvariablen des Modells. Sie beeinflussen zwar übergeordnete Modellgrößen, dürfen ihrerseits aber autonom vorhergesagt werden. D.h. das Modell unterstellt aus Vereinfachungsgründen, Basisvariable seien von anderen Größen und damit auch von anderen Basisvariablen, unabhängig[1]).

Hierzu im Gegensatz scheint jedoch ein Wahrheitsgrundsatz aus Teil 3, C.II.2.b.bb. zu stehen: Basisannahmen sollen untereinander widerspruchsfrei sein. Diese Prüfung auf Vereinbarkeit aber setzt Basisannahmen zueinander in Beziehung. Sie scheint Abhängigkeitsbeziehungen wieder ins Modell einzuführen, wo die Definition der Basisannahme es dem Management gerade erlaubt, sie zu vernachlässigen.

Dieser Widerspruch läßt sich indes auflösen. Bei der Vollständigkeit von Abhängigkeitsbeziehungen geht es um solche Relationen, die der Prognostiker explizit - d.h. durch Schätzung bedingter Verteilungen oder durch funktionale Abhängigkeitsgleichungen - ins Modell zu integrieren hat. Basisannahmen dagegen kann er nach wie vor autonom vorhersagen oder fremdbeziehen, nur muß er in einem zweiten Schritt die Ergebnisse dieser isolierten Vorhersageprozesse auf Vereinbarkeit prüfen. Dabei handelt es sich um grobe Plausibilitätskontrollen, nicht um die Integration expliziter Abhängigkeiten ins Modell.

Offen ist bisher, was geschehen soll, wenn Werte von Basisvariablen tatsächlich inkonsistent sind. Da Basisannahmen oftmals mehrwertig sind, kann ein Wert a_1 der

---

1 Nicht nur eine vereinfachende Unterstellung, sondern in der Realität tatsächlich der Fall sein, muß das bei Basisvariablen, die als bestimmende Größen in multiple Regressionsmodelle eingehen. Unabhängigkeit der exogenen Größen ist eine Anwendungsvoraussetzung dieser Verfahren (Multikollinearitätsproblem). Vgl. dazu die Grundsätze zur richtigen Anwendung von Prognoseverfahren in Teil 3, C.II.2.a.

Variablen a zwar mit der Ausprägung b_1 des Faktors b unvereinbar, mit allen anderen Verteilungswerten von b aber gut verträglich sein. Das Management darf a_1 oder b_1 daher nicht einfach eliminieren oder neu schätzen - was zudem andere Inkonsistenzen hervorrufen könnte. Vielmehr ist dem Computer eine "Sperrvorschrift" sowie eine Liste mit den widersprüchlichen Variablenwerten einzugeben: Unvereinbare Werte werden nicht kombiniert. Dadurch blendet das Programm inkonsistente Szenarien aus der Simulation des Unternehmenserfolgs aus, die Erfolgsprognose basiert nur auf miteinander vereinbaren Basisannahmen.

Zweitens geht es in diesem Abschnitt um die Abhängigkeit der Modellvariablen von ihren Vorperiodenwerten ("zeitliche" Abhängigkeit).[1] Analog zu den "sachlichen" Abhängigkeiten zwischen verschiedenen Variablen bietet sich folgender Grundsatz an: Zeitliche Beziehungen sind überall dort explizit ins Modell aufzunehmen, wo die Werte einer Variablen im Zeitablauf erfahrungsgemäß eng autokorreliert sind.[2]

Die meisten Variablen werden stochastisch von ihren Vorperiodenwerten abhängen. Wie in Teil 3, C.II.5. dargestellt, läßt sich das prinzipiell durch einen Zustandsbaum abbilden. Zustandsbäume geraten jedoch schon nach wenigen Perioden sehr komplex. Auch kann der Prognostiker die bedingten Werte und Wahrscheinlichkeiten des Baumes nicht durch mathematische Prognoseverfahren gewinnen, sondern muß sie weitgehend intuitiv schätzen.[3] Je weiter er sich dabei in die Zukunft

---

1 Diese Frage stellt sich nur für unabhängige Variable, denn die zeitliche Struktur abhängiger Größen ergibt sich "automatisch" aus der Struktur des sie beeinflussenden exogenen Faktors.

2 Wie bei sachlichen Abhängigkeiten hilft ein normativer Grenzwert für den Autokorrelationskoeffizienten, z.B. 0.75, der vorgibt, ab wann eine Abhängigkeit "eng" ist, nur weiter, wenn geeignetes Datenmaterial analysiert werden kann.

3 W. Ballwieser, Unternehmensbewertung, 1987, S. 51

vortastet, desto eher wird er damit überfordert sein.[1]

GoP müssen daher Vereinfachungen gestatten. Die Komplexität läßt sich beispielsweise reduzieren, indem der Prognostiker seine Hypothesen über künftige Entwicklungen in zeitabhängige Funktionen kleidet: $z_t = f(t)$. Solche Funktionen unterstellen allerdings eine deterministiche Abhängigkeit vom Vorperiodenwert, $w(z_t|z_{t-1})$ ist gleich Eins.[2] Daß der Funktionswert z_t mit Sicherheit auf z_{t-1} folgt, vernachlässigt jedoch die Unsicherheit. Bretzke formuliert daher drei verschiedene Funktionen und ordnet jedem so beschriebenen Verlauf eine Glaubwürdigkeit zu: "Das Modell wird folglich der Unvollkommenheit der Information dadurch gerecht, daß es verschiedene Zukunftslagen durchspielt ..., die zwar für sich genommen als deterministische Entwicklungen betrachtet werden, deren Behandlung als einander ausschließende, unterschiedlich wahrscheinliche Alternativen jedoch der stochastischen Natur des Problems Rechnung trägt."[3] Das Programm trifft in jedem Simulationslauf - d.h. einer Errechnung einer denkbaren Erfolgsentwicklung bis zum Planungshorizont - nur einmal, in t_0, die zufällige Wahl zwischen den Funktionen. Dann bestimmt es in <u>diesem</u> Simulationslauf alle folgenden Werte der Variablen z_t durch die in t_0 ausgewählte Funktion. Angesichts der Probleme, die Zustandsbäume mit sich bringen, ist diese Komplexitätsreduktion notwendig und vertretbar (Abb. 11).

Der deterministische Periodenübergang beinhaltet jedoch eine weitere Vereinfachung, die von Ballwieser kritisiert wird: Anpassungsmaßnahmen in späteren Perioden, mit denen das Management auf unvorhergesehene Entwick-

---

1 W.-R. Bretzke, Prognoseproblem, 1975, S. 194

2 Z.B. W. Ballwieser, Unternehmensbewertung, 1987, S. 49

3 W.-R. Bretzke, Prognoseproblem, 1975, S. 197 f. Dabei könnte eine Funktion durch Zeitreihenanalyse gewonnen worden sein, die beiden anderen durch Variationen des Funktionsparameters, die mögliche Strukturveränderungen berücksichtigen.

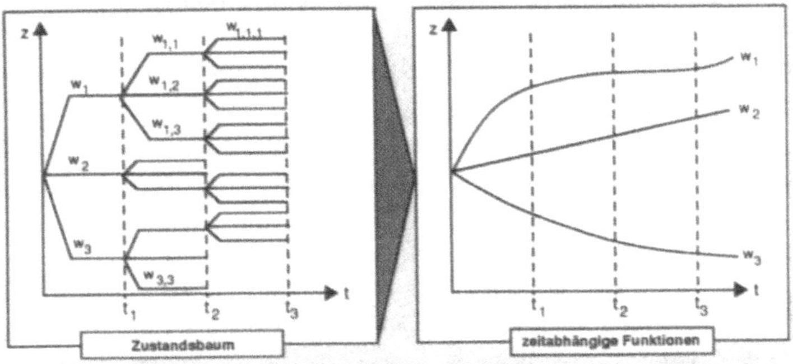

Abb. 11: Komplexitätsreduktion beim Übergang von Zustandsbäumen auf alternative zeitabhängige Funktionen

lungen der unabhängigen Größe z reagieren könnte, lassen sich - anders als beim Zustandsbaum - nicht mehr berücksichtigen.[1] Hat das Programm eine der möglichen deterministischen Entwicklungen für z gewählt, so steht damit auch fest, welches von z abhängige Aktionsprogramm das Management im Zeitablauf verwirklichen wird. Dieses Aktionsprogramm wird im Modell auch für spätere Perioden nicht revidiert. Das ist allerdings durchaus konsistent: Entwickelt sich die Modellwelt (nach der Wahl in t_o) deterministisch, sind Anpassungen offensichtlich unnötig. Denn z verläuft so, wie bei der Planung angenommen. Daher darf sich Kritik nicht gegen diese Folge zeitabhängiger Funktionen richten, sondern nur gegen die Funktionen selbst. Da man aber notgedrungen Komplexität reduzieren und Zustandsbäume in zeitabhängige Funktionen überführen muß, bleibt einem nichts anderes übrig, als auch die (immerhin

1 W. Ballwieser, Unternehmensbewertung, 1987, S. 49, 61

konsistente!) Folge zu akzeptieren und auf spätere Anpassungsmaßnahmen im Modell zu verzichten.[1]

Faßt man zusammen, enthält ein ordnungsmäßiges Prognosemodell folgende Abhängigkeitsbeziehungen: Sachliche Beziehungen, soweit die Entwicklungen der abhängigen und unabhängigen Variablen erfahrungsgemäß eng korreliert sind. Das Management kann sich auf einseitige Relationen beschränken. Üben mehrere Determinanten Einfluß auf eine Variable aus, ist nur die engste Beziehung modellrelevant. Zeitliche Abhängigkeiten vom Vorperiodenverlauf sind zu berücksichtigen, soweit die temporäre Entwicklung eng autokorreliert ist. Dabei dürfen stochastische Abhängigkeiten vereinfachend durch deterministische ersetzt werden, das Zustandsbaummodell weicht alternativ möglichen, zeitabhängigen Funktionen.

Mit den Abhängigkeitsbeziehungen ist der letzte der vier Problemkomplexe behandelt, die ein vollständiges Prognosemodell definieren. Folgend geht es darum, über wieviele Perioden mit Hilfe dieses Modells prognostiziert werden soll, d.h. um die Reichweite des Planungs- und Prognosehorizonts oder die Vollständigkeit der Prognoseperioden.

b. Vollständigkeit der Planungs- und Prognoseperioden

Absolut vollständige Erfolgsprognosen deckten alle Perioden von der Prognoseerstellung bis zur Liquidation des Unternehmens ab. Ist ein Unternehmen auf Dauer geplant, läßt sich das nicht realisieren. Dann richtet sich der Planungs- und Prognosehorizont danach,

1 Nach wie vor bedeutet das nicht, der Prognostiker unterstelle Sicherheit und nur eine Unternehmensstrategie. Denn das Simulationsprogramm wählt in jedem Lauf zufallsabhängig eine der drei denkbaren Entwicklungen von z. Dabei werden auch verschiedene Aktionsprogramme berücksichtigt - nämlich jeweils die für die gezogene z-Entwicklung geplanten Strategien.

- wieviel Mittel das Management aufwenden will, um Informationen über künftige Perioden zu gewinnen oder zu beschaffen[1])
- wieweit es überhaupt möglich ist, brauchbare Informationen über weit entfernte Perioden zu produzieren (oberste Grenze des Planungszeitraums).[2])

Aber auch innerhalb eines begrenzten Planungszeitraums wird das Management nicht gleichmäßig genau planen und prognostizieren können. Je mehr es sich beim Prognoseprozeß dem Planungshorizont nähert, desto weniger sind exakte Informationen verfügbar oder zu akzeptablen Kosten gewinnbar. Dann aber sind auch detaillierte Pläne sinnlos. Je länger der Planungszeitraum, desto ungenauer fallen Pläne und Prognosen zwangsläufig aus.[3]) Grundsätze für die Vollständigkeit der Prognoseperioden berühren daher immer auch die Genauigkeit und Detailliertheit der Planung und Prognose. Damit stehen zwei Fragen im Raum:

1. In welchem Maß darf die Genauigkeit von Planung und Prognose bis zum Ende des Planungszeitraums abnehmen?

2. Wieviele Perioden muß der Planungszeitraum umfassen?

---

1 D. Schneider, Investition und Finanzierung, 3., neub. Aufl., Opladen 1974, S. 48; J. Prätsch, Langfristige Finanzplanung und Simulationsmodelle, Frankfurt/M. 1986, S. 38

2 J. Wild, Unternehmungsplanung, 1982, S. 168; J. Prätsch, Langfristige Finanzplanung, 1986, S. 38

3 E. Witte und H. Klein, Finanzplanung, 1983, S. 33 f.; F.J. Bönkhoff, Kreditwürdigkeitsprüfung, 1983, S. 92, 100; W. Ballwieser, Unternehmensbewertung, 1987, S. 165; IdW, Grundsätze für die Durchführung von Unternehmensbewertungen, in: WPg, 36. Jg., 1983, S. 471. Dem entspricht auch die Einteilung in operative, taktische und strategische Planung, die mit einer schrittweisen Abnahme des Detaillierungsgrades der Pläne einhergeht, vgl. J. Wild, Unternehmungsplanung, 1982, S. 166 f.; M. Mühlbayer, Prospektive Erfolgsanalyse, 1986, S. 88 f.

Zur ersten Frage läßt sich argumentieren, der Emittent habe nach den bisher diskutierten GoP ein Simulationsmodell mit einem bestimmten Detaillierungsgrad konstruiert, damit aber könne er den Unternehmenserfolg für alle erforderlichen Perioden simulieren - auch für weit in der Zukunft liegende. Die Struktur des Modells könne unverändert beibehalten werden. Mit Ausnahme der erhöhten Rechenzeit entstünden für die Simulation späterer Perioden keine weiteren Informationskosten. Dieses Argument trifft zweifellos zu. Doch geht es nicht nur um die Struktur des Simulationsansatzes, sondern auch um die Genauigkeit der Modellinputs.

Eine Art von Modellinputs sind Prognosen über Umweltentwicklungen. Langfristige und doch genaue Vorhersagen erfordern hier entweder einen sehr hohen Prognoseaufwand oder sind anhand der gewinnbaren Information nicht mehr begründbar. Will der Prognostiker scheingenaue und deshalb unsichere Prognosen vermeiden, muß er von Periode zu Periode breitere (ungenauere) Prognoseintervalle angeben. Da der Prognostiker Umweltentwicklungen statt durch Zustandsbäume durch alternative zeitabhängige Funktionen beschreiben darf,[1] heißt das, er muß Funktionsverläufe wählen, die im Zeitablauf divergieren. Nur dann simuliert das Programm periodisch zunehmende Prognoseintervalle und wird der wachsenden Unsicherheit gerecht. Wo es sich begründen läßt, sollten die Entwicklungstendenzen allerdings Grenzwerten zustreben[2] - beispielsweise Sättigungsgrenzen -, sonst erhält man für spätere Perioden Intervallprognosen ohne brauchbaren Informationsgehalt.

Blickt man jetzt auf die Grundsätze für Prognoseverfahren zurück,[3] so folgt daraus für längerfristige

1 Vgl. Teil 3, C.IV.2.a.dd.

2 Beispiele gibt W.R. Bretzke, Prognoseproblem, 1975, S. 196 und 201; auch M. Mühlbayer, Prospektive Erfolgsanalyse, 1986, S. 37-46

3 Teil 3, C.II.2.a.

Vorhersagen ein kombinierter Einsatz der Methoden:[1] Das Management muß für die ersten Perioden Verfahren anwenden, die für kurzfristige Problemstellungen geeignet sind (primär mathematisch Verfahren), sodann hat es die Reichweite dieser Vorhersagen mit Hilfe intuitiver Techniken auszudehnen. Will das Management einmal ermittelte Trendfunktionen aus Vereinfachungsgründen in die weitere Zukunft fortschreiben, so ist durch qualitativ-intuitive Überlegungen zu prüfen, ob der Funktionsverlauf auch langfristig plausibel ist.

Eine andere Art zukunftsbezogener Modellinputs sind durch Verträge mit solventen Vertragspartnern festgelegt und fließen daher als einwertige Größen in das Modell.[2] Wächst die zeitliche Distanz, so verliert die Solvenzprämisse jedoch zunehmend an Sicherheit, sie läßt sich immer weniger mit Bonitätsauskünften begründen, die das Management im Zeitpunkt der Prognoseerstellung einholt. Auch hier müßten von einer bestimmten Periode an mehrwertige Prognosen erstellt werden. Allerdings höbe das die Vereinfachung, die durch Sicherheitsfiktionen erreicht werden soll, wieder auf. Diese Erfolgsdeterminanten sollten daher über die Gesamtlaufzeit des Vertrages als einwertige Modellinputs angesetzt werden dürfen. Nach Ablauf der Verträge jedoch müssen an die Stelle der fiktiv sicheren mehrwertige Prognosen treten. Diese Prognosen müssen auch widerspiegeln, welche Maßnahmen das Management nach Ablauf der Verträge zu ergreifen gedenkt. Läuft beispielsweise der Mietvertrag mit dem Hauptmieter eines Einkaufs-Zentrums nach sieben Jahren aus, darf die Erfolgsprognose anschließender Perioden nicht auf der ehemaligen Garantiemiete basieren. Die Prognose muß vielmehr mehrere denkbare Mietentwicklungen unterstellen[3] und auch berücksichtigen, ob das Management für

1 J. Prätsch, Langfristige Finanzplanung, 1986, S. 293 f.

2 Vgl. Teil 3, C.II.3.b.

3 In Prospekten des Grauen Markts wurde oftmals auch nach Ablauf wichtiger Verträge mit Ansätzen in Höhe der ehemaligen Garantiemieten, Charterraten oder Festzinssätze weitergerechnet, ohne daß die Unsicherheit nach Vertragsablauf berücksichtigt wurde.

spätere Perioden eine unveränderte Mieterstruktur plant oder den Umbau des Ladenzentrums, um es strukturell neuen Bedürfnissen anzupassen und ein Absinken der Mieteinnahmen zu verhindern.

Weitere Inputs des Simulationsansatzes sind die geplanten Strategien des Unternehmens. Strategien können in das Modell einfließen[1]

- als Steuerungsparameter funktionaler Beziehungen (so könnte der Parameter B in einer Beziehung zwischen Umsatz und variablen Kosten produktionstechnische Maßnahmen ausdrücken: $K_v = B \cdot u$)
- als explizite Modellgröße, die für einen bestimmten Teilplan steht (so könnte eine bestimmte Zahlungsreihe für Mittelzufluß, Zins und Tilgung ein spezielles Finanzierungsprogramm repräsentieren)
- indem das Management sie implizit bei der Schätzung abhängiger, durch Maßnahmen beeinflußter Verteilungen berücksichtigt (so könnte eine Schätzung möglicher Umsätze geplanten Werbemaßnahmen implizit Rechnung tragen).

Auch diese Inputgrößen sind bei großer zeitlicher Distanz vom Planungszeitpunkt nur ungenau bestimmbar. Wie detailliert Strategien geplant werden und wie genau deshalb Modellgrößen sein können, die diese Strategien repräsentieren, richtet sich nach der erzielbaren Präzision von Umweltprognosen. Daher kann der oben aufgestellte Grundsatz, Emittenten müßten die Planungsgenauigkeit an den Prognosemöglichkeiten orientieren,[2] auf alle Perioden ausgedehnt werden: Unternehmensstrategien sind für jede Periode so zu detaillieren, wie es die Vorhersagen relevanter Umweltzu-

1 Vgl. Teil 3, C.II.5.
2 Vgl. Teil 3, C.IV.2.a.bb.

stände noch erlauben.[1] Da diese Strategien zu Modellinputgrößen verdichtet werden müssen, nimmt deren Begründungsqualität im Zeitablauf ab.

Einen Vorschlag dazu, wie die Genauigkeit von Planung und Prognose bei Unternehmensbewertungen abnehmen sollte, macht das IdW:[2] In der ersten "detailliert planbaren Phase" (drei Jahre) soll die Erfolgsprognose auf "Einzelplanansätzen" basieren. Das entspricht zunächst dem eben skizzierten Vorgehen: das Management konzipiere für jede Periode (ggfs. umweltabhängige) Maßnahmen und gebe dem Simulationsmodell periodenspezifische Steuerungsparameter etc. ein, die die Wirkungen dieser Maßnahmen in jeder Periode gesondert widerspiegeln.[3] Allerdings geht das IdW nicht darauf ein, daß oftmals schon in der ersten Phase mit abnehmender Informationsgenauigkeit zu rechnen sein dürfte und die "Einzelplanansätze" zunehmend gröber werden müssen.

---

1 Die anfangs nur grob geplanten Strategien entfernter Perioden können selbstverständlich später, d.h. während der Lebensdauer des Unternehmens nach dem Prinzip einer gleitenden Planung nach und nach präzisiert und ihre Konsequenzen genauer angegeben und ins Simulationsmodell eingespeist werden - nämlich dann, wenn im Zeitablauf neue Informationen auftauchen (zu diesem dynamischen Aspekt in Simulationsmodellen vgl. J. Prätsch, Langfristige Finanzplanung, 1986, S. 167). Das ist für diese Arbeit zwar nicht unmittelbar relevant, denn hier geht es um Prognosen, die schon im Prospekt veröffentlicht werden können. Der Hinweis unterstreicht aber eine Überlegung aus Teil 2, C.I.2.a.: Das Simulationsmodell kann auch später noch für die "normale" Unternehmensplanung weiterverwendet werden. Die Kosten für Modellkonstruktion, Soft- und Hardware dürfen daher nur zum Teil den GoP zugerechnet werden, sind nur zum Teil Informationskosten. Die Simulation des Unternehmenserfolgs als Grundlage einer Erfolgsprognose im Prospekt ist daher billiger, als der erste Blick vermuten läßt.

2 IdW, Grundsätze für Unternehmensbewertungen, 1983, S. 471

3 In Simulationsmodelle können zeitvariante Steuerungsparameter eingegeben werden, die im Zeitablauf sich ändernde Maßnahmen widerspiegeln, vgl. J. Prätsch, Langfristige Finanzplanung, 1986, S. 167

Für eine zweite Phase (weitere fünf Jahre) will das IdW "Trenderwartungen aus den Plänen der ersten Phase ableiten". Das hieße aber, auf explizite Planung vollkommen zu verzichten. Der Unternehmenserfolg würde nicht mehr aus Umweltentwicklungen und Maßnahmen hergeleitet und simuliert, vielmehr schriebe der Prognostiker einfach die vorhergesagten Erfolge der ersten Perioden (beispielsweise die Erwartungswerte) fort. Dagegen spricht jedoch eine Reihe von Gründen. Erstens lassen sich gerade bei jungen Unternehmen des Grauen Markts die Erfolge der Anlaufphase nicht als repräsentativ für weitere Perioden fortschreiben. Zweitens wären Trends, abgeleitet aus den wenigen Erfolgswerten der ersten Phase, extrem ungenau und schlecht begründet. Drittens schließlich verschleiern Trends die zunehmende Unsicherheit, anstatt sie aufzudecken. Das Simulationsmodell durch ein Trendmodell zu ersetzen, wenn Erfolge späterer Perioden vorhergesagt werden sollen, führt zu Prognosen extrem geringer Qualität. Diese Argumente richten sich auch gegen den Vorschlag des IdW für die dritte, bis in die ferne Zukunft reichende Phase: dort soll eine "Erfolgsentwicklung auf konstantem Niveau" angenommen werden dürfen.

Das IdW rechtfertigt die Vereinfachung mit der Barwertmethode, die der Unternehmensbewertung zugrundegelegt werden soll. Schlechtere Prognosen für spätere Perioden verlieren an Gewicht, weil sie zunehmend abgezinst werden und den Barwert immer weniger beeinflussen.[1]) Solange aber gar nicht feststeht, ob Anleger ihre Preisgrenze auf der Grundlage des Barwertmodells ermitteln, läßt sich der Verzicht auf möglichst wohlfundierte Prognosen auch für spätere Perioden nicht

1 IdW, Grundsätze für Unternehmensbewertungen, 1983, S. 470

begründen.[1] Es sei daher vorgeschlagen, das ohnehin vorhandene Simulationsmodell für alle Perioden anzuwenden, auch wenn es mit Inputs gefüttert wird, deren Präzision von Periode zu Periode abnimmt. Nur so lassen sich die wachsenden Unsicherheiten von Umweltprognosen ebenso berücksichtigen wie Maßnahmen, die der Emittent - wenngleich mit abnehmender Präzision - für spätere Perioden geplant hat. Nur dann ergeben sich periodische Wahrscheinlichkeitsverteilungen des Unternehmenserfolgs, die das wachsende Informationsdefizit widerspiegeln (Abb. 12).

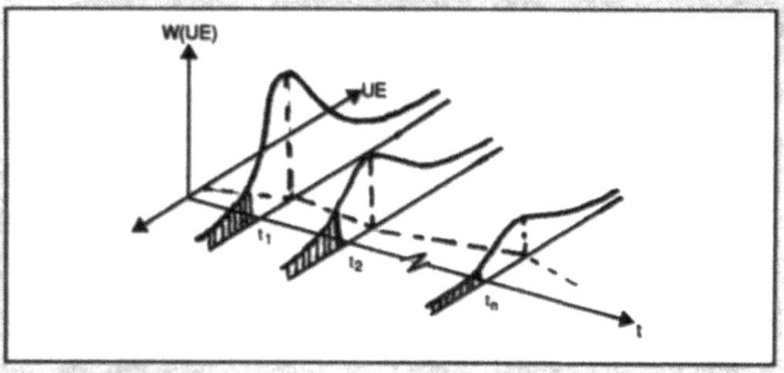

Abb. 12: Entwicklung der Erfolgsprognose bei zunehmendem Informationsdefizit in späteren Perioden (Quelle: M. Mühlbayer, Prospektive Erfolgsanalyse, 1986, S. 169)

1 Mit Hilfe welcher Kalküle Anleger ihre Erwartungen über Nettozahlungen aus der Anlage in Preisgrenzen umsetzen, ist nicht Gegenstand dieser Arbeit, vgl. Teil 2, B.I. Es wäre aber durchaus denkbar, daß Anleger Bewertungskalküle verwenden, die der Höhe und Unsicherheit von Erträgen späterer Perioden mehr Beachtung schenken als die Barwertmethode. Daher sollte dem Anleger zumindest die Möglichkeit gegeben werden, sich auch ein Bild der Unsicherheit in späteren Perioden zu machen. Die Prognose des Unternehmenserfolgs sollte eine brauchbare Grundlage für die Anlageentscheidung sein, unabhängig davon, welche Bewertungsmethoden der einzelne Anleger anwendet. Die Prognose darf nicht im unbegründeten Vertrauen auf bestimmte Bewertungskalküle von vornherein auf Qualität verzichten.

Ging es bisher darum, in welchem Maß die Genauigkeit von Planung und Prognose abnehmen darf, so steht jetzt die zweite eingangs aufgeworfene Frage im Raum: Für wieviele Perioden ist zu planen und zu prognostizieren?

Die Antwort auf diese Frage vereinfacht sich bei Anlagen des Grauen Markts oftmals, weil diese häufig nur für einen begrenzten Zeitraum konzipiert werden. Nach einer bestimmten Zeit - beispielsweise nach Ablauf einer steuerlichen Sperrfrist - wird das Unternehmen veräußert oder liquidiert. In diesen Fällen dürfte die maximal erzielbare Prognosereichweite - d.h. der Zeitraum, für den überhaupt noch fundierte Informationen gewinnbar sind - länger sein als die projektierte Lebensdauer des Unternehmens. Daher können und müssen Erfolgsprognosen über alle Perioden aufgestellt werden, bis hin zur Ausschüttung etwaiger Liquidationsüberschüsse an die Anteilseigner. Keinesfalls darf die Prognose mit Perioden abgebrochen werden, in denen Verträge über wesentliche Erfolgsdeterminanten auslaufen (z.B. Ablauf der Zinsbindungsfrist bei Immobilien, Auslauf eines Chartervertrags etc.).[1]

Sind Projekte auf Dauer geplant, lassen sich keine eindeutigen Grundsätze ableiten. Zwar müßten auch hier Informationsbeschaffungs- und -produktionskosten jeder weiteren Periode dagegen abgewogen werden, wieweit die erzielbare Verbesserung der Anlageentscheidungen diesen Aufwand noch überkompensiert. Doch ist das nur von Fall zu Fall und sehr vage entscheidbar. Hat sich ein Emittent dennoch zu einer Grenze des Planungs- und Prognosezeitraums durchgerungen, ist das Problem jedoch noch nicht gelöst. Um fundierte Anlageentscheidungen zu ermöglichen, müßte der Wert des Anlageobjekts am Planungshorizont bestimmt werden.[2] Damit das Management diesen Wert exakt bestimmen kann, hätte es jedoch

1 Für die Veröffentlichung von Liquiditätsvorschauen im IdW-Prospekt merkt das an: D. Hammer, Grundsätze, 1987, S. 677

2 Dazu z.B. P. Swoboda, Investition und Finanzierung, 2. Aufl., Göttingen 1977, S. 41 f.

gerade das zu tun, was vermieden werden sollte: den Unternehmenserfolg jenseits des Planungshorizonts möglichst genau zu bestimmen und auf das Ende des Planungszeitraums abzuzinsen.[1)]

Vor dieses nicht lösbare Probleme gestellt, sollte ein Publizitätsregulator den einfachsten Weg gehen. Es ist ein Mindestzeitraum (beispielsweise 15 Jahre) festzulegen, für den der Emittent explizit plant und den Unternehmenserfolg mit Hilfe des Simulationsmodells ermittelt.[2)] Da sich dieses Vorgehen nicht unbegrenzt fortsetzen läßt, ist für die Prognose der weiteren Zukunft notgedrungen ein linearer Trend aus den Erwartungswerten der Vorperioden abzuleiten und als Steigerungsrate auszudrücken. Er sollte um "optimistische" und "pessimistische" Alternativentwicklungen ergänzt werden. Der Emittent trägt so der unbegrenzt geplanten Lebensdauer und der Unsicherheit wenigstens auf grobe Art Rechnung.

c. Vollständigkeit realisierter Determinanten des Unternehmenserfolgs

Nachdem es bisher um Faktoren ging, deren künftige Ausprägung den Zukunftserfolg beeinflußt, behandelt dieser Abschnitt Determinanten des Unternehmensergebnisses, die sich vor Prospekterstellung bereits realisiert haben. Zwischen dem Eintritt solcher Ereignisse und ihrer Auswirkung auf den Unternehmenserfolg besteht ein time lag.

---

1 Analog für das Problem der Prognoseplanung H. Hax, Investitionstheorie, 4. Aufl., Würzburg und Wien 1979, S. 91-93, spez. S. 93

2 Simulationsprogramme sind mit einem Zeitraum von 15 Jahren nicht überfordert. So führt Ch. Jaap, Beurteilung privater Kapitalanlagen, 1986, Sensitivitätsanalysen über 60 (!) Jahre durch. Allerdings entfällt hier das Problem, die Inputgrößen vorherzusagen, da die Sensitivitätsanalyse nur Auswirkungen willkürlicher Veränderungen der Inputvariablen untersucht.

Hier ließe sich zunächst an realisierte Umweltentwicklungen denken, beispielsweise an einen bereits zu verzeichnenden Auftragsboom bei Unternehmen, für die der Emittent als Lieferant tätig werden will[1]. Allerdings ist die Variable "Auftragseingang der Kundenbranche" bereits Bestandteil des Prognosemodells, sofern der Suchprozeß des Managements nach wesentlichen Umweltfaktoren[2] sie tatsächlich als wesentlich eingestuft hat. Das aber wird bereits durch die Grundsätze für vollständige Prognosemodelle sichergestellt. Aufgrund des time lags muß sich die Prognose des eigenen Umsatzes allerdings für die erste(n) Periode(n) auf realisierte Werte der exogenen Variablen "Auftragseingang bei Kunden" stützen. Gesonderte Vollständigkeitsnormen sind hierfür aber nicht nötig, vielmehr ergibt sich dieser Rückgriff zwingend aus der Kenntnis des zeitverzögerten - und bei Geltung von GoP "wahren", d.h. gut bestätigten - Zusammenhangs zwischen erklärender und erklärter Größe.

Nötig erscheinen gesonderte Grundsätze aber dann, wenn vor Prognosegewinnung realisierte Maßnahmen des Managements beeinflussen, welche Variablen und Abhängigkeiten das Prognosemodell enthalten sollte. Entsprechend verzögert berühren diese Maßnahmen den späteren Erfolg[3]. Knüpft ein bereits abgeschlossener Vertrag die Mieteinnahmen einer projektierten Gewerbeimmobilie an den Preisindex der Lebenshaltung, muß das Modell die Variable Preisindex zwingend erfassen. Sind bereits Werbemaßnahmen durchgeführt, muß eine entsprechende Abhängigkeit des Umsatzes beachtet werden. Diese Erfolgsdeterminanten sind bekannt und festgelegt, nicht

---

1 Vgl. J. Hagest und G. Kellinghusen, Prognoseprüfung, 1977, S. 409

2 Vgl. Teil 3, C.IV.2.a.cc.

3 F.W. Selchert, Prüfungen anläßlich der Gründung, Umwandlung, Fusion und Beendigung von Unternehmungen, Düsseldorf 1977, S. 12, weist darauf hin, daß das im Gründungsprozeß geschaffene Fundament des Unternehmens entscheidend seine spätere Ertragskraft beeinflußt.

aber mehr durch einen Suchprozeß aufzuspüren oder erst zu planen. Ob sie im Modell berücksichtigt werden müssen, richtet sich daher nicht nach den relativ "weichen" Grundsätzen für die Vollständigkeit geplanter Maßnahmen oder die Suche nach relevanten Umweltfaktoren, vielmehr kann hier gefordert werden, alle Verträge und realisierten Maßnahmen vollständig zu erfassen und ihre wesentlichen Auswirkungen zu berücksichtigen.

Hier ließe sich einwenden, dieser Grundsatz sei nicht überprüfbar. Ob ein Management beispielsweise nachteilige Verträge verschweigt, die dem Unternehmen bestimmte Risiken aufbürden, und diese Vereinbarungen bei der Prognose des Erfolgs außer acht läßt, kann der Prüfer nicht erkennen. Weicht jedoch der Erfolg später von seiner Prognose ab, weil Nachteile schlagend werden, kommen oftmals auch die Gründe ans Licht. Entdeckungsgefahr wirkt hier vorbeugend.[1)]

d. Vollständigkeit historischer Datenkollektive als Inputs mathematischer Prognoseverfahren

Auch Vorhersagen, die mit Hilfe mathematisch-statistischer Verfahren gewonnen werden, müssen gut begründet sein. Das ist z.T. gewährleistet, wenn ein Prognoseverfahren angewendet wird, das zum Prognoseproblem und zum Datenmuster paßt und wenn der Dateninput empirisch wahr ist, wenn also das Management die Wahrheitsgrundsätze befolgt. Bisher fehlen aber noch Grundsätze dafür, wieviele der prinzipiell verfügbaren Daten als Inputs herangezogen werden, wie weit Datenreihen in die Vergangenheit reichen müssen. Das ist zu klären, weil

---

1 Das gilt vor allem nach Inkrafttreten des § 264a StGB. Er stellt nicht nur das Verschweigen wesentlicher Sachverhalte unter Strafe, sondern auch unrichtige Prognosen. Unrichtig sind Prognosen in jedem Fall dann, wenn das Management bei ihrer Gewinnung Fakten unberücksichtigt läßt, die es kennt, weil es sie selbst verwirklicht hat. Um darüber hinaus den Prüfer zu entlasten, verlangen die IdW-Grundsätze, 1987, D.II. Anm. 8 vom Emittenten eine "Vollständigkeitserklärung" dafür, daß der Prüfer alle Unterlagen erhalten hat.

Prognoseergebnisse erheblich schwanken können, wenn man die Menge der Inputdaten unterschiedlich abgrenzt.[1)]

Auf den ersten Blick scheint die Forderung sinnvoll, alle verfügbaren Daten zu berücksichtigen, damit sich die Prognose auf möglichst viele Beobachtungen stützen kann und auch insoweit gut begründet ist. Dafür spricht, daß längere Datenreihen i.d.R. kaum teurer sind als kürzere: wer z.B. bei einer Datenbank Branchenumsätze abfragt, bekommt meist die gesamte gespeicherte Entwicklung mitgeteilt, ohne zusätzliche Kosten für "ältere" Werte in Kauf nehmen zu müssen. Auch eigene Speicher- und Rechenkapazitäten des Emittenten verlieren angesichts immer leistungsfähigerer und doch billigerer Technologie an Bedeutung.

Diesem Gedanken läuft jedoch ein anderer entgegen: Da die Zeitstabilitätshypothese über größere temporäre Distanz unsicher wird, haben ältere Daten weniger, jüngere mehr Aussagekraft für künftige Entwicklungen.[2)] Es könnte daher zweckmäßiger sein, die Prognose auf weniger, dafür aber jüngere Daten zu stützen.[3)] Darüber hinaus enthalten Datenreihen gelegentlich Ausreißer, die das Prognoseergebnis verzerren. Auch hier wäre an weniger vollständige Datenreihen zu denken.

Schwindende oder gar verzerrende Aussagekraft älterer Daten zeigt sich besonders, wenn Datenreihen einen Knick oder eine sprunghafte Niveauverlagerung erkennen lassen. Das deutet auf "qualitative Sprünge" hin, auf einschneidende Änderungen der datenerzeugenden Prozesse. Vollständigkeit der Inputdaten verzerrte hier die Prognose. Daher gilt der Grundsatz, vor einem Sprung aufgetretene Werte des Datenkollektivs auszu-

---

1 Vgl. das Beispiel bei W.-R. Bretzke, Prognoseproblem, 1975, S. 132, auch G. Kramer, Gewinnung von Prognosen, 1982, S. 180

2 Z.B. W.-R. Bretzke, Prognoseproblem, 1975, S. 133; S. Makridakis und S.C. Wheelwright, Forecasting Methods, 1983, S. 62

3 W.-R. Bretzke, Prognoseproblem, 1975, S. 133

schließen, wenn eine zusätzliche, qualitative Analyse die These erhärtet, es habe eine gravierende Veränderung der Ursachenkonstellation stattgefunden.

Der abnehmende Informationsgehalt älterer Daten führt drüber hinaus zu dem Gedanken, Daten mit zunehmendem Alter geringer zu gewichten. Dieser Gedanke fließt in spezielle Prognosemethoden ein, in die Glättungs- und Filterverfahren. Sie sind allerdings primär für kurzfristige Prognosen zweckmäßig.[1] Die abnehmende Gewichtung läßt den Einfluß älterer Daten schnell sehr gering werden, so daß bei längeren Zeitreihen nicht auf die gesamte Reihe zurückgegriffen werden muß.[2]

Lassen sich solche Verfahren nicht anwenden, weil der Prognostiker längerfristige Vorhersagen benötigt und beispielsweise eine lineare Trendextrapolation oder Regression anwenden möchte, entfällt die Gewichtungsmöglichkeit. Hier müssen möglichst alle verfügbaren Daten einbezogen werden, weil diese Verfahren bei kleinen Datenkollektiven ungenau werden. Sind - beispielsweise aufgrund eines qualitativen Sprungs - zuwenig Daten verfügbar, muß auf intuitive Techniken zurückgegriffen werden.

---

1 Zu Beschreibung und Anwendungsbereich dieser Verfahren z.B. W.-R. Bretzke, Prognoseproblem, 1975, S. 133-135; K. Brockhoff, Prognoseverfahren, 1977, S. 96 ff.; S. Makridakis und S.C. Wheelwright, Forecasting Methods, 1980, S. 61-100; K.-Werner Hansmann, Kurzlehrbuch Prognoseverfahren, Wiesbaden 1983, S. 28 ff.

2 Wie schnell die Bedeutung älterer Daten abnimmt, richtet sich auch nach dem Gewichtungsfaktor. Dieser kann aber nicht ex-ante optimal festgelegt werden (S. Makridakis und S.C. Wheelwright, Forecasting Methods, 1980, S. 65; K.-W. Hansmann, Prognoseverfahren, 1983, S. 31), sondern orientiert sich daran, für wie veränderlich der Prognostiker den datenerzeugenden Prozeß hält. Daher können auch keine Grundsätze für die Gewichtung erstellt werden, vielmehr muß genügen, was die Grundsätze für Prognoseverfahren bereits fordern: das Verfahren - und hier zusätzlich: die Gewichtung - muß sich am zugrundeliegenden Prognoseproblem und dessen Datenstruktur ausrichten.

Gewichtende Verfahren glätten auch die Ausreißer eines Datenkollektivs. Lassen sich diese Verfahren nicht anwenden, sollte das Management extreme Ausreißer "per Hand" eliminieren. Allerdings müßte eine qualitative Analyse die Ursache des Ausreißers identifizieren und als einmaliges Ereignis einordnen können.

Mit der Vollständigkeit von Datenreihen ist der letzte Punkt behandelt, den Teil 3, C.IV.1. als Vollständigkeitsproblem definierte. Der folgende Abschnitt C.V. faßt die Grundsätze der Wahrheit und Vollständigkeit noch einmal zusammen und zeigt die Möglichkeiten und Grenzen einer Normierung interner Erfolgsprognosen, die sich an den Informationskosten orientiert.

V. Möglichkeiten und Grenzen einer zweckmäßigen Normierung interner Prognosen des Unternehmenserfolgs

Der vorliegende Abschnitt C. stellt Grundsätze dafür auf, wie Emittenten des Grauen Markts eine interne Prognose des Unternehmenserfolgs gewinnen sollten.[1] Ziel der Grundsätze ist es, die Informationskosten zu minimieren. Minimale Informationskosten bedeuten jedoch nicht unbedingt Prognosen sehr hoher oder gar besonderer Qualität. Vielmehr wird der Qualitätsstandard - gemessen anhand der Folgekosten schlechter Norm-Modelle - durch andere Informationskosten - beispielsweise Beschaffungs- und Prüfungskosten - so begrenzt, daß die Gesamtsumme der Informationskosten ihr Minimum erreicht.

Die Güte einer Prognose richtet sich nach Herleitung, empirischer Begründung und Informationsgehalt. Um zu systematisieren, werden die vielfältigen Aspekte dieser Qualitätskriterien entweder der Prognosewahrheit oder

---

1 Ausgangspunkt war die Annahme, daß eine interne Erfolgsprognose Kernstück, zumindest aber Vorstufe des externen Prospekts ist.

der Prognosevollständigkeit zugeordnet und durch entsprechende Grundsätze geregelt. Zweckmäßige Normierung heißt jedoch keineswegs vollkommene Objektivität im Sinn eindeutiger und starrer Vorschriften, wie es der Begriff Normierung zunächst nahelegen mag. Vielmehr lassen flexible Regeln mit Ermessensspielräumen bei vielen Prognoseschritten geringere Informationskosten erwarten als starre. Im folgenden seien die wichtigsten Merkmale der GoP und ihre Folgen im Überblick dargestellt.

Zweckmäßige interne Erfolgsprognosen sind periodische Wahrscheinlichkeitsverteilungen des Nettozahlungsstroms vom Emittenten zum Anleger sowie des steuerlichen Unternehmensergebnisses[1] bis zum Planungshorizont. Um diesen Zukunftserfolg zu ermitteln, muß das Management ein mehrperiodisches Prognosemodell erstellen und dessen Inputgrößen vorhersagen. Die diskreten Wahrscheinlichkeitsverteilungen der Inputs sind durch Simulation zur Verteilung des Zukunftserfolgs zu aggregieren.

Für das Prognosemodell stellt sich zunächst die Forderung nach Vollständigkeit: es muß alle wesentlichen Erfolgsdeterminanten mit ihren zeitlichen und kausalen Verknüpfungen erfassen. Allerdings läßt sich nicht allgemeingültig und erschöpfend vorschreiben, welche Determinanten im Einzelfall zu berücksichtigen sind und welche miteinander verknüpft werden sollten. Daher können Verfahrensgrundsätze nur einen strukturierten Suchprozeß vorschreiben, durch den der Prognostiker die im Einzelfall wesentlichen Umweltvariablen aufspüren soll.

Neben den Umweltfaktoren sind Unternehmensaktivitäten der zweite Bestandteil des Prognosemodells; sie gehen beispielsweise als Steuerungsparameter oder als resultierende Zahlungsgrößen in das Modell ein. Was für Aktivitäten der Emittent plant, ist ihm selbst über-

---

1 Das steuerliche Unternehmensergebnis bildet die Grundlage für die Errechnung individueller Steuervorteile jedes einzelnen Investors.

lassen,[1] doch muß er sie - auch für Tochtergesellschaften - flächendeckend konzipieren. Anderenfalls könnte der Unternehmenserfolg nicht fundiert vorhergesagt werden. Wie detailliert Strategien zu planen sind, richtet sich nach der möglichen Genauigkeit von Umweltprognosen. Da diese Genauigkeit zum Planungshorizont hin abnimmt, sind für spätere Perioden gröbere Pläne zulässig.

Das Netz von Abhängigkeitsbeziehungen zwischen den Variablen reduziert sich auf die jeweils höchstkorrelierten, einseitigen Zusammenhänge. Hängt die temporäre Entwicklung einer Variablen stochastisch von ihren Vorperiodenwerten ab, darf diese Abhängigkeit durch alternative zeitabhängige Funktionen vereinfacht werden.

Zweckmäßige Vollständigkeitsgrundsätze definieren kein Standard-Prognosemodell, das für alle Emittenten einheitliche Variable und Abhängigkeitsbeziehungen enthielte. Stattdessen schreiben die GoP einen Norm-Suchprozeß nach relevanten Variablen vor und definieren Kriterien, welche erkannten Abhängigkeitsbeziehungen im Modell berücksichtigt werden müssen. Die Kriterien sind nur qualitativ formulierbar. Der standardisierte Such- und Auswahlprozeß führt zu individuellen Prognosemodellen, diese beinhalten aber mit einiger Wahrscheinlichkeit alle im Einzelfall wesentlichen Erfolgsdeterminanten und berücksichtigen auch aktuelle Erkenntnisse über erfolgsrelevante Faktoren. Die Vorschriften garantieren, daß Emittenten alle Prognoseprobleme systematisch erfassen und anhand zweckmäßiger Kriterien zu lösen versuchen. Zwar bleiben den Managements bei solchen standardisierten Suchprozessen gewisse Manipulations- und Irrtumsmöglichkeiten, immerhin sind diese eingeschränkt durch den notwendigen Konsens mit dem Prognoseprüfer. Insgesamt läßt eine Erfolgsprognose

---

1 Denn GoP sollen nicht die Risiken einer Anlage verringern, z.B. indem sie bestimmte Unternehmensstrategien verbieten, sondern diese Risiken transparent werden lassen, vgl. Teil 3, A.II.

auf Basis eines "flexiblen" Modells im Schnitt höhere Qualität erwarten als Erfolgsvorhersagen, die auf einem starren Standard-Prognosemodell aufbauen und individuelle Strukturen des Emittenten und seiner Umwelt vernachlässigen.

Die Inputs dieser individuellen Prognosemodelle müssen "wahr" vorhergesagt werden. Hier muß das Management zunächst Prognoseverfahren fehlerfrei anwenden, die Verfahren haben zur Problemstruktur der jeweiligen Variablen sowie zum vorhandenen Informationsmaterial (bei mathematischen Verfahren zum Datenmuster) zu passen.

Diese Verfahrensgrundsätze allein garantieren jedoch nicht hinreichend, daß eine nach innen gewonnene Prognose auch der am besen fundierte Zukunftswert ist. Daher muß der Prognostiker sie um alternative Vorhersagen ergänzen und sodann aus diesem Spektrum möglicher Werte die drei bestfundierten auswählen. Diese "argumentative Auswahl" erfolgt nach Kriterien für die Begründungsqualität (den Bestätigungsgrad) von Prognosen. Dabei schlägt die richtige Anwendung eines geeigneten Prognoseverfahrens als positives Begründungsargument für eine Prognose zu Buch.

Die Kriterien für Begründungsqualität setzen zwar keinen absoluten, quantitativ formulierten Mindeststandard für die Prognosegüte, immerhin sind sie rational begründete Leitlinien, die vorgeben, woran Emittenten die Wahl schließlich anzusetzender Zukunftswerte ausrichten müssen.

Erfordert die Vorhersage von Inputvariablen besonderes Fachwissen (z.B. Vorhersagen steuerbeeinflußter Größen) oder handelt es sich um volkswirtschaftliche Faktoren, müssen Emittenten die Prognosequalität sicherstellen, indem sie kompetente Fremdquellen anzapfen.

Weitere zukunftsorientierte Modellinputs dürfen auf der Fiktion basieren, die Größen seien sicher. Hier geht es um die geplante Unternehmensstrategie und um die Zeitpunkte künftiger Ereignisse. Zwei weitere Arten von Randbedingungen können dagegen nur unter bestimmten Bedingungen als fiktiv sicher gelten. Erstens: Erfolgseinflüsse, die durch Verträge abgesichert sind, sofern der Vertragspartner solvent erscheint. Bonitätsrisiken bleiben unberücksichtigt. Zweitens: Die Anerkennung der steuerlichen Konzeption durch die Finanzverwaltung, wenn der Prüfer keine Inkongruenz zwischen Gesetz und Konzeption erkennt. Das Risiko abweichender Beurteilung durch den Fiskus wird nicht reflektiert. Solche Sicherheitsfiktionen lassen prinzipiell bestehende Risiken aus Vereinfachungs- und Kostengründen unberücksichtigt. Daher spiegelt auch die ordnungsmäßige Erfolgsprognose diese Risiken nicht wider.

Damit alle derart prognostizierten Modellinputs als "wahr" gelten dürfen, sind sie abschließend auf Widerspruchsfreiheit zu prüfen.

Faßt man zusammen, ist auch eine ordnungsmäßige Erfolgsprognose noch mit Informationsrisiken behaftet, weil

- allgemeingültige und dennoch optimale Prognosemodelle nicht formuliert werden können
- die daher zweckmäßigen Ermessensspielräume des Managements bei Modellkonstruktion und Vorhersage der Modellinputs, die im Schnitt zu besseren Prognosen führen als starre Normvorgaben, in Einzelfällen auch zu Manipulationen genutzt werden können
- manche Risiken nicht zu angemessenen Informationskosten ins Prognosemodell zu integrieren sind und deshalb durch Sicherheitsfiktionen verschleiert werden.

Mit den bisher aufgestellten Grundsätzen ist es jedoch nicht getan, soll die Gesamtsumme der Informationskosten minimiert werden. Der folgende Teil 3, D. muß noch klären, wie Emittenten Erfolgsprognosen (und ggfs. weitere Informationen der internen Prognoserechnung) zu externen Prospekten aggregieren sollen. Dabei ist auch zu fragen, welche Informationsaktivitäten der Anleger möglicherweise übernehmen kann und was sie kosten. Zeigt sich, daß Anleger bestimmte Informationen billiger produzieren als Emittenten, wären die bisher aufgestellten GoP rückwirkend zu lockern. Erst wenn die optimale Aufteilung der Informationspflichten feststeht, läßt sich der Prospektinhalt definieren.

D. Materielle Grundsätze für die Aggregation interner Prognoserechnungen zu Prospekten

Fragt man danach, wie Publizität gestaltet sein sollte, stößt man auf die Ansicht, Unternehmensveröffentlichungen hätten "adressatenorientiert" zu sein.[1] Das mag die Vorstellung eines vollkommen passiven Prospektlesers vor Augen rufen, dem die Emittenten eine mundgerechte Publizität zu bereiten hätten. Leitfaden für die Aggregation der internen Prognoserechnungen zu Prospekten müßte dann ausschließlich das subjektive Informationsbedürfnis des Adressaten sein. Wieweit diese Vorstellung zutrifft oder was adressatenorientierte Prospektpublizität sonst bedeuten könnte, wenn ein Regelungskonzept auf die Minimierung der Informationskosten abzielt, sei folgend untersucht.

I. Das Konzept adressatenorientierter Prospektpublizität

1. Definition adressatenorientierter Prospektpublizität

Publizität am Adressaten zu orientieren, heißt prinzipiell, ihren Inhalt auf die Informationswünsche des relevanten Lesers abzustimmen.[2] Relevanter Prospektleser ist der Anleger. Den Prospekt an seinem Informationsbedarf zu orientieren, erscheint zunächst sinnvoll, denn so entstehen bei Anlageentscheidungen keine Reibungsverluste durch "information overload". Wünschen Anleger allerdings zuwenig oder ungeeignete Information, so bilden sie auch nur Erwartungen geringer Qualität heraus. Unter statischen Voraussetzungen kann

---

1 A. Moxter, Fundamentalgrundsätze, 1976, S. 94, spricht von einem "Kerngrundsatz" jeder Publizität; auch H.J. Böhm, Anlegerschutz, 1979, S. 147; R. Kellenberger, Die bedürfnisorientierte externe Berichterstattung, Zürich 1981, S. 22; H.-D. Assmann, Prospekthaftung, 1985, S. 316

2 Vgl. die in der vorausgehenden Fußnote zit. Lit.

adressatenorientierte Publizität zu schlechten Ergebnissen führen.

Teil 2, C.II.2.b. wies jedoch auch auf Lernprozesse der Investoren hin. Entwickeln Anleger ihr nomologisches Vorwissen fort, so bilden sie langfristig bessere Erwartungen, wenn ihnen mehr potentiell entscheidungsrelevante Informationen zufließen, als sie anfangs für nötig hielten. Adressatenorientierung bedeutet dann, Lernfortschritte des Anlegerpublikums anzuregen, zu antizipieren und im Prospekt alle potentiell relevanten Informationen abzudrucken, die der Anleger möglicherweise heranzieht, um Erwartungen herauszubilden.

Diese Sicht der Adressatenorientierung stellt aber noch darauf ab, der Emittent habe alle Informationen, die der lernende Anleger schließlich verarbeitet, zu produzieren und im Prospekt zu veröffentlichen. Sie vernachlässigt, daß dem Emittenten dadurch hohe Kosten entstehen könnten, die sich durch den Qualitätsfortschritt der Anlegererwartungen nicht rechtfertigen lassen, und daß Anleger manche der für relevant gehaltenen Informationen auch selbst produzieren oder erwerben können. Will man die Gesamtsumme der Informationskosten minimieren, sind die - z.T. gegenläufigen - Abhängigkeiten zwischen den Kosten der Emittenten und der Anleger zu berücksichtigen. Adressatenorientiertheit heißt dann, der Emittent hat dynamischen Informationswünschen der Anleger Rechnung zu tragen - aber nur soweit, wie ihn das nicht mehr belastet, als es den Investoren an Informationserträgen oder eingesparten eigenen Informationsaktivitäten erbringt.

An dieser Stelle fragt sich noch, wer "der" Anleger ist, an dem Emittenten Prospekte ausrichten sollen. Wie Teil 2, C.II.2.a.cc. gezeigt hat, lassen sich Aussagen darüber, welche Informationskosten denkbare Prospekte auf realen Märkten hervorrufen, nur machen, wenn man Risikoneigung und Vorwissen des tatsächlichen Anlegerpublikums betrachtet. Müssen Emittenten Prospekte anlegerorientiert gestalten, so minimiert das die Informationskosten daher nur dann, wenn sie vom empirisch nachweisbaren Investor ausgehen - und nicht etwa von einem normativ festgelegten Prospektadressaten, wie ihn die juristische Anlegerschutzdiskussion in ihren Mittelpunkt rückt. Anlegerorientiert bedeutet daher auch, Inhomogenität des Vorwissens unter den Anlegern zu berücksichtigen, um realen Marktverhältnissen möglichst nahe zu kommen.

Von dieser noch recht abstrakten Definition der Adressatenbezogenheit muß man nun zu konkreteren Aussagen über den Inhalt adressatenorientierter Prospekte gelangen. Die Brücke dorthin schlägt folgender Gedankengang:

Folgt man der obigen Definition, bieten anlegerbezogene Prospekte soviel Information, wie der Investor benötigt, um bei geringstmöglichen Gesamtkosten Erwartungen über Risiko und Rendite einer Anlagealternative herauszubilden. In einem theoretisch denkbaren Extremfall könnte sich der Prospekt dazu auf eine "fertige" Erfolgsprognose beschränken und auf jede weitere Angabe verzichten: Emittenten produzieren eine Prognose besonderer Qualität zu angemessenen Kosten und auch billiger als Anleger, Anleger wiederum setzen diese Prognose ohne Aufwand in ebenso gute Erwartungen um, weil sie dank ihres Vorwissens um die Relevanz der Prognose für ihre Entscheidung und um die besondere Qualität der Vorhersage wissen. Jede weitere Prospektangabe erhöht hier die Informationskosten.

Wie Teil 3, C. allerdings zeigte, können Emittenten keine Prognosen besonderer Qualität erstellen, ebenso muß noch geprüft werden, ob nicht Anleger selbst Prognoseaktivitäten übernehmen oder Prospektprognosen verbessern können. Ergibt die Prüfung, daß sich Anleger tatsächlich selbst informieren sollten, können die GoP für interne Prognosen u.U. gelockert werden. Allerdings benötigen Anleger als Input eigener Informationsprozesse weiteres Wissen. Je nach Kosten und Beschaffungsmöglichkeit muß dieses Wissen externen Quellen oder aber dem Prospekt selbst entstammen. Sollen Anleger beispielsweise den Erfolg selbst vorhersagen, enthielte der Prospekt zwar keine Erfolgsprognose, müßte aber mindestens Angaben über die geplante Unternehmensstrategie machen. Informationen über Umweltentwicklungen dagegen könnte der Anleger u.U. selbst erwerben. Kurz, der Prospektinhalt hängt von der zweckmäßigen Aufteilung der Informationsaktivitäten zwischen Anlegern und Emittenten ab, diese Aufteilung wiederum richtet sich danach,

- welche konkreten Informationsprozesse der Anleger angesichts seiner Risikoneigung, seiner Informationsbeschaffungsmöglichkeiten und seines (dynamischen) Vorwissens selbst durchführen kann und will
- ob diese Aktivitäten mehr oder weniger kosten, als wenn der Emittent sie durchführte.

Der folgende Abschnitt fragt deshalb nach möglichen Informationsaktivitäten des Anlegerpublikums und ihren Kosten im Vergleich zur Informationsproduktion des Emittenten.

2. Analyse denkbarer Informationsaktivitäten der Anleger zur Konkretisierung adressatenorientierter Prospektpublizität

Bevor untersucht wird, welche Informationsaktivitäten Emittenten, welche Anleger übernehmen müssen, ist eines vorauszuschicken: Informations-"Pflichten" für Anleger gibt es strenggenommen nicht. "No one can ordain how investors will interprete ... financial data."[1] GoP verpflichten ausschließlich den Prospektherausgeber. Anlegerpflichten bedeuten nur, der Emittent ist von bestimmten Informationsaktivitäten befreit. Anleger führen diese Aktivitäten allerdings dann selbst durch, wenn sie die (entsprechend schlechtere) Prospektqualität erkennen, sie für zu gering halten und ihnen eigenes Informieren zu angemessenen Kosten möglich und

---

1 J.J. Clark, P. Elgers und R. Speagle, Assumptions in Financial Forecasts, 1974, S. 64. E. Witte, Informationsverhalten, 1975, Sp. 1922 bemerkt dazu: "Informationsverhalten ist offensichtlich nicht befehlbar."

erfolgversprechend erscheint: Informationsbemühungen des Publikums werden von Norm-Prospekten unter bestimmten Voraussetzungen angeregt, nicht erzwungen. Die folgenden Aussagen über Informationsaktivitäten und -kosten beziehen sich daher darauf, was Anleger als Reaktion auf denkbare Norm-Prospekte hin "freiwillig" unternehmen. Dabei wird untersucht, ob

- Anleger anstelle des Emittenten eigene Erfolgsprognosen erstellen sollten
- sie eine Erfolgsprognose des Managements verbessern können, indem sie die Prognoseprämissen überprüfen und die Vorhersage ggfs. korrigieren
- sie neben einer ordnungsmäßigen Erfolgsprognose Indikatoren interpretieren und so zu Vorstellungen über das Informationsrisiko gelangen können, mit dem diese Erfolgsprognose im Einzelfall behaftet ist.

a. <u>Eigene Erfolgsprognosen des Anlegerpublikums?</u>

"Wenn es auch einem Externen gelingt, aus vergangenheitsorientierten Informationen zutreffende und ausreichend entscheidungsrelevante Prognosen abzuleiten, ist eine gesonderte Publikation originärer Prognosen überflüssig."[1] Damit ein Externer "zutreffende Prognosen" tatsächlich ableitet, muß er dazu jedoch nicht nur fähig, sondern - wie eben gezeigt - auch motiviert sein, d.h. er darf sich nicht mit einem prognoselosen Prospekt zufriedengeben.[2] Das sei zuerst geprüft.

Fehlt die Prognose des Unternehmenserfolgs im Prospekt, so werden beide Anlegertypen, die annahmegemäß am Grauen Markt investieren,[3] das auch erkennen und

---

1 D. Rückle, Externe Prognosen, 1984, S. 60.

2 Dann verzichtet er auf eine fundierte Entscheidung und erleidet Schäden, die als Folgekosten schlechter Prospektinterpretation berücksichtigt werden müßten. Oder er kalkuliert Sicherungskosten gegen Informationsrisiken.

3 Nämlich informierte und desinteressierte Privatanleger, vgl. Teil 2, C.II.2.a.cc.

diese Information vermissen. Denn Anleger wissen, daß nur sie eine Anlageentscheidung rational begründen kann. Da die Investoren zudem risikoscheu sind, werden sie auf fundierte Information auch nicht wissentlich verzichten wollen. Sie dürften sich daher bemühen, fehlende Prognosen durch eigene zu ersetzen - sofern ihnen das (zu angemessenen Kosten) möglich ist. Das umreißt die nächste Fragestellung.

Sie diskutiert zuerst, ob externe Investoren eigene Erfolgsprognosen durch ein vergleichbar anspruchsvolles Modell fundieren können, wie Emittenten es nach GoP tun. Dazu benötigen auch Investoren zunächst entsprechende model information. Wie nun Teil 3, C. deutlich machte, ist ein zweckmäßiges Prognosemodell kein Standardmodell, sondern wird durch (standardisierte) Suchprozesse für jede Anlage individuell erstellt. Diese Analysen müßten Anleger ebenfalls durchführen - und zwar für jede auf den ersten Blick interessante Anlageofferte gesondert. Dazu hätten sie ihre model information zunächst branchenspezifisch zu differenzieren, sodann wären diese differenzierten Modelle durch Analyse der jeweils betrachteten Anlagen fortzuentwickeln.

Nun lernen Anleger zwar durch Erfahrung jedoch: um für jedes Anlageangebot ein komplexes, individuelles Modell zu erstellen, das es ihnen ermöglicht, Wahrscheinlichkeitsverteilungen des Unternehmenserfolgs zu ermitteln, reichen die Analysefähigkeiten beider Anlegertypen kaum aus. Wollte jeder informationswillige Anleger dennoch versuchen, diese Aufgabe zu bewältigen, müßte er dafür erhebliche Zeit aufwenden. Die Summe hierfür anzusetzender Kosten belastete seine Informationsbemühungen erheblich.

Neben model information benötigt der Anleger für seine Prognose event information. Zugunsten eigener Prognosen der Investoren wird hierzu ins Feld geführt, wenn Emittenten nur vergangenheitsorientiertes "Rohmaterial" für eigene Vorhersagen der Anleger publizieren müßten, dann entfielen alle Manipulationsmöglichkeiten, weil diese

Inputs objektivierbar seien.[1] Das gilt jedoch nur für das Inputmaterial solcher Teilprognosen des Modells, die durch statistische Verfahren vorhersagbar sind, beispielsweise für historische Branchenumsätze, aus denen der Anleger Vorhersagen ableiten könnte. Will er seine Prognose durch ein anspruchsvolles Modell fundieren, genügen ihm objektivierbare Inputs nicht; er muß dem Prospekt mindestens die geplanten Unternehmensstrategien und die Wirkungen geschlossener Verträge entnehmen können. Wie Teil 3, C.II.3. zeigte, sind diese Angaben jedoch stets mit Unsicherheit behaftet. Für wesentliche event information sticht das Argument höherer Objektivität daher nicht.

Hinzu kommt: Ausreichende Inputs für fundierte Prognosen - ob nun objektivierbar oder nicht -, machen den Prospekt umfangreich und teuer - auch wenn Anleger einige Angaben aus anderen Quellen beziehen können.[2] So wären anstelle "fertiger" Prognosen längere Zeitreihen zu publizieren. Prognosen sind stets höher aggregiert als das sie fundierende Wissen. Das gilt besonders für die geplanten Maßnahmen des Unternehmens: ihre Wirkungen vorherzusagen, erfordert u.a. die Kenntnis detaillierter Unternehmenspläne.[3] Alle geplanten Aktionen zu veröffentlichen, sprengte aber den Umfang praktikabler Publizität.[4] Wollte man die Pläne trotzdem publizieren, wären - zumindest bei innovativen Unternehmen - Nachteile zu befürchten und entsprechende Folgekosten anzusetzen.[5]

---

1 Th. Schildbach, Analyse des Rechnungswesens, 1975, S. 260 ff.; D. Rückle, Externe Prognosen, 1984, S. 60

2 Beispielsweise volkswirtschaftliche Daten.

3 Y. Iyiri, Accounting Measurement, 1975, S. 154, hält schon allein deshalb Prognosen des Unternehmens für sinnvoll: "The firm's financial forecasts are more valuable than those made by others not necessarily because the firm has better expertise in forecasting, but mainly because it has exclusive knowledge of its future plans and this information can be used in making forecasts."

4 W. Busse v. Colbe, Prognosepublizität, 1968, S. 115

5 Vgl. Teil 2, C.I.2.b.

Faßt man zusammen, ist das Anlegerpublikum nicht in der Lage, für jede interessierende Anlageofferte ein zweckmäßiges Modell zu konstruieren, gleichzeitig müßte der Prospekt eine Flut von event information enthalten, die zudem nur teilweise den behaupteten Vorteil hat, objektivierbar zu sein. Daher können Investoren des Grauen Markts Erfolgsprognosen, die auf anspruchsvolle Prognosemodelle gestützt sind, nicht zu geringeren Kosten erstellen als Emittenten.

Hier ließe sich einwenden, wenngleich Anleger ihre Prognosen nicht durch komplexe Modelle zu fundieren vermögen, so könnten sie doch model information zur Hand haben, die einfacher strukturiert ist, mit leicht beschaffbaren, ggfs. sogar objektivierbaren Inputs auskommt und trotzdem Vorhersagen ermöglicht. Ein einfachstes "Modell" ist die Extrapolation historischer Unternehmenserfolge in die Zukunft - ein Modell, das zudem auf objektivierbaren Inputs basiert.[1] Allerdings liegen solche Vergangenheitsdaten bei neugegründeten Emittenten, die am Grauen Markt dominieren, nicht vor.[2] Man könnte aber an qualitative Informationen denken, aus denen Anleger Prognosen ableiten. Ein Investor habe beispielsweise Kenntnisse über die Reputation eines Daueremittenten, die Seriosität des Treuhänders und die Entwicklung angestrebter Absatzmärkte, er verknüpfe diese Informationen zu Vorstellungen über Chancen und Risiken eines Anlageangebots. Nun wird niemand bestreiten, daß solche Angaben Informationen über Chancen und Risiken einer Investition beinhalten, doch erlauben sie allein es dem Investor nicht, Wahrscheinlichkeitsverteilungen des Unternehmenserfolgs aufzustellen. Auf solchen Verteilungen aber beruht

---

1 D. Rückle, Externe Prognosen, 1984, S. 60

2 Selbst bei going concerns sind solche Prognosen stets Trägheitsprojektionen - d.h. sie unterstellen konstante Unternehmenspolitik - und nehmen konstante Umweltentwicklungen an, sie vernachlässigen denkbare Strukturbrüche (D. Rückle, Externe Prognosen, 1984, S. 60).

eine rationale Anlagentscheidung.[1] Wohlfundierte Wahrscheinlichkeitsverteilungen des Erfolgs lassen sich aber nur durch anspruchsvolle Prognosemodelle ermitteln. Daher bleibt die Prognoseaufgabe weiterhin beim Emittenten.

Zuguterletzt ließe sich gegen Managementprognosen im Prospekt vorbringen, Investoren könnten sich auf Vorhersagen von Beratern stützen. Allerdings treten dabei erhebliche Kosten auf: Erstens müßte jeder informationswillige Anleger für jedes Angebot Beraterhonorare zahlen, das "duplication argument"[2] käme hier zum Zug. Zweitens wären Folgekosten für Anlegerschäden anzusetzen. Denn es ließ sich zeigen, daß Prognosen von Finanzanalysten nicht besser sind als naive Trendextrapolationen, sofern sich die Analysten nicht auf aktuelle Managementprognosen stützen können.[3] Dann aber lassen sich die Managementprognosen auch gleich und zu geringeren Kosten im Prospekt abdrucken. "Damit kann man die Nützlichkeit von originären Prognosen jedenfalls im Schnitt als bewiesen ansehen."[4]

Diese "Nützlichkeit" heißt jedoch nicht unbedingt, Anleger könnten die Managementprognose unbesehen ihren Entscheidungen zugrundelegen. Zwar: "The management is in the best position to make the initial estimate ...", doch: "on the basis of it the ... investor could then make his own modifikations."[5] Der folgende Abschnitt fragt daher, ob Anleger eine Erfolgsprognose des Pro-

---

1 Insofern definiert H. Schmidt, Disclosure, 1983, S. 37 model information auch als (nomologisches) Wissen, mit dem Anleger event information in "distributions of dividends and sales proceeds" umsetzen.

2 Vgl. Teil 2, C.II.2.a.dd.

3 D. Rückle, Externe Prognosen, 1984, S. 61 mit Nachweisen.

4 D. Rückle, Externe Prognosen, 1984, S. 61

5 H. Kripke, The SEC, The Accountants, Some Myths and Some Realities, in: New York University Law Review, 45. Jg., 1970, S. 1151, zit. nach SEC, Report, 1977, S. 352.

spekts wenigstens überprüfen und ggfs. korrigieren können.

b. Korrektur der Prospektprognose durch Überprüfung ihrer Prämissen?

Veröffentlichen Unternehmen Erfolgsprognosen, so wird dem Investor vorgeschlagen, "to substitute his own judgement on specific assumptions and trace the effects on the projection."[1] Die Prognose muß dazu mitsamt ihren Prämissen, d.h. als bedingte Vorhersage veröffentlicht werden, die Beurteilung der Randbedingungen wird auf den Anleger abgewälzt.

Der Vorschlag wurde allerdings für ungeregelte Prognosepublizität unterbreitet, nicht aber für normierte Prospekte, bei denen das Management Randbedingungen sorgfältig fundieren muß. Wenn jedoch Anleger Randbedingungen tatsächlich beurteilen und die Prognose korrigieren können, ließe sich daran denken, die GoP für die Ermittlung von Randbedingungen zu lockern. Beispielsweise könnte Emittenten die Pflicht erlassen werden, diese Bedingungen vom Prospektprüfer kontrollieren zu lassen, oder sie müßten gesamtwirtschaftliche Basisannahmen nicht mehr aus kompetenten Quellen beziehen. Im Extremfall dürfte die Erfolgsprognose auf rein hypothetischen Randbedingungen basieren, von deren Glaubhaftigkeit das Management nicht einmal überzeugt sein muß. Die Prognose wäre dann eine reine Möglichkeitsaussage ("what if?") ohne empirischen Geltungsanspruch. Das AICPA bezeichnet solche Prognosen als "projections" - im Gegensatz zu "forecasts", denen fundier-

1 J.J. Clark, P. Elgers, und R.E. Speagle, Assumptions in Financial Forecasts, 1974, S. 64; dazu auch F. Eisenführ, Anforderungen an den Informationsgehalt kaufmännischer Jahresabschlußrechnungen, Diss. Kiel 1967, S. 150; W.S. Gray III., Proposal for Systematic Disclosure of Corporate Forecasts, in: FAJ, 29. Jg., 1973, Nr. 1, S. 65; A. Ciesielski, Unternehmungsberichterstattung, 1977, S. 143; D. Rückle, Externe Prognosen, 1984, S. 63

te, vom Management (und Prüfer) für glaubhaft gehaltene Randbedingungen zugrundeliegen müssen.[1]

Vorhersagen auszuweisen, die weniger gut fundiert sind, als es die bisherigen GoP verlangen, oder - im Extrem - von projections, sieht offensichtlich eine andere Aufteilung der Informationspflichten zwischen Anlegern und Emittenten vor und entlastet Emittenten von Informationskosten. Es fragt sich jedoch, ob diese Umverteilung nicht nur Emittenten besser stellt, sondern auch die Gesamtsumme der Informationskosten verringert. Dazu müssen drei Voraussetzungen erfüllt sein:

1. Investoren müssen aufgrund ihrer Meta-Information wissen, daß die Prognose auf weniger begründeten oder gar hypothetischen Randbedingungen basiert.

2. Sie müssen die Ausprägung der Randbedingungen vorhersagen oder fremden Quellen entnehmen können, ohne daß dabei höhere Informationskosten anfallen als beim Emittenten.

3. Sie müssen etwaige Korrekturen einzelner Randbedingungen auch in eine entsprechend veränderte Erfolgsprognose umsetzen können.

Zu 1. Lernen Anleger, so gewinnen sie nach Einführung normierter Prospekte im Laufe der Zeit auch Vorstellungen über die Qualität abgedruckter Prognosen, denn sie haben die unmittelbare Vergleichsmöglichkeit zwischen prognostiziertem und erzieltem Erfolg. Zumindest der interessierte Privatanleger wird darüber hinaus Diskussionen über neueingeführte Prognosegrundsätze in Wirtschaftsmagazinen verfolgen[2] und daher Randbedingungen als Ursache schlechter Prospektprognosen erkennen.

---

1 AICPA, Statement on Prospective Financial Information, 1985, Abschn. 6; dazu auch R.K. Elliott und D. Pallais, Prospective Financial Statements, 1984, S. 57 f.; D.M. Guy und D. Pallais, Prospective Financial Statements, 1986, S. 91 f.

2 Zu den Informationsquellen des Anlegers und ihren Preisen Teil 2, C.II.1.a.

Auch Hinweise im Prospekt, daß Prognosen auf wenig fundierten oder gar hypothetischen Prämissen basieren, sind denkbar.[1] Meta-Information zeigt sich daher nicht als Hindernis, wenn Anleger Randbedingungen prüfen sollen.

Zu 2. Daß Anleger des Grauen Markts Randbedingungen selbst vorhersagen, um ausgewiesene assumptions zu korrigieren, ist eher zweifelhaft.[2] Doch verfügen Investoren über Quellen, denen sie Parallelinformationen zumindest über bestimmte Randbedingungen entnehmen können. Veröffentlichungen der Wirtschaftsforschungsinstitute und Verbände etc. ermöglichen ihnen fast kostenlos, eigene Vorstellungen über gesamt- und branchenwirtschaftliche Prämissen wie beispielsweise Zinstrends oder Mietentwicklungen zu gewinnen. Speziellere Randbedingungen wie Annahmen über die Bonität wichtiger Vertragspartner des Emittenten lassen sich - je nach Größe des Partners - auf die Wirtschaftspresse oder auf Bankauskünfte und Wirtschaftsauskunfteien stützen. Informationsmöglichkeiten für eine Reihe von Randbedingungen sind also vorhanden.

Fragt man jedoch, wieweit sie kostengünstiger sind als die des Emittenten, kommen Zweifel an dieser Umverteilung der Informationspflichten auf: Gerade Randbedingungen, über die sich Investoren selbst informieren können, entnehmen auch Emittenten i.d.R. kompetenten Fremdquellen. Die Kosten für solche Information dürften für Anleger und Emittent annähernd gleich hoch sein. Zwar spart der Emittent Kosten, weil der Prospektprüfer nicht mehr kontrollieren muß, ob externe Daten richtig in den Prognoseprozeß eingeflossen sind.

---

1 Zur "Vitalisierung" der Meta-Information durch den Prospekt selbst vgl. Teil 2, C.II.2.b.bb.

2 Bei Anlagen des Grauen Markts zählen z.B. Annahmen über die Bonität und Kompetenz wichtiger Vertragspartner des Emittenten zu den bedeutsamen Randbedingungen der Erfolgsprognose. D.F. Brockmann, Auskunftei, 1982, S. 68 bezweifelt jedoch zu Recht, daß Anleger sich Bonitätsprognosen aus vergangenheitsbezogenen Daten über die wirtschaftliche Lage des Partners selbst ableiten können.

Doch ist die Ersparnis nur geringfügig, da es sich um einfache Prüfvorgänge handelt. Auf Seiten des Publikums dagegen müßte jeder informationswillige Anleger Parallelinformationen beziehen. Kostenmäßig vertretbar erscheint eine Überprüfung von Randbedingungen durch Anleger daher allenfalls bei den nahezu kostenlosen branchen- und gesamtwirtschaftlichen Prognoseinputs oder bei Bonitätsannahmen über große Vertragspartner der Anlagegesellschaft.[1]

Zu 3. Halten Anleger einen anderen Wert einer deterministischen Randbedingung (oder eine andere Verteilung einer mehrwertigen) für plausibel als der Emittent, müssen sie die Erfolgsprognose entsprechend korrigieren. Das stößt indes auf zwei Schwierigkeiten. Erstens: In einem Prognosemodell, wie Emittenten es nach GoP erstellen, sind alle Randbedingungen zu einem komplexen Beziehungsgeflecht verwoben. Alle diese Abhängigkeiten müßte der Anleger kennen, wollte er die Erfolgsprognose so abändern, wie es die Korrektur einer Randbedingung erfordert. Nimmt er für ein geplantes Einkaufszentrum eine andere Auslastungsquote an als das Management, beeinflußt das nicht nur die projektierten Mieteinnahmen, sondern auch die gesamte Kostenstruktur, müßte u.U. sogar Anpassungsmaßnahmen "einschalten", die das Management geplant hat. Clark u.a. bemerken dazu: "However, given the complex interactions among assumptions, the investor may or may not ascertain the direction of change in the forecast if he substituted other values for those contained in the assumptions. Except in very rudimentary circumstances, they would not permit him to trace the effect of a change in an assumption through the crisscrossing interrelationships of sales and costs to a specific variation in net income. The number and diverse combinations of variables which intervene between sales and net income raise a formidable obstacle to such calculation and would entail a substantive extension in the disclosure of information

1 Restriktiver noch meint W. Busse v. Colbe, Prognosepublizität, 1968, S. 115, daß externe Aktionäre Prämissen von Gewinnprognosen überhaupt nicht beurteilen könnten.

now viewed as confidential. At a minimum, it would imply publication of the full forecasting model and operating structure of the firm."[1] Das aber ginge weit über jede realisierbare Publizität hinaus.

Zweitens: Wollten Anleger korrigierte Verteilungen der Randbedingungen zu Erfolgsprognosen aggregieren, benötigten sie dazu - ebenso wie Emittenten - einen Computer mit Simulationsprogramm. Das erhöhte die Informationskosten erheblich.[2]

Diese Schwierigkeiten scheint ein weiterreichender Vorschlag zunächst auszuräumen: Der Emittent veröffentliche nicht nur die ordnungsmäßige Erfolgsverteilung mit ihren (ein- und mehrwertigen) Randbedingungen, er nehme vielmehr darüber hinaus noch andere Ausprägungen der Prämissen an, kombiniere sie zu mehreren möglichen Szenarien und simuliere für jedes Szenario die zugehörige Erfolgsverteilung. Sodann publiziere er Szenarien und bedingte Prognosen. Der Anleger muß nur noch entscheiden, welches Szenario am wahrscheinlichsten ist, die dazugehörige Erfolgsprognose kann er dem Prospekt entnehmen.[3] Auch hier wird die Beurteilung von

---

1 J.J. Clark, P. Elgers und R.E. Speagle, Assumptions in Financial Forecasts, 1974, S. 67; auch D.R. Carmichael, Financial Forecasts, 1974, S. 85. K. Beermann, F. Fülling und A. Sperl, Zusatzinformationen, 1976, S. 201 weisen darauf hin, daß Externe zum "Nachvollziehen" der Managementprognose alle Informationen über Umweltlagen, geplante Maßnahmen und verwendete Hypothesen (Modellstruktur) benötigen.

2 Beide Schwierigkeiten treten nur in ganz einfachen Fällen nicht auf, beispielsweise wenn der Anleger einen anderen Verkaufserlös eines Bauherrenmodells für plausibel hält und eine korrigierte Gesamtrendite errechnen möchte. Hier ist das Modell einfach. Bei ganzen Unternehmen, wie sie zunehmend am Grauen Markt dominieren, sind solche einfachen Konstellationen die Ausnahme. Wenn H. Schmidt, Disclosure, 1983, S. 38, FN 8 mit der "combined leverage formula" ein Modell erwähnt, das es Investoren angeblich erlaubt, "to translate expected changes in sales into changes in earnings and dividends", so handelt es sich - wie von Schmidt erwähnt - tatsächlich nur um eine "simple illustration".

3 Zum Vorschlag, alternative Szenarien nebst zugehöriger Verteilung des Unternehmenserfolgs zu veröffentlichen z.B. D.L.S. Chang und S.S. Liao, Forecast Reliability, 1977, S. 82-84 (die statt "Szenario" den Begriff "set of assumptions" verwenden); auch D. Rückle, Externe Prognosen, 1984, S. 63; H. Giersch und H. Schmidt, Offene Märkte, 1986, S. 72.

Randbedingungen auf den Anleger abgewälzt, nur bleibt ihm offenbar das problematische Umsetzen eigener Vorstellungen über die Entwicklung von Randbedingungen in eine dazu passende Erfolgsprognose erspart.

Beispielsweise könnte ein Szenario lauten, das Branchenwachstum betrage 8 Prozent und alle Vertragspartner blieben solvent, ein anderes, die Branche wachse nur um 2 Prozent und ein wichtiger Vertragspartner falle aus. Für alle von diesen Randbedingungen unabhängigen Variablen seien konstante, für beide Szenarien identische Verteilungen angenommen. Das erste Szenario ergebe eine Verteilung der Gesamtrendite mit dem Erwartungswert 10 Prozent, das zweite lasse nur 5 Prozent erwarten.

Bei näherem Hinsehen löst die Szenariotechnik das Umsetzungsproblem des Anlegers allerdings nur in Ansätzen. Denn strenggenommen ermöglicht sie ihm nicht, eine Erfolgsprognose des Managements aufgrund eigener Annahmen über Randbedingungen zu korrigieren, vielmehr erlaubt sie nur eine Auswahl zwischen vorgegebenen Szenarien. Eine Vorhersage des Unternehmenserfolgs, die zu den Annahmen des Anlegers paßt, liefert ihm der Prospekt nur, wenn sich Anlegervorstellungen und veröffentlichte Szenarien zufällig decken. Das aber wird selten der Fall sein, denn hier geht es gerade um die Frage, ob Emittenten aus Kostengründen ihrer Prognose wenig fundierte, im Extrem völlig hypothetische Randbedingungen zugrundelegen dürfen. Dann wird ein um Information bemühter Investor i.d.R. zu anderen, nämlich besser begründeten Annahmen gelangen, als die Szenarien ausweisen, dann nützen ihm die szenarioabhängigen Erfolgsprognosen nichts. Erwartet der Anleger im obigen Beispiel statt 8 oder 2 Prozent Branchenwachstum 5 Prozent, fehlt ihm der zugehörige Unternehmenserfolg. Er kann ihn auch nicht einfach interpolieren, denn Unternehmensergebisse verändern sich nicht proportional zur Variation ihrer Randbedingungen.[1])

Allerdings wächst die Chance des Investors, im Prospekt ein Szenario zu finden, das zufällig seinen eigenen Vorstellungen gleicht, je mehr Szenarien der Prospekt ausweist. Die Zahl möglicher Szenarien ist jedoch sehr hoch; schon wenige Ausprägungen weniger Randbedingungen lassen sich zu einer Vielzahl durchaus plausibler Szenarien kombinieren. Der Prospekt kann aber nur eine geringe Anzahl veröffentlichen. Die Szenariotechnik löst das Umsetzungsproblem des Anlegers daher nur unzureichend.

Einwenden ließe sich jedoch, Szenarien seien für drei Anwendungsfälle durchaus zweckmäßig:

- Bei Randbedingungen, die nur zwei Ausprägungen annehmen können und den Erfolg stark beeinflussen. Gedacht ist beispielsweise an die Anerkennung der steuerlichen Konzeption durch die Finanzverwaltung. Alternative Erfolgsprognosen auf Basis der Szenarien Anerkennung/Nichtanerkennung können hier sinnvoll sein[2]). Allerdings stellen solche Randbedingungen eine Ausnahme dar.

- Für Umweltlagen, die Extrementwicklungen des Erfolgs, beispielsweise hohe Gewinne oder Totalverluste erwarten lassen[3]). Doch dürften solche Extremszenarien nur selten den Vorstellungen des Anlegers über die wahrscheinlichste Zukunftsentwicklung entsprechen. Aber auch zur Beurteilung, wie wahrscheinlich beispielsweise Totalverlust ist, eignen sie sich nur bedingt: Stets können mehrere Kombinationen möglicher Randbedingungswerte (mehrere Szenarien) Totalverlust zur Folge haben. Hält der Anleger ein ausgewiesenes Extremszenario für unglaubhaft, heißt das deshalb

---

1 D.R. Carmichael, Financial Forecasts, 1974, S. 85

2 D. Rückle, Externe Prognosen, 1984, S. 63

3 H. Giersch und H. Schmidt, Offene Märkte, 1986, S. 72

nicht, Totalverlust sei ebenfalls unglaubwürdig. Alle möglichen Extremszenarien auszuweisen, sprengte aber den vernünftigen Prospektumfang. Einzelne Extremszenarien üben daher zwar Warnfunktion aus, erlauben aber kein Urteil, wie wahrscheinlich Erfolgsextreme sind.

- Als Aussage über die Sensibilität des Unternehmenserfolgs. Stellt der Prospekt zwei Szenarien mit Erfolgsprognose einander gegenüber, zeigt das, wie empfindlich der Erfolg auf (bestimmte) Variationen einer (oder bestimmte, gleichzeitige Änderungen mehrerer) Randbedingungen reagiert.[1] Diese Information ist jedoch unabhängig davon, wie glaubwürdig die gegenübergestellten Szenarien jeweils sind; es geht nicht um die Umsetzung eigener Vorstellung des Anlegers über Randbedingungen in Erfolgsvorhersagen, sondern um Aussagen über das Risiko einer Anlage.

In allen Fällen liefern Szenarien entscheidungsrelevante Information, sie stellen jedoch nach wie vor keine generelle Hilfe für einen Anleger dar, der individuelle Annahmen über Prognoseprämissen in Erfolgsvorhersagen transformieren möchte.

Ruft man sich darüber hinaus vor Augen zurück, daß Anleger gegenüber Emittenten keine Kostenvorteile haben, wenn sie Informationen über Randbedingungen beschaffen (vgl. oben zu 2.), so läßt sich für die zentrale Frage nach einer anderen Aufteilung der Informationspflichten folgern: Die Gesamtsumme der Informationskosten verringert sich nicht, wenn den Emittenten bei der Vorhersage der Randbedingungen Sorgfalt erlassen und die Beurteilung dieser Prognoseprämissen auf das Anlegerpublikum abgewälzt wird. Daher sollte das Management nach wie vor eine Verteilung des Unternehmenserfolgs prognostizieren, die sich auf sorgfältig ermittelte, gut begründete Annahmen stützt, wie es die GoP in Teil 3.C. fordern.

---

1 D.L.S. Chang und S.S. Liao, Forecast Reliability, 1977, S. 84 u. 86

Ähnliche Überlegungen mögen das AICPA dazu bewogen haben, accountants die Mitwirkung an projections zu verbieten, sofern diese Vorhersagen auch "passive users" - hierzu zählen ausdrücklich private Investoren - zugänglich sind. Für "general use" sind nur forecasts zulässig, die auf wohlfundierten und für glaubhaft gehaltenen Prämissen basieren.[1)]

Jetzt stellt sich die Frage, welche Konsequenzen der Ausweis wohlfundierter Erfolgsprognosen für den weiteren Prospektinhalt hat. Die Literatur fordert üblicherweise, Randbedingungen auszuweisen.[2)] Bei sorgfältig gewonnenen Prämissen wohlfundierter Prognosen ist das jedoch strenggenommen überflüssig: Weder kann sich der Anleger zu geringeren Informationskosten bessere Vorstellungen über Randbedingungen verschaffen als Emittenten, noch könnte er solche Vorstellungen in korrigierte Erfolgsprognosen umsetzen. Konsequent argumentiert, dürften sich Emittenten darauf beschränken, eine ordnungsmäßige Prognose des Unternehmenserfolgs ohne weitere Zusatzinformation zu veröffentlichen.[3)]

Diese Lösung erscheint radikal. Optimal ist sie nur, wenn Anleger nicht nur, wie oben gezeigt, außerstande sind, Erfolgsprognosen durch Prämissenkorrektur zu verbessern, sondern auch Zusatzinformationen nicht zu anderen Analyseschritten verwenden können, die ihre Erwartungen gegenüber der Erfolgsprognose verbessern

1 AICPA, Statement on Prospective Financial Information, 1985, Abschn. 8, 9; dazu: D.M. Guy und D. Pallais, Prospective Financial Statements, 1986, S. 91 f. Bei projections dürfen accountants nur mitwirken, wenn diese ausschließlich für "aktive" Verhandlungspartner des Managements, wie z.B. Banken gedacht sind.

2 Z.B. D. Rückle, Externe Prognosen, 1984, S. 66. Auch das AICPA verlangt, die (wohlfundierten) Prämissen von forecasts zu veröffentlichen.

3 Auch W. Busse v. Colbe, Prognosepublizität, 1986, S. 115 hält den Prämissenausweis für überflüssig, weil Aktionäre Randbedingungen nicht beurteilen könnten. Er fordert daher "Grundsätze ordnungsmäßige Prognose und Planung" (S. 116), damit Externe der - prämissenlosen - Prognose vertrauen können.

und die Informationskosten insgesamt verringern. Das prüft der folgende Abschnitt.

c. Abschätzung des Informationsrisikos ordnungsmäßiger Erfolgsprognosen

Wie eben gezeigt, sinken die Informationskosten insgesamt nicht, wenn Emittenten nur Rohmaterial für Anlegerprognosen oder aber schlecht fundierte Vorhersagen veröffentlichen, die vom Anleger geprüft und ggfs. korrigiert werden müßten. Der Prospekt sollte daher eine wohlfundierte Erfolgsprognose ausweisen, wie sie nach den GoP zu erstellen ist.

Das muß jedoch noch nicht das Minimum der Informationskosten garantieren. Verwenden Investoren die ordnungsmäßige Prognose ohne weitere Analysetätigkeit, so entstehen Informationskosten: Die Vorhersage ist ein Kompromiß zwischen Informationsproduktionskosten des Emittenten und Prognosequalität, sie birgt daher Risiken der Falsch- oder Schlechtinformation. Übersieht der Anleger diese Informationsrisiken, so schlagen sie als Folgekosten schlechter Prospektinterpretation zu Buche. Möglicherweise aber verringert es die Informationskosten, wenn der Investor die ordnungsmäßige Erfolgsprognose nicht unbesehen seiner Entscheidung zugrundelegt, sondern abschätzt, wie hoch die Informationsrisiken sind.

Herrscht Informationsrisiko, so spiegelt die Verteilung des Unternehmenserfolgs möglicherweise nicht alle Risiken korrekt wider. Bei einer Erfolgsprognose nach GoP kann das der Fall sein, weil dem Management Ermessensspielräume bleiben, die nicht nur zu wohlfundierten, sondern auch zu manipulierten oder irrtümlichen Vorhersagen verleiten können, und weil einige, im Einzelfall mehr oder minder stark vorhandene Risiken, generell vernachlässigt und durch Sicherheitsfiktionen ersetzt werden dürfen (z.B. das Risiko anlegerschädlicher Planrevision). Daher muß ein Anleger zwei Fragen beantworten:

1. Wie weit spiegelt eine ordnungsmäßige Verteilung des Unternehmensergebnisses alle Risiken wider, mit denen die Erfolgsdeterminanten behaftet sind?
2. Mit wieviel mehr Unsicherheit als ausgewiesen muß ich rechnen?

Um sie zu beantworten, kann der Investor wie folgt vorgehen: Er analysiert die Prognosegrundsätze und schätzt pauschal mögliche Schäden ab, die aus ihren Unvollkommenheiten erwachsen können. Oder er zieht eigene und fremde Erfahrungen mit normierten Prospekten heran. Sodann kalkuliert er seine Preisgrenze für den Kauf des Beteiligungstitels. Das geschieht auf Basis der normierten Prospektprognose. Die erwarteten Schäden aus (trotz GoP noch möglicher) Schlechtinformation kompensiert er durch einen Abschlag von seiner Preisgrenze.[1)]

Allerdings vermittelt die Analyse dem Anleger nur ein Bild, wie hoch Informationsrisiken normierter Prospekte im Durchschnitt sind; nur gegen durchschnittliche Schäden schützt er sich. Gibt er sich damit zufrieden, so benötigt er neben der Erfolgsprognose und dem Wissen um durchschnittliche Schäden keine weiteren Informationen über das Anlageobjekt selbst.[2)]

Will der Anleger nicht nur durchschnittliche Schäden berücksichtigen, sondern exaktere Sicherungsabschläge ansetzen, so stellt sich ihm die Frage, welche Schäden aus Schlechtinformation er bei der einzelnen Anlageofferte erwarten muß. Das ist von Anlage zu Anlage ver-

---

1 Vgl. Teil 2, A.II.2. und die dort zit. Lit.

2 Würden Anleger jeden Initiator durch einen durchschnittlichen Abschlag "bestrafen", unabhängig davon, wie gut er sich darum bemüht, Ermessensspielräume zu hochwertiger Prognostik zu nutzen, so sähe kein Initiator eine Veranlassung, besser als durchschnittlich zu sein. Dadurch setzte möglicherweise ein "lemon-process" ein, wie er schon in Teil 3, C.II.3.a. erwähnt wurde - bis alle Emittenten so schlechte Prognosen aufstellen, wie die GoP es gerade noch erlauben. Durchschnittliche Sicherungsabschläge sind daher wenig wünschenswert.

schieden, obwohl ihre Prognosen nach einheitlichen GoP gewonnen werden: Beispielsweise können Vermögensverschiebungsrisiken bei Projekten seriöser Daueremittenten oftmals so gut wie ausgeschlossen werden. Erfolgsprognosen nach GoP, die solche Risiken generell vernachlässigen, spiegeln dann die "tatsächliche" Risikosituation dieser Anlagen relativ gut wider; gegenüber dem Durchschnitt wären geringere Sicherungsabschläge erforderlich. In anderen Fällen sind Initiatoren weniger als durchschnittlich motiviert, Ermessensspielräume bewußt zu Schönfärberei zu mißbrauchen, beispielsweise wenn eine Branche ohnehin starkes Wachstum aufweist. Hat sich ein Management bereits wiederholt als augenfällig prognosekompetent ausgezeichnet, so ist die Gefahr des Prognoseirrtums innerhalb gelassener Freiräume geringer als im Schnitt.

Wie gut die Prognose eines bestimmten Prospekts das Risiko einer Anlage tatsächlich reflektiert, erschließt sich dem Anleger daher dann, wenn er zunächst - wie bei der Durchschnittsbetrachtung - die Schwachstellen der GoP analysiert, dann aber darüber hinaus Antworten auf zwei Fragen findet:

1. Bestehen beim jeweiligen Anlageangebot Risiken dort, wo die ordnungsmäßige Prospektprognose auf Sicherheitsfiktionen basiert?

2. Welche Möglichkeit und Motivation hat ein Management im Einzelfall, Ermessensspielräume bewußt irreführend zu nutzen, oder wie groß ist die Gefahr, daß ein Management irrtümlich nicht so gut informiert wie möglich?

Um diese Fragen zu beantworten, muß der Anleger neben der Prognose des Unternehmenserfolgs weitere Informationen auswerten. Ermöglichen diese Informationen - wie beispielsweise Angaben über die Prognosekompetenz des Managements - Antworten auf die Fragen, so sind sie Indikatoren des Informationsrisikos. Hat der Investor auf diese Weise genauere Vorstellungen über mögliche Schlechtinformation eines bestimmten Prospekts gewonnen, kann er wiederum auf Grundlage der publizierten Erfolgsprognose eine Preisgrenze kalkulieren und das Informationsrisiko durch einen - jetzt exakteren - Preisabschlag berücksichtigen.

Für die Aufteilung der Informationspflichten läßt sich als Zwischenergebnis festhalten: Emittenten veröffentlichen eine Prognose des Unternehmenserfolgs, die sie nach den bisher aufgestellten GoP gewonnen haben. Anleger versuchen, Indikatoren des Informationsrisikos zu interpretieren, mit dem diese Prognose noch behaftet ist. Damit die Informationskosten dadurch tatsächlich ihr Minimum erreichen, muß jedoch noch eine Bedingung erfüllt sein: Die Interpretationskosten dürfen nicht höher sein als der bewertete Qualitätsfortschritt, den Anleger bei ihren Vorstellungen über den Wert der Anlage erzielen, d.h. die Folgekosten schlechter Prospektinterpretation haben um mehr abzunehmen als es kostet, die Indikatoren auszuwerten. Das wird umso eher der Fall sein, je mehr

- Anleger Kenntnisse über die Schwachstellen des GoP-Systems (Meta-Information) haben oder billig erwerben
- ihnen Indikatoren verfügbar sind, die das Informationsrisiko zuverlässig anzeigen und selbst billig produziert und ggfs. publiziert werden können
- Anleger nomologisches Wissen besitzen oder zu geringen Kosten übermittelt bekommen, mit dessen Hilfe sie Indikatoren auswerten und in Vorstellungen über das Informationsrisiko eines Prospekts umsetzen können.

Sollen diese Anforderungen erfüllt und derart die Informationskosten minimiert werden, muß der Prospekt möglicherweise selbst einen Teil der Informationen bereitstellen, die zur Abschätzung seines Informationsrisikos erforderlich sind. Diese Informationen müssen darüber hinaus eine bestimmte Qualität aufweisen. Daher sind im weiteren Verlauf der Arbeit Prospektgrundsätze aufzustellen, die den Emittenten verbindliche Antworten auf folgende Fragen geben sollten: Welche Informationen muß der Prospekt neben der Erfolgsprognose veröffentlichen? Wie müssen diese Informationen beschaffen sein? Wie sind sie aus der internen Planung und dem internen Prognosewerk zu gewinnen? Diese Anweisungen sind wiederum den Grundsätzen Wahrheit, Klarheit und Vollständigkeit zuzuordnen.

II. Wahrheitsgrundsätze für anlegerorientierte Prospekte

1. Definition der Prospektwahrheit und Auswirkungen auf die Informationskosten

Es ließe sich definieren, wahre Prospekte müßten mit der Wirklichkeit übereinstimmen (empirische Wahrheit). Dagegen sprechen zwei Gründe. Erstens enthält ein Prospekt auch Prognosen; für sie kann empirische Wahrheit ex-ante nicht gelten. Zweitens bildet der Prospekt nicht unmittelbar die (künftige) Realität ab, sondern wird aus der ordnungsmäßigen internen Planung und Prognose gewonnen. Er ist daher nur Abbild eines Modells - das allerdings seinerseits die Realität beschreibt. Wie dieses Modell die Realität erfaßt, bestimmen die GoP für interne Prognosen. Prospektwahrheit bezieht sich infolgedessen ausschließlich auf die Übereinstimmung zwischen ordnungsmäßiger Planung und Prospekt.[1)]

Ein Prospekt entsteht, indem zunächst gefragt wird, welche Informationen aus internen Plänen und Prognosen prospektrelevant sind. Das beantworten die Vollständigkeitsgrundsätze in D.IV. Diese Angaben müssen "wahr" im Prospekt veröffentlicht werden. Einen Teil der Informationen wird das Management direkt und unverändert aus den Plänen in den Prospekt übertragen können. Hier

---

1 P. Kupsch, Prüfungswesen, 1985, S. 1153 erwähnt die "Überleitung" interner in externe Prognosen als Prüfungsgegenstand bei Prognoseprüfungen. Möglicherweise benötigen Anleger jedoch zur Interpretation der externen Prognose auch einige Informationen, die nicht aus der internen Planung stammen. Für solche "planungsfremden" Informationen greifen Überleitungsgrundsätze nicht, hier wären gesonderte Wahrheitsnormen zu formulieren. Sie müßten den Grundsätzen für Planungsinputs entsprechen.

müssen Wahrheitsgrundsätze die Übereinstimmung interner und externer Informationen garantieren. Um andere Angaben in prospekttauglicher Form zu gewinnen, müssen Planungsinformationen dagegen aggregiert oder in formaler Hinsicht umgeformt werden. Beispielsweise könnte die Erfolgsprognose (auch) als Grafik veröffentlicht werden, weil das ihren Aufmerksamkeitswert erhöht.[1] Bei Umformung und Aggregation entfällt die "Übereinstimmung" von internen und externen Informationen. Stattdessen müssen Aggregations- und Umformungsprozesse durch verfahrensbezogene Grundsätze geregelt werden. Grundsätze der Prospektwahrheit legen daher fest,

- wie Planungsinformationen in Prospektangaben übergeleitet werden, wenn sie nicht verdichtet oder umgeformt werden müssen
- wie erforderliche Aggregations- und Umformungsprozesse vorzunehmen sind.

Auch Grundsätze der Prospektwahrheit werden nach dem Kriterium minimaler Informationskosten ausgewählt. Es ist zu untersuchen, wie denkbare Grundsätze die einzelnen Arten von Informationskosten beeinflussen und welche Gesamteffekte sich ergeben.

Regelt man die Überleitungsschritte, können folgende Kostenarten betroffen sein:

- Prospekterstellungskosten in Form bewerteter Zeit für Umformungen, Rechnungen etc.
- Prüfungskosten für die Kontrolle der Überleitungsschritte
- Folgekosten schlechter Prospektinterpretation, wenn Anleger Möglichkeiten schlechter Übertragung nicht erkennen, ansonsten
- Sicherungskosten gegen Informationsrisiken, oder

1 Bei welchen Angaben formale Umformungen nötig sind und wie das Resultat in formaler Hinsicht aussehen soll, ist eine Frage der Prospektklarheit, vgl. D.III.

- Informationsbeschaffungskosten und Analysekosten, wenn Investoren vermutete Überleitungsfehler korrigieren wollen.

Die folgenden Grundsätze der Prospektwahrheit sollen zur Minimierung dieser Kosten beitragen.

2. Grundsätze der Prospektwahrheit

Wie Teil 3, D.I. gezeigt hat, erhöht es die Informationskosten, wenn Emittenten Erfolgsprognosen veröffentlichen, deren Qualität geringer ist, als es die Prognosegrundsätze aus Teil 3, C. verlangen. Prospektwahrheit heißt daher, die Überleitungs- und Umformungsprozesse, mit denen das Management Prospektangaben gewinnt, dürfen die externen Informationen den internen gegenüber nicht verfälschen[1]. Das muß vom Prospektprüfer kontrolliert werden, denn Anleger können Übertragungsmanipulationen nicht erkennen. Da es sich um einfache Prüfungsprozesse handelt, werden die Prüfungskosten nur gering sein[2]. Was "unverfälschte" Übertragung heißt, sei jetzt konkretisiert.

Können Planungsinformationen unverdichtet und ohne Umformung in den Prospekt übertragen werden, so entspricht das der Übernahme von Fremdinformationen in die interne Planung: In beiden Fällen sind bereits dokumentierte Informationen identisch abzubilden. Numerische Planungsinformationen muß der Prospektherausgeber dazu in gleicher Höhe (gleiche Anzahl und Art von Maßeinheiten) im Prospekt ausweisen und sie sachlich genauso bezeichnen wie in den Plänen. Kommt die Übernahme verbaler Information in Betracht - beispielsweise bei der

---

1 Allerdings bringt jede Aggregation Informationsverluste mit sich. Wieweit aggregiert wird, soll jedoch von den Klarheits- und Vollständigkeitsgrundsätzen geregelt werden. Negative Wirkungen des Informationsverlusts sind dort zu erfassen. Prospektwahrheit, wie sie hier definiert ist, erfaßt nur die logische Richtigkeit von Transformationsprozessen.

2 So läßt das IdW, Grundsätze, 1987, D.III., Anm. 3, bei umfangreichen Zahlenwerken, die nur verdichtet in den Prospekt eingehen, stichprobenweise Prüfung zu.

Beschreibung geplanter Maßnahmen oder bei qualitativen Prognosen - müßte das wörtlich geschehen. Allerdings wird man verbale Informationen, die zunächst für interne Zwecke formuliert wurden, unter Klarheitsgesichtspunkten oftmals umformen müssen, bevor sie veröffentlicht werden.[1]

Einen Großteil der Prospektangaben gewinnt der Prospektherausgeber, indem er Planungsinhalte aggregiert. Quantitative Planungsinformationen werden durch Rechenoperationen verdichtet, die von einfachen Prozessen wie Saldierungen bis hin zur Errechnung betriebswirtschaftlicher Kennzahlen oder statistischer Maße reichen. Um wahr zu sein, sind die Rechnungen formal richtig, d.h. den mathematischen und statistischen Definitionen und Regeln gemäß durchzuführen.

Soll der Prospektherausgeber verbale Planungsinformationen für den Prospekt zusammenfassen, so existieren dafür keine formalen Kalküle. Verbale Informationen lassen sich nur verdichten, indem das Management unwesentliche Sachverhalte herausfiltert oder ausführliche Darstellungen durch einen kürzeren, gleichwohl "treffenden" Ausdruck ersetzt. Das aber ist eine Frage der Klarheit und Vollständigkeit; Wahrheit als Grundsatz für Überleitungsprozesse greift hier nicht.

Ein ähnliches Problem ergibt sich bei formalen Umformungen, beispielsweise bei der Transformation numerischer Planinformation in eine Grafik. Verfahrensregeln erscheinen hier wenig praktikabel. Immerhin könnte man dem Wahrheitsgrundsatz folgende Forderung zuordnen: Die Größenordnung eines grafisch dargestellten Sachverhalts muß beim Ablesen auf der Skala der Grafik den richtigen, d.h. den numerischen Wert aus der Planung ergeben. Darüber hinaus soll die Relation mehrerer Größen in einer Grafik ihren numerischen Größenverhältnissen

---

1 S. Gotz-Martin, Informations-Qualität, 1976, S. 69 meint, daß zwischen Management und Externen kein einheitlicher Sprachgebrauch vorausgesetzt werden könne.

entsprechen.[1] Weitere Grundsätze für grafische Darstellungen - sollen beispielsweise Block- oder Kreisdiagramme verwendet werden? - betreffen die formale Abbildung der Planungsinformation im Prospekt und lassen sich eher Klarheitsgesichtspunkten subsumieren.

Damit sind Grundsätze für Überleitungsprozesse erschöpfend behandelt. Abschließend ist auf die Wahrheit "planungsfremder" Prospektinformationen einzugehen: Möglicherweise benötigt der Anleger auch Informationen, die nicht in die Planung des Emittenten eingeflossen sind. Solche Informationen sind noch nicht durch GoP für interne Prognosen reglementiert und werden auch von den Überleitungsgrundsätzen nicht erfaßt. Daher sind gesonderte Wahrheitsgrundsätze zu formulieren.

Für eine Reihe solcher Informationen, nämlich für faktische, prognostische und für Fachwissen, das Anlegern z.B. bestimmte Risiken erläutert, ist das problemlos: Faktische Informationen müssen empirisch wahr sein, planungsfremde Prognosen kompetenten Fremdquellen entstammen, da ihre Qualität sonst ungeklärt bleibt.[2] Fachwissen muß den anerkannten betriebswirtschaftlichen, juristischen oder technischen Kenntnissen entsprechen; der Prospektprüfer kann das - ggfs. mit Expertenrat - überprüfen.

Problematischer dagegen sind Wahrheitsgrundsätze für Werturteile im Prospekt. Solche Urteile beziehen sich entweder auf das gesamte Anlageobjekt und dessen Erfolgsaussichten ("hervorragendes Renditeobjekt, attraktive Rendite") oder auf einzelne Determinanten des Unternehmenserfolgs ("angemessene Managemententlohnung, besonders leistungsfähige Vertragspartner"). Sie finden sich in beinahe jedem Prospekt des Grauen Markts und sind weitgehend positiv gefärbt, denn: "Prospekte die-

---

1 Beispielsweise darf in einem Kreisdiagramm eine farbig herausgestellte Größe von 50 % nicht mehr aber auch nicht weniger als den Halbkreis umfassen.

2 Diese Regeln sind identisch mit den Wahrheitsgrundsätzen für faktische und fremdbezogene Prognoseinputs aus Teil 3, C.II.

nen ... zugleich der Absatzwerbung des kapitalsuchenden Unternehmens".[1] Solche Wertungen könnten aber nicht nur werbewirksam, sondern - sofern hinreichend objektivierbar - auch hilfreich sein, wenn Anleger die Informationsrisiken einer Erfolgsprognose abschätzen wollen.[2] Daher ist nach "Wahrheits"-Grundsätzen für solche Urteile zu fragen.[3]

Werturteile entstehen, indem der Bewertende ein Angebotsmerkmal mit seinem Präferenzsystem konfrontiert. Prinzipiell entziehen sie sich daher einer Objektivierung. Trotzdem bieten sich Ansatzpunkte für Wahrheitsgrundsätze, wenn Prospektherausgeber Urteile nicht absolut oder nur in Relation zu eigenen Präferenzen bilden dürfen, sondern sie komparativ zu allgemein zugänglichen Vergleichsmaßstäben formulieren müssen. Dann lassen sich folgende Grundsätze aufstellen:

- Werturteile dürfen nicht absolut, sondern müssen vergleichend ausgedrückt werden (nicht "attraktive", sondern "attraktivere Rendite als ...")
- sie haben sich auf konkret faßbare, quantifizierbare Merkmale der Anlage zu beziehen, damit ein Vergleich möglich ist (nicht "hervorragendes Angebot", sondern "attraktivere erwartete Nettoausschüttung auf das gezeichnete Nominalkapital als bei allen bisherigen Fonds des Emittenten")
- die behauptete Relation zur Vergleichsgröße muß richtig sein
- die Vergleichsgröße muß für Anleger oder Prospektprüfer nachprüfbar sein.

---

1 J. Köndgen, Prospekthaftung, 1983, S. 88

2 Erfährt der Anleger beispielsweise, daß Initiatoren tatsächlich "angemessen" entlohnt werden, ließe sich das als Indiz für (geringe) Vermögensverschiebungsrisiken deuten. Die ordnungsmäßige Erfolgsprognose, die Vermögensverschiebungsrisiken nicht reflektiert, gibt dann das Gesamtrisiko der Anlage gut wieder.

3 Auch nach den IdW-Grundsätzen ist die "Richtigkeit" von Werturteilen zu prüfen (IdW, Grundsätze, 1987, D.II. Anm. 3). Allerdings wird nicht konkretisiert, wann eine Wertung richtig ist.

Zwar werden Beurteilungen von Angebotsmerkmalen auch dann nicht vollkommen objektiv sein, wenn diese Grundsätze beachtet werden. Wer will entscheiden, ob 12 Prozent erwartete Rendite im Vergleich zur realisierten Durchschnittsrendite aller zuvor placierten Fonds eines Daueremittenten von 9 Prozent "alles bisherige in den Schatten stellen" oder nur "vergleichsweise günstig" sind? Hier jede Suggestivität verhindern zu wollen, hieße entweder, Sprache zu normieren oder dem Prospektprüfer eine entsprechende Wertungskontrolle abzuverlangen.[1] Ersteres erscheint wenig erfolgversprechend, letzteres erhöht die Prüfungskosten. Sind die Vergleichsmaßstäbe zugänglich, kann sich jeder Anleger ohne viel Aufwand selbst ein Bild machen. Schärfere Normen für Werturteile sind daher überflüssig.

Mit diesen Grundsätzen für planungsfremde Prospektinputs ist die Diskussion der Prospektwahrheit abgeschlossen. Der folgende Abschnitt stellt die Frage, wie die Resultate der eben diskutierten Überleitungs- und Aggregationsprozesse, die Prospektangaben, formal beschaffen sein müssen, damit sie der Forderung nach Klarheit genügen.

---

1 Zur Prüfung von Werturteilen in Prospekten D. Ulrich, Prüferische Aspekte, 1983, S. 28 f. Nach Ulrich soll der Prüfer beurteilen, ob Werturteile "vertretbar" sind und ob die "für das Werturteil maßgebenden Faktoren ... zutreffend angegeben sind". Attestiert der Prospekt einer Immobilie beispielsweise "hohen Freizeitwert", weil sie neben einem Tennisplatz liege, so muß der Prüfer die Lage des Tennisplatzes prüfen. Solche Urteile wären aber nach den eben aufgestellten Grundsätzen verboten, weil "hoch" nicht komparativ formuliert und "Freizeitwert" kein faßbares Angebotsmerkmal ist.

III. Klarheitsgrundsätze für anlegerorientierte Prospekte

1. Definition der Prospektklarheit und Auswirkungen auf die Informationskosten

Klarheit wird als Kriterium für die Verständlichkeit und Eindeutigkeit von Informationswerken angesehen.[1] Für Zwecke dieser Arbeit sind jedoch zwei Abgrenzungen nötig. Erstens: Wie gut sich ein Prospekt verstehen läßt, hängt auch davon ab, ob Anleger Prospektinformationen anhand ihrer model information miteinander verknüpfen können, also davon, welche und wieviel Informationen der Prospekt enthält. Das soll in dieser Arbeit als Vollständigkeits-, nicht aber als Klarheitsproblem eingestuft werden.

Zweitens: Müller[2] bemerkt, daß jede Rechnungslegung ein Modell der Wirklichkeit darstelle und nach bestimmten Regeln gewonnen werde. Ein Leser könne das Modell aber nur "verstehen", wenn ihm diese Regeln und ihre Implikationen bekannt seien. Klarheit hätte sich dann auch an dem theoretischen Wissen der Adressaten über Rechnungslegungsregeln zu orientieren. Auf den Prospekt übertragen hieße das, die GoP müßten so ausgewählt werden, daß Anleger sie nachvollziehen können. Soll der Anleger die Erfolgsprognose richtig verstehen, müßte er beispielsweise wissen, daß die Vorhersage nicht alle Risiken reflektiert. Besitzt er diese Meta-Information nicht und vermutet stattdessen, alle Risiken wären korrekt wiedergegeben, so hätten "klare" Prognosen auch alle Risiken zu berücksichtigen. Das verursacht jedoch hohe Informationskosten. Daher muß man auf Lernprozesse der Anleger vertrauen oder ihnen fehlende Meta-Information durch den Prospekt selbst

1 A. Moxter, Fundamentalgrundsätze, 1976, S. 93; J. Hagest und G. Kellinghusen, Prognoseprüfung, 1977, S. 414; U. Leffson, GoB, 1987, S. 209

2 K.-H. Müller, Auswahl von Rechnungslegungs-Vorschlägen, 1978, S. 149

vermitteln, beispielsweise durch einen theoretischen Anhang. Das aber betrifft wiederum die Frage, welche Informationen der Prospekt enthalten sollte, mithin die Vollständigkeit des Prospekts.

Prospektklarheit sei daher enger definiert: Es geht nicht um das zu übermittelnde Wissen selbst, nicht um die eigentliche Information, vielmehr regelt Klarheit nur, wie dieses Wissen dargestellt wird; es soll - in den bereits eingeführten Begriffen der Kommunikationstheorie ausgedrückt - ausschließlich um die Kodierung des Wissens durch Zeichen gehen.[1] Prospektklarheit ist insofern ein Kriterium für die formale Gestaltung des Prospekts.[2]

Definiert man so, lassen sich zwei Teilprobleme unterscheiden:

1. Die Gestaltung einzelner Prospektinformationen
2. Die Struktur des Gesamtprospekts, d.h. die Anordnung einzelner Informationen.[3]

Der erste Problemkomplex erfordert Grundsätze für folgende Fragestellungen: Sollen Prospektinformationen durch Zahlen, Worte oder Grafiken vermittelt werden (Zeichenart)? Sind sie absolut oder relativ zu formulieren? Wie eindeutig sind Prognosen anzugeben (Erwartungswerte, Intervalle oder Wahrscheinlichkeitsverteilungen)? Wie kann der sachliche und zeitliche Bezug von Informationen verdeutlicht werden? Sind bestimmte Angaben hervorzuheben oder zu wiederholen?

Zum zweiten Problemkomplex wären weitere Fragen zu klären: Wie ist der Prospekt zu gliedern? Wie muß der

---

1 Vgl. dazu Teil 2, A.I.1. und Teil 2, A.IV.

2 Den formalen Charakter der Klarheit betont U. Leffson, GoB, 1987, S. 207.

3 Zum Zusammenhang von Verständlichkeit eines Berichts und seiner Struktur G. Damm, Kommunikationsmedium Geschäftsbericht, Frankfurt/M. 1980, S. 45 ff.

Prospektherausgeber Einzelinformationen gruppieren? Wie ist die Zugriffsmöglichkeit auf bestimmte Informationen zu ermöglichen?

Klarheitsgrundsätze sollen diese Fragen so beantworten, daß die formale Gestaltung des Prospekts hilft, die Gesamtsumme der Informationskosten so gering werden zu lassen wie möglich. Im folgenden sei ein Überblick gegeben, welche Kostenarten von Klarheitsgrundsätzen betroffen sind und wie stark sich denkbare Regeln jeweils auswirken:

- Planungskosten des Emittenten werden offensichtlich nicht berührt.
- Prospekterstellungskosten variieren mit unterschiedlichen Klarheitsregeln insofern, als alternative Darstellungsformen (z.B. verbale vs. numerische Informationen) und Gliederungsschemata den Prospektumfang und damit die Druckkosten beeinflussen. Allerdings dürften alternative Formvorschriften nur bei einigen wenigen Darstellungsproblemen zu stark unterschiedlichem Prospektumfang führen, beispielsweise wenn alle prognostischen Zahlenangaben statt durch Punktwerte durch Verteilungen dargestellt werden müßten. In höherem Maße dagegen berühren unterschiedliche Gestaltungsanforderungen Arbeitsaufwand und damit Personalkosten für die Prospekterstellung. Muß das Management interne Planungsrechnungen stets in völlig andere Darstellungsformen transformieren, erfordert das Zeit.
- Prüfungskosten verhalten sich gegenüber unterschiedlichen Klarheitsregeln relativ stabil. Ob formale Anforderungen erfüllt sind, ist einfach prüfbar und weitgehend unabhängig davon, wie diese Anforderungen ausfallen. Eine Ausnahme sei angemerkt. Soll der Prospekt statt numerischer verbale Informationen enthalten und der Prüfer diese Angaben auf ihren Wahrheitsgehalt prüfen, so erfordert das von ihm erheblich mehr Ermessensentscheidungen als die Kontrolle eines reinen Zahlenwerks. Denn sprachliche Ausführungen sind kaum normierbar. Da immer die Gefahr droht, daß Anleger Verbalinformationen mißdeu-

ten, kann das Wahrheitstestat Haftungsrisiken bergen, die zu Mehrkosten führen.

- Folgekosten werden nur berührt, sollten Emittenten später gesonderte Ist-Rechnungen erstellen müssen, die Anlegern eine ex-post Kontrolle des Prospekts ermöglichen. Das ist nötig, wenn Prospekte formal so von der periodischen Publizität abweichen, daß beide Informationswerke von Externen überhaupt nicht verglichen werden können.

Auf Anlegerseite sind folgende Kostenarten von Klarheitsgrundsätzen betroffen:

- Informationsbeschaffungskosten treten nur auf, wenn Prospekte derart unklar gestaltet sind, daß Anleger besser aufbereitete Parallelinformationen aus anderen Quellen beziehen oder Berater zur Verdeutlichung konsultieren müssen. Entwickeln Marktregulatoren Klarheitsnormen, so haben sie daher einen relativ großen Gestaltungsspielraum, bevor diese Kostenart relevant wird.
- Klarheitsabhängige Kosten für Analysezeit entstehen dem Anleger, wenn er Prospektangaben in formaler Hinsicht aufbereiten, umgruppieren, saldieren, trennen oder im Prospekt suchen muß, bevor er sie "materiell" interpretieren kann.[1] Je weniger Schritte dieser Art er unternehmen muß, desto geringer sind die Analysekosten.[2]

---

1 Ein "formaler" Aufbereitungsschritt wäre es beispielsweise, wenn der Anleger aus einer Verteilung künftiger Erfolge die Varianz herausrechnet. Als "materielle" Interpretation könnten sich die Fragen anschließen: Was sagt die ermittelte Varianz über die Sicherheit des Erfolgs und über den Wert der Anlage aus? Beschreibt die Varianz alle denkbaren Risiken der Anlage hinreichend exakt?

2 K.-H. Müller, Auswahl von Rechnungslegungs-Vorschlägen, 1978, S., 156-161 versucht, die "Verständlichkeit" von Informationswerken zu operationalisieren, indem er sie an der Anzahl der Schritte zur Datenaufbereitung mißt, die ein Externer unternehmen muß, um dem Informationswerk die benötigte Information zu entnehmen; z.B.: Wieviele Rechenoperationen sind nötig, um aus einer Rechnungslegung eine Renditeziffer zu ermitteln? Als alleiniger Aspekt der Verständlichkeit oder gar Klarheit reicht dieses Kriterium jedoch nicht aus, wie die anderen betroffenen Kostenarten zeigen.

- Folgekosten schlechter Prospektinterpretation messen die Qualität von Anlegererwartungen. Hier könnte man meinen, deren Güte bestimme sich nur danach, welche Informationen der Anleger bekäme und welche "materielle" Qualität sie aufwiesen. In Teil 2, A.IV. zeigte sich jedoch bereits, daß formale Elemente die Aussagekraft materiell unveränderter Informationen beeinflussen: Beispielsweise werden bestimmte Informationen weniger beachtet, wenn der Prospekt sie in einer Form präsentiert, die dem Leser ungeeignet erscheint.[1] Auch Gewöhnung und die Vertrautheit mit der Gestaltungsform bestimmen mit, wie stark Adressaten eine Information in ihre Entscheidung einfließen lassen.[2] Die Darstellungsart beeinflußt offenbar, für wie wichtig der Anleger bestimmte Angaben hält, wirkt damit auf seine model information ein. Das aber verändert die Qualität herausgebildeter Erwartungen.

Anders als bei den Wahrheitsgrundsätzen - die auf die logische Richtigkeit von Überleitungs- und Aggregationsprozessen des Emittenten beschränkt sind - hängen manche Kosteneffekte formaler Gestaltungsalternativen auch vom Vorwissen und von Gestaltungsansprüchen des Anlegers ab. Daher muß bei den Klarheitsanforderungen auf die Inhomogenität des Anlegerpublikums geachtet werden.[3] Ggfs. sind Prospekte mit Blick auf unterschiedliche Zielgruppen formal zu differenzieren.

Im folgenden sollen konkrete Klarheitsgrundsätze diskutiert und im Hinblick auf die angesprochenen Informationskosten ausgewählt werden.

---

1 J. Bell, Presentation Form, 1984, S. 169 ff.

2 E.J. Lusk und M. Kersnick, The Effect of Cognitive Style and Report Format on Task Performance: The MIS Design Consequences, in: MSc, 25. Jg., 1979, Nr. 8, S. 797; H.C. Lucas und N.R. Nielsen, Information Presentation, 1980, S. 983, 991

3 Vgl. Teil 2, C.II.2.a.cc.

2. Grundsätze der Prospektklarheit

Wie oben in zwei Teilprobleme der Prospektklarheit unterschieden wurde, lassen sich auch Klarheitsgrundsätze einteilen in

- Grundsätze für die klare Darstellung einzelner Prospektangaben
- Grundsätze für die klare Struktur des Gesamtprospekts.

a. Klare Darstellung einzelner Prospektangaben

Geht es um die formale Gestaltung von Emissionspublizität, fragt sich zunächst, welche Grundform druckfähiger Wissensdarstellung - numerisch, grafisch, verbal - sich am besten eignet, potentielle Prospektinhalte abzubilden. Davon hängen fast alle weiteren Gestaltungsanforderungen ab. Ist die passende Grundform für denkbare Inhalte gefunden, wäre noch die günstigste Art herauszuarbeiten, wie diese Form im einzelnen auszugestalten ist. Beispielsweise können numerische Prognosen einwertig, als Intervallangaben oder als komplette Verteilungen veröffentlicht werden, für verbale Inhalte bietet sich neben dem Fachvokabular die Umgangssprache an. Diese Problemkomplexe lassen sich am einfachsten angehen, nachdem man einen Überblick über die prinzipiellen Vor- und Nachteile der drei Grundformen gewonnen hat. Daher folgt der vorliegende Abschnitt schrittweise drei Fragestellungen:

- Welche Vor- und Nachteile weisen die drei Grundformen formaler Wissensdarstellung prinzipiell auf?
- Welche Form soll welchen Inhalt abbilden?
- Wie sind Informationen einer bestimmten Grundform im Detail zu gestalten?

aa. Vor- und Nachteile einzelner Darstellungsformen

Bei den prinzipiellen Vor- und Nachteilen der Grundformen seien numerische Informationen zuerst betrachtet. Sie "messen" Merkmale eines Objekts, indem sie ihnen eine eindeutige Anzahl von Maßeinheiten zuordnen.[1] Sie können daher sehr genau sein, sind kurz, leicht prüfbar[2] und scheinen zunächst keinen Interpretationsspielraum aufzuweisen. Darüber hinaus bevorzugen Adressaten Zahlenangaben in vielen Fällen und berücksichtigen sie stärker als andere Formen.[3] Numerische Informationen, insbesondere numerische Prognosen, haben aber auch einen Nachteil: sie spiegeln oftmals eine nicht gerechtfertigte Genauigkeit vor.[4] Wieweit beispielsweise eine präzise numerische Prognose gerechtfertigt ist, die zukünftige Wirklichkeit also treffend beschreibt, hängt von der Qualität des Informationsgewinnungsprozesses ab; je schlechter sie ist, desto mehr trügt die Genauigkeit der Zahlenangabe. In diesem Sinn sind selbst numerische Größen interpretationsbedürftig.

Verbale Informationen trifft nicht der Vorwurf, scheingenau zu sein.[5] Daneben bieten sie den Vorteil, auch qualitatives Wissen vermitteln zu können.[6] In Spezialfällen schenken Informationsadressaten ihnen sogar mehr

---

1 P. Höflinger, Informationsoptimierung, 1975, S. 140

2 P. Höflinger, Informationsoptimierung, 1975, S. 141; auch D. Rückle, Externe Prognosen, 1984, S. 62

3 J. Bell, Presentation Form, 1984, S. 169

4 P. Höflinger, Informationsoptimierung, 1975, S. 141, 149-152; S. Grotz-Martin, Informations-Qualität, 1976, S. 68; D. Rückle, Externe Prognosen, 1984, S. 62

5 D. Rückle, Externe Prognosen, 1984, S. 62

6 D. Rückle, Externe Prognosen, 1984, S. 62

Aufmerksamkeit als numerischen Angaben.[1] Nachteile verbaler Informationen werden dagegen deutlich, denkt man an Interpretationsspielräume bei Begriffen und Sätzen: Sie verringern den Informationsgehalt von Aussagen, weil sie stets mehrere Möglichkeiten einschließen. Zwar lassen sich Begriffstypen unterschiedlicher Eindeutigkeit definieren (von der oftmals mehrdeutigen Umgangs- bis zu einer normierten Fachsprache, deren Bedeutung durch Konventionen festgelegt ist)[2], doch: Normierte Fachsprache setzt voraus, daß der Adressat die standardisierte Bedeutung ihrer Begriffe kennt, Umgangssprache wiederum kann zu "semantischen Störungen" führen, wenn Anleger beispielsweise eine andere Vorstellung davon haben, was ein "leistungsstarker" Vertragspartner ist als Emittenten.[3] Ein zweiter Nachteil verbaler Information tritt zutage, wenn hohe Genauigkeit erforderlich oder ein komplexer Sachverhalt abzubilden ist. Beides verlangt eine zunehmende Anzahl verbaler Einzelinformationen[4] und erhöht dadurch Prospektumfang und Analysezeit.

Grafische Abbildungen als letzte Grundform können Sachverhalte besonders anschaulich, übersichtlich, akzentuiert und auf das Wesentliche reduziert darstel-

---

1 Vgl. die empirischen Ergebnisse von J. Bell, Presentation Form, 1984. So bevorzugten Adressaten bei innovativen Unternehmen Informationen in verbaler Form - offensichtlich weil sie quantitativen Angaben bei Sachverhalten mit Neuigkeitscharakter nicht trauen. Bei etablierten Produktionsunternehmen reagierten die Adressaten umgekehrt. (Allerdings galt die Präferenz für Verbalinformationen überraschenderweise nicht auch für die Ertragsprognosen der innovativen Firmen. Hier wurden Zahlen bevorzugt. Möglicherweise spielte dabei die Gewöhnung der Testpersonen (Finanzanalysten) an quantitative Gewinnschätzungen etc. eine Rolle.)

2 Eine differenziertere Einteilung verbaler Ausdrücke findet sich bei P. Höflinger, Informationsoptimierung, 1975, S. 142

3 Vgl. Teil 2, C.II.2.a.aa.

4 P. Höflinger, Informationsoptimierung, 1975, S. 152

len.[1] Allerdings erreichen sie nicht die Genauigkeit und Ausführlichkeit anderer Darstellungsformen.[2] Werden Informationen ausschließlich grafisch präsentiert, schenken Adressaten ihnen zudem wenig Aufmerksamkeit.[3] Subtile Manipulationsmöglichkeiten sprechen ebenfalls gegen grafische Darstellungsformen.[4]

bb. Regeln für die Zuordnung von Inhalt und Form

Nach diesem Überblick über prinzipielle Vor- und Nachteile der drei Grundformen möglicher Informations-Präsentation steht jetzt die zweite eingangs aufgeworfene Frage zur Diskussion: Welche Formen sollen herangezogen werden, um bestimmte Informationen darzustellen? Diese Frage unterstellt jedoch, die Form, in der eine Information ursprünglich vorliegt - beispielsweise der numerische Output einer Fremdquelle - ließe sich für den Prospekt beliebig austauschen. Eine Transformation von einer Form in die andere ist jedoch nicht immer möglich. So können viele qualitative Informationen wie Vertragsinhalte oder Teile des juristischen und betriebswirtschaftlichen Fachwissens (bis auf einen quantifizierbaren Rest) nur verbal abgebildet werden. Re-

---

1 G. Kellinghusen und W. Irrgang, Geschäftsbericht, 1978, S. 2282; H.C. Lucas und N.R. Nielsen, Information Presentation, 1980, S. 986

2 G. Kellinghusen und W. Irrgang, Geschäftsbericht 1978, S. 2282

3 Vgl. H.C. Lucas und N.R. Nielsen, Information Presentation, 1980, S. 991, die das allerdings auch auf mangelnde Gewöhnung zurückführen. Lernprozesse der Anleger könnten das ändern. Die Autoren weisen zudem darauf hin, daß unterschiedliche psychologische Typen ("heuristics" vs. "analytics") auf Grafiken unterschiedlich reagieren. So auch H.C. Lucas jr., An Experimental Investigation of the Use of Computer Based Graphics in Decision Making, in: MSc, 27. Jg., 1981, Nr. 7, S. 746 f., 767

4 G. Damm, Kommunikationsmedium, 1980, S. 143. Eine starke Beeinflußbarkeit der Adressaten durch unterschiedliche Gestaltung von Grafiken weisen im Experiment nach: B.G. Taylor und L.K. Anderson, Misleading Graphs: Guidelines for the Accountant, in : JoA, 162. Jg., Oktober 1986, S. 126-135

geln über geeignete Abbildungsformen erübrigen sich hier. Zu eng sieht dagegen Blohm Transformationsmöglichkeiten, wenn er Grafiken auf quantifizierbare Sachverhalte beschränken will.[1] Verbale Darstellung ist allerdings immer denkbar. Kann transformiert werden, lassen sich jedoch nicht immer alle Nachteile der ursprünglichen Form ausräumen. So bemerkt Bell für Informationen, die ihrer Natur nach qualitativ sind: "Expressing such information numerically does not transform it into precise information, nor does expressing it nonnumerically necessarily make it less precise."[2] Irreführungsgefahren durch reine Transformation[3] sind daher stets zu beachten.[4]

Kehrt man zur Frage zurück, welche Form welchen Inhalt abbilden soll, so scheiden Grafiken als ausschließliche Darstellungsart einer Information aus. Denn Adressaten berücksichtigen diese Form wie gezeigt als alleinige Informationsform wenig. Selbst wenn der Anleger in dieser Hinsicht lernt, erscheinen ihre Vorteile anderen Formen gegenüber nicht so überzeugend, daß es zweckmäßig ist, bestimmte Angaben ausschließlich grafisch darzustellen. Da Grafiken jedoch Wesentliches hervor-

---

1 H. Blohm, Geschäftsbericht, 1962, S. 66. Beispielsweise lassen sich Verflechtungen und Leistungsbeziehungen in Schaubildern darstellen.

2 J. Bell, Presentation Form, 1984, S. 169 f.

3 "Reine" Transformation bedeutet Formwandel ohne zusätzliche Wissensproduktion. "Formt" man dagegen eine qualitative Angabe in eine quantitative um, indem man zusätzliches Wissen beschafft und einsetzt, so wird nicht transformiert, sondern eine neue Information produziert, die Wissensfortschritt darstellt.

4 Allerdings werden schon bei der Ermittlung der <u>internen</u> Erfolgsprognose qualitative Prognosen für Randbedingungen in quantitative umgewandelt, vgl. Teil 3, C.II.5. Das geschieht jedoch nicht, um formale Nachteile zu vermeiden, sondern um auch die qualitativen Randbedingungen "technisch" in das Simulationsmodell integrieren zu können. Die "Ungenauigkeit" der qualitativen Prognosen wird bei der Transformation durch Mehrwertigkeit berücksichtigt. Sollten Anleger Angaben dieser Randbedingungen benötigen, so könnten diese - trotz Transformation - auch in ihrer ursprünglichen qualitativen Form veröffentlicht werden.

heben und sich positive Effekte nachweisen lassen, wenn Sachverhalte anderer Abbildungsformen zusätzlich grafisch dargestellt werden,[1] sind besonders wesentliche Prospektangaben im Sinn nützlicher Redundanz nochmals grafisch zu verdeutlichen.

Jetzt ist zu klären, was Emittenten numerisch, was sie verbal darstellen sollten. Originär quantitative Planungsinformationen - beispielsweise prozentuale Wachstumsprognosen einer Fremdquelle für das Volkseinkommen - müßten erst in Worte gekleidet werden, sollten sie im Prospekt verbal erscheinen. Daher sollten ursprünglich quantitative Planungsinformationen auch numerisch veröffentlicht werden, zumal keine Vorteile verbaler Darstellung ersichtlich sind, die anderes nahelegen.

Viele ursprünglich qualitative Informationen liegen dagegen bereits als Zahlenangaben vor: Qualitative Teilprognosen des Prognosemodells - beispielsweise intuitive Vorhersagen langfristiger Entwicklungen einer innovativen Branche - werden schon im Prognoseprozeß quantifiziert, damit sie ins Simulationsmodell einfließen können. Dennoch sollten sie dem Anleger in ihrer "Urform" zufließen. Denn wie oben gezeigt, macht diese technisch notwendige Transformation "weiche" Daten nicht präzise, vielmehr verschleiert sie die Natur dieser Information.[2]

---

1 G. Damm, Kommunikationsmedium, 1980, S. 141 f.; H.C. Lucas und N.R. Nielsen, Information Presentation, 1980, S. 991; H.C. Lucas, Use of Graphics, 1981, S. 764 f.

2 Verbale Prognosen haben für Adressaten durchaus einen Informationswert. Das gilt besonders, wenn der Informationsgewinnungsprozeß genügend Anhaltspunkte für komparative Vorhersagen gebracht hat, die in bezug zu prüfbaren Maßstäben formuliert sind. Zum Wert komparativer Verbalprognosen vgl. K.W. Rothschild, Wirtschaftsprognose, 1969, S. 170 f.; H.-P. Berndsen, Unternehmenspublizität, 1979, S. 53. A. Steele, The Accuracy of Chairmen's Non-Quantified Forecasts: An Exploratory, in: ABR, 12. Jg., Sommer 1982, S. 217 kommt zu dem Schluß: "It is suggested, that despite their vagueness such forecasts are not meaningless since to a small extent they reduce uncertainty about the future."

cc. Detaillierte Gestaltungsregeln für Grafiken, Texte und numerische Erfolgsprognosen

Nach Zuordnung von Inhalt und Form sei die dritte eingangs gestellte Frage diskutiert: Wie sind grafische, verbale und numerische Informationen im Detail zu gestalten?

Für Grafiken existieren zahllose Gestaltungsmöglichkeiten und -formen. Wollte man Vor- und Nachteile dieser Alternativen für alle grafisch abzubildenden Prospektangaben abwägen, wäre das umfangreich und sprengte den Rahmen dieser Arbeit. Es sei auf die Literatur zur Gestaltung und Anwendung von Grafiken verwiesen.[1] Zudem: "Possibly, there will never be completely general design rules for graphics because each application has unique characteristics."[2] Daher genügt hier die Forderung, Grafiken hätten für die abzubildende Information geeignet zu sein und dürften sie nicht bewußt verzerren. Der Prospektprüfer kann das einfach und gefahrlos durch eigenes Urteil bestätigen: Zwar verdeutlichen Grafiken im Norm-Prospekt stets wichtige Sachverhalte, da sie jedoch diese Angaben nur wiederholen, ist die Gefahr, daß Anleger irregeführt werden, relativ gering. Der Prüfer muß Haftungsrisiken nicht befürchten.

---

1 H. Blohm, Geschäftsbericht, 1962, S. 66-68; L.J. Heinrich, Die Manipulation von Informationen mit Hilfe graphischer Darstellungen (optische Manipulation), in: NBW, 15. Jg., 1962, S. 149 - 152; K.D. Pampe, Schaubilder in der Betriebswirtschaftslehre, in: HdB, 4. Aufl., 1976, Sp. 3518-3529. Konkrete Grundsätze für (allerdings sehr spezielle Formen von) Grafiken stellen auf: B.G. Taylor und L.K. Anderson, Misleading Graphs: Guidelines for the Accountant, 1986, S. 126-135

2 H.C. Lucas und N.R. Nielsen, Information Presentation, 1980, S. 991

Sollen Emittenten Informationen durch Texte vermitteln, müssen Anleger Begriffen und Sätzen möglichst die gleiche Bedeutung zuordnen wie die Prospektherausgeber.[1] Dabei ist das zentrale Problem die einfache, verständliche Wortwahl.[2] Läßt sich das bei anschaulichen Berichtsteilen, wie bei der Beschreibung von Marktverhältnissen, noch einfach lösen, so treten bei der Darstellung komplexer und abstrakter Sachverhalte, wie der steuerlichen und rechtlichen Unternehmenskonzeption, Gewinnverteilungsregelungen und Unternehmensstrategien, Schwierigkeiten auf.[3] Gerade hier kommen die Nachteile verbaler Information voll zum Tragen: Leicht verständliche, umgangssprachliche Umschreibungen sind lang, manipulationsanfällig und geben den intendierten Sachverhalt oftmals doch nicht exakt wie-

1 Zu dieser Bedingung verbaler Kommunikation vgl. Teil 2, A.I.1.

2 G. Kellinghusen und W. Irrgang, Geschäftsbericht, 1978, S. 2282. Ein weiteres Problem der Textgestaltung ist die Komplexität der Satzkonstruktionen. Wortwahl und Satzkomplexität zusammen erst bestimmen die Verständlichkeit eines Textes (G. Kellinghusen und W. Irrgang, Geschäftsbericht, 1978, S. 2281; G. Damm, Kommunikationsmedium, 1980, S. 99 u. 106 f.). Hier wird sich auf die Wortwahl beschränkt: Erstens, weil beide Anlegertypen des Grauen Markts auch komplexere Satzkonstruktionen verkraften dürften, sofern sie die Bedeutung der sinngebenden Wörter kennen. Zweitens, weil die umfassende Normierung von Sprache den Rahmen einer betriebswirtschaftlichen Arbeit sprengte, während kurze Ausführungen zur Wortwahl, insbesondere zur Verwendung betriebswirtschaftlicher Fachtermini, in einer solchen Arbeit gerade noch erlaubt erscheinen. So sollte man sich für die Satzkonstruktion mit Rückles Klarheitspostulat für verbale Prognosen begnügen, daß "allzu verklausulierte Formulierungen abzulehnen (sind)" (D. Rückle, Externe Prognosen, 1984, S. 67).

3 Zur Abhängigkeit der verwendeten Sprache vom dargestellten Sachverhalt vgl. G. Damm, Kommunikationsmedium, 1980, S. 134-137. Damm zeigt am Beispiel des Geschäftsberichts nach dem AktG 1965, daß der Lagebericht - er enthält überwiegend konkrete Situationsbeschreibungen - leicht verständliche Sprache verwendet, während im Erläuterungsteil mit seinen fachlichen Erklärungen auch die Komplexität der Sprache zunimmt.

der.[1] Fachtermini dagegen müssen dem Leser in ihrer Bedeutung bekannt sein.

Wägt man ab, scheint eine Darstellung durch Fachvokabular zweckmäßiger: Es kann mit Erläuterungen kombiniert werden.[2] Diese Erläuterungen müßten nicht Bestandteil jedes Prospekts sein, vielmehr genügt es, sie in Glossarien, durch Hinweise auf Lehrbücher oder durch Berater geben zu lassen. Investiert ein Privatanleger fortgesetzt, so wird er diese Hilfsmittel bald nicht mehr benötigen, weil er lernt. Tritt ein Investor dagegen nur selten an den Kapitalmarkt heran, kann er bei Bedarf auf sie zurückgreifen. So garantiert Fachsprache ohne hohe Informationskosten exakte Information. Umgangssprachliche Beschreibungen dagegen werden sich i.d.R. selbst mit Hilfe von Beratern nicht in exakte Information transformieren lassen, da auch Berater den zugrundeliegenden Sachverhalt nur bei präziser Beschreibung erfassen können.

Damit verwendete Fachbegriffe, insbesondere Kennzahlen, vergleichbar sind, müssen sie allerdings eindeutig definiert sein.[3] Das ist jedoch nicht immer der Fall. Beispielsweise kann sich der "prozentuale Steuervorteil" entweder auf den nominalen Eigenkapitalanteil oder auf die Zeichnungssumme incl. Agio beziehen. Ebenso sind verschiedene Arten denkbar, Renditen zu berechnen. Prospektklarheit verlangt nun nicht nur, jeder Emittent müsse angeben, welche Definition er zugrundelegt.[4] Das verhinderte die Vorteile der eben angedeuteten Lernprozesse: der Anleger müßte sich jedesmal

---

1 Zur begrenzten Möglichkeit, betriebswirtschaftliches Fachwissen umgangssprachlich zu umschreiben, vgl. D. Damm, Kommunikationsmedium, 1980, S. 134

2 H. Blohm, Geschäftsbericht, 1962, S. 58; G. Damm, Kommunikationsmedium, 1980, S. 134

3 D. Rückle, Externe Prognosen, 1984, S. 67 für Prognosen in Kennzahlenform.

4 So aber die Forderung des IdW, Grundsätze, 1987, Anl. 1, A.II.3.d. Dazu auch D. Hammer, Grundsätze, 1987, S. 678

vergewissern. Gleichzeitig erforderte es von ihm Umrechnungen, wenn zwei Prospekte, die er vergleichen will, auf unterschiedlichen Definitionen basieren. Daher sind vom Publizitätsregulator wenigstens für die zentralen Kennzahlen und Begriffe zwingende Definitionen vorzugeben.

Zahlenangaben sind die letzte Form, Informationen zu präsentieren. In dieser Arbeit interessiert besonders, wie numerische Prognosen, vor allem Vorhersagen des Unternehmenserfolgs, im Detail zu gestalten sind. Dabei steht die Frage im Vordergrund, auf welche Weise Anlegern die Unsicherheit des Unternehmenserfolgs klar gemacht werden sollte.[1] Die interne Erfolgsprognose spiegelt das Risiko durch eine simulierte Wahrscheinlichkeitsverteilung wider, aus ihr lassen sich mehrere Formen externer Vorhersagen ableiten:

1. Mehrwertige Vorhersagen (Übernahme der internen Wahrscheinlichkeitsverteilung, Intervallprognosen)
2. Einwertige Prognosen (beispielsweise der wahrscheinlichste Wert)
3. Maßzahlen der Verteilung (beispielsweise Erwartungswert, Standardabweichung).

Diese Formen sollen jetzt im Licht ihrer Informationskosten betrachtet werden. Ausgegangen sei dabei von den Argumenten, die die Literatur für oder wider diese Prognoseformen vorbringt: Einwertige Prognosen täuschen dem Prognosebenutzer angeblich eine zu hohe Sicherheit vor und werden oftmals abgelehnt.[2] Vertrauen Anleger

---

1 D. Rückle, Externe Prognosen, 1984, S. 66 f. sieht den Unsicherheitsausweis außer vom Klarheits- auch noch vom Wahrheits- und Vollständigkeitsgrundsatz erfaßt. In dieser Arbeit werden einzelne Abbildungsprobleme jedoch immer nur einem einzigen Grundsatz zugeordnet und alle Auswirkungen auf die Informationskosten dort insgesamt erfaßt, vgl. dazu Teil 3, A.II.

2 W.-R. Bretzke, Prognoseproblem, 1975, S. 120; W. Bechtel, H. Köster und H.U. Steenken, Veröffentlichung von Vorhersagen, 1976, S. 211; K. Brockhoff, Prognoseverfahren, 1977, S. 48. Für Punktprognosen dagegen M. Schneider, Die Eignung prospektiver Rechnungslegungsinstrumente zur Realisierung der Informationsfunktion unternehmerischer Rechenschaft, Heidelberg 1981, S. 282

Punktprognosen blind, erleiden sie i.d.R. Schäden. Dieses Argument geht jedoch von einem inkompetenten und nicht lernwilligen Prognosebenutzer aus. Akzeptiert man dagegen die Annahmen dieser Arbeit über Wissensstand und Lernfähigkeit der Investoren, so sticht das Argument nicht mehr. Zudem ließe sich die Unsicherheit unterstreichen, indem der Prospekt explizite Eintrittsbedingungen der punktuellen Werte angibt.[1] Entfällt das Täuschungsargument, so sprechen andererseits auch Gründe für Punktprognosen: Ihr geringer Platzbedarf (beispielsweise im Gegensatz zu kompletten Wahrscheinlichkeitsverteilungen) hilft, die Prospektkosten zu senken, sie können ex-post unmittelbar mit den Werten der fortlaufenden Publizität verglichen werden[2] und sind bei Prognoseadressaten beliebt.[3]

Ein abschließendes Urteil ist jedoch erst möglich, wenn feststeht, welcher Verteilungswert als Punktprognose veröffentlicht werden soll. "Irgendein" Wert hätte nur dann Sinn, wenn er zusammen mit einem Szenario publiziert wird, das ihn bewirkt, und Anleger sich andere Verteilungswerte für andere Szenarien selbst ableiten könnten. Wie Teil 3, D.I.2.b. zeigte, ist ihnen das ohne Kenntnis des internen Prognosemodells nicht möglich. Dann aber liefert "irgendein" Verteilungswert keine Entscheidungsbasis. Möglicherweise könnten Emittenten aber einen "herausragenden" Verteilungswert publizieren, der gleichzeitig Informationen über die Gesamtverteilung liefert. Beispielsweise lassen sich der wahrscheinlichste Wert[4] und der Median nicht nur

1 D. Rückle, Externe Prognosen, 1984, S. 64

2 D. Rückle, Externe Prognosen, 1984, S. 64

3 K.W. Rothschild, Wirtschaftsprognose, 1969, S. 166

4 Das AICPA verlangte in einer älteren Richtlinie das "single most probable result", vgl. o.V., Forecast Guideline Published, in: JoA, 139. Jg., Mai 1975, S. 18. Allerdings ging das AICPA nicht davon aus, daß Emittenten bereits über eine komplette interne Wahrscheinlichkeitsverteilung verfügen, sondern schlug vor, nur den für am wahrscheinlichsten gehaltenen Wert vorherzusagen und zu veröffentlichen. Für den wahrscheinlichsten Wert auch R. Schmalz, Die zukunftsorientierte Berichterstattung, Diessenhofen 1978, S. 130

als Einzelwerte ansehen, sondern auch als für die Gesamtverteilung repräsentative "Normalfälle" interpreieren. Der best- oder der schlechtestmögliche Verteilungswert markieren immerhin Extrempunkte und die Lage der Verteilung.[1] Allerdings enthalten selbst diese herausragenden Einzelwerte keinerlei Informationen über die Verteilungsform und die Höhe des Erfolgsrisikos. Auch wenn der Anleger Punktwerte nicht als sicher mißdeutet, ermöglichen sie ihm keine rationale Entscheidung. Erfolgsprognosen sind daher mehrwertig zu veröffentlichen.[2]

Sieht man zunächst von kompletten Verteilungen ab, so werden mehrwertige Prognosen i.d.R. als Intervallangaben oder als Einzelwerte, um Schwankungsbreiten ergänzt, veröffentlicht.[3] Der Einzelwert im Intervall ist nötig, weil Adressaten dazu neigen, "bei Intervallprognosen ohne Auszeichnung punktueller Werte die Mitte der prognostizierten Bandbreite als besonders wahrscheinlich anzunehmen".[4] Als Einzelwert sei der Erwartungs-, nicht, wie vom AICPA präferiert, der wahrscheinlichste Wert vorzuziehen.[5] Das erscheint zweckmäßig: zwar enthüllt der wahrscheinlichste Wert als Extrempunkt mehr von der Form der Verteilung, der

1 Insofern werden diese "herausragenden" Werte auch als Maßzahlen der Verteilung angesehen, so von M. Bitz, Entscheidungstheorie, München 1981, S. 47-49. Was einwertige Prognose ist, was Maßzahl, läßt sich nicht immer trennen.

2 Speziell für Prospekte des Grauen Markts fordern das D. Schneider, Steuervergünstigungen, 1975, S. 413 und F. Eggesiecker, Steuerersparnis, 1981, S. 220

3 D. Rückle, Externe Prognosen, 1984, S. 64; zu "ranges" oder "multiple projections" nach den AICPA-Richtlinien D.L.S. Chang und S.S. Liao, Forecast Reliability, 1977, S. 77; R.K. Elliott und D. Pallais, Prospective Financial Statements, Guidelines for a Growing Practice Area, in: JoA, 157. Jg., Januar 1984, S. 58; M.C. Stilwell, Prospective Reporting, 1986, S. 72-74

4 D. Rückle, Externe Prognosen, 1984, S. 64 f.

5 D. Rückle, Externe Prognosen, 1984, S. 64 f.

Erwartungswert jedoch bezieht alle Informationen der Verteilung ein und minimiert darüber hinaus die Gesamtheit aller gewichteten Abweichungen von sich selbst.[1]

Für die Breite des Intervalls wird gefordert, sie dürfe nicht bis zur Aussagelosigkeit gedehnt werden.[2] Konkretere Regeln hierzu erscheinen Elliott und Pallais[3] indes überflüssig, denn Managements bevorzugten einerseits breite Intervalle, damit die Widerlegungsgefahr sinkt, andererseits wollten sie das Unternehmen nicht zu riskant erscheinen lassen, was für engere Bandbreiten spräche. Dieser Konflikt führe insgesamt zu "vernünftigen" Intervallgrenzen.

Allerdings wollen Anleger Erfolgsprognosen verschiedener Angebote miteinander vergleichen. Das aber wird durch frei wählbare Intervallgrenzen erschwert, auch wenn sie "vernünftig" gewählt sind. Zweckmäßiger erscheinen zwingende Vorgaben folgender Art: Das Management muß Intervallgrenzen angeben, die mit festgelegten kumulierten Wahrscheinlichkeiten nicht unter- bzw. überschritten werden. Beispielsweise wäre immer das (niedrige) Erfolgsniveau anzugeben, das mit 80 Prozent Wahrscheinlichkeit erreicht oder übertroffen wird, sowie der (hohe) Wert, der sich nur mit 20 Prozent Wahrscheinlichkeit verbessern läßt. Kumulierte Vorgabewahrscheinlichkeiten liefern vergleichbare Intervallprognosen. Gleichzeitig legen solche Intervalle Informationen über die Breite der Verteilung und damit das Erfolgsrisiko offen. Abb. 13 verdeutlicht das.

---

1 D. Schneider, Investition, 1974, S. 145. Allerdings ist der Erwartungswert bei diskreten Verteilungen oftmals gar kein Wert der Verteilung, strenggenommen wird hier schon eine Kombination aus Intervallprognosen und Maßzahl diskutiert.

2 D. Rückle, Externe Prognosen, 1984, S. 64; M.C. Stilwell, Prospective Reporting, 1986, S. 74

3 R.K. Elliott und D. Pallais, Prospective Financial Statements, 1984, S. 58

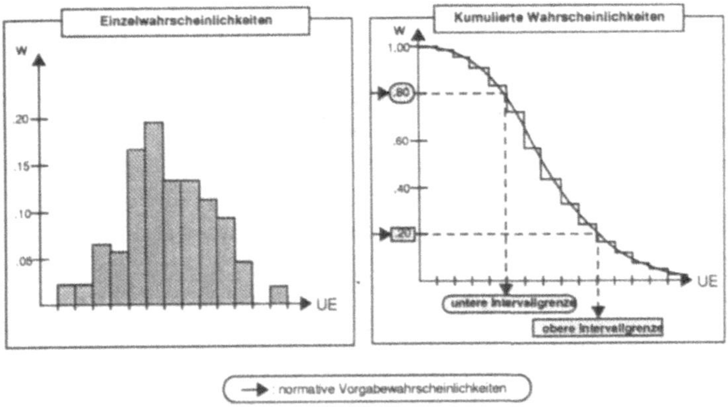

Abb. 13: Vorgegebene kumulierte Wahrscheinlichkeiten zur Standardisierung von Intervallprognosen

Aussagefähiger noch als Intervallprognosen in Form standardisierter Schwankungsbreiten sind komplette Wahrscheinlichkeitsverteilungen. Sie legen dem Anleger die interne Erfolgsprognose ohne Informationsverlust offen und gelten als die "aus wissenschaftlicher Sicht ... adäquate Darstellungsweise."[1] Allerdings ist ihr Platzbedarf vor allem dann, wenn sie fein gestuft (fast stetig) und für viele Perioden veröffentlicht werden sollen, sehr viel höher als bei Intervallprognosen oder gar punktuellen Werten. Das erhöht die Prospektkosten.[2] Auch verweist Rückle die Bekanntgabe komplet-

1 D. Rückle, Externe Prognosen, 1984, S. 64

2 Das gilt besonders, wenn die Erfolgsprognose (z.B. die künftigen Ausschüttungen) als Bestandteil eines geschlossenen Prognosesystems, z.B. eines Finanzplans, veröffentlicht wird: Muß das Management eine komplette Ausschüttungsverteilung veröffentlichen, so wären möglicherweise auch für alle anderen Finanzplangrößen Verteilungen anzugeben. Je disaggregierter der Finanzplan Zahlungsströme ausweist, desto eher wächst der Prospektumfang.

ter Verteilungen "in die ferne Zukunft" oder gar ins Illusorische, weil Prognoseadressaten sie nicht akzeptierten.[1]

Ein Grund dafür könnte nun sein, daß Anleger die komplette Verteilung oftmals gar nicht benötigen - trotz der eben behaupteten Vorteile dieser Prognoseform: Wenden Investoren bestimmte Entscheidungsprinzipien an, benötigen sie offensichtlich nur diejenigen Maßzahlen oder Verteilungswerte, die als Inputs dieser Entscheidungskriterien erforderlich sind. So erfordert das μ-Prinzip nur den Erwartungswert, das μ-σ-Prinzip zusätzlich die Standardabweichung. Obwohl alle gängigen Entscheidungsprinzipien[2] jeweils bestimmte Charakteristika der Gesamtverteilung vernachlässigen, sind sie bei bestimmten Risiko-Nutzen-Funktionen der Anleger durchaus rational:[3] Die vernachlässigten Verteilungsmerkmale beeinflussen nicht das Nutzenempfinden des Anlegers. Er wird daher die Verteilung ohnehin zu den gewünschten Maßzahlen verdichten. Dann aber fallen geringere Informationskosten an, wenn Emittenten auf komplette Verteilungen verzichten und stattdessen die geeigneten Maßzahlen selbst errechnen und im Prospekt publizieren. Dieser Zusammenhang zwischen Entscheidungsprinzip der Adressaten und Prognoseform wird von der Literatur zur Veröffentlichung von Vorhersagen völlig ignoriert.

Dagegen ließe sich allerdings argumentieren, gerade weil Anleger verschiedene Entscheidungskriterien kennen, muß die gesamte Verteilung veröffentlicht werden. Denn obwohl "das μ-Prinzip das weitaus gebräuchlichste

---

1 D. Rückle, Externe Prognosen, 1984, S. 64

2 Einen Überblick vermittelt beispielsweise M. Bitz, Entscheidungstheorie, 1981, S. 90-109

3 So ist das μ-Prinzip bei linearer Risiko-Nutzen-Funktion, also durchgehender Risikoneutralität rational, das μ-σ-Prinzip bei beschränkter, quadratischer Risiko-Nutzen-Funktion (zunehmende Risikoaversion), vgl. D. Schneider, Investition, 1974, S. 145, 149 f.; M. Bitz, Entscheidungstheorie, 1981, S. 192,199

Entscheidungskriterium darstellt",[1] werden Anleger auch andere Kriterien verwenden. Auch könnten sie ihre Risiko-Nutzen-Einstellung im Zeitablauf ändern oder feststellen, daß ihr bisheriges Entscheidungsprinzip ihrem Risiko-Nutzen-Empfinden gar nicht optimal entspricht. Dann werden sie versuchsweise andere Entscheidungskriterien heranziehen. In keinem Fall wissen Marktregulatoren, welche Maßzahlen passend sind. Da es offensichtlich auch keine optimale Entscheidungsregel gibt, dürfen Regulatoren den Anlegern auch keine aufzwingen, indem sie nur bestimmte Maßzahlen für den Prospekt zulassen. Das aber spricht für die Veröffentlichung kompletter Verteilungen; aus ihnen müßten sich Anleger die individuell gewünschten Maßzahlen allerdings selbst ableiten.

Wägt man ab, erscheint es am sinnvollsten, die Darstellungsformen zu kombinieren: Einerseits sollte die Erfolgsprognose in der oben diskutierten Form der Intervallprognose publiziert werden: als Erwartungswert plus Intervallgrenzen, die durch festgelegte kumulierte Wahrscheinlichkeiten bestimmt sind. Das liefert den Input zum gängigsten Entscheidungskriterium, dem μ-Prinzip, und vermittelt gleichzeitig verdichtete und vergleichbare Information zur Form der Verteilung. Die komplette Verteilung wäre daneben grafisch zu verdeutlichen.

Für Anleger, die komplexere Entscheidungsprinzipien heranziehen oder gar die Gesamtverteilung in Nutzengrößen transformieren[2] möchten, könnten andererseits die numerischen Werte der Gesamtverteilung optisch abgesetzt - beispielsweise in einem Anhang -mitveröffentlicht werden. Da primär kundige Anleger komplexere Kalküle verwenden, trägt die optische Absetzung dem unterschiedlichen Informationsbedarf der Prospektadres-

1 M. Bitz, Entscheidungstheorie, 1981, S. 91

2 Mit Hilfe des Bernoulli-Prinzips. Entscheidungskriterium ist dann der Erwartungswert des Risikonutzens, vgl. z.B. D. Schneider, Investition, 1974, S. 127-131; M. Blitz, Entscheidungstheorie, 1981, S.- 153-192

saten Rechnung und differenziert nach Adressatengruppen.

Nachdem die Form der Erfolgsprognose diskutiert ist, muß abschließend auf ein oftmals geäußertes Postulat klarer Prognosepublizität eingegangen werden, dem die Veröffentlichung der Erfolgsverteilung oder ihrer Parameter zuwiderzulaufen scheint: Prognosen dürften nicht mit anderen, sicheren Informationen "vermischt" präsentiert werden, zumindest seien die unterschiedlichen Sicherheitskategorien auszuweisen.[1] In der risikoanalytisch erzeugten Erfolgsverteilung sind jedoch unsichere Teilprognosen durchaus mit fast sicheren Größen (z.B. mit vertraglich festgelegten Umsätzen) verquickt, ohne daß sichere und unsichere Anteile explizit zum Ausdruck kommen.[2] Allerdings schlagen sich deterministische Variable des Simulationsmodells in einer geringeren Streuung der Erfolgsverteilung nieder;[3] die Verteilung spiegelt die Wirkung sicherer Größen deutlich wider. Ein Verstoß gegen das Postulat läßt sich daher nicht konstruieren, die Verteilungen oder aus ihnen gewonnene Intervallprognosen und Maßzahlen weisen die erkennbare Unsicherheit des Unternehmenserfolgs klar aus - auch wenn unterschiedlich sichere Einzelgrößen eingeflossen sind.

Faßt man jetzt Klarheitsgrundsätze für die Darstellung einzelner Informationen zusammen, ergibt sich folgender Überblick: Prospektangaben können grafisch, verbal oder numerisch dargeboten werden. Ob sie verbal oder nume-

1 R. Sprenger, Grundsätze getreuer Rechenschaft, 1976, S. 105; Th. Schildbach, Analyse des Rechnungswesens, 1975, S. 277; O. Loistl, Regulierung, 1978, S. 838; D. Rückle, Externe Prognosen, 1984, S. 67; die Kennzeichnung "erwarteter" und "gesicherter" Zahlungen verlangt das IdW, Grundsätze, 1987, Anl. 1, A.III.3.

2 Simulationsprogramme "ziehen" bei deterministischen Variablen in jedem Simulationslauf denselben "sicheren" Wert, bei unsicheren Größen zufallsabhängig einen der Verteilungswerte. Dann verknüpfen sie die gezogenen Werte zu einem möglichen Unternehmenserfolg. Vgl. Teil 2, C.II.5.

3 Vgl. Teil 3, C.II.5.

risch abzudrucken sind, hat sich nach ihrer ursprünglichen Form zu richten. So erscheinen qualitative Planungsdaten im Prospekt ebenfalls qualitativ - auch wenn sie intern zu Simulationszwecken quantifiziert worden sind. Grafiken fällt ausschließlich die Aufgabe zu, bereits in anderer Form abgedruckte, aber besonders wichtige Angaben hervorzuheben. Die Grafik muß für den abzubildenden Sachverhalt geeignet sein und darf ihn nicht verzerren. Textinformationen sind generell leicht verständlich darzubieten, komplexe Sachverhalte jedoch durch Fachvokabular. Dieses ist in Glossarien zu erläutern. Für zentrale Begriffe und Kennzahlen sind zwingende Definitionen zu beachten, die der Marktregulator vorgibt, sofern sich nicht eindeutige Definitionen eingebürgert haben. Die numerische Erfolgsprognose schließlich ist im Prospekt differenziert darzustellen. Für den unkundigen Anleger erscheint sie als Intervallprognose, deren Grenzen durch vorgegebene kumulierte Wahrscheinlichkeiten standardisiert sind. Sie ist um den Erwartungswert der ihr zugrundeliegenden Verteilung zu ergänzen. Für den kundigen Investor müssen Emittenten die Werte der kompletten Wahrscheinlichkeitsverteilungen - optisch abgesetzt - veröffentlichen.

Klar gestaltete Einzelinformationen allein gewährleisten noch keinen verständlichen Prospekt. Vielmehr müssen diese klaren Einzelangaben zweckmäßig geordnet und dem Gesamtprospekt geeignete Strukturen gegeben werden. Mit diesem Problem befaßt sich der nächste Abschnitt.

b. Klare Struktur des Gesamtprospekts

Strukturierungsgrundsätze für den Gesamtprospekt berühren vornehmlich zwei Arten von Informationskosten. Erstens Folgekosten schlechter Prospektinterpretation, denn Strukturierungsmängel erschweren es dem Anleger, Zusammenhänge zwischen Einzelinformationen herzustellen. Das kann die Qualität herausgebildeter Erwartungen beeinträchtigen. Zweitens Kosten für Analysezeit, denn die Anordnung von Informationen beeinflußt, wie lange Anleger benötigen, gewünschte Angaben zur Lösung einzelner Analyseprobleme zusammenzutragen. Informationskosten auf Emittentenseite können dagegen weitgehend vernachlässigt werden. Muß der Emittent Angaben für den Prospekt umgruppieren, fällt der Personalaufwand hierfür wenig ins Gewicht.

Strukturierungsprinzipien müssen sich auf zwei Bereiche erstrecken:

1. Zusammenfassung einzelner Informationen zu größeren Einheiten (Informationsfelder)
2. Reihenfolge der Informationsfelder

Zum ersten Bereich wird gefordert, Angaben, die einen Sachverhalt betreffen, dürften nicht über den Prospekt "verstreut" werden.[1] Stattdessen müssen sie zu Informationsfeldern gruppiert werden.

Offen ist jedoch noch, nach welchen Kriterien Informationen zu Gliederungspunkten zusammenzufassen sind. Das IdW beispielsweise schreibt folgende Prospektgliederung vor:[2]

I. Angaben über den Prospektherausgeber (primär formalrechtliche Details)

II. Beschreibung der Kapitalanlage

III. Angaben zur wirtschaftlichen Beurteilung des Anlageobjekts

  1. Gesamtkosten, 2. Finanzierung, 3. "Wirtschaftliche Angaben zur Nutzung" wie Ertrags- und Liquiditätsvorschau, Ergebnisverwendung und steuerliche Angaben, 4. Beendigung der Kapitalanlage

IV. Rechtliche Verhältnisse (wesentliche Inhalte aller Verträge)

---

1 H. Clemm und W. Reittinger, Die Prüfung des Lageberichts im Rahmen der jährlichen Abschlußprüfung von Kapitalgesellschaften, in: BFuP, 32. Jg., 1980, S. 505

2 IdW, Grundsätze, 1987, Anl.1, A.

V. Angaben über Vertragspartner

VI.+ VII. Verflechtungen zwischen Initiatoren und Vertragspartnern.

Der Prospekt faßt somit entweder nach formalen Kriterien (wirtschaftlich/rechtlich) zusammen oder ordnet jeweils alle Merkmale eines dinglichen Sachverhalts (z.B. eines Vertragspartners) einander zu. Kriterium für die Gliederung mag die leichte Zusammenstellbarkeit der Informationen beim Emittenten gewesen sein.

Die Struktur des Prospekts sollte sich jedoch nach der Analyseaufgabe des Anlegers richten. Nur dann kann er nötige Zusammenhänge zwischen Einzelangaben so einfach wie möglich herstellen, nur dann sind die Zugriffszeiten auf gewünschte Informationen minimal. Wie in Teil 3, D.I.3. dargestellt, müssen Investoren solche Anlagerisiken, die von der ordnungsmäßigen Erfolgsprognose nicht widergespiegelt werden, anhand von Indikatoren beurteilen, die neben der Erfolgsprognose im Prospekt erscheinen. Unreflektierte Risiken sind beispielsweise das Risiko anlegerschädlicher Planänderung oder das Bonitätsrisiko, das auch bei solvent erscheinenden Vertragspartnern besteht. Zu einem Informationsfeld zusammengefaßt werden müssen daher jeweils alle Informationen, die sich als Indikatoren eines solchen Risikos eignen - unabhängig davon, ob sie wirtschaftliche, rechtliche oder andere Sachverhalte beschreiben.[1)]

Taugt eine Information als Indikator mehrerer Risiken, sollte sie in alle entsprechenden Felder erneut integriert werden, auch wenn dadurch Redundanzen entstehen. Anderenfalls müßte der Anleger den Indikator von sich aus vermissen und dann den Prospekt nach der fehlenden Information durchforschen. Da zur Analyse vieler

1 Als denkbare Indikatoren für das Risiko schädlicher Planänderungen ließen sich beispielsweise zusammenfassen: Kapitalbeteiligung der Initiatoren, Rechte des Anlagerbeirats bei späteren Planänderungen, Anteil der mit verflochtenen Unternehmen geplanten Umsätze, Angaben über die Angemessenheit der Initiatorenhonorare und Verrechnungspreise.

Risiken Informationen über Zahlungsströme zweckmäßig sind, diese aber u.U. in geschlossenen Systemen wie Finanzplänen dargestellt werden, lassen sich Ausklappteile verwenden. Der Prospektadressat kann sie parallel zu allen Informationsfeldern lesen.[1)]

Nicht in die risikobezogenen Informationsfelder einzupassen wäre erklärendes Wissen, das Anlegern beispielsweise bestimmte Risiken ins Bewußtsein rückt und erläutert, wie Indikatoren zu interpretieren sind[2)] oder Fachvokabular erklärt. Obwohl Möllhoff[3)] "Aufnahmebarrieren" gegen geschlossene "theoretische Teile" vermutet und erklärende Informationen in den Text einbetten will, gehören sie in einen Anhang. Anderenfalls müßten kompetente Anleger bewertungsrelevante Informationen stets aus einer Mischung für sie relevanten und irrelevanten Wissens herausfiltern. Das kostet Zeit, gleichzeitig bläht erklärende Information den Prospekt auf. Gesonderte Beilagen oder Anhänge dürften hier günstiger sein.

Jedes Informationsfeld ist mit einer prägnanten Überschrift zu versehen und gegen andere Felder abzugrenzen. Die Überschrift bildet einen "Organisationskern",[4)] um ihn herum kann der Anleger die nachfolgenden Informationen seiner model information nach zu umfassenden Vorstellungen über den zu analysierenden Sachverhalt verknüpfen.

Sind die Informationsfelder derart abgegrenzt, müssen sie noch in eine zweckmäßige Reihenfolge gebracht werden. Allerdings ist es oftmals schwierig zu entscheiden, welches Feld wichtig, welches weniger wichtig ist,

---

1 G. Kellinghusen und W. Irrgang, Geschäftsbericht, 1978, S. 2283

2 Es geht um die Fortbildung der model information des Anlegers durch sog. bedarfsvitalisierende Information, vgl. Teil 2, C.II.2.b.

3 L. Möllhoff, Informationsnachfrage-Verhalten, 1978, S. 149

4 G. Damm, Kommunikationsmedium, 1980, S. 46

will man das Gesamtrisiko einer Anlage beurteilen: Ein "wahres" Modell der Umwelt, das auch Teilaspekte eindeutig gewichtet, gibt es nicht.[1] Daher sollte der Emittent selbst über die Reihenfolge entscheiden und dabei im Auge behalten, daß die Aufmerksamkeit des Lesers mit fortschreitender Prospektlektüre abnimmt.[2] Besonders relevante "Highlights", wie die erwartete Gesamtrendite, das Investitionsvolumen etc., gehören an den Prospektanfang.[3] Darüber hinaus ist dem Anleger der Zugriff auf Informationseinheiten, die er selbst für wichtig hält, durch übersichtliche Inhalts- und Stichwortverzeichnisse zu erleichtern.[4] Er kann dann selbst über die Reihenfolge der Lektüre entscheiden.

Mit der Frage der Reihenfolge ist auch der zweite Bereich diskutiert, den Strukturregeln abdecken müssen. Zusammenfassend läßt sich jetzt von klaren Prospekten sprechen, wenn Einzelinformationen formal geeignet dargestellt und nach ihrer Indikatoreigenschaft für bestimmte Teilrisiken zu Informationsfeldern zusammengefaßt sind, die, ihrerseits zweckmäßig geordnet, eine übersichtliche Gesamtstruktur ergeben. Damit haben Grundsätze für Prospekte festgelegt, wie Prospektangaben zu gestalten sind, um als wahr und klar gelten zu dürfen. Offen ist noch, welche Informationen (wahr und klar) im Prospekt abzudrucken sind. Damit befaßt sich der folgende Abschnitt.

---

1 Vgl. Teil 2, C.I.2.b.

2 H. Blohm, Manipulation, 1962, S. 125

3 H.F. Hub, Unternehmensberichterstattung, 1972, S. 64; G. Damm, Kommunikationsmedium, 1980, S. 60 f.

4 G. Kellinghusen und W. Irrgang, Geschäftsbericht, 1978, S. 2283

IV. Vollständigkeitsgrundsätze für anlegerorientierte Prospekte

1. Definition der Prospektvollständigkeit und Auswirkungen auf die Informationskosten

Vollständige Prospekte müssen alle wesentlichen Informationen enthalten, dürfen darüber hinaus jedoch keine unwesentlichen Angaben veröffentlichen.[1] Wesentlich sind Informationen dann, wenn der Anleger sie verwenden kann, um das Informationsrisiko abzuschätzen, mit dem die ordnungsmäßige Prognose des Unternehmenserfolgs behaftet ist, und sich dadurch bessere Vorstellungen über den Wert der Anlage verschafft, als sie sich aus der Prognose allein ableiten lassen.[2] Dabei müssen nur solche prinzipiell brauchbaren Informationen Bestandteil des Prospekts sein, deren Produktion und Veröffentlichung den Emittenten weniger kostet, als das Anlegerpublikum für sie aufwenden müßte und deren bewerteter Beitrag zum Qualitätsfortschritt der Anlegererwartungen diese Kosten übersteigt.

Vollständigkeit heißt daher, Prospekte müssen neben der Erfolgsprognose alle wesentlichen Indikatoren des Informationsrisikos sowie alle weiteren wesentlichen Informationen enthalten, die Anleger benötigen, solche Indikatoren auszuwerten.

Das läßt sich durch vier Fragestellungen konkretisieren:

1. Kann der Begriff Informationsrisiko in besser faßbare Teilaspekte (Teilrisiken) zerlegt werden und wenn ja, für welche dieser Teilrisiken muß der Prospekt Indikatoren bereitstellen?

---

1 Zum Vollständigkeits- und Wesentlichkeitsbegriff vgl. die Literatur zur Vollständigkeit interner Prognosen in Teil 3, C.IV.1.

2 Vgl. Teil 3, D.I.2.c.

2. Soll der Anleger im Prospekt Hinweise auf die Ordnungsmäßigkeit der Erfolgsprognose und Wissen darüber vermittelt bekommen, welche Prognosequalität Ordnungsmäßigkeit garantiert?

3. Muß der Prospekt nomologische Informationen enthalten, mit deren Hilfe Anleger Verbindungen knüpfen können zwischen den veröffentlichten Indikatoren und dem Ausmaß des Informationsrisikos?

4. Welche Informationen kommen als Indikatoren der Teilaspekte, in die sich das Informationsrisiko ggfs. zerlegen läßt, in Betracht und müssen im Prospekt abgedruckt werden?

Vollständigkeitsgrundsätze müssen diese Fragen so beantworten, daß sie zur Minimierung der Informationskosten beitragen. Für die Auswahl der Grundsätze sind die einzelnen Arten der Informationskosten unterschiedlich stark ausschlaggebend. Es werden zunächst die Kosten des Emittenten betrachtet:

- Planungskosten sind nicht betroffen.

- Auf die Prospektkosten wirken Vollständigkeitsgrundsätze einmal über den Prospektumfang; voluminöse Prospekte rufen höhere Druckkosten hervor als schmale. Daneben berührt Vollständigkeit auch den Personalaufwand. Denn sie regelt - über das Wesentlichkeitskriterium - auch, ob Prospekte eher aggregierte oder disaggregierte Angaben enthalten sollen. Da Aggregationsprozesse mehr Zeit erfordern als eine direkte Übernahme von Planungsdaten, sind Prospekte teurer, wenn sie bei gleicher Anzahl von Informationen einen höheren Anteil aggregierter Größen ausweisen. Letztlich beeinflußt es die Prospektkosten, wie groß der Anteil planungsfremder Informationen ist, d.h. wieviel Angaben das Management über den ordnungsmäßigen Prognoseprozeß hinaus noch produzieren oder beschaffen muß.

- Prüfungskosten nehmen durch das Zeithonorar mit wachsendem Prospektinhalt zu. Die Prüfung des Prospekts auf Vollständigkeit ist dabei weniger ausschlaggebend, denn sie umfaßt i.d.R. nur ein "Abhaken" geforderter Angaben.[1] Je umfangreicher ein Prospekt ist, desto mehr Informationen muß der Prüfer aber auch auf Wahrheit (der Überleitungs- und Aggregationsprozesse) und auf Klarheit kontrollieren. Hier liegt der gravierende Einfluß von Vollständigkeitsgrundsätzen auf die Prüfungskosten.

- Folgekosten können einerseits durch Vorteile von Konkurrenten entstehen, wenn Prospektgrundsätze bei innovativen Unternehmen den Ausweis konkreter Maßnahmen (z.B. von Forschungs- und Entwicklungskonzepten) verlangen, anstatt sich mit der Publikation ihrer finanziellen Resultate zu bescheiden. Darüber hinaus fallen Folgekosten für Selbstbindung des Managements an, wenn Prospekte deutlich auf spätere Revisionsmöglichkeiten geplanter Maßnahmen zuungunsten der Anleger hinweisen und Initiatoren sich daraufhin binden, um nicht unhonorig zu erscheinen.[2]

Auf Anlegerseite müssen weitere Kosten berücksichtigt werden:

- Informationsbeschaffungskosten entstehen den Investoren umso mehr, je mehr der Prospekt Risikoindikatoren vermissen läßt, die sie für relevant halten, oder je weniger sie der Qualität abgedruckter Indikatoren

---

1 Das gilt jedenfalls, wenn es gelingt, den wesentlichen Prospektinhalt eindeutig und abschließend festzulegen. Können dagegen nur Auswahlkriterien für Prospektangaben formuliert oder vage Grundsätze gefunden werden, muß sich der Prüfer eingehendere, eigene Gedanken machen, ob ein Prospekt vollständig ist. Dann entstehen höhere Kosten. Auch der Konkretisierungsgrad der Vollständigkeitsgrundsätze beeinflußt daher diese Kostenart.

2 Vgl. Teil 2, C.I.2.b.

trauen. Die Kosten sind begrenzt durch die Möglichkeiten der Anleger, vermißte Indikatoren aus anderen Quellen zu beschaffen.

- Analysekosten nehmen mit vollständigeren Prospekten zu. Andererseits ersparen umfangreichere Prospekte Anlegern die Zeit, vermißte Informationen anderweitig ausfindig zu machen.

- Sicherungskosten gegen Informationsrisiken der Erfolgsprognose kalkulieren Anleger, nachdem sie Indikatoren dieses Risikos für eine Anlagealternative ausgewertet haben. Die Sicherungskosten kompensieren informationsbedingte Schäden umso exakter, je besser und vollständiger ausgewertete Indikatoren Informationsrisiken anzeigen.

- Folgekosten schlechter Prospektinterpretation messen erwartbare Anlegerschäden, soweit der Anleger diese nicht durch Sicherungsprämien kompensiert.[1] Deshalb hängen auch diese Folgekosten davon ab, wieviele Indikatoren der Anleger auswertet, ob er richtige Schlüsse aus ihnen zieht und wie gut diese Indikatoren ihre Funktion erfüllen.

Der folgende Abschnitt entwickelt Vollständigkeitsgrundsätze für den Prospekt. Sie sollen die vier skizzierten Vollständigkeitsprobleme so klären, daß die Summe der eben aufgeführten Kosten so gering wie möglich wird. Dabei sind Abhängigkeiten zwischen diesen Kostenarten zu beachten.

2. Grundsätze der Prospektvollständigkeit

Sollen sich Investoren anhand vollständiger Prospekte exaktere Vorstellungen über den Wert einer Anlagealternative bilden, als sie die ordnungsmäßige Erfolgsprognose allein ermöglicht, fragt sich zuerst, welche Risiken - oder genauer: welche Teilaspekte des Informa-

---

1 Zu den Beziehungen zwischen Sicherungsprämien und Folgekosten vgl. Teil 2, C.III.2.

tionsrisikos, mit dem die ordnungsmäßige Erfolgsprognose immer noch behaftet ist - vom Anleger analysiert und daher durch Indikatoren im Prospekt transparent gemacht werden sollen. Das klärt Abschnitt a.

a. Teilaspekte des Informationsrisikos als Determinanten des Prospektinhalts

Ordnungsmäßige Wahrscheinlichkeitsverteilungen des Unternehmenserfolgs (oder aus ihnen gewonnene Maßzahlen) reflektieren das Risiko einer Anlage möglicherweise nicht so gut wie theoretisch denkbar. Aus zwei Gründen:[1)]

1. GoP lassen dem Management Ermessensspielräume, weil starre Normen nicht zu qualitativ hochwertigen Prognosen führen. Solche Spielräume ermöglichen aber gleichzeitig Irrtum oder Manipulation. Dieses Risiko sei als Ermessensrisiko bezeichnet.

2. GoP erlauben es dem Management, bestimmte Unsicherheiten zu vernachlässigen und stattdessen fiktiv sichere Größen anzusetzen. Diese Sicherheitsfiktionen spiegeln die künftige Realität je nach Anlageobjekt besser oder schlechter wider. Das sei als Risiko normativer Sicherheitsfiktionen oder Fiktionsrisiko bezeichnet.

Ermessens- und Fiktionsrisiko zusammen machen das Informationsrisiko aus, mit dem auch normierte Prognosen noch behaftet sind. Dabei umfassen beide Teilrisiken sowohl Aspekte des Vermögensverschiebungs-als auch des Vermögensumschichtungsrisikos:

- Gezielte Vermögensverschiebung liegt vor, wenn Initiatoren Ermessensspielräume nutzen und erkannte Umweltrisiken bei der Erfolgsprognose außer acht lassen, oder wenn Sicherheitsfiktionen es dem Management ermöglichen, ihm bekannte Bonitätsrisiken abhängiger

---

1 Vgl. dazu auch die Zusammenfassung des Teils 3, C in Teil 3, C.V.

Vertragspartner ebenso zu verschleiern wie denkbare oder beabsichtigte Planänderungen zum Schaden der Anleger.

- Vermögensumschichtungen - Anlegerschäden, die vom Management nicht gezielt herbeigeführt, u.U. sogar zum Vorteil werden - sind denkbar, wenn Ermessensspielräume zu Irrtum oder Zufallsgrößen im Prognoseprozeß führen, oder wenn sich zulässige Annahmen über die Bonität unabhängiger Vertragspartner und die Anerkennung steuerlicher Konzeptionen (Sicherheitsfiktionen) als verfrüht erweisen. Abb. 14 verdeutlicht die Zusammenhänge.

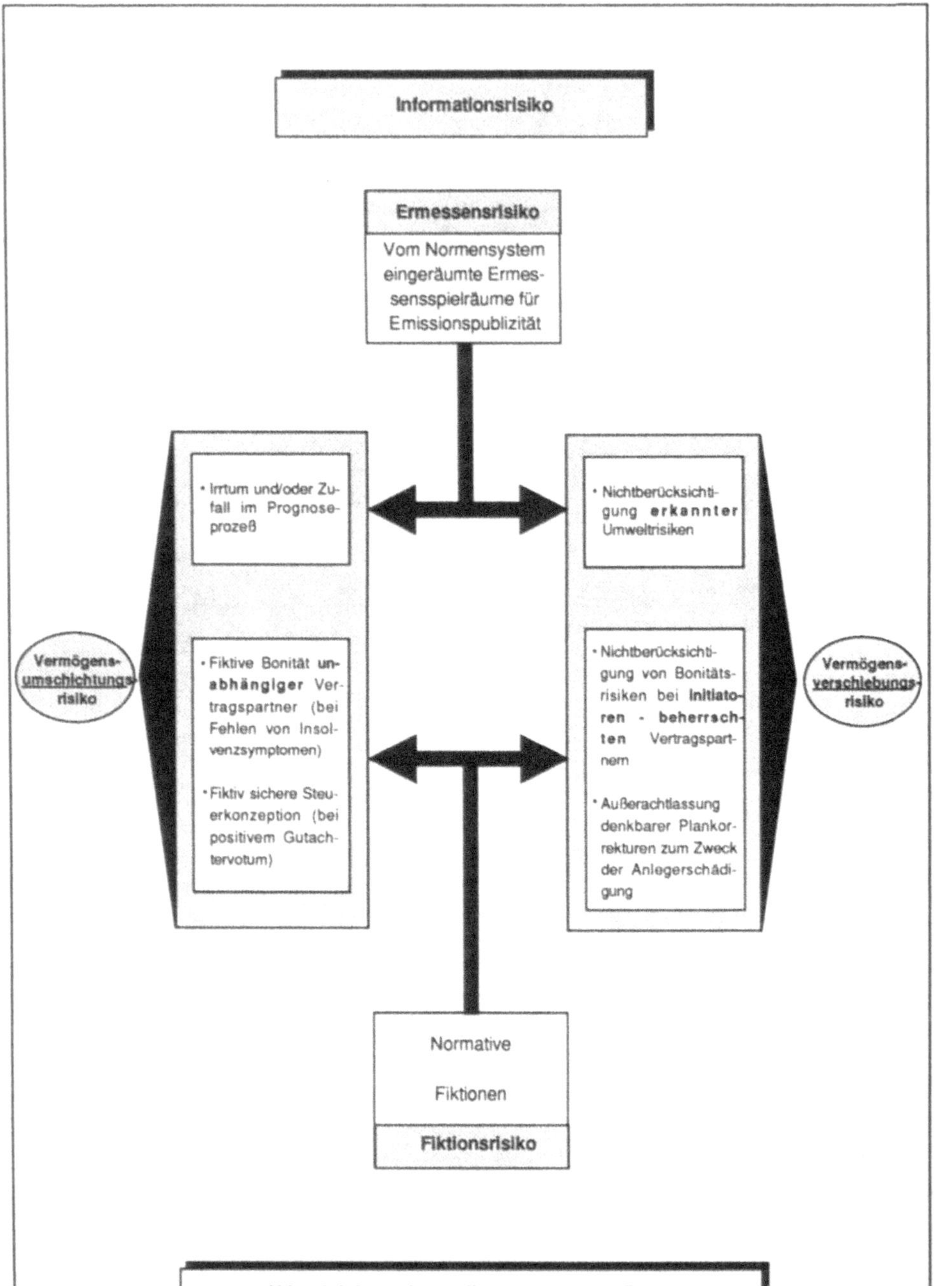

Abb. 14: Informationsrisiko bei normierten Prognosen

Der Prospekt muß daher Indikatoren für diese eben dargestellten Teilaspekte des Informationsrisikos enthalten. Dabei stellt sich die Frage der Systematisierung: Sollen sie danach geordnet werden, ob sie Vermögensverschiebungs-/Vermögensumschichtungsrisiken anzeigen oder Ermessens-/Fiktionsrisiken? Bei der Diskussion der Indikatoren in Abschnitt IV.2.d wird sich zeigen, daß eine Einteilung in Indikatoren des Ermessensrisikos und des Fiktionsrisikos zweckmäßig ist, wobei die Indikatoren des Fiktionsrisikos wiederum gruppiert werden können in

- Indikatoren für anlegerschädliche Planänderungen
- Indikatoren des Bonitätsrisikos wichtiger Vertragspartner (unabhängige und abhängige Partner)
- Indikatoren des steuerlichen Risikos.

Es ließe sich nun einwenden, die Prognosegrundsätze erlaubten noch weitere Vereinfachungen, die verhinderten, daß die Erfolgsprognose das Anlagerisiko stets so korrekt wie möglich reflektiere. So dürfe das Management die Unsicherheit von Ereignisterminen vernachlässigen und sich auf einseitige Abhängigkeiten zwischen Variablen des Prognosemodells beschränken, andere ganz zerschneiden. Stochastische Periodenübergänge könne es durch zwar alternative, für sich genommen jedoch deterministische Funktionen vereinfachen.[1] Auch diese Fiktionen müsse der Anleger bei seiner Interpretation der Erfolgsprognose berücksichtigen.

Gegen dieses Argument spricht jedoch, daß sich die Auswirkungen solcher Vereinfachungen von externen Anlegern kaum abschätzen lassen. Die Beziehungen des internen Prognosemodells sind komplex, entsprechend schwer nur kann beurteilt werden, wie sich modellbedingte Abstraktionen im Einzelfall auswirken.[2] Daher sind

1 Vgl. Teil 3, C.IV.2.a.dd.

2 Z.B. zeigt V. Schindel, Risikoanalyse, 1978, S. 97-99, anschaulich, wie unterschiedlich sich die Vernachlässigung einer Abhängigkeitsbeziehung auf die simulierte Verteilung der Zielvariablen auswirken kann.

auch keine leicht interpretierbaren Indikatoren sichtbar, die Anleger in Vorstellungen über das Informationsrisiko eines speziellen Prospekts umsetzen können.[1] Das erscheint nur bei den relativ einfach nachvollziehbaren Fiktionen denkbar, die Schädigungs-, Bonitäts- und steuerliche Risiken vereinfachen. Auf die Analyse dieser Fiktionen muß daher die Interpretationsaufgabe des Anlegers beschränkt werden.

Sollen Anleger Indikatoren der erwähnten Risiken auswerten, muß ihnen zunächst einmal bewußt sein, daß ordnungsmäßige Erfolgsprognosen möglicherweise nicht alle Risiken korrekt reflektieren. D.h. sie benötigen Information über die Qualität der Vorhersage, mit anderen Worten, Kenntnisse über die Implikationen der GoP, denn GoP bestimmen, wie gut die Prognose sein kann. Daher prüft der folgende Abschnitt, ob vollständige Prospekte auch derartige Informationen bereitstellen sollten.

b. Informationen über die Ordnungsmäßigkeit der Prognose und die Implikationen der Prognosegrundsätze als Bestandteile vollständiger Prospekte?

Um Vorstellungen über die Qualität einer Prospektprognose herauszubilden, benötigt der Anleger zunächst zwei Informationen:

1. ob Prospekt und Erfolgsprognose den GoP entsprechen, kurz: ordnungsmäßig sind,
2. was Ordnungsmäßigkeit für die Qualität der Vorhersage bedeutet.

---

1 Durch oftmaligen Vergleich von prognostizierten und tatsächlichen Erfolgen kann der Anleger allerdings Vorstellungen darüber entwickeln, wie sich die Modellgüte im Durchschnitt auswirkt. Hier geht es aber gerade darum, daß der Anleger über diese Durchschnittsbetrachtung hinaus Indikatoren auswerten soll, die ihm zeigen, wie gut eine spezielle Erfolgsprognose das Anlagerisiko im Einzelfall reflektiert.

Diese Informationen stellen Meta-Wissen dar.

Antwort auf die erste Frage kann der Prüfer den Prospektlesern am knappsten durch ein formelhaftes Testat geben, etwa: "Der Prospekt entspricht den GoP."[1]

Demgegenüber vertritt das IdW die Ansicht: "Aussagen über die Prüfung von Prospekten eignen sich nicht, formelhaft zusammengefaßt zu werden."[2] Es verlangt stattdessen einen ausführlichen Prüfungsbericht. Er gibt Auskunft, welche Prüfungsgegenstände auf welche Merkmale hin kontrolliert wurden, welche Methoden und Maßstäbe der Prüfer angewendet hat und welche Ergebnisse die einzelnen Prüfungen erbrachten. Weiterhin ist auf nicht prüfbare und nicht geprüfte Angaben hinzuweisen. Der Bericht darf nur mit einer zusammenfassenden Darstellung der einzelnen Prüfungsergebnisse und einer Liste wesentlicher Beanstandungen schließen,[3] ein abschließendes Qualitätsurteil muß sich der Anleger selbst ableiten. Angesichts dieser konträren Standpunkte fragt sich, ob vollständige Prospekte ein Testat enthalten sollten oder nicht.

Motiv des IdW, Testate zu verbieten, ist Angst vor Regreßforderungen der Anleger.[4] Zwei ineinandergreifende Umstände begründen diese Furcht:

- Die IdW-Grundsätze sind vage formuliert. Sie verlangen vom Prüfer eigene Entscheidungen, ob Prognoseschritte und Prognosen richtig und vollständig sind,

---

1 Lassen GoP Ermessensspielräume, ist ordnungsmäßig, was diese Spielräume nicht sprengt, vgl. die Ordnungsmäßigkeitsdefinition in der Einleitung, Abschn. B.I.

2 IdW, Grundsätze, 1987, Abschn. E.

3 IdW, Grundsätze, 1987, Abschn. E.

4 H. Nehm, Grundsätze, 1981, S. 650; D. Hammer, Prüfung, 1982, S. 655; M. Dedner, Entwicklung, 1983, S. 2028; D. Rückle, Externe Prognosen, 1984, S. 68

ohne daß er sich auf eindeutige Normen berufen kann.[1] Das birgt Haftungsrisiken, die - wie gezeigt - Informationskosten darstellen.[2]

- Das IdW vermutet, Anleger würden Testate nicht als Ordnungsmäßigkeitsbotschaft interpretieren, sondern als Garantie für Prognoseeintritt mißdeuten.[3]

Vor diesem Hintergrund erscheint das Testatsverbot plausibel. Da der Prüfer vage Normen auslegen muß, ist es auch sinnvoll, in einem Bericht darzustellen, wie er es im Einzelfall getan hat. Nur dann kann kein Anleger behaupten, er habe auf strengere Prüfung oder gar Prognosesicherheit vertraut.

Wie sich jedoch zeigen läßt, gelten die Argumente des IdW gegen Testate weit weniger, wenn GoP anzuwenden sind. Zunächst machen GoP dem Prüfer bedeutend konkretere Vorgaben als die IdW-Grundsätze.[4] Das reduziert sein Ermessen; unabhängig vom Kenntnisstand der Anleger nimmt sein Haftungsrisiko ab, denn er kann sich in höherem Maße durch Verweis auf die Normen exculpieren. Mit zunehmend konkreteren Grundsätzen verliert ein Testat seine Gefahren für den Prüfer, auch wenn Anleger es fehlinterpretieren. Haftungsgründe sprechen daher nicht mehr gegen die Aufnahme eines Testats in dem Prospekt.

---

1 Beispielsweise muß er nach Abschn. D.II.(3) der Grundsätze prüfen, ob Folgerungen - also auch Prognosen - "aus den Tatsachen oder Annahmen rechnerisch und sachlich richtig entwickelt, also schlüssig sind." Was sachlich richtig und schlüssig ist, bleibt seinem Ermessen vorbehalten.

2 Zum Zusammenhang zwischen Konkretisierungsgrad der Grundsätze, Haftungsrisiken und Informationskosten vgl. Teil 2, C.I.2.b.

3 H. Nehm, Grundsätze, 1981, S. 650; D. Hammer, Prüfung, 1982, S. 655; M. Dedner, Entwicklung, 1983, S. 2028; D. Rückle, Externe Prognosen, 1984, S. 68

4 So ist die Entwicklung von Prognoseaussagen aus dem Prognoseinput durch die Normen für Prognoseverfahren und die Aggregation von Teilprognosen (Teil 3, C.II.2.a. bzw. C.II.5.) konkreter vorgegeben als durch die IdW-Formulierung der "sachlich richtigen" Ableitung.

Trotzdem ist ein Testat nur dann sinnvoller Prospektbestandteil, wenn der Anleger es auch ohne nennenswerte Informationskosten richtig deutet, denn nur dann trägt es zu richtigen Vorstellungen über die Prognosequalität bei.[1)]

Sind Normen derart vage formuliert wie die IdW-Grundsätze, fällt die Deutung eines theoretisch auch hier denkbaren Testats allerdings schwer: Da Emittenten und Prüfer weite Ermessensspielräume durch eigene Definitionen auslegen müssen, kann die Güte ordnungsmäßiger Vorhersagen stark variieren. Bestätigungsvermerke allein vermitteln dann nur ein sehr vages Bild von der Qualität einer Prognose. Für konkretere Vorstellungen benötigt der Anleger zusätzlich einen Prüfungsbericht, der beschreibt, was Emittent und Prüfer im Einzelfall unter Richtigkeit und Vollständigkeit der Vorhersage verstanden haben.[2)] Dieser Bericht muß jedoch vom Prüfer für jeden Prospekt gesondert erstellt und vom Anleger für jede betrachtete Anlageofferte ausgewertet werden. Da solche Berichte i.d.R. sehr umfangreich

---

1 Haben Investoren richtige Vorstellungen, erwarten sie auch keine Sicherheit testierter Vorhersagen und stellen keine Regreßforderungen. Haftungsrisiken nehmen daher nicht nur unabhängig vom Kenntnisstand der Anleger ab, wenn Prüfer auf konkrete Normen verweisen können, sondern umgekehrt auch - unabhängig vom Konkretisierungsgrad der Normen -, wenn Anleger exakt wissen, was Ordnungsmäßigkeit impliziert. Beide Faktoren greifen insofern eng ineinander.

2 Insofern ist die Forderung des IdW nach einem Prüfungsbericht durchaus konsistent.

ausfallen,[1] ist eine Testatsinterpretation im Fall vager Normen mit hohem Zeitaufwand und daher hohen Informationskosten verbunden.[2]

Konkretere Prognosegrundsätze dagegen erleichtern die Interpretation eines Testats. Da solche Normen geringere Ermessensspielräume lassen, ist die Qualität aller testierten Vorhersagen vergleichbarer. Der Informationsgehalt des reinen, nicht durch einen Prüfungsbericht ergänzten Bestätigungsvermerks ist höher als bei vagen Normen; entsprechend exaktere Vorstellungen können sich Anleger aufgrund des Vermerks darüber bilden, welche Spannweite an Prognosequalität die Grundsätze garantieren. Dazu genügt ihnen - neben dem Testat - standardisiertes Wissen über die Implikationen der Grundsätze,[3] denn individuelles Ermessen des Prüfers ist reduziert und muß nicht mehr in einem Bericht erläutert werden. Einmal angeeignet, läßt sich dieses Wissen für alle künftigen Anlageentscheidungen eines Investors weiterverwenden: der Anleger muß nicht mehr für jede Anlagealternative neben dem Prospekt einen umfangreichen Prüfungsbericht analysieren. Das spart Informationskosten.

---

1 Zum großen Umfang der Prüfungsberichte bei IdW-Prospektprüfungen D. Quast, Prospektprüfung, in: Praxis der steuerbegünstigten Kapitalanlagen, Bd. VIII, Hrsg. D. Quast u.a., Köln 1983, S. 51 f., der von über 140 Seiten berichtet; E. Reitz, Immobilienfonds, in: Capital, 22. Jg., Nr. 9, 1983, S. 55. Die Autoren befürchten sogar, daß Anleger überfordert werden oder die Berichte ganz vernachlässigen, so auch D. Hammer, Überlegungen, 1982, S. 656

2 Auch der vom IdW vorgeschriebene Testatsverzicht hilft nicht, diese Komponente der Informationskosten zu senken: Auch wenn sich Anleger ein zusammenfassendes Qualitätsurteil selbst bilden müssen, benötigen sie den Prüfungsbericht.

3 Beispielsweise darüber, daß ordnungsmäßige Erfolgsprognosen Risiken anlegerschädlicher Planänderung prinzipiell nicht reflektieren, weil GoP hier Sicherheitsfiktionen setzen und der Prüfer daher nicht kontrollieren muß, ob die Durchführung der zugrundegelegten, geplanten Maßnahmen wahrscheinlich ist oder nicht.

Die zur Testatsdeutung nötigen Lernprozesse über die Qualität ordnungsmäßiger Prognosen entfalten Anleger zunächst von selbst. Denn obwohl das IdW anderes befürchtet, wissen sie, daß Anlagen stets risikobehaftet, selbst ordnungsmäßige Prognosen nicht sicher sind.[1]) Diese Lernprozesse lassen sich darüber hinaus durch geeignete Testatsformulierung anregen.[2]) Die Inputs dieser Lernvorgänge könnten Anleger sich einerseits selbst beschaffen; als kostengünstige Quelle käme beispielsweise die Wirtschaftspresse in Betracht. Wie jedoch die Diskussion um die IdW-Grundsätze gezeigt hat, werden die Normen zwar in Presseartikeln erwähnt, eine fundierte Diskussion erfolgt aber primär in den Organen des Prüferstands. Diese Informationsquelle ist Anlegern schwer zugänglich und durch die Vielfalt der Diskussionsbeiträge schwer auszuwerten. Zweckmäßiger erscheint es, wenn der Prüferstand eine klare Beschreibung der Prognosegrundsätze und ihrer Implikationen formuliert. Diese Beschreibung kann Anlegern, die erstmalig an den Grauen Markt herantreten, auf Wunsch vom Emittenten in Form einer Prospektbeilage zugeleitet werden. Auf diese Weise ist eine Interpretation des Testats ohne nennenswerte Informationskosten möglich.

Bergen Testate kein unübersehbares Haftungsrisiko und kann das Publikum sie ohne hohe Informationskosten richtig deuten, rechtfertigt nichts mehr den Verzicht auf ein deutliches Ordnungsmäßigkeitssignal. Vollständige Prospekte sollten daher ein eindeutiges Testat enthalten.[3])

---

1 Vgl. Teil 2, C.II.2.a.cc.

2 Z.B.: "Die Erfolgsprognose und der Prospekt entsprechen den GoP. Das bedeutet nicht Sicherheit der Vorhersage. Auch ist die Prognose nicht so gut fundiert, wie theoretisch denkbar, sondern spiegelt aus Kostengründen in manchen Fällen nicht alle Anlagerisiken wider. Zur Abschätzung dieses Informationsrisikos sind die Implikationen der Prognosegrundsätze heranzuziehen und die weiteren Angaben des Prospekts auszuwerten."

3 Für ein Testat plädieren - selbst beim geringen Konkretisierungsgrad der IdW-Grundsätze: V. Mallison, Prospektanforderungen, 1982, S. 2121; M. Dedner, Entwicklung, 1983, S. 2028; D. Rückle, Externe Prognosen, 1984, S. 68. P. Knief, Finanzplanung, 1983, S. 302 akzeptiert ein Testat für Prognosen wenigstens im Zusammenhang mit einem Prüfungsbericht.

Testat und Wissen über die Implikationen der Prognosegrundsätze allein vermitteln indes auch bei Anwendung von GoP keine absolut präzisen Vorstellungen über die Qualität einer Prognose. Denn auch GoP lassen - wenngleich engere - Ermessensspielräume und schreiben zudem Fiktionen vor, deren Realitätsgeltung unsicher ist. Das Wissen über die Implikationen der Grundsätze beschreibt Gründe und durchschnittliches Ausmaß von Informationsrisiken ordnungsmäßiger Erfolgsprognosen. Das Testat bestätigt, daß eine Vorhersage mit nicht mehr als diesem durchschnittlichen Risiko behaftet ist. Wollen Anleger präzisere Eindrücke gewinnen, wie exakt eine Prognose die Risikosituation einer Anlage reflektiert, müssen sie zusätzliche Indikatoren auswerten. Dazu benötigen sie nomologisches Wissen, mit dessen Hilfe sich Verbindungen zwischen den Ausprägungen dieser Indikatoren und der Qualität von Erfolgsprognosen knüpfen lassen. Eine umfassende Analyse des Prospektinhalts muß daher fragen, ob Prospekte auch nomologisches Wissen dieser Art vermitteln sollten.

c. Nomologisches Wissen zur Auswertung von Indikatoren des Informationsrisikos als Bestandteil vollständiger Prospekte?

Nomologisches Wissen, das hier interessiert, soll Anlegern helfen, Informationsrisiken ordnungsmäßiger Erfolgsprognosen abzuschätzen. Dazu muß es Verbindungen knüpfen zwischen den Komponenten des Informationsrisikos und geeigneten Indikatoren.[1]

1 Zu diesen Komponenten des Informationsrisikos oben Teil 3, D.IV.2.a.

Soll nomologisches Wissen Bestandteil des Prospekts werden, ist es den Klarheitsgrundsätzen nach in einer gesonderten Beilage zu veröffentlichen.[1] Welche Informationen für diese Beilage wesentlich sind, richtet sich danach,

1. ob das Anlegerpublikum sie bereits kennt oder günstig erwerben kann

2. ob sie gesicherte Schlüsse auf das Ausmaß von Informationsrisiken zulassen.

Zu 1. Nomologische Zusammenhänge sind nur dann prospektrelevant, wenn sie die Transformationsmodelle des Publikums fortentwickeln, d.h. seinen Informationsbedarf "vitalisieren".[2] Bekanntes dagegen ist überflüssig. Ebenfalls unwesentlich sind solche Zusammenhänge, die der Anleger durch Lernprozesse selbst erkennt. Damit ist nomologisches Wissen im Prospekt nur für den inkompetenten Anlegertypus relevant, der - im Gegensatz zu seinem kundigeren Pendant - nur selten Anlageentscheidungen trifft und daher vermutete Zusammenhänge nicht in der Praxis testen und so Modelle entwickeln und verfeinern kann. Er ist bei jeder Anlageentscheidung auf Erfahrungen Anderer und damit Informationszufuhr angewiesen, will er veröffentlichte Prognosen überhaupt interpretieren. Fließt ihm nomologisches Wissen zu, wird er es jedoch akzeptieren, denn er ist risikoscheu und sich des Informationsrisikos ordnungsmäßiger Erfolgsprognosen bewußt.[3] Da die Seltenheit seiner Anlageentscheidungen in diesem Anleger kein permanent präsentes Modell entstehen läßt, sind

---

1 Teil 3, D.III.2.b.

2 Vgl. Teil 2, C.II.2.b.bb.

3 U.a. deshalb, weil die im vorangegangenen Abschnitt vorgeschlagene Formulierung des Testats ihn darauf hinweist, also Vitalisierungfunktionen für sein Meta-Wissen ausübt. Zum Modell dieses Anlegertyps und seinem Lernverhalten vgl. ausführlicher Teil 2, C.II.2.a.cc.

für ihn alle Zusammenhänge relevant, die fundierte Schlüsse auf Informationsrisiken zulassen: es muß nicht befürchtet werden, redundantes Wissen zu übermitteln.

Fraglich bleibt, ob Versorgung mit nomologischem Wissen Aufgabe des Prospekts ist. Ebensogut könnten das Berater oder andere Quellen übernehmen. Da der betrachtete Anlegertypus jedoch kein permanentes Modell herausbildet - keine langfristig anhaltenden Lernerfolge erzielt - müßte er vor jeder Anlageentscheidung erneute Lernaktivitäten entfalten. Berater verlangen Honorare, aus Presse und Fachliteratur wäre das Wissen in langwierigen Suchprozessen stets erneut herauszufiltern. Daher erscheint es zweckmäßiger, wenn die Prospektbeilage, die schon über Implikationen der Prognosegrundsätze Auskunft gibt, auch die wichtigsten nomologischen Zusammenhänge, die der Anleger zur Prospektinterpretation kennen muß, erläutert. Diese Zusammenhänge dürfen allerdings nicht zu komplex sein, weil relativ unkundige Adressaten theoretisches Wissen nur begrenzt aufnehmen können.[1)]

Zu 2. Zusammenhänge, die eine offizielle Prospektbeilage unkundigen Anlegern erläutert, sollten wahr sein, d.h. gesicherte Schlüsse von der Ausprägung geeigneter Indikatoren auf das Ausmaß von Informationsrisiken erlauben. Denn ungesicherte Beziehungen werden den unkritischen Investor zu falschen Schlüssen verleiten oder sind für ihn nutzlos, weil er sie nicht auf Verläßlichkeit prüfen kann. Ökonomische Zusammenhänge lassen sich jedoch nicht verifizieren, nur mehr oder weniger gut bestätigen. Sie müssen daher wenigstens gut bestätigt sein, wobei der erforderliche Bestätigungsgrad nicht quantitativ vorgegeben werden kann.[2)]

---

1 Teil 2, C.II.2.b.bb. wies bereits darauf hin, daß Problemmodelle der Anleger nicht beliebig, sondern nur in Grenzen "vitalisiert" werden können.

2 Zum Problem des Bestätigungsgrades nomologischer Zusammenhänge vgl. Teil 3, C.II.1.

Folgt man der Literatur, lassen jedoch stets solche nomologischen Zusammenhänge einen hohen Bestätigungsgrad erwarten, auf denen die Funktion sog. Signale[1] beruht. Signaling im Publizitätsbereich stellt Verbindungen her zwischen beobachtbaren und vom Initiator gestaltbaren Merkmalen des Unternehmens und der nichtbeobachtbaren Qualität der Anlage. "Signals are observable firm characteristics which are directly controllable by the firm at the time of the equity issue and convey information about the distribution of future cash flows."[2]

Signale weisen angeblich eine hohe Verläßlichkeit auf, weil Signalkosten (Kosten des gestaltbaren Unternehmensmerkmals) und Angebotsqualität negativ korreliert sind: Je schlechter ein Angebot ist, desto teurer kommt es Initiatoren, ein Signal zu senden, das gute Qualität anzeigt.[3]

Ein Beispiel ist wiederum der Kapitalanteil des Managements: Je höher die Beteiligung, desto mehr signalisiert das Management, daß es attraktive Renditen erwartet und auch keine Vermögensverschiebungen plant. Trifft das nicht zu, rentiert sich der eigene Kapitaleinsatz nicht.

---

1 Der folgend benutzte Begriff Signal ist nicht identisch mit dem gleichlautenden Terminus der Kommunikationstheorie. Dort bezeichnet er Träger von Nachrichten (Töne, Buchstaben, Bildelemente), vgl. Teil 2, A.I.1. Hier geht es um einen ökonomischen Indikator mit besonderen Eigenschaften, die noch erläutert werden.

2 D.H. Downes und R. Heinkel, Signaling and the Valuation of Unseasoned New Issues, in: JoF, 37. Jg., 1982, Nr. 1, S. 3

3 Grundlegend: A.M. Spence, Job Market Signaling, in: QJE, 87. Jg., 1973, S. 355-374, spez. S. 358; vgl. auch R.H. Schmidt, Rolle von Informationen, 1979, S. 144 f., 168; H.-D. Koch, Kapitalanlegerschutz, 1981, S. 147, 236; D.H. Downes und R. Heinkel, Signaling, 1982, S. 2 f.; M. Hopf, Informationsökonomie, 1983, S. 318; H.-D. Assmann, Prospekthaftung, 1985, S. 283

Sicher ist allerdings auch der Zusammenhang zwischen einem Signal und Angebotsqualität nicht. Beispielsweise könnten Initiatoren versuchen, sich ihre Anlage später durch besonders hohe Schädigungen kompensieren zu lassen: "Gleichwohl sind auch Signale riskante Informationen und müssen erst einmal als solche erkannt werden."1)

So verläßlich wie behauptet sind Signale daher keineswegs. Gleichwohl weist der Signaling-Mechanismus eine gewisse Plausibilität auf. Angesichts der Probleme, einen"Mindest-Bestätigungsgrad" für nomologische Zusammenhänge vorzugeben, die (unkundigen) Anlegern erläutert werden sollten, bietet sich die Signaleigenschaft wenigstens als Anhaltspunkt. Eine Prospektbeilage sollte insofern jedenfalls solche nomologischen Zusammenhänge als Interpretationshilfe für unkundige Investoren darstellen, die Signalen zugrundeliegen. Ein Hinweis auf die Unsicherheit der Signale sollte hinzukommen. Zwar vermittelt die Beschränkung auf Signale den unkundigen Adressaten möglicherweise ein unvollständiges Modell davon, welche Determinanten und Zusammenhänge das Informationsrisiko in der Realität bestimmen. Doch erscheint es zweckmäßiger, sich hier zu beschränken, als diesen Anlegertypus mit Verknüpfungswissen zu konfrontieren, dessen Realitätsgeltung unbestätigt und von ihm aufgrund der Seltenheit eigener Anlageentscheidungen auch nicht testbar ist.

Faßt man zusammen, benötigt der unkundige Teil des Anlegerpublikums die Erklärung nomologischer Zusammenhänge, mit deren Hilfe es Prospektindikatoren interpretieren kann. Diese Zusammenhänge sollten wenigstens in einem gewissen Maß verläßlich sein. Als (wenngleich unvollkommenes) Kriterium dafür, welche Zusammenhänge in einer Prospektbeilage erläutert werden könnten, bietet sich die Signaleigenschaft von Indikatoren an.

---

1 H.-D. Assmann, Prospekthaftung, 1985, S. 283

Die bisher in Abschn. b. und c. diskutierten Informationen vermitteln Wissen über generelle Sachverhalte und Zusammenhänge, die Anleger zur Interpretation jeder ordnungsmäßigen Erfolgsprognose heranziehen können.[1] Um Vorstellungen über Informationsrisiken bestimmter Erfolgsvorhersagen zu gewinnen, müssen sie diese generellen Informationen noch mit Wissen verknüpfen, das sich auf Merkmale des einzelnen Anlageobjekts und seiner Umwelt bezieht. Daher fragt sich jetzt, welche dieser Angaben Inhalt vollständiger Prospekte sein müssen.

d. Indikatoren des Informationsrisikos als Bestandteile vollständiger Prospekte

aa. Auswahlgesichtspunkte

Nicht alle Indikatoren, die Schlüsse auf das Ausmaß von Informationsrisiken erlauben, werden Inhalt des Prospekts, vielmehr müssen Prospektangaben wesentlich sein, d.h. weniger kosten als der durch sie ausgelöste Wissensfortschritt an Vorteilen erbringt und vom Emittenten günstiger produziert werden können als vom Publikum. Das scheint auf den ersten Blick nur erfüllt zu sein, wenn

1. der Zusammenhang zwischen Indikator und Informationsrisiko gut bestätigt ist. (Kürzer soll von gut bestätigten oder verläßlichen Indikatoren gesprochen werden, wenn strenggenommen dieser Zusammenhang gemeint ist.[2])

2. ein Indikator vom Publikum interpretierbar und

3. vom Emittenten kostengünstig produzierbar ist.

---

1 Eine Ausnahme bildet das Testat des Prospektprüfers, es signalisiert Ordnungsmäßigkeit einer speziellen Prognose und der weiteren Angaben eines Prospekts.

2 M. Hopf, Informationsökonomie 1983, S. 318, spricht von "allgemein anerkannten Indikatoren".

Indikatoren müssen offenbar gut bestätigt sein, weil weniger bestätigte die Gefahr bergen, falsche Schlußfolgerungen zu induzieren. Das ist jedoch nur dann ein Selektionskriterium, wenn Anleger aus Fehlschlüssen für spätere Entscheidungen nichts lernen. Möglichst verläßlich müssen Indikatoren daher nur für den unkundigen Teil des Publikums sein. Dem kundigen Anleger kann der Prospekt dagegen auch Informationen zukommen lassen, deren Indikatorwirkung zweifelhaft ist. Sie werden im Laufe fortgesetzter Anlageentscheidungen entweder selekiert oder stellen sich infolge häufigerer "Bewährungsproben" oder sich wandelnder Strukturen doch noch als geeignet heraus. Je kundiger das Publikum ist, desto weniger wichtig ist daher die Verläßlichkeit von Indikatoren.

Zweitens müssen Indikatoren vom Anleger zu deuten sein. Dem unkundigen Anleger wird die Interpretation ihm zugedachter Indikatoren jedoch durch die Erklärung der nomologischen Zusammenhänge ermöglicht, die den Indikatoren zugrundeliegen. Diesem Zweck dient die Prospektbeilage. Kundige Anleger dagegen lernen die Interpretation weiterer Indikatoren von selbst. Interpretierbarkeit spielt daher als Auswahlkriterium für Indikatoren nur eine untergeordnete Rolle[1].

Weniger verläßliche Indikatoren sind vom unkundigen Anleger nicht nur nicht testbar, er kann sie darüber hinaus auch nicht interpretieren, denn die Prospektbeilage vermittelt Verknüpfungswissen ausschließlich für verläßliche Indikatoren. Dann aber lösen unbestätigte Indikatoren bei ihm Informationsüberflutung aus und beeinträchtigen die Qualität seiner Erwartun-

---

1 Anders sehen H.-D. Koch, Kapitalanlegerschutz, 1981, S. 249 und H.-D. Assmann, Prospekthaftung, 1985, S. 284 in der Interpretierbarkeit von Signalen und Indikatoren ein Problem. Sie berücksichtigen jedoch nicht die Lernfähigkeit des Publikums und die Möglichkeit, nomologisches Wissen mit Hilfe der Prospektbeilagen zu übermitteln.

gen.[1] Der Prospekt muß daher die Indikatorarten getrennt ausweisen: Verläßliche Indikatoren sind in einem Basisprospekt abzudrucken, weitere, potentielle Indikatoren für den kundigen Anleger in einem Zusatzprospekt. Diese standardisierten Segmente des Gesamtpropekts können dann je noch anvisiertem Adressatenkreis miteinander und mit den Prospektbeilagen kombiniert werden.[2]

Drittens müssen Prospektangaben vom Emittenten "billig" produzierbar sein. Daher kommen als Indikatoren am ehesten Informationen in Betracht, die sich der Planung entnehmen oder aus ihr ableiten lassen. "Planungsfremde" Angaben (z.B. Expertengutachten über die Angemessenheit von Verrechnungspreisen) rufen oftmals Beschaffungskosten hervor, sie müssen dem Anleger dann größere Wissensfortschritte ermöglichen als Planungsinformationen. Umgekehrt sind die Kosten von Informationen mit zweifelhafter Indikatorwirkung - d.h. für den Zusatzprospekt zur Diskussion stehende Angaben, deren Indikatoreignung umstritten sein kann und vom Anleger selbst herausgefunden werden muß - besonders scharf im Auge zu behalten. Die Möglichkeit, daß sich ein wenig bestätigter Indikator langfristig doch als geeignet erweist, muß gegen seine Kosten abgewogen werden.

Wird ein Indikator aufgrund der eben skizzierten generellen Überlegungen als Prospektinhalt vorgeschrieben, so kann es sich trotzdem in Einzelfällen als prohibitiv teuer erweisen, seine Ausprägung zu ermitteln. Überzeugt der Emittent den Prüfer hiervon, darf ein Ausweis unterbleiben - allerdings nicht ersatzlos: Der Prospekt sollte dann einen expliziten Hinweis auf diese "regel-

---

1 Teil 2.C.II.2 zeigte, daß nichtverknüpfbare Angaben auch die Auswertung solcher Informationen stören, die der Anleger verknüpfen kann.

2 Unkundige Anleger erhalten Basisprospekt und Prospektbeilagen, die ihm nomologische Zusammenhänge und die Qualität ordungsmäßiger Prognosen erläutern, kundige Anleger Basis- und Zusatzprospekt. Da Anleger die Prospektsegmente für sich selbst auswählen müssen, ist falsche Selbsteinordnung allerdings nicht ganz ausgeschlossen.

widrige" Informationslücke enthalten[1]) und auch ihren Grund erläutern. Anderenfalls würden Anleger den ausnahmsweise fehlenden Indikator vermissen und sich in Unkenntnis seiner prohibitiven Kosten vergeblich selbst zu informieren versuchen. Solche nutzlosen Informationsaktivitäten sind zu vermeiden.

Von Informationslücke läßt sich scheinbar auch sprechen, wenn ein Unternehmen Merkmale mit Indikatoreigenschaft gar nicht aufweist, beispielsweise Initiatoren keine Kapitalanteile halten. Jedoch liegt hier keine Informationslücke vor, die sich mit hohen Indikatorkosten rechtfertigen läßt. Vielmehr weist das Merkmal nur eine bestimmte Ausprägung auf, über die durchaus Information vorliegt. So darf eine Angabe der Initiatorenbeteiligung nicht entfallen, der Anteil muß mit Null ausgewiesen werden.

Werden Indikatoren nach den Gesichtspunkten ihrer Verläßlichkeit und Produktionskosten zum Prospektinhalt erklärt, ist noch eine Frage offen: Handelt es sich um eine abschließende Festlegung des Prospektinhalts oder um Mindestangaben, die vom Emittenten zu ergänzen sind, wenn ihm weitere Indikatoren wesentlich erscheinen?

Anhand der Auswahlkriterien lassen sich zwar wesentliche Angaben aus einer bekannten Menge potentieller Indikatoren herausfiltern, ob neben dieser Menge jedoch noch weitere geeignete Indikatoren existieren, bleibt ungeklärt. Abschließende Enumeration birgt daher stets die Gefahr, wesentliche Angaben auszugrenzen und das Informationskostenminimum zu verfehlen. Ergänzungspflicht dagegen vermindert diese Gefahr.

---

1 Das IdW, Grundsätze, 1987, D.I definiert, ein Prospekt sei vollständig, wenn "die aufgeführten entsprechenden Angaben gemacht sind bzw. im Prospekt erklärt ist, daß die Angabe nicht gemacht werden kann". Deutlicher noch spricht die 1983er Fassung der Grundsätze von einer "ausdrücklichen" Erklärung, wenn Angaben nicht gemacht werden können.

Trotzdem werden Stimmen für eine abschließende Aufzählung laut; sie stützen sich auf das Argument der Rechtssicherheit[1]: Bei Ergänzungspflicht müßten Emittenten und Prüfer Haftungsrisiken befürchten, weil Anleger später behaupten könnten, der Prospekt hätte im Einzelfall wesentliche Angaben ausgespart, oder abgedruckte Indikatoren hätten sich als unzuverlässig erwiesen.

Segmentierte Prospekte nehmen Haftungsrisiken jedoch einen Teil ihrer Schärfe: Beschränkt man die Ergänzungspflicht auf den Zusatzprospekt, so haften Emittent und Prüfer zwar für die Richtigkeit ergänzter Indikatoren, nicht jedoch für deren Verläßlichkeit. Sie muß vom Adressaten dieses Prospektsegments selbst getestet werden. Frei von dieser Verantwortung werden Emittenten eher mehr als weniger zusätzliche Indikatoren veröffentlichen. Damit sinkt auch die haftungsbegründende Gefahr, geeignete Indikatoren versehentlich auszusparen. Für Zusatzprospekte vorgeschriebene Indikatoren gelten daher als Mindestinhalt, der zu ergänzen ist, sofern weitere Angaben wesentlich erscheinen.[2]

Adressaten des Basisprospekts dagegen benötigen verläßliche Indikatoren. Sie könnten vom Emittenten ergänzte Angaben auch gar nicht verarbeiten, weil die Prospektbeilage hierfür kein Verknüpfungswissen bereitstellt und dieser Anlegertypus keine eigenen längerfristigen Lernerfolge realisiert. Der Inhalt des Basisprospekts ist daher abschließend zu definieren.

---

1 So H. Reuter, Aktienmarkt, 1980, S. 197 u. 231 analog für die Abgrenzung wesentlicher Insiderinformationen. Anderer Meinung in diesem Zusammenhang sind K.J. Hopt und M. Will, Insiderrecht, 1973, S. 57, die meinen: "Wie so oft und ganz besonders bei wirtschaftlichen Vorgängen erscheint eine abschließende Kasuistik wegen der unvermeidlichen Lücken nicht die beste Methode".

2 Auch das IdW, Grundsätze, 1987, D.I., Anm. 2 verlangt von Emittent und Prüfer, sich Gedanken über weitere, wesentliche Angaben zu machen, die den (schon sehr umfangreichen) Mindestinhalt ergänzen.

Faßt man Auswahlüberlegungen für Indikatoren zusammen, ergibt sich folgendes Bild: Indikatoren werden nach ihrer Verläßlichkeit und ihren Produktionskosten ausgewählt. Verläßliche Indikatoren werden im Basisprospekt veröffentlicht. Dessen Inhalt ist abschließend definiert und spricht unkundige und kundige Investoren gleichermaßen an. Weniger verläßliche Indikatoren bleiben dem Zusatzprospekt für kundige Adressaten vorbehalten, dieses Prospektsegment muß neben seinem vorgeschriebenen Mindestinhalt ergänzende Angaben machen, wenn sie wesentlich erscheinen. Indikatorkosten und Auswertungskosten führen dazu, daß bei weniger verläßlichen Indikatoren besonders streng geprüft werden muß, ob sie Prospektinhalt werden. Wesentliche Angaben, die Emittenten aus Kostengründen im Ausnahmefall nicht veröffentlichen können, müssen durch Hinweis auf diese Informationslücke ersetzt werden.

Die folgenden Abschnitte bb. - ee. diskutieren jetzt anhand der skizzierten Auswahlüberlegungen, welche Informationen sich als Indikatoren für die einzelnen Teilrisiken eignen, in die sich das Informationsrisiko ordnungsmäßiger Erfolgsprognosen zerlegen läßt. Wie oben in Teil 3, D.IV.2.a gezeigt, lassen sich diese Teilrisiken am besten vier Gliederungspunkten zuordnen:

- Ermessensrisiken
- Planänderungsrisiken
- Bonitätsrisiken
- steuerliche Risiken.

bb. Indikatoren des Ermessensrisikos

Erste Komponente des Informationsrisikos ordnungsmäßiger Erfolgsprognosen ist das Ermessensrisiko; es kennzeichnet die Gefahr, daß Emittenten Ermessensspielräume der Prognosegrundsätze nicht zu hochwertigen Vorhersagen nutzen, sondern Irrtum oder Manipulation vorkommen.

Es scheint nahezuliegen, Indikatoren dieses Risikos ihrer Verläßlichkeit nach zu systematisieren. Da aber Verläßlichkeit ein wenig exakter Maßstab ist und sich vielfach erst durch langfristige Testprozesse des Publikums herausstellen muß, entfällt dieser Ansatz. Indikatoren werden deshalb danach geordnet, ob sie

- Merkmale des emittierenden Unternehmens, seines Managements und seiner Beteiligungstitel
- Merkmale der Unternehmensumwelt
- Merkmale von Informationen oder von Informationsquellen beschreiben.

Zunächst zu Indikatoren, die das Unternehmen und sein Management betreffen. Erstes Signal für Ermessensrisiken ist der Status des Emittenten. Wer als Daueremittent[1] Folgeprojekte placieren möchte, wird Ermessensspielräume nicht gezielt optimistisch nutzen. Denn enttäuschte Erwartungen veranlassen das Publikum, Folgeemissionen zu meiden. Es liegt ein Signal vor, denn manipulatives Ausschöpfen von Ermessenspielräumen kostet Emittenten Marktanteile und damit Geld.[2]

1 Wer sich im Prospekt als Daueremittent bezeichnen darf, wäre im Publizitätsregulator durch Definition festzulegen, vgl. die Klarheitsgrundsätze Teil 3.D.III.2 a .cc., die einheitliche Definitionen für verwendetes Fachvokabular verlangen. Daueremittent könnte sich z.B. nur nennen dürfen, wer unter gleicher Firma schon mehrere andere Projekte erfolgreich placiert und abgewickelt hat und bereits nachweislich neue plant oder in weitere Projekte investiert hat.

2 Wie Teil 2, A.II.2. und III. zu den Interessen von Anlegern und Emittenten feststellte, könnten Daueremittenten jedoch hoffen, Anleger beschwichtigen zu können. Oder sie könnten annehmen, Anleger bemerkten die Manipulation gar nicht, beispielsweise weil ihnen ohne funktionierende Sekundärmärkte Kurse für umlaufende Titel und damit unbestechliche Indikatoren dafür fehlen, ob sie für ihren Anteil zuviel bezahlt haben oder nicht. In beiden Fällen versagt das Signal - jedenfalls solange, bis sich herausstellt, ob die Hoffnung des Emittenten zu Recht besteht. Selbst Signale sind niemals absolut verläßlich, darauf wies Teil 3, D.IV.2 c. bereits hin.

Weitere Signale sind Rückandienungs- und Kündigungsrechte der Anteilseigner sowie der Rücknahmepreis. Je leichter Anleger ihre Beteiligungen kündigen können und je höher ein (ggfs. vereinbarter) Rücknahmekurs oder je konsequenter Initiatoren sich verpflichtet haben, angediente Titel zu übernehmen, desto mehr zeugt das von seriöser Informationsproduktion.[1] Kündigung gefährdet durch Kapitalentzug die Gesellschaft und damit Verdienstchancen des Managements, Rücknahme stellt direkten Liquiditätsabfluß für Initiatoren dar. Sie ist daher das verläßlichere Signal.[2]

Ein wichtiger Indikator ist die Prognosekompetenz des Managements. Sie läßt sich allerdings ihrerseits nur durch Hilfsmaßstäbe anzeigen, z.B. durch

- Prognoseleistungen in der Vergangenheit
- Ausbildung des Managements
- Vertrauen institutioneller Investoren
- Qualität des Planungs- und Prognosesystems.

---

1 Dazu R.H. Schmidt, Grundformen der Finanzierung, 1981, S.196-198

2 Könnte die Gesellschaft durch Kündigungsrechte gefährdet werden (Massenaustritt von Gesellschaftern), und sehen sich Initiatoren ausschließlich durch die Pflicht, Kündigungsrechte im Prospekt darzustellen, gezwungen, diese auch zu gewähren, um nicht in den Ruf schlechter Informationspolitik zu geraten, so wären für diesen Indikator Folgekosten der Selbstbindung anzusetzen. Solche Folgekosten können auch beim Anleger auftreten, weil Finanzverwaltungen bei Rücknahmegarantien des Emittenten dem Anleger u.U. mangelnde Gewinnerzielungsabsicht unterstellen und Steuervorteile versagen (vgl. o.V., Rückzahlung auf Raten, in: WiWo, 38.Jg., 1984, Nr. 13, S. 213-215). Verzichtet ein Initiator aus diesen guten Gründen auf großzügige Kündigungsrechte, muß ihm gestattet sein, das im Prospekt zu erläutern. Das hält Anleger davon ab, den Indikator ausschließlich als Zeichen schlechter Informationspolitik zu deuten, entlastet Emittenten vom Zwang, nachteilige Rechte zuzugestehen, und senkt dadurch die Folgekosten. Damit der Indikator nicht durch vorgeschobene Gründe entwertet werden kann, müssen die erläuterten Gründe im Einzelfall triftig sein, was der Prospektprüfer zu kontrollieren hat.

Prognoseleistungen in der Vergangenheit werden Indikatoreigenschaften für die Qualität aktueller Vorhersagen zugeschrieben.[1] Dieser Gedanke liegt auch der "planorientierten Leistungsbilanz" zugrunde, um die Ziegeler[2] den IdW-Prospekt erweitern will: Daueremittenten sollen früheren Prospektvorhersagen realisierte Werte gegenüberstellen und Abweichungen erläutern. Je mehr Projekte mit eingetroffenen (oder nur gut begründet abweichenden) Prognosen, in desto hellerem Licht erscheint die Prognosekompetenz eines Managements[3].

Obwohl dieser Indikator theoretisch relativ verläßlich erscheinen mag, wirft seine praktische Gestaltung Probleme auf. So müssen frühere Vorhersagen tatsächlich Vorhersagen gewesen sein. Erfolgsdeterminanten früherer Projekte könnten nämlich - anders als beim aktuellen Projekt - maßgeblich durch Verträge festgelegt gewesen und Erfolgsprognosen aus diesem Grund, nicht aber dank hoher Prognosekompetenz des Managements, häufig eingetroffen sein. Will das Management darüber hinaus (wahre) Erklärungen für etwaige Abweichungen geben, muß es detailliert auf frühere Projekte eingehen. Dann müßten aktuelle Prospekte eine Vielzahl von Informationen über längst abgewickelte Projekte ausweisen und Prospektprüfungen auf umfangreiche Unterlagen hierüber ausgedehnt werden. Das aber ruft Informationskosten hervor, die die Zweckmäßigkeit von Leistungsbilanzen fraglich erscheinen lassen[4]. So hat diese Information auch keinen Eingang in die Neufassung der IdW-Grundsätze von 1987 gefunden.

---

1 Z.B. P. Danos und E.A. Imhoff, Auditor Review of Financial Forecasts: An Analysis of Factors Affecting Reasonableness Judgements. in: AR, 57.Jg., 1981, Nr. 1, S. 42 f., 52

2 W. Ziegeler, Leistungsbilanzen, 1985, S. 418-425

3 W. Ziegeler, Leistungsbilanzen, 1985, S. 422

4 Zu Problemen der Informationsausweitung und -kosten, besonders der Prüfungskosten, durch Leistungsbilanzen vgl. H. Nehm, Verbesserung der Effizienz der Prospektprüfung durch Einbeziehung planorientierter Leistungsbilanzen? in: WPg, 38.Jg., 1985, S. 460-464

Prognosefähigkeiten könnten sich auch ablesen lassen am Ausbildungsgrad von Initiatoren, der als Indiz für (umfassendere) Managementkompetenz gilt[1]. Dieser Indikator ist billig, nachprüfbar und irreversibel, zweifelhaft erscheint allein seine Verläßlichkeit. Ein Zusammenhang zwischen Prognosekompetenz und allgemeiner kaufmännischer Ausbildung - z.B. ablesbar an Diplomen - wird sich nicht ohne weiteres herstellen lassen. Höher einzustufen sein dürften spezifisch planungsorientierte Ausbildungsschritte wie beispielsweise entsprechende Studienschwerpunkte, Aufbaustudien oder Seminare. Auch Tätigkeit einzelner Mitglieder des Initiatoren-Managements in Planungsabteilungen anderer Unternehmen - nachzuweisen beispielsweise durch Zeugnisse früherer Arbeitgeber - lassen sich als Indiz überdurchschnittlicher Prognosekompetenz werten. Gleichwohl sollten diese Indikatoren dem Zusatzprospekt mit seinen geringeren Verläßlichkeitsanforderungen vorbehalten bleiben.

Sollte sich am Grauen Markt langfristig eine qualifizierte Standesorganisation für Initiatoren herausbilden, die strenge Qualifikations- und Ehrbarkeitsstandards für ihre Mitglieder setzt und Verfehlungen sanktioniert, lassen sich ausbildungsbezogene Indikatoren durch das Signal einer Verbandsmitgliedschaft ersetzen[2]. Die Kosten von Sanktionen für Managements erheben diesen Indikator zum Signal, das in den Basisprospekt einfließt.

Ein weiterer Gütestempel für die Prognosekompetenz des Managements ist die Beteiligung institutioneller Investoren. Wie Teil 2, C.II.2.a.cc. zeigte, zählen sie zwar nicht zu den typischen Anlegern am Grauen Markt, doch gibt es gelegentlich Angebote, die selbst institutionelle Investoren bewegen, Anteile zu überneh-

1 K.J. Böhm, Anlegerschutz, 1979, S. 152 f.

2 Dazu ausführlich H.-D. Koch, Kapitalanlegerschutz, 1981, S. 251-255, der auf die National Association of Securities Dealers in den USA verweist.

men.[1] Diese Anleger werden sich zuvor ein detailliertes Bild der Management- und damit auch Prognosekompetenz der Initiatoren machen. Anders als der typische Anlegerkreis verfügen sie über entsprechende Informationsmöglichkeiten. Gleiches gilt auch für Fremdkapitalgeber der Anlagegesellschaft, die der Veröffentlichung ihres Namens im Prospekt zustimmen[2].

Letztlich soll die Qualität des Planungssystems Aufschluß über Planungskompetenz des Managements, aber auch direkt über die Güte erzeugter Prognosen geben.[3] Zweifellos schaffen wohlorganisierte Planungsabteilungen günstige Voraussetzungen für hochwertige Vorhersagen. Da aber selbst in guten Planungssystemen Freiräume für persönliche Irrtümer und Manipulationen bestehen[4] - zumal dann, wenn Manipulation im Interesse der Geschäftsführung liegt -, ist dieser Indikator sehr grob. Er mag sinnvoll sein, wenn es um völlig ungeregelte Prognosepublizität geht. Durch GoP jedoch ergeben sich gewisse Mindeststandards für Planungssysteme automatisch, gleichzeitig sind die Ermessensfreiräume gegenüber ungeregelter Prognostik erheblich eingeschränkt. Dann aber liefert ein derart grober Indikator kaum zusätzliche Information über Irrtums- und Manipulationsmöglichkeiten.

Dem stehen hohe Indikatorkosten gegenüber. Entweder benötigen Anleger ausführliche Beschreibungen des Planungssystems, was Prospekte aufbläht und vom Investor selbst schwer zu einem eigenen Qualitätsurteil verdichtet werden kann, oder Prospektprüfer, besser noch Planungsexperten, müßten ein Qualitätsurteil fällen.

---

1 Z.B. beteiligen sich amerikanische Versicherer und Pensionskassen an Lagerhäusern in den USA, deren Anteile am Grauen Markt placiert wurden, vgl. E. Reitz, Lagerhäuser, in: Capital, 23.Jg., 1984, Heft 1, S. 56

2 H.-D. Koch, Kapitalanlegerschutz, 1981, S. 245

3 P. Danos und E.A. Imhoff, Auditor, 1981, S. 110; F.J. Bönkhoff, Kreditwürdigkeitsprüfung, 1983, S. 88-91, spez. S. 91

4 F.J. Bönkhoff, Kreditwürdigkeitsprüfung, 1983, S. 88

Solche Urteilsprozesse sind zeitaufwendig und zudem riskant, weil operationale Grundsätze für Planungssysteme fehlen.[1] Das Mißverhältnis von Informationsgehalt und -kosten läßt diesen Indikator ausscheiden.

Neben der Prognosekompetenz des Managements ist das Verhältnis, in dem prognostizierte Komponenten des Unternehmenserfolgs zu den vertraglich gesicherten stehen, ein wichtiger Indikator des Ermessensrisikos. Je höher der Anteil echter Vorhersagen, desto größer die Irrtums- und Manipulationsgefahren, mit denen die Erfolgsprognose behaftet ist, denn nur bei unsicheren Komponenten bestehen Ermessensspielräume. Vertraglich gesicherte Größen dagegen lassen sich eindeutig angeben und vom Prospektprüfer exakt auf Richtigkeit kontrollieren.[2]

Das führt zur Frage, wie dieser Indikator ausgewiesen werden soll. Da die Zielgröße der Investoren eine Zahlungsgröße ist, bietet sich ein Finanzplan an[3]. Üblicherweise sind Finanzplangrößen nach ihren leistungswirtschaftlichen Ursachen geordnet, beispielsweise Umsatzeinzahlungen, Eigen- und Fremdmittelzuflüsse, Auszahlungen für Betriebs-, Personal- und Finanzierungskosten etc.[4]. Diese Differenzierung hilft Anlegern bei der Analyse des Ermessensrisikos aber nur, wenn bestimmte Zahlungskategorien allein aufgrund ihrer Entstehungsursache stets eindeutiger prognosti-

---

1 C. Freiling und W. Lück, Unternehmensinterne Planungen und aktienrechtliche Jahresabschlußprüfung, in: ZfbF, 36. Jg., 1985, S. 288

2 Abgesehen sei hier davon, daß auch vertraglich gesicherte Zahlungen nicht völlig sicher, sondern beispielsweise mit Bonitätsrisiken behaftet sind.

3 Für Finanzpläne zum Ausweis von Erfolgskomponenten spricht darüber hinaus ihre - z.B. im Vergleich zu prospektiven Kapitalflußrechnungen - leichte Verständlichkeit und ihre hohe finanzwirtschaftliche Aussagekraft, so K. Chmielewicz und B. Caspari, Zur Problematik von Finanzierungsrechnungen, in: Die Betriebswirtschaft, 45. Jg., 1985, S. 164 f.

4 Vgl. das Beispiel bei F.J. Bönkhoff, Kreditwürdigkeitsprüfung, 1983, S 70 f.

zierbar sind als andere. Daher müssen Emittenten ursachenbezogene Finanzplangrößen zusätzlich in prognostizierte und vertraglich gesicherte aufspalten[1].

Dieser Grundsatz bedeutet auch, daß der Finanzplan explizit erkennen läßt, ob und wann sich die Sicherheitskategorie einer Zahlungsreihe ändert. Laufen beispielsweise Mietgarantien oder Zinsbindungsfristen ab, müssen anfangs determinierte Zahlungsgrößen für Folgeperioden als Prognosen ausgewiesen werden.[2]

Allerdings ist der Ausweis prognostizierter Erfolgskomponenten in einem Finanzplan problematisch. Sie müßten als Wahrscheinlichkeitsverteilungen abgebildet werden. Das aber erschwert den beabsichtigten Vergleich der sicheren und unsicheren Anteile, beispielsweise der vertraglich fixierten Umsatzeinzahlungen mit den nur prognostizierten. Verteilungen von Finanzplaninputs sollten daher zu Erwartungswerten verdichtet und - als Prognosen gekennzeichnet - neben ihre sicheren Anteile gestellt werden.

Nun ist jedoch die in einem Finanzplan nötige Saldierung der Inputs (beispielsweise sichere/unsichere Einzahlungen minus sichere/unsichere Auszahlungen) nur durch Simulation möglich; die Salden (hier: Einzahlungsüberschüsse) sind wiederum Verteilungen. Das gestaltete den Finanzplan unübersichtlich. Auch die Salden sollten daher als Erwartungswerte dargestellt werden. Naturgemäß ist eine Trennung in sichere und unsichere Anteile bei Salden nicht mehr möglich.[3]

---

1 Das IdW, Grundsätze, 1987, Anl. 1, A.III.3.a,b verlangt Hinweise, ob es sich um "erwartete" oder "gesicherte" Angaben handelt.

2 D. Hammer, Grundsätze, 1987, S. 677 weist darauf hin, daß nach den IdW-Grundsätzen der Wegfall von Sondereinflüssen, wie Mietgarantien etc., im Prospekt "anzugeben" ist.

3 Das schließt nicht aus, daß die höchstaggregierte Zielgröße, beispielsweise der absolute Einzahlungsüberschuß nach Steuern pro Periode, wie bei den Klarheitsgrundsätzen verlangt, zusätzlich durch Intervallgrenzen oder komplette Verteilungen abgebildet wird.

Ein letztes Unternehmensmerkmal mit Indikatoreigenschaft für Ermessensrisiken ist die Sensitivität des Unternehmenserfolgs: Je sensibler die Erfolgsgröße auf bestimmte Änderungen einer oder mehrerer Prämissen reagiert, desto mehr wirkt es sich aus, wenn das Management bei der Vorhersage der Prämissen irrt oder manipuliert, desto gravierender sind Schäden aus Schlechtinformation.

Wieder fragt sich, in welcher Form der Indikator auszuweisen ist. Am deutlichsten lassen sich Sensitivitätsaussagen machen, indem zwei bedingte Erfolgsprognosen einander gegenübergestellt werden (Szenariotechnik)[1]: Eine Vorhersage könnte beispielsweise auf der Prämisse basieren, der eigene Marktanteil wachse um 8 Prozent, der anderen liege Nullwachstum zugrunde. Die zugehörigen Erfolgsentwicklungen sollten jeweils durch Erwartungswert und Varianz repräsentiert werden, denn komplette Verteilungen sind schwer vergleichbar. Hilfreich ist eine zusätzliche Elastizitätsangabe, sie komprimiert relative Änderungen des Erwartungswerts in bezug auf relative Änderungen der Randbedingungen in einer einzigen Kennziffer.

Welche Randbedingungen um wieviel variiert werden sollen, ist durch GoP vorzugeben; nur so werden Sensitivitätsangaben verschiedener Prospekte vergleichbar: Es nützt Anlegern nichts, wenn ein Prospekt die Erfolgsänderung nach Umsatzverdoppelung ausweist, ein anderer die nach fünfprozentiger Betriebskostendegression.

---

1 Vgl. Teil 3, D.I.2.b. mit ausführlicherem Beispiel und Literatur. Die Szenariotechnik dient hier nicht dazu, dem Anleger für eigene Vorstellungen über Randbedingungen die dazu passende Erfolgsprognose bereitzustellen, damit den Emittenten Sorgfalt bei der Vorhersage der Randbedingungen erspart werden kann. Hier geht es um Sensitivitätsaussagen als Risikoindikatoren. Dafür eignen sich Szenarien - wie in Teil 3, D.I.2.b. erwähnt - ausgezeichnet.

Bei der Festlegung dieser Randbedingungen sind drei Aspekte zu berücksichtigen. Erstens brauchen nur solche Prämissen variiert zu werden, bei deren Vorhersage dem Management Ermessensspielräume bleiben. Also nicht Branchentrends - sie sind ermessensfrei von kompetenten Fremdquellen zu beziehen -, sondern eigene Marktanteile. Zweitens sollte die Auswahl solche Prämissen erfassen, die den Erfolg stark beeinflussen, drittens muß es sich um gleiche Größen handeln. Die letzten Forderungen stürzen den Marktregulator jedoch in ein Dilemma: Gibt er zu variierende Prämissen einheitlich vor, beispielsweise den Marktanteil, kann sich der Erfolg eines Projekts hier als unempfindlich erweisen, obwohl er auf Variation anderer Prämissen hochsensitiv reagiert. Sollen Emittenten stattdessen alle Prämissen heranziehen, deren Veränderung um eine konstante Marge (z.B. 20 Prozent) den Erfolg um mehr als einen bestimmten Satz (z.B. 15 Prozent) schwanken läßt[1], so sind zwar die entscheidenden Prämissen identifiziert, doch könnten verschiedene Prospekte die Abhängigkeit des Unternehmenserfolgs von unterschiedlichen Randbedingungen ausweisen.

Abhilfe schafft es hier, hochaggregierte Erfolgskomponenten wie den Gesamtumsatz oder die Gesamtkosten zu variieren. In diese Größen sind vorgelagerte Randbedingungen eingeflossen, die mit Ermessensspielräumen behaftet sind, gleichzeitig spiegelt sich in ihnen auch der Einfluß von Prämissen wider, die stark auf den Erfolg einwirken. Der Prospekt sollte daher die Abhängigkeit des Unternehmenserfolgs von einem standardisierten Umsatzrückgang (um 20 Prozent) angeben und auch

1 Vgl. z.B. J.J. Clark, P. Elgers und R.E. Speagle, Assumptions in Financial Forecasts, 1974, S. 65

die Wirkung eines ebenso großen Gesamtkostenanstiegs ausweisen.[1)]

Sensitivitätsangaben können auch in umgekehrter Form erfolgen: Der Prospekt weist dann aus, um wieviel sich eine Randbedingung gegenüber ihrem ordnungsmäßig ermittelten Wert verändern muß, damit der Erwartungswert des Erfolgs um eine bestimmte vorgegebene Marge schwankt oder aber bestimmte Grenzwerte erreicht. So ließe sich der Umsatzrückgang angeben, der den Erwartungswert auf Null herabdrückt.[2)] Je geringer der hierzu nötige Umsatzeinbruch, desto sensibler der Erfolg, desto gravierender Anlegerschäden bei Managementirrtum über künftige Umsätze.

Alle bisher diskutierten Indikatoren beschreiben Merkmale des emittierenden Unternehmens, seines Managements oder der begebenen Beteiligungstitel. Aber auch Merk-

---

1 Dazu könnten alle Werte der Gesamtkostenverteilung um 20 % angehoben werden - bei gleichbleibender Wahrscheinlichkeitsstruktur der Verteilung. Andere Verteilungsvariationen sind denkbar und könnten stattdessen vorgeschrieben werden. Die Änderungen geschehen jedoch niemals cet.par., wie es die Literatur zum Sensitivitätsausweis vorschlägt (z.B. J.J. Clark, P. Elgers und R.E. Speagle, Assumptions in Financial Forecasts, 1974, S. 65). Denn aggregierte Größen wie die Gesamtkosten ändern sich nicht autonom, sondern nur, weil vorgelagerte Randbedingungen, wie z.B. Rohstoffpreise und Werbekosten, andere Werte annehmen. Über Abhängigkeitsbeziehungen des Modells beeinflußt das weitere Variable, oftmals auch Determinanten des Umsatzes. Dann aber ergibt sich der Unternehmenserfolg nach Kostenänderung durch eine kombinierte Variation der Kosten- und Umsatzverteilungen. (Aus diesem Grund können externe Investoren auch nicht selbst ermitteln, wie sich eine Kostenänderung auf den Unternehmenserfolg auswirkt.) Bei der Anpassung vorgelagerter Variabler bleiben dem Management jedoch Ermessensspielräume. So wird es den Kostenanstieg weniger auf steigende Rohstoffpreise, sondern verstärkt auf höhere Werbekosten stützen wollen, denn das verbessert gleichzeitig die Umsatzprognosen, läßt den Erfolg stabiler erscheinen und signalisiert geringere Informationsrisiken. Offensichtlichen Mißbrauch muß hier der Prospektprüfer verhindern.

2 Statt der Umsatzänderung können auch die jeweils zu den Erfolgswerten gehörigen, absoluten Umsatzwerte angegeben werden. Das entspricht dann im Kern dem Vorschlag von H. Giersch und H. Schmidt, Offene Märkte, 1986, S. 72, Szenarien für bestimmte Extrementwicklungen - wie z.B. den Totalverlust - zu veröffentlichen. Vgl. dazu auch bereits Teil 3, D.I.2.b.

male der Unternehmensumwelt lassen sich als Indikatoren des Ermessensrisikos interpretieren. Ihnen wenden sich die folgenden Ausführungen zu.

Umweltentwicklungen mit Indikatorwirkung lassen sich in der Branchen- oder Absatzmarktentwicklung sowie im Konjunkturverlauf sehen. Die Indikatorwirkung beruht auf der Annahme, günstige Rahmenbedingungen machten bewußt optimistische Nutzung von Ermessensspielräumen überflüssig und führten daher zu besser fundierten Prognosen als sich abzeichnende, rezessive Tendenzen.

Allerdings ist der Indikator selbst eine Vorhersage und daher unsicher sowie prinzipiell manipulations- oder irrtumsanfällig. Die Manipulations- und Irrtumsanfälligkeit wird indes umgangen, weil Branchenprognosen etc. von kompetenten Fremdquellen bezogen werden müssen.[1] Auch die Unsicherheit verringert in diesem Fall die Indikatorwirkung nicht: Geben die Fremdquellen günstige Vorhersagen ab, wird das Management wie angenommen reagieren.[2] Erweist sich die Branchenprognose später als zu optimistisch, ändert das ex ante nichts an der Qualität der Erfolgsprognose, denn "rückwirkende" Manipulationen des Prospekts scheiden naturgemäß aus. Branchen- und Konjunkturprognosen sind daher wesentliche Prospektinhalte.

Neben Unternehmens- und Umweltmerkmalen existiert eine dritte Indikatorart, nämlich Merkmale von Informationen oder Informationsquellen selbst, also Meta-Informationen. Erfahren Investoren geeignete Merkmale von Informationen, die in die Erfolgsprognose eingeflossen sind, können sie direkt auf Irrtums- und Manipulationsrisiken schließen. Angesprochen werden "Reasonableness"-Urteile des Prognoseprüfers, sein Name sowie die Namen weiterer Informationsquellen, die Emittenten zu Prognosezwecken anzapfen.

---

1 Vgl. Teil 3, C.II.4.

2 Gültigkeit des nomologischen Zusammenhangs vorausgesetzt, der dem Indikator zugrundeliegt.

Zu Reasonableness-Urteilen des Prospektprüfers. In den USA müssen Prognoseprüfer im Prüfungsbericht ausdrücklich erklären, "that the underlying assumptions provide a reasonable basis for the forecast".[1] Bei Vorhersagen nach GoP ist ein solches Urteil jedoch bereits implizit im Ordnungsmäßigkeitstestat enthalten. Denn Wertansätze für Randbedingungen werden nach ihrer Begründungsqualität ausgewählt, die einzelnen Aspekte dieses Kriteriums sind aber nichts anderes als eine Konkretisierung des Reasonableness-Begriffs.[2] Ordnungsmäßige Prognosen basieren definitionsgemäß auf "reasonable" Randbedingungen. Da Anleger die Implikationen der Ordnungsmäßigkeit kennen,[3] ist ein gesondertes Reasonableness-Urteil redundant.

Geeignete Indikatoren könnten dagegen die Namen externer Informationsquellen sein, die vom Emittenten zu Prognosezwecken angezapft werden. Die Qualität einer Quelle, identifizierbar mit Hilfe ihres Namens, gibt Hinweise auf die Güte von Prognoseinputs und damit der Erfolgsprognose selbst. Manipulationen des Managements durch gezielte Quellenwahl werden transparent. Allerdings birgt auch hier das Ordnungsmäßigkeitstestat bereits wertvolle Information: Eine Reihe von Prognoseinputs sind stets von sog. kompetenten Quellen zu beziehen;[4] ihre Namen zu nennen, erbringt Anlegern nur dann Wissensfortschritte, wenn sich selbst kompetente Quellen in ihrer Qualität unterscheiden und Anleger ihre Namen mit Qualitätsvorstellungen verknüpfen können.

---

1 AICPA, Statement on Prospective Financial Information, 1985, Abschn. 31.c.

2 Vgl. Teil 3, C.II.2.b.dd.

3 Teil 3, D.IV.2.b.

4 Teil 3, C.II.4.

Offizielle Produzenten gesamtwirtschaftlicher Daten wie Wirtschaftsforschungsinstitute etc. unterscheiden sich durchaus in der Qualität ihrer Vorhersagen. So gibt Kramer eine Reihenfolge, ermittelt anhand der Fehlerquote oder Treffsicherheit.[1] Da solche Vergleiche auch regelmäßig in Publikumsmedien erscheinen, kann das Anlegerpublikum die Namen dieser Quellen als Diskriminierungskriterien für Prognosequalität interpretieren. Sie sollten daher zwingender Prospektinhalt sein.[2]

Weitere Inputs bezieht der Emittent von kompetenten Fremdquellen der zweiten und dritten Art,[3] z.B. von Steuerberatern und technisch-wissenschaftlichen Sachverständigen bzw. von Marktforschern oder anderen Informationsdiensten. Da sich ihre Outputs qualitativ stärker unterscheiden dürften als die von Wirtschaftsforschungsinstituten etc., erscheint eine Einordnungsmöglichkeit besonders wichtig. Allerdings zirkulieren über solche Quellen weniger öffentliche Qualitätsinformationen. Trotzdem können sich Anleger oftmals nach der Reputation einer Quelle erkundigen (z.B. bei Berufsverbänden). Häufiger investierende Anleger identifizieren darüber hinaus Quellen, die in Prospekten immer wieder genannt werden. Solche Informationsproduzenten sind offensichtlich ständig mit prospektrelevanten Informationsproblemen befaßt und lassen Verläßlichkeit erwarten. Vollständige Prospekte sollten daher auch die Namen von Informationsquellen der zweiten und dritten Kategorie ausweisen.

---

1 G. Kramer, Gewinnung von Prognosen, 1982, S. 126-133. Allerdings handelt es sich bei der Treffsicherheit um ex-post Urteile, die nichts mit der Prognosequalität im Sinn der ex-ante feststellbaren Begründungsqualität zu tun hat. Treffsicherheit kann aber stellvertretend für Begründungsqualität stehen (ebenda, S. 128), besonders wenn sie sich über Jahre hinweg als konstant erweist.

2 So verlangt das IdW, Grundsätze, 1987, Anl.1, A.III.3 bei "Marktprognosen" Angaben, wer sie erstellt hat.

3 Zu den Kategorien kompetenter Fremdquellen vgl. Teil 3, C.II.4.

Ein letzter Indikator ist der Name des Prospektprüfers selbst. Sein Know-How bestimmt die Qualität der Prognosen und ihre Informationsrisiken entscheidend mit.[1] Da fundierte Prognoseprüfungen erhebliche und zusätzliche Qualifikation erfordern,[2] lassen renommierte Wirtschaftsprüfungsgesellschaften und Prüfer, deren Know-How durch häufige Prospektprüfungen dokumentiert wird, am ehesten gute Prognosequalität erwarten. Daher sollte der Prospekt den Prüfernamen explizit ausweisen. Anleger können diesen Indikator interpretieren, denn Medien, die den Grauen Markt diskutieren, befassen sich auch mit den Prospektprüfern, Erkundigungsmöglichkeiten und Wiedererkennung häufig genannter Prüfernamen tun ein Übriges.[3] Die Anweisung des IdW, Prospekte dürften nur unauffällig und ohne den Prüfer zu nennen auf die Prüfung hinweisen,[4] erscheint daher wenig zweckäßig[5].

Mit dem Prüfernamen ist der letzte Indikator des Ermessensrisikos diskutiert. Informationsrisiken ordnungsmäßiger Erfolgsprognosen bestehen indes nicht nur, weil die GoP Ermessensspielräume offenlassen. Vielmehr schreiben die Grundsätze auch Fiktionen vor, die bewirken, daß ordnungsmäßige Erfolgsprognosen möglicherweise erkennbare Risiken nicht reflektieren. In den folgenden Abschnitten cc - ee geht es daher um Indikatoren des Fiktionsrisikos. So gibt die Prognose beispielsweise die Gefahr nicht wieder, daß Emittenten Pläne revidieren, um Anleger zu schädigen. Hinweise,

---

1 Der Prüfer muß entscheiden, ob das Management die Normen eingehalten hat. Übersieht er Verstöße, führt das aufgrund der Interessenlage des Emittenten i.d.R. zu höheren Informationsrisiken, als ordnungsmäßige Vorhersagen sie aufweisen.

2 Vgl. Teil 2, C.I.1.a.

3 Anders meint dagegen H.-D. Assmann, Prospekthaftung, 1985, S. 351, daß Anleger mit den Namen von Wirtschaftsprüfungsgesellschaften keine Qualitätsvorstellungen verbinden könnten.

4 IdW, Grundsätze, 1987, F.

5 Auch D. Rückle, Externe Prognosen, 1984, S. 67

wie hoch dieses Risiko dennoch sein könnte, sollen dem Anleger Indikatoren für anlegerschädliche Planänderungen geben.

cc. Indikatoren für das Risiko anlegerschädlicher Planänderung

Ordnungsmäßige Erfolgsprognosen basieren auf der Fiktion, es bestehe kein Risiko, daß Initiatoren Pläne zum Nachteil der Anleger korrigieren. In diesem Abschnitt diskutierte Indikatoren sollen dem Anleger Hinweise geben, wieweit diese Fiktion im Einzelfall plausibel und wie vertrauenswürdig daher die Erfolgsvorhersage ist.

Wie in Teil 2, A.II.1. gezeigt, kommen drei Arten von Vermögensverschiebungen vor:

- das Verschweigen erkannter, negativer Entwicklungsmöglichkeiten der Umwelt,
- "sichere" Schädigungen (z.B. vor Emission vertraglich festgelegte, überhöhte Managemententlohnung oder unangemessene Verrechnungspreise mit Unternehmen, die der Interessenssphäre der Initiatoren angehören),
- unsichere Schädigungen (sie ergeben sich, wenn Managements nach Emission geplante Maßnahmen zuungunsten der Anleger revidieren.

Der erste Fall wird durch Ermessensspielräume ermöglicht und wurde vom vorhergegangenen Abschnitt bb. erfaßt. "Sichere" Vermögensverschiebungen spiegeln sich im Idealfall in einer ordnungsmäßigen Erfolgsprognose wider: Beispielsweise erfaßt die Vorhersage Kosten, die sich aus Leistungsbeziehungen mit vom Management beherrschten Vertragspartnern ergeben, korrekt. Sind diese Kosten unangemessen hoch, fällt der Erfolgsausweis entsprechend niedrig aus. Da "sichere" Vermögensverschiebungen in der Erfolgsvorhersage antizipiert sind, schlagen sie sich auch in niedrigeren Preisgrenzen des Anlegers nieder und schädigen ihn nicht.[1)]

1 Sie sind damit für Initiatoren ökonomisch zwecklos und werden im Idealfall unterlassen, vgl. Teil 2, B.I.

Gesonderte Hinweise auf "sichere" Vermögensverschiebungen erscheinen überflüssig, wenn Emittenten Prognosen nach GoP erstellen.

Wer Indikatoren sicherer Schädigungen dennoch zum Prospektinhalt erklären möchte, muß das begründen. Eine Begründung ist, Initiatoren würden die Auswirkungen sicherer Schädigungen auf den prognostizierten Erfolg zu kompensieren versuchen, indem sie Ermessensspielräume bei anderen Erfolgsdeterminanten verstärkt nutzen, um günstige Erfolgsaussichten vorzutäuschen. Beispielsweise ließen sich Konsequenzen überhöhter Planungsvergütungen auf Anlegerrenditen durch optimistisch gefärbte Umsatzerwartungen kaschieren. Hinweise auf "sichere" Vermögensverschiebungen sind dann paradoxerweise Indikatoren von Ermessensrisiken und ihrer Vermögensverschiebungsaspekte, die im vorangegangenen Abschnitt behandelt wurden. Da das Ausmaß sicherer Schädigungen jedoch darüber hinaus auch Schlüsse auf unsichere zuläßt und manche Indikatoren sicherer Vermögensverschiebungen auch für unsichere verwendbar sind, werden sie im vorliegenden Abschnitt zusammen mit den Indikatoren "echter" Schädigungsrisiken behandelt.

Wichtiger Indikator sicherer Schädigungen ist ein Urteil darüber, ob vereinbarte Entgelte für Initiatoren oder von ihnen beherrschte Unternehmen (Gehälter, Provisionen bzw. Verrechnungspreise) angemessen sind.

Urteile über Angemessenheit setzen jedoch voraus, daß der Urteilende die tatsächliche Höhe aller Entgelte erkennen kann. Das ist nicht selbstverständlich, denn oftmals verschleiern sog. Innenprovisionen ihre tatsächliche Höhe.[1] Sie müßten offengelegt werden. Ob

1 Vgl. Teil 2, A.II.1. Beispielsweise wird nur ein Teil der (oftmals sehr hohen) Vertriebsprovisionen direkt an die Vertriebsgesellschaft gezahlt und offen ausgewiesen, der Differenzbetrag wird vom Generalunternehmer über seinen Preis hereingeholt und verdeckt an die Vertriebsgesellschaft weitergereicht.

Managements alle Informationen über solche Vereinbarungen preisgeben, erscheint jedoch schwer prüfbar.[1] Trotzdem bieten sich Ansatzpunkte, Innenprovisionen aufzudecken. So verlangt das IdW vom Initiator eine Vollständigkeitserklärung:[2] Sie verschärft die Initiatorenhaftung und beugt Verschweigen vor. Darüber hinaus schlagen sich Innenprovisionen, die ein bestimmtes, überhöhtes Entgelt verhüllen sollen, i.d.R. in der Unangemessenheit anderer Größen nieder.[3] Das liefert dem Prüfer Anhaltspunkte für Nachforschungen. Die tatsächliche Höhe der Entgelte läßt sich daher kaum vollkommen verbergen, die Voraussetzung für Angemessenheitsurteile scheint gegeben.

Daher fragt sich jetzt, wer diese Urteile fällen soll. Zwei Wege bieten sich an:

- Die tatsächlichen Entgelte werden im Prospekt veröffentlicht und vom Anleger selbst beurteilt.
- Der Prospekt enthält einen vom Prüfer abgesegneten Hinweis, welche Entgelte angemessen sind. (Der Prüfer könnte die Angemessenheit auch in einem Testatszusatz oder Bericht bestätigen.)

Zusammen mit dem IdW spricht sich die Literatur mehrheitlich gegen Angemessenheitsurteile des Prüfers aus.[4] Solche Urteile nähmen dem Anleger einen Teil

---

1 Strenggenommen müßte der Prüfer alle vergangenen und in naher Zukunft liegenden Zahlungs- und Leistungsvorgänge zwischen Anlagegesellschaft und Initiatoren überprüfen. D. Hammer, Prüfung, 1982, S. 658 zählt Innenprovisionen daher zu den nicht oder nur eingeschränkt prüfbaren Angaben.

2 IdW, Grundsätze, 1987, D.III., Anm. 8

3 Zahlt der Generalunternehmer einen Teil der Vertriebsprovision aus dem von ihm eingenommenen Objekt- oder Anteilspreis, muß dieser Preis im Vergleich zum Marktpreis überhöht sein. Dabei handelt es sich keineswegs nur um geringe Beträge, die im Gesamtkaufpreis "untergehen". Vertriebsprovisionen machen bis 15 % des Objektpreises aus (vgl. z.B. D. Hammer, Prüfung, 1982 S. 658). Zahlt der Generalunternehmer 10 %, läßt sich das durchaus im Preis erkennen.

4 IdW, Grundsätze, 1987, E, Anm. 6.; F. Schenk, Praxis, 1981, S. 127; D. Hammer, Prüfung, 1982, S. 659; D. Bihr, Prospektprüfung, 1983, S. 939; D. Ulrich, Prüferische Aspekte, 1983, S. 33. Für Angemessenheitsurteile dagegen D. Quast, Prospektprüfung, 1983, S. 72 f.

seiner Entscheidung ab, das aber könne nicht Aufgabe des Prüfers sein.[1] Nun berührt die Angemessenheit von Entgelten zweifellos die Vorteilhaftigkeit einer Investition, eine konkrete Anlageempfehlung läge aber nur vor, wenn sich die Urteile auf den Gesamtpreis des Unternehmensanteils bezögen. Hier geht es jedoch um die Angemessenheit einzelner Leistungsentgelte als Indikator für Vermögensverlagerungen. Solche Urteile werden Prospektinhalt, wenn sie wesentlich sind und vom Prüfer leichter abgegeben werden können als vom Anleger.

Dafür ist entscheidend, wie sich Angemessenheit einzelner Entgelte definieren läßt und welche Informationsaktivitäten sie beurteilbar machen. Viele Entgelte werden den Initiatoren für "Standardleistungen" wie Anteilsvertrieb und Fremdkapitalvermittlung entrichtet, für solche Leistungen sind "Marktpreise" feststellbar. Zwar unterscheiden sich auch Standardleistungen - so könnte Fremdkapitalvermittlung bei innovativen Projekten mühevoller sein als bei Immobilien-KGs -, doch werden sie nicht so auseinanderklaffen, daß sich ihre Entgelte nicht innerhalb gewisse Spannweiten bewegen. Akzeptiert man Entgelte als angemessen, solange sie diese Margen nicht sprengen, genügt zu Urteilszwecken ein simpler Vergleich zwischen marktüblicher Spanne und einzelnem Entgelt. Allerdings müssen die Marktpreise vom Urteilenden ermittelbar sein. Anleger können dazu problemlos ihre fast kostenlosen Informationsquellen auswerten, dort werden Marktpreise regelmäßig angegeben, bezeichnet z.B. als "branchenübliche Sätze" (meist in Prozent des Investitionsvolumens oder der Zeichnungssumme), "Entgelte seriöser Initiatoren" oder "angemessene Vor- und Ankaufkosten"[2]. Prüferurteile

---

1 F. Schenk, Praxis, 1981, S. 127; D. Bihr, Prospektprüfung, 1983, S. 939

2 Zu diesen Quellen (z.B. Wirtschaftsmagazine wie "Capital" oder "Wirtschaftswoche") vgl. Teil 2, C.II.1. Branchenübliche Entgelte seriöser Initiatoren dürften die Höhe aufweisen, wie sie mit unabhängigen Dritten üblicherweise ausgehandelt würden und insofern marktübliche Preise repräsentieren. Beispielsweise erfahren Leser von "Capital", daß Vorkosten bei US-Immobilien zwischen 11 und 13 Prozent der Zeichnungssumme liegen sollten, vgl. E. Reitz, Full House, in: Capital, 25. Jg., 1986, Heft 10, S. 81-84

über die Angemessenheit von Entgelten für Standardleistungen erscheinen daher überflüssig, die tatsächlichen Entgelte sind im Prospekt auszuweisen und vom Anleger selbst zu beurteilen.

Problematischer sind Angemessenheitsurteile bei Entgelten für komplexe, individuell gestaltete Leistungsbeziehungen, wie etwa der Exploration und Ausbeutung einer amerikanischen Gasquelle durch einen "general partner". Hier muß die vereinbarte Leistung genau analysiert und mit branchenüblichen Entgeltformen und -sätzen verglichen oder aber die Kalkulation des Partners und seine Gewinnspanne begutachtet werden. Dazu sind nur Experten in der Lage, sofern sie Einblick in Unterlagen erhalten, nicht aber Investoren. Diese können allerdings Projektanalysen verschiedener Analyseteams beziehen, die auch die gefragten Angemessenheitsurteile enthalten. Solche Analyseberichte sind jedoch kostenintensiv und decken zudem nicht das gesamte Angebot des Markts ab. Für Entgelte individueller Leistungen sollte daher der Prüfer - oder ein herangezogener Experte - Angemessenheitsurteile abgeben und in einem Testatszusatz veröffentlichen. Gewähren Initiatoren oder Partner keinen ausreichenden Einblick in ihre Unterlagen oder geriete ein fundiertes Urteil im Einzelfall zu teuer, kommt eine "Informationslücke" mit entsprechendem Hinweis[1)] in Betracht.

Zweiter und beinahe klassischer Indikator für Vermögensnachteile der Anleger - sichere und unsichere - ist das Signal einer Kapitalbeteiligung der Initiatoren. Je höher diese Beteiligung, desto mehr schädigen Initiatoren sich selbst, wenn sie Anleger übervorteilen.[2)]

---

1 Vgl. Teil 3, D.IV.2.d.aa.

2 K.J. Böhm, Anlegerschutz, 1979, S. 153; H.-D. Koch, Kapitalanlegerschutz, 1981, S. 246 f.; H.D. Koch und R.H. Schmidt, Ziele des Anlegerschutzes, 1981, S. 247. O. Loistl, Regulierung, 1978, S. 825 und H.-D. Koch, Kapitalanlegerschutz, 1981, S. 247 weisen allerdings darauf hin, daß Initiatoren versucht sein könnten, sich ihren eingezahlten Anteil duch besonders hohe Provisionen etc. überkompensieren zu lassen. Solche extremen Verlagerungen sind aber durch andere Indikatoren, wie z.B. Angemessenheitsurteile, erkennbar. Zudem wird die Kompensation mit wachsender Beteiligungsquote zunehmend schwerer.

Verläßlich ist dieses Signal jedoch nur, wenn das Management seinen Anteil langfristig hält und ihn nicht nach erfolgreicher Emission abstößt. Als "echtes" Signal kommt daher nur die Höhe einer langfristig unkündbaren Beteiligung in Frage. Gehen Initiatoren diese Selbstbindung nicht ein, ist das Signal im Basisprospekt mit Null auszuweisen. Kurzfristig veräußerbare Anteile könnten aber im Zusatzprospekt mit seinen geringeren Verläßlichkeitsanforderungen angegeben werden.

Managementbeteiligung muß ergänzt werden durch ein weiteres Signal, die Erfolgsabhängigkeit der Initiatoren-Entgelte. Wie die reguläre Verzinsung etwaiger Kapitalanteile sinken erfolgsbestimmte Entgelte mit zunehmender Vermögensverlagerung. Vom Erfolg abhängige Initiatorenhonorare lassen daher ein erfolgsorientiertes und seriös handelndes Management erwarten.

Die bisher skizzierten Signale sollten abgerundet werden durch Angaben über die Verteilung des Unternehmenserfolgs und der Ausschüttungen. Hier sind die unterschiedlichsten Regelungen üblich, sie deuten unterschiedlich stark auf Vermögensverschiebungen hin. Tragen Anleger die Verluste der Anlaufphase, während Initiatoren ausschließlich an den Ergebnissen späterer Perioden partizipieren, kann das ein Hinweis auf anfängliche Vermögensverschiebung sein.[1)]

Ein weiterer Indikator für Anlegerschädigung ist die personelle und kapitalmäßige Verflechtung zwischen Initiatoren und Vertragspartnern der Anlagegesellschaft. Denn sichere wie unsichere Vermögensverschie-

---

1 Solche Regelungen sind gelegentlich für den Anleger aus steuerlichen Motiven zweckmäßig, bergen aber für Initiatoren den Anreiz, sich zu bereichern.

bungen erfolgen über Leistungsbeziehungen mit abhängigen Partnern, wobei unsichere Schädigungen denkbar werden, wenn Initiatoren Verträge mit abhängigen Partnern später zu Lasten der Anlagegesellschaft revidieren. Es gilt daher allgemein als notwendig, Verflechtungen auszuweisen.[1]

Reine Verflechtungsangaben erlauben indes nur grobe Schußfolgerungen; darüber hinaus muß der Anleger wissen, welcher Anteil vertraglich determinierter Zahlungsströme aus Geschäften mit abhängigen Unternehmen resultiert. Je höher dieser Anteil, desto mehr Zahlungen, die als fiktiv sicher in die ordnungsmäßige Erfolgsprognose eingehen, sind tatsächlich unsicher. Um diesen Anteil offenzulegen, sind die als vertraglich determiniert ausgewiesenen Zahlungsreihen des Finanzplans[2] weiter aufzuspalten in Zahlungsvorgänge mit abhängigen / unabhängigen Vertragspartnern.

Die folgend dargestellten Indikatoren eignen sich ausschließlich als Hinweise auf unsichere Anlegerschädigungen. Revidieren Initiatoren nach Emission Pläne oder Vertragskonditionen zuungunsten der Anleger, so verwenden sie dadurch finanzielle Mittel anders als ausgewiesen und der Erfolgsprognose zugrundegelegt. Dem beugt eine wohlorganisierte und mit Eingriffskompetenz ausgestattete Mittelverwendungskontrolle vor, sofern sie die Interessen der Anleger treuhänderisch vertritt. Informationen über Existenz und Ausgestaltung solcher Kontrollmechanismen sind daher wesentliche Prospektinhalte. Sie müssen angeben,

- ob der Kontrolleur "Ehrenberufler" (Wirtschaftsprüfer, Notar, Anwalt) ist
- ob und ggfs. welche wirtschaftlichen und personellen Verflechtungen mit den Initiatoren bestehen

---

1 Z.B. K.J. Böhm, Anlegerschutz, 1977, S. 155 f; IdW, Grundsätze, 1987, Anl. 1, A.V. und VI.

2 Vgl. Teil 3, D.IV.2.d.bb.

- wie die Einsichts- und Einspruchsrechte gestaltet sind.

Etablieren Initiatoren keine treuhänderischen Kontrollen, weil sie diese für zu unflexibel halten und deshalb Nachteile für die Gesellschaft befürchten (Folgekosten der Selbstbindung), sollten sie die Gründe dieser Entscheidung im Prospekt angeben dürfen. Nur dann interpretieren Anleger fehlende Kontrollen nicht fälschlich als Hinweis auf Schädigungsrisiken und zwingen Initiatoren nicht, möglicherweise nachteilige Kontrollmechanismen zu installieren, nur damit der Verdacht auf Vermögensverlagerung ausgeräumt ist. Die angegebenen Gründe für Kontrollverzicht wären vom Prospektprüfer auf Plausibilität zu prüfen.

Weitere Indikatoren unsicherer Schädigungen können in den Rechten der Anteilseigner, das Management auszuwechseln, und in den schon erwähnten Kündigungsrechten der Anleger gesehen werden. Beide Indikatoren haben Signalcharakter: Realisieren Managements Vermögensverschiebungen, obwohl sie Anlegern großzügige Rechte eingeräumt haben, birgt das für sie unmittelbare finanzielle Nachteile.

dd. Indikatoren des Bonitätsrisikos wichtiger Vertragspartner

Ordnungsmäßige Erfolgsprognosen erfassen die Gefahr, daß wichtige Vertragspartner des Emittenten insolvent werden und deshalb vereinbarte Leistungen nicht erbringen, auf zweierlei Weise:[1)]

- Liefern Auskünfte, die ein "ordentlicher Geschäftsleiter bei Aufnahmen neuer Geschäftsbeziehungen einholen würde" (Bankauskünfte etc.) dem Management keine ausdrücklichen Hinweise, der Partner sei insolvenzgefährdet, werden Bonitätsrisiken vernachlässigt und Vertragswirkungen als fiktiv sicher betrachtet.

1 Vgl. Teil 3, C.II.3.b.

- Enthüllen die Auskünfte dagegen Gefährdungssymptome, sind Prognosen von Vertragswirkungen als zweiwertige Verteilung formuliert, sie spiegeln neben der immer noch denkbaren Vertragserfüllung den Insolvenzschaden mit einer 30-prozentigen Normwahrscheinlichkeit wider. Wird der Partner von den Initiatoren beherrscht, ist das Bonitätsrisiko höher, die Insolvenzwahrscheinlichkeit mit 50 Prozent anzusetzen.

Erste Prospektangabe zum Bonitätsrisiko muß daher die Information sein, ob die Informationsquellen, deren Urteile Management und Prüfer einholen müssen, das Partnerunternehmen als insolvenzgefährdet eingestuft haben oder nicht, und ob das Unternehmen von den Initiatoren beherrscht wird. Nur dann läßt sich von den Anlegern erkennen, ob die Erfolgsprognose des Prospekts Bonitätsrisiken überhaupt reflektiert, und wenn ja, mit welcher (Norm-)Wahrscheinlichkeit sie den Insolvenzschaden berücksichtigt.

Will der Anleger im ersten Fall beurteilen, wie gut die Sicherheitsfiktion die künftige Realität annähert - trotz nicht negativer Auskünfte bestehen immer Bonitätsrisiken -, muß er zusätzlich geeignete Indikatoren auswerten. Entsprechendes gilt für die Normwahrscheinlichkeiten des hypothetischen Insolvenzfalles.

Als Indikator läßt sich zunächst die Firma des Partnerunternehmens interpretieren. Hat ein Unternehmen wie IBM einen Großteil des Tuscon-Airport-Business-Centers bereits angemietet,[1] spiegelt eine fiktiv sichere Prognose der Mieteinnahmen die künftige Realität offenar besser wider als bei Mietverträgen mit einem lokalen Kleinunternehmen - auch wenn dieses nicht als insolvenzgefährdet eingestuft wurde. Ist ein Tochterunternehmen Vertragspartner, sollte der Prospekt auch die Firma der Muttergesellschaft veröffentlichen, sofern

1 Vgl. E. Reitz, Industriepartner, in: Capital, 23.Jg., 1984, Heft 4, S. 59-60

diese die Bonität ihrer Tochter garantiert (z.B. durch spezielle Garantien oder Beherrschungs- und Ergebnisabführungsverträge).

Strenggenommen dient jedoch nicht die Firmenangabe selbst als Indikator, sondern jede geeignete Information über die wirtschaftliche Lage des Vertragspartners, die Anleger erhalten oder bereits besitzen. Gleichwohl stellen Firmenangaben eine wichtige Voraussetzung für Bonitätsvorstellungen des Publikums dar. Erst sie geben ihm die Möglichkeit, öffentlich zirkulierende Informationen über die Situation bestimmter großer Unternehmen (z.B. Bonitätsbewertungen in der Wirtschaftspresse) heranzuziehen oder Anlageberater um Urteile zu bitten. Solche Bonitätsurteile können auf mehr relevantes Wissen gestützt sein, als Initiatoren hinzuziehen müssen, wenn sie Vertragspartner zur Vorhersage der Vertragswirkungen als gefährdet oder nicht gefährdet einstufen. Diese Informationsquellen ermöglichen Anlegern daher Wissensfortschritte dem Prospekt gegenüber.[1)]

Man könnte auch daran denken, wirtschaftliche Daten der Vertragspartner im Prospekt auszuweisen, um Anlegern die Ableitung eigener Bonitätsurteile zu ermöglichen. Fundierte Bonitätsprognosen - beispielsweise auf Basis statistischer Analysen von Kennzahlenkonzentraten - sind jedoch aufwendig und im Ergebnis gleichwohl problematisch.[2)] Darüber hinaus erfordern sie eine umfangreiche Datenbasis. Sie dürften daher als Methode für Anleger, eigene Bonitätsvorstellungen zu gewinnen, ausscheiden.

---

1 Vgl. Teil 3, C.II.3.b. - Beispielsweise könnten Managements amerikanische Vertragspartner, für die Ratings existieren, als ungefährdet einordnen, wenn diese nicht schlechter als B bewertet sind. Entnimmt der Anleger der Presse das tatsächliche Rating, sind seine Bonitätsvorstellungen differenzierter.

2 Vgl. Teil 3, C.II.3.b.

Einfacher wären Solvenzurteile für Anleger, ließen sich einige wenige Informationen identifizieren, die als verläßliche oder - für den Zusatzprospekt - zumindest denkbare Bonitätsindikatoren angesehen werden könnten. Solche Indikatoren zu finden, ist jedoch schwierig. Daher sollten Anleger eigene Urteile über die Bonität wichtiger Vertragspartner primär auf externe Informationsquellen und Berater stützen, nicht auf Prospektangaben.[1)]

Diese Quellen versiegen jedoch oftmals, wenn es sich um Partner handelt, die von den Initiatoren beherrscht werden. Denn hier handelt es sich überwiegend um kleinere Unternehmen, dann aber liefern Wirtschaftspresse und andere Informationsquellen häufig kein Informationsmaterial, das Anlegern zu differenzierteren Bonitätsvorstellungen verhelfen könnte.

Gerade diese Unternehmen aber treten am Grauen Markt als Garanten eigentlich unsicherer Erfolgsdeterminanten auf. Eine besondere Rolle spielen Garantieerklärungen für Mieteinnahmen, Fertigstellungszeitpunkte etc., deren Einlösung die Garanten überforderte.[2)] Obwohl für den normalen Geschäftsgang möglicherweise keine Zweifel an der Bonität des Garanten bestehen, sollte der Prospekt hier Indikatoren ausweisen, die den Anlegern Schlüsse ermöglichen, mit welcher Wahrscheinlichkeit der Partner übernommene Eventualverbindlichkeiten bedienen kann. Untrügliche Indikatoren sind die Hinterlegung der Garantiesumme oder Bankbürgschaften. Weniger verläßlich, aber doch zweckmäßig, sind Angaben über das

---

1 D.F. Brockmann, Auskunftei, 1982, S. 68; D. Bihr, Prospektprüfung, 1983, S. 939. Auch die IdW-Grundsätze verzichten - mit Ausnahme von Angaben über das Haftkapital - auf wirtschaftliche Daten der Vertragspartner im Prospekt.

2 Vgl. o.V., Bauherren-Garantie: Im Zweifel Null, 1984, Nr. 7, S. 74-76. So gab beispielsweise ein beherrschtes Unternehmen mit DM 80.000 Stammkapital eine Fertigstellungsgarantie, deren Wert DM 1 Mio ausmachte.

Eigenkapital des Garanten. Wichtig erscheinen auch Informationen über die Gesamthöhe aller Garantien, die der Partner gewährt hat.[1)]

Neben der Wahrscheinlichkeit nichterfüllter Verträge interessiert Anleger, wie Nichterfüllung den Erfolg beeinflußt - zumindest dann, wenn es sich um den wichtigsten Partner handelt und dieser als gefährdet eingestuft ist. Zwar spiegelt die ordnungsmäßige Erfolgsprognose die Folgen einer <u>möglichen</u> Insolvenz wider. Sie fließen allerdings nur mit einer Normwahrscheinlichkeit in die Vorhersage ein, denn Gefährdung bedeutet i.d.R. nicht Insolvenz. Meint ein Anleger aufgrund seiner <u>subjektiven</u> Analyse der Bonitätsindikatoren aber dennoch, der Partner werde <u>tatsächlich</u> insolvent, benötigt er eine Erfolgsverteilung, die den Insolvenzfall mit einer Wahrscheinlichkeit von Eins berücksichtigt. Dieses Extremszenario wäre deshalb zusätzlich zu veröffentlichen, wenn ein Partner als gefährdet eingestuft ist.

ee. Indikatoren des steuerlichen Risikos

Das steuerliche Ergebnis des Emittenten (und damit der Steuervorteil des Anlegers) hängt u.a. vom betriebswirtschaftlichen Erfolg ab, der mit Umweltrisiken behaftet ist. Steuerliche Ergebnisse sind daher unsicher und als Wahrscheinlichkeitsverteilung darzustellen. Diese Verteilung wird von zusätzlicher Unsicherheit überlagert, wenn die steuerliche Konzeption der Anlage möglicherweise nicht den gesetzlichen Anforderungen (oder der Auslegung dieser Anforderungen durch die lokalen Finanzverwaltungen) entspricht, an die Steuervorteile geknüpft sind. Sieht die Finanzbehörde Inkongruenzen, wo Management und Prüfer keine erkennen konnten, und versagt Steuervorteile, ändert sich das steuerliche Ergebnis i.d.R. sprunghaft. Diese Gefahr sei als steuerliches Risiko bezeichnet.[2)]

---

1 o.V., Bauherren-Garantie: Im Zweifel Null, 1984, S 76

2 Vgl. dazu auch Teil 3, D.II.3.c.

Ordnungsmäßige Erfolgsprognosen berücksichtigen das steuerliche Risiko durch vereinfachende Fiktionen:[1]

- Erkennt der Prospektprüfer keine Abweichungen zwischen Konzeption und Anforderungen, dürfen steuerliche Risiken vernachlässigt werden. Die Verteilung steuerlicher Ergebnisse reflektiert ausschließlich Umweltrisiken.
- Stellt schon der Prüfer Inkongruenzen fest, muß das Ergebnis angesetzt werden, das der Prüfer für akzeptabel hält. Handelt es sich um gravierende Inkongruenzen, wird angenommen werden müssen, die angestrebten Steuervorteile würden ganz versagt.
- Ist es strittig, ob eine Konzeption mit den Anforderungen übereinstimmt - beispielsweise weil eine höchstrichterliche Entscheidung noch aussteht -, kann auch der Prüfer kein begründetes Urteil fällen.[2] Akzeptanz und Versagung müssen als gleichwahrscheinlich gelten. In die Gesamt-Erfolgsprognose gehen beide Möglichkeiten daher mit 50 Prozent Wahrscheinlichkeit ein.

Erste Prospektangabe zum steuerlichen Risiko muß die Information sein, auf welcher der drei Fiktionen die ordnungsmäßige Erfolgsprognose basiert.[3] Will der Anleger beurteilen, wie gut die zugrundegelegte Fiktion die künftige Realität widergibt, hat er darüber hinaus Indikatoren des steuerlichen Risikos auszuwerten.

---

1 Vgl. Teil 3, C.II.3.c.

2 D. Ulrich, Prüferische Aspekte, 1983, S. 35

3 Das IdW, Grundsätze, 1987, D.II., Anm. 1 verlangt im Prospekt eine Darstellung steuerlicher Risiken. Sie offenbaren sich dem Prüfer dann, wenn er Inkongruenzen zwischen Anlagekonzeption und steuerlichen Anforderungen feststellt. Die Darstellung steuerlicher Risiken im IdW-Prospekt entspricht daher der hier geforderten Angabe, welche Fiktion der Erfolgsprognose zugrundeliegt.

Erster Indikator ist der Name des Prospektprüfers. Die Prüferkompetenz bestimmt entscheidend, wieweit die im Einzelfall zugrundegelegte Fiktion tatsächlich gerechtfertigt ist: Je qualifizierter der Prüfer, desto eher wird er erkennen, ob und welche Inkongruenzen bestehen, und beurteilen können, welche Fiktion angemessen ist. Daß Anleger in der Lage sind, einen Zusammenhang herzustellen zwischen Prüfernamen und -kompetenz, wurde schon in Teil 3, D.IV.2.d.bb. gezeigt.

Ein weiterer Indikator für steuerliche Risiken ist das Resultat einer Vorprüfung durch das zuständige Finanzamt.[1] Auch hier handelt es sich nur um einen Risikoindikator, denn Vorprüfung beseitigt das Risiko nicht: Bei intensiver Betriebsprüfung können der Verwaltung steuerschädliche Konzeptionsdetails ins Auge stechen, die sie vorher übersehen hat.

Ein denkbarer Indikator könnte auch die bereits erfolgte Anerkennung gleichartiger Projekte eines Daueremittenten sein.[2] Um zu gewährleisten, daß dieser Indikator wahr ist, müßte der Prüfer die Prospektprüfung jedoch auf konzeptionelle Details längst abgewickelter Projekte ausdehnen. Das erhöht die Prüfungskosten entscheidend und macht diesen Indikator ungeeignet.[3]

Steuerliche Risiken hängen nicht nur von der Kompetenz des Prüfers ab, sondern ebenso von der Erfahrung des Managements mit der Entwicklung steuersparender Konzeptionen. Alle Indikatoren für die Kompetenz und Qualifikation des Managements, die in Teil 3, D.IV.2.d.bb. angesprochen wurden, lassen sich daher auch als Hinweise auf steuerliche Risiken deuten.

---

1 Vgl. dazu D. Rückle, Externe Prognosen, 1984, S. 69

2 F. Schenk, Praxis, 1981, S. 131

3 Vgl. auch die analoge Argumentation, die in Teil 3, D.IV.2. d.bb zur Ablehnung von Leistungsbilanzen als Prospektinhalt führte.

Letztlich gibt ein Ausweis der steuerlich relevanten Konzeptionsdetails dem Anleger Gelegenheit, Steuerexperten eigener Wahl zur Begutachtung heranzuziehen.

Im Fall einer strittigen Konzeption wird Versagung und Anerkennung mit je 50 Prozent Wahrscheinlichkeit in der Prognose des Gesamterfolges berücksichtigt. Da aber Anleger aufgrund ihrer Analyse durchaus stark zu einer dieser Möglichkeiten tendieren könnten, sollte die Aggregation aufgelöst und zusätzlich jeweils eine Prognose des Anlegererfolges für die Szenarien Anerkennung und Nichtanerkennung veröffentlicht werden. [1)]

Der Anlageerfolg am Grauen Markt resultiert aus Nettoausschüttungen und geldwerten Steuervorteilen. Erfolgsvorhersagen fußen daher auch auf Prämissen aus der persönlichen Sphäre des Anlegers, z.B. einem bestimmten Steuersatz und der Verrechnung etwaiger Verlustzuweisungen mit positiven Einkünften. Daß Verrechnung und welcher Steuersatz zugrundegelegt wird, muß der Prospekt angeben.[2)] Alternative Erfolgsverteilungen auf Basis unterschiedlicher Steuersätze wären zweckmäßig, ihre Anzahl ist allerdings begrenzt durch die Forderung nach vernünftigem Prospektumfang.

e. Zusammenfassung des Inhalts vollständiger Prospekte und Vergleich mit anderen Prospektinhaltskatalogen

Vollständige Prospekte, wie sie in der vorliegenden Arbeit gesehen werden, bestehen aus drei Segmenten, dem Basisprospekt, dem Zusatzprospekt und dem theoretischen Segment (Prospektbeilage). Die Segmente lassen sich so kombinieren, daß jeder Anlegertypus, der annah-

---

1 Die Szenariotechnik speziell für den steuerlichen Erfolg mit seinen Prämissen Anerkennung der Konzeption / Nichtanerkennung anzuwenden, fordert D. Rückle, Externe Prognosen, 1984, S. 63. Vgl. auch Teil 3, D.I.2.b.

2 Berechnungsgrundlagen der Steuervorteile anzugeben, fordert auch das IdW, Grundsätze, 1987, Anl. 1, A.III.3.d.

megemäß am Grauen Markt investiert - nämlich der kundige und der unkundige Privatanleger -, mit den für ihn wesentlichen Informationen versorgt wird.

Das theoretische Segment enthält nomologisches Wissen und richtet sich an den unkundigen Investor, der selten investiert, keine langfristigen Lernerfolge erzielt und sein nomologisches Wissen daher vor jeder Anlageentscheidung erneut auffrischen muß. Der Inhalt dieses Segments bezieht sich auf zwei Aspekte. Erstens beschreibt er die GoP und ihre Implikationen. Er vermittelt so Wissen über die durchschnittliche Qualität ordnungsmäßiger Prognosen und über Informationsprozesse, die der Anleger durchführen sollte, um aus diesen Prognosen fundierte Erwartungen zu gewinnen. Zweitens erhellt er nomologische Zusammenhänge zwischen den im Basisprospekt abgedruckten Indikatoren und dem Ausmaß des Informationsrisikos, mit dem die Erfolgsprognose eines Prospekts behaftet ist.

Im Zusatz- und Basisprospekt sind die ordnungsmäßige Prognose des Anlageerfolgs (als komplette Verteilung bzw. Verteilungsparameter) sowie die Indikatoren ausgewiesen, die geeignet sind, Vorstellungen über das Informationsrisiko zu vermitteln. Das Basissegment veröffentlicht Signale, von denen oftmals angenommen wird, sie wiesen eine höhere Verläßlichkeit auf als Indikatoren ohne Signalcharakter. Im Zusatzsegment finden sich weniger verläßliche Indikatoren und solche, die das Management über den Mindestinhalt des Prospekts hinaus für wesentlich hält.

Die Indikatoren beschreiben Merkmale des emittierenden Unternehmens, seines Managements, seiner Beteiligungstitel, seiner Umwelt, seiner Vertragspartner und steuerlichen Konzeption sowie Merkmale von Informationen über diese Faktoren und von Informationsquellen. Für Ausnahmefälle, in denen wichtige Eintrittsbedingungen der Erfolgsprognose nur zwei Ausprägungen annehmen können (Solvenz wichtiger Vertragspartner, Anerkennung der steuerlichen Konzeption), enthält der Prospekt neben der ordnungsmäßigen Erfolgsprognose bedingte

Verteilungen des Anlageerfolgs (Szenariotechnik). Alle Angaben ermöglichen dem Investor Schlüsse darauf, wie gut die ordnungsmäßige Vorhersage des Anlageerfolgs die tatsächliche Risikosituation widerspiegelt.

Vergleicht man diesen Inhalt eines Prospekts nach GoP mit den maßgeblichen Prospektinhaltskatalogen der Praxis - vornehmlich dem IdW-Katalog und dem "Ergänzenden Prospektinhaltskatalog" des Kapitalanlage-Informationszentrums Oberursel[1] -, fällt zunächst auf, daß die Praxiskataloge keine Segmentprospekte und kein nomologisches Wissen als Prospektinhalt fordern, mit dessen Hilfe Anleger Prospektangaben auswerten können. Sie unterstellen damit entweder homogenes, wohlinformiertes Publikum oder vertrauen darauf, daß sich jeder Investor einer doch inhomogenen Anlegerschaft, solche Informationen, die er persönlich interpretieren kann, ohne Reibungsverluste aus dem Gesamtinhalt herausfiltert, oder sich das nomologische Wissen, das ihm zur Verknüpfung des Gesamtinhalts fehlt, problemlos aneignet.

Der ontologische Inhalt des Prospekts nach den Praxiskatalogen ist dagegen erheblich umfangreicher als der des GoP-Prospekts. Aus zwei Gründen:

1. Prospekte nach den Praxiskatalogen weisen keine risikoanalytisch ermittelte Verteilung des Anlageerfolgs aus. Zwar enthalten auch sie "Ertrags- und Liquiditätsvorschauen"[2], doch sind diese Vorschauen nicht als Wahrscheinlichkeitsverteilungen aufzustellen und reflektieren daher die Unsicherheit erfolgsrelevanter Faktoren nicht. Stattdessen fordern die Kataloge, alle "wesentlichen" und "wesentlichen ergänzenden" Risiken im Prospekt darzustellen. Dazu müssen Prospekte eine Fülle von Angaben

1 Vgl. IdW, Grundsätze, 1987, Anl. 1 und Kapitalanlage-Informationszentrum, Ergänzender Prospektinhaltskatalog, abgedruckt z.B. in: Kapitalmarkt Intern, 10.Jg., 1986 Nr. 35. Einige Anregungen dieses Katalogs sind in die Neufassung der IdW-Grundsätze von 1987 eingeflossen.

2 IdW, Grundsätze, 1987, Anl. 1, A.III.3.

auflisten. So ist auf etwaige Währungs-, Auslands- und außergewöhnliche Branchenrisiken hinzuweisen, es sind alle (!) Verträge abzudrucken, die das emittierende Unternehmen geschlossen hat, und alle u.U. negativen Wirkungen darzustellen, die diese Vereinbarungen haben können. Im GoP-Prospekt dagegen sind diese Risiken in die simulierte Erfolgsverteilung eingeflossen. Z.B. sind Währungsrisiken als Verteilung möglicher Wechselkurse berücksichtigt. Eine detaillierte Risikodarstellung entfällt. Prospekte nach GoP enthalten dadurch zwar weniger Informationen als die Praxisprospekte, nicht aber weniger Informationsgehalt.

2. Leser der Praxisprospekte müssen eine Fülle von Detailinformationen zu völlig eigenen Vorstellungen über das Risiko der Anlage komprimieren. Der Prospekt nach GoP dagegen weist eine geeignete Entscheidungsgröße - die Verteilung des Anlageerfolgs - bereits aus. Anleger müssen nur noch Indikatoren auswerten, die Aufschluß über das Ausmaß des Informationsrisikos geben. Die Investoren nehmen hier ausschließlich eine "Schwächenanalyse" vor, ergänzen Informationsaktivitäten des Emittenten nur dort, wo eine ordnungsmäßige Erfolgsprognose Schwachstellen aufweist. Das erfordert kein vollständiges Prognosemodell des Anlegers, verlangt nur ein "Teilmodell", das Zusammenhänge zwischen Indikatoren und Informationsrisiko beschreibt. Entsprechend geringer ist der Bedarf an ontologischen Informationen. Der GoP-Prospekt weist dem Anlegerpublikum weniger Informationspflichten zu, als es die Praxiskataloge tun.

Mit dieser Gegenüberstellung sollen die Überlegungen zur Vollständigkeit des Prospekts abgeschlossen werden. Der folgende Abschnitt D.V. faßt zusammen, wie Anleger aus wahren, klaren und vollständigen Prospekten, wie diese Arbeit sie definiert hat, fundierte Erwartungen ableiten können und welche Grenzen ihnen dabei gesetzt sind.

V. Möglichkeiten und Grenzen der Gewinnung wohlfundierter Anlegererwartungen aus ordnungsmäßigen Prospekten

Sollen Prospekte die Gesamtsumme der Informationskosten minimieren, so müssen sie eine ordnungsmäßige Wahrscheinlichkeitsverteilung des Anlageerfolgs enthalten. Diese Prognose ist prinzipiell als unbedingte Vorhersage formuliert, denn Anleger könnten ausgewiesene Randbedingungen nur in Ausnahmefällen (besser als der Emittent) beurteilen und zudem eigene Vorstellungen über diese Prognoseprämissen nicht in eine korrigierte Erfolgsverteilung umsetzen. Auch die Szenariotechnik löst dieses Umsetzungsproblem nur in wenigen, begrenzten Fällen.

Ausgleich für die Unbedingtheit der Vorhersage liefern die Prognosegrundsätze: Sie sorgen dafür, daß die interne Wahrscheinlichkeitsverteilung des Erfolgs - unter Beachtung der Informationskosten - wohlfundiert ist und bei der Überleitung in eine externe Vorhersage nicht verfälscht wird. Gleichzeitig stellen sie eine verständliche Form der Prognose und der weiteren Prospektangaben sicher. Der Anleger verfügt damit über eine wohlfundierte und geeignete Basis für die Bestimmung seiner individuellen Preisgrenze.

Allerdings ist auch die ordnungsmäßige Erfolgsprognose noch mit Informationsrisiko behaftet. Hier wurden Indikatoren vorgeschlagen, die dem Anleger erlauben, die Höhe dieses Risikos im Einzelfall abzuschätzen. Zwar werden dabei nicht Randbedingungen überprüft und korrigierte Erfolgsverteilungen ermittelt - das stellte die präziseste Art dar, Erfolgsprognosen zu verbessern -, doch gewinnt der Anleger anhand dieser Indikatoren immerhin differenziertere Vorstellungen über die Qualität der Vorhersage, als wenn er nur das durchschnittliche Informationsrisiko ordnungsmäßiger Prognosen einschätzen könnte.

Bei diesen Prozessen werden kompetente Anleger gegenüber unkundigen Investoren Vorteile realisieren - einerseits, weil sie möglicherweise Indikatoren des Zusatzprospekts als geeignet erkennen und auswerten, andererseits, weil sie mehr Erfahrung mit der Quantifizierung des Informationsrisikos sammeln. Auch anlegerorientierte Prospekte können daher keine homogenen Erwartungen des gesamten Publikums bewirken. Dennoch erzielen auch die unkundigen Anleger Wissensfortschritte, wenn sie - neben der Erfolgsprognose - die Indikatoren des Basisprospekts interpretieren. Insgesamt lassen sich daher ordnungsmäßige Prospekte, wie sie die vorliegende Arbeit definiert, als ein Mittel ansehen, die Funktion des Grauen Marktes und -darin eingeschlossen - seinen Anlegerschutz zu verbessern.

ZUSAMMENFASSUNG

Die vorliegende Arbeit will die Frage beantworten, ob Prognosegrundsätze denkbar sind, die Funktion und Anlegerschutz des Grauen Kapitalmarkts verbessern. Dazu muß

- ein Kriterium gefunden werden, das Marktfunktion und Anlegerschutz in einer operationalen Größe erfaßt

- im Hinblick auf dieses Kriterium ein System von Grundsätzen für Gewinnung und Veröffentlichung von Prognosen entwickelt werden.

Dadurch erst lassen sich Möglichkeiten und Grenzen von Prognosegrundsätzen aufzeigen, Marktfunktion und Anlegerschutz zu fördern. Diese Arbeit beschränkt sich dabei auf Prognosepublizität für den Anleger selbst, betrachtet nicht ein Publizitätssystem, das den Anlageberater zum priviligierten Adressaten erklärt und ihn dadurch als monopolisierten Informationsmittler zwischen Emittenten und Investoren schaltet.

Die wichtigsten Ergebnisse der Arbeit lassen sich in 26 Punkten zusammenfassen:

1. Prospekte stellen am Grauen Markt die zentrale Informationsquelle des Investors dar. Sie informieren nach wie vor unzureichend und sind daher eine Ursache mangelnder Marktfunktion und ein Symptom fehlenden Anlegerschutzes.

2. Ursache für regelungsbedürftige Prospekte sind Informationsinteressen des Initiatoren-Managements, die denen des Anlegerpublikums zuwiderlaufen. Sie wurzeln in divergierenden finanziellen Interessen.

3. Auch bei Daueremittenten, die fortgesetzt Anlageobjekte initiieren, besteht ein Interesse, Anleger ungenügend zu informieren.

4. Selbst ein denkbarer Grauer Sekundärmarkt disziplinierte die Informationspolitik der Initiatoren nicht hinreichend und stellte keine untrüglichen Indikatoren für den Wert neu begebener Beteiligungstitel bereit. Bisher existiert kein funktionierender Grauer Sekundärmarkt.

5. Marktendogene Kräfte führen am Grauen Markt nicht zu guten Prospekten.

6. Zentraler Bestandteil von Prospekten sind Prognosen über den Anlageerfolg. Allgemein anerkannte Prognosegrundsätze liegen bisher nicht vor. Auch die Grundsätze des IdW für Prospektprüfungen erfüllen diesen Anspruch nicht. Prognosegrundsätze für Prospekte des Grauen Markts (GoP) sind daher erst zu entwickeln.

7. GoP müssen mit Hilfe eines Entscheidungsmodells auf Basis logisch deduktiver Schlüsse, kurz: deduktiv, gewonnen werden. Diese Gewinnungsmethode weist Schwächen auf. Trotzdem ist sie die zweckmäßigste Art, GoP zu ermitteln.

8. GoP sind aus Regelungsvorschlägen auszuwählen. Als geeignetes Auswahlkriterium erweist sich die Gesamtsumme der Informationskosten bei Emittenten und Anlegern. Sie ist zu minimieren. Dieses Kriterium erfaßt alle Aspekte der Marktfunktion, soweit sie durch Publizitätsregeln beeinflußbar sind. Darin ist Anlegerschutz, aus ökonomischem Blickwinkel betrachtet, eingeschlossen.

9. Informationskosten von Regelungsvorschlägen werden durch Rahmenbedingungen mitbestimmt. Auf Emittentenseite sind am wichtigsten: Erstens die Menge bereits vorhandener, prognosetauglicher Information, zweitens die Unternehmensgröße und drittens die Gründungssituation. Diese Bedingungen führen dazu, daß die Informationskosten umso geringer

werden, je größer, wachstumsträchtiger (innovativer) und fortgeschrittener ein emittierendes Unternehmen ist.

10. Wichtigste Rahmenbedingungen auf Publikumsseite sind Anlegertyp und -zahl. Der Anlegertypus wird durch das Transformationsmodell charakterisiert, mit dessen Hilfe er empfangene Nachrichten in Risiko-Rendite-Erwartungen umsetzt. Hauptdeterminanten dieses Modells sind nomologisches Vorwissen und Risikopräferenz.

11. Beim Anlegertypus muß mit Modellannahmen gearbeitet werden. Folgende Hypothesen sollen als hinreichende Beschreibung der Realität gelten: Das Publikum besteht aus risikoscheuen, lernfähigen Privatanlegern. Ein kundiger Typus investiert periodisch und entwickelt dabei sein Transformationsmodell fort. Ein unkundiger trifft nur selten Anlageentscheidungen, er nimmt zwar nomologisches Wissen auf, das ihm zum Entscheidungszeitpunkt zufließt, bildet jedoch kein permanentes Transformationsmodell heraus. Jeder Typus repräsentiert die Hälfte des Publikums.

12. Informationskosten von Anlegern und Initiatoren entwickeln sich gegenläufig. Die speziellen Rahmenbedingungen des Grauen Markts lassen die Ersparnis des Publikums oftmals größer ausfallen als die Mehrkosten der Emittenten, wenn GoP Informationspflichten auf Emittenten verlagern.

13. Die Informationskosten bestimmen, welche Informationspflichten Emittenten erfüllen müssen und welche Informationsaktivitäten dem Publikum verbleiben, will es Erwartungen guter Qualität herausbilden.

14. Folgende Aufteilung der Informationsaktivitäten zwischen Emittenten und Anlegern verspricht minimale Informationskosten: Emittenten erstellen eine wohlfundierte ordnungsmäßige Prognose des Anlage-

erfolgs und veröffentlichen sie im Prospekt. Anleger versuchen, das Informationsrisiko abzuschätzen, mit dem auch diese ordnungsmäßige Prognose im Einzelfall behaftet ist. Dazu müssen sie Indikatoren des Informationsrisikos auswerten, die z.T. ebenfalls im Prospekt abzudrucken sind. Das Informationsrisiko kompensieren sie durch einen Abschlag von ihrer Preisgrenze.

15. Es führt nicht zu geringeren Informationskosten, wenn Anleger anstelle der Emittenten eigene Prognosen des Anlageerfolgs aus "Rohmaterial" ableiten, das Emittenten im Prospekt veröffentlichen. Ebenso verringert es die Informationskosten nicht, wenn Emittenten anstelle wohlfundierter Erfolgsvorhersagen Prognosen veröffentlichen dürfen, die auf wenig fundierten Prämissen basieren (projections), und Anleger sich daher eigene Vorstellungen über Randbedingungen verschaffen und die Managementprognose entsprechend korrigieren müssen.

16. Sollen die Informationskosten minimiert werden, müssen ordnungsmäßige Prospekte aus einer wohlfundierten internen Planung und Prognoserechnung hervorgehen. Daher sind GoP für die Gewinnung interner Erfolgsprognosen und für die Gestaltung externer Prospekte zu formulieren.

17. Ordnungsmäßige interne Erfolgsprognosen müssen auf Basis eines vollständigen Prognosemodells mit wahren Inputs gewonnen werden.

18. Vollständige Prognosemodelle sind keine Standard-Modelle. Vielmehr werden sie individuell durch einen standardisierten Such- und Auswahlprozeß gewonnen, den der Prognoseprüfer kontrollieren muß.

19. Wahre Modellinputs spiegeln die Unsicherheit der Erfolgsdeterminanten durch Wahrscheinlichkeitsverteilungen. Die Verteilungswerte sind nach ihrer Begründungsqualität auszuwählen. Begründungsqua-

lität schließt die richtige Anwendung problemadäquater Prognoseverfahren ein. Inputverteilungen sind durch Simulation zur Erfolgsprognose zu aggregieren.

20. Informationskosten zwingen dazu, einige Risiken im Modell durch Sicherheitsfiktionen zu vereinfachen. Beispiele sind Risiken anlegerschädlicher Planänderung, Bonitätsrisiken der Vertragspartner, steuerliche Risiken. Ordnungsmäßige Erfolgsprognosen reflektieren nicht alle Risiken, mit denen Anlagen behaftet sein können.

21. Zweckmäßige GoP lassen den Managements bei Modellkonstruktion und Vorhersage seiner Inputs Ermessensspielräume, auch wenn diese vereinzelt zu Manipulation oder Irrtum führen können. Starre und stets eindeutige Normen würden demgegenüber die Informationskosten erhöhen.

22. Ordnungsmäßige Prospekte sind durch unverfälschte Übernahme oder logisch richtige Aggregation interner Informationen zu gewinnen. Dann dürfen sie als "wahr" gelten.

23. Prospektangaben müssen klar gestaltet und strukturiert sein. Das führt bei inhomogenem Publikum zur Segmentierung des Prospekts in Basis- und Zusatzprospekt.

24. Zweckmäßige Vollständigkeitsgrundsätze vertiefen die Segmentierung. Der Prospekt zerfällt in einen Basisprospekt für das Gesamtpublikum - er enthält neben der Erfolgsprognose möglichst verläßliche, leicht interpretierbare Indikatoren des Informationsrisikos -, einen Zusatzprospekt für kundige Anleger -er veröffentlicht auch weniger bestätigte und schwerer zu deutende Indikatoren - und ein theoretisches Segment - es stellt dem unkundigen Anleger Verknüpfungswissen und Meta-Information über die Implikationen der Ordnungsmäßigkeit bereit.

25. Kundige und unkundige Investoren gelangen durch Auswertung der ihnen jeweils zugedachten Prospektsegmente nicht zu homogenen Erwartungen. Gleichwohl erzielen beide Typen Wissensfortschritte, die ihre Informationsbemühungen rechtfertigen.

26. Insgesamt wären ordnungsmäßige Prognosen und Prospekte, wie die vorliegende Arbeit sie definiert, kürzer, aber auch zweckmäßiger als die heute üblichen Prospekte. Dadurch erscheinen sie als ein denkbares Mittel, Anlegerschutz und Funktion des Grauen Markts zu verbessern.

ABBILDUNGSVERZEICHNIS

QUELLENVERZEICHNIS

I. Verwendete Abkürzungen

ABR	Accounting and Business Research
AG	Die Aktiengesellschaft
AICPA	American Institute of Certified Public Accountants
AR	Accounting Review
BB	Betriebs-Berater
BFuP	Betriebswirtschaftliche Forschung und Praxis
BGH	Bundesgerichtshof
DB	Der Betrieb
DlK	Der langfristige Kredit
DStR	Deutsches Steuerrecht
FAJ	Financial Analysts Journal
HBR	Harvard Business Review
HdB	Handwörterbuch der Betriebswirtschaft
HdF	Handwörterbuch der Finanzwirtschaft
HdO	Handwörterbuch der Organisation
HdR	Handwörterbuch des Rechnungswesens
HdRev	Handwörterbuch der Revision
IdW	Institut der Wirtschaftsprüfer
JAR	Journal of Accounting Research
JLE	Journal of Law and Economics
JoA	Journal of Accountancy
JoF	Journal of Finance
Kreditwesen	Zeitschrift für das gesamte Kreditwesen
KuK	Kredit und Kapital
MSc	Management Science
NBW	Neue Betriebswirtschaft
QJE	Quarterly Journal of Economics
RegEVerm AnlG	Regierungsentwurf eines Gesetzes über den Vertrieb von Anteilen an Vermögensanlagen

SEC	Securities and Exchange Commission
SzU	Schriften zur Unternehmensführung
WiSt	Wirtschaftswissenschaftliches Studium
WiWo	Wirtschaftswoche
WPg	Die Wirtschaftsprüfung
ZfgStW	Zeitschrift für die gesamte Staatswissenschaft
ZfhF	Zeitschrift für handelswissenschaftliche Forschung
ZfB	Zeitschrift für Betriebswirtschaft
ZfbF	Zeitschrift für betriebswirtschaftliche Forschung
ZGR	Zeitschrift für Unternehmens- und Gesellschaftsrecht
ZHR	Zeitschrift für das gesamte Handelsrecht und Wirtschaftsrecht

II. Monographien

Albach, Horst
Wirtschaftlichkeitsrechnung bei unsicheren Erwartungen, Köln und Opladen 1959.

Assmann, Heinz-Dieter
Prospekthaftung als Haftung für die Verletzung kapitalmarktbezogener Informationsverhaltenspflichten nach deutschem und US-amerikanischem Recht, Köln 1985.

Baetge, Jörg
Möglichkeiten der Objektivierung des Jahreserfolges, Düsseldorf 197o.

Ballwieser, Wolfgang
Unternehmensbewertung und Komplexitätsreduktion, 2., verb. und akt. Aufl., Wiesbaden 1987.

Bamberg, Günther und Adolf Gerhard Coenenberg
Betriebswirtschaftliche Entscheidungslehre, 3. Aufl., München 1981.

Berndsen, Hans-Peter
Unternehmenspublizität - Eine empirische Untersuchung zur Messung des Publizitätsverhaltens großer börsennotierter Aktiengesellschaften und der Auswirkung auf die Anlageentscheidungen am Aktienmarkt, Diss. Augsburg 1979.

Beyer-Fehling, Hermann und Alexander Bock
Börsenreform - Die deutsche Börsenreform und Kommentar zur Börsengesetznovelle, Frankfurt/M. 1975.

Bidlingmaier, Johannes
Zielkonflikte und Zielkompromisse im unternehmerischen Entscheidungsprozeß, Wiesbaden 1968.

Bitz, Michael
Entscheidungstheorie, München 1981.

Blohm, Hans
Der Geschäftsbericht als Mittel der Betriebspolitik, Praktische Hinweise für Erstellung und Auswertung, Baden-Baden 1962.

Blohm, Hans und Klaus Lüder
Investition, 5. Aufl., München 1983.

Böhm, Klaus J.
Anlegerschutz am Nebenkapitalmarkt, Frankfurt/M. 1979.

Bönkhoff, Franz-Josef
Die Kreditwürdigkeitsprüfung, zugleich ein Beitrag zur Prüfung von Plänen und Prognosen, Düsseldorf 1983.

Böse, Wulf Heinrich
Grundsätze ordnungsmäßiger Jahreserfolgsrechnung, Wiesbaden 1973.

Brealey, Richard und Steward Myers
Principles of Corporate Finance, 2. Aufl., New York 1984.

Bremer, Heinz
Die Börsensachverständigenkommission 1968-1975, Aufgaben und Ergebnisse, Berlin und New York 1976.

Bretzke, Wolf-Rüdiger
Das Prognoseproblem bei der Unternehmensbewertung, Düsseldorf 1975.

Brockhoff, Klaus
Prognoseverfahren für die Unternehmensplanung, Wiesbaden 1977.

Bruns, Jürgen
Prüfungsobjekt und Prüfungsgang der externen Geschäftsführungsprüfung, Diss. Hamburg 1973.

Buchner, Robert
Grundzüge der Finanzanalyse, München 1981.

Chmielewicz, Klaus
Forschungskonzeptionen der Wirtschaftswissenschaft, 2. überarb. und erweit. Aufl., Stuttgart 1979.

Ciesielski, Axel
Unternehmungsberichterstattung zur Fundierung von Anteilseignerentscheidungen, Wiesbaden 1977.

Coenenberg, Adolf Gerhard
Die Kommunikation in der Unternehmung, Wiesbaden 1966.

Damm, Günther
Kommunikationsmedium Geschäftsbericht, Eine empirische Untersuchung über die Kommunikationsfunktion des Geschäftsberichtes deutscher Aktiengesellschaften, Frankfurt/M. 198o.

Egner, Henning
Bilanzen - Ein Lehrbuch zur Bilanztheorie, München 1974.

Eisenführ, Franz
Anforderungen an den Informationsgehalt kaufmännischer Jahresabschlußrechnungen, Diss. Kiel 1967.

Fama, Eugene F.
Foundations of Finance, New York 1976.

Fleischmann, Hans Gunnar, Helmut W. Röschinger und Hans-Dieter Meyerhoff
Steuern die Vermögen werden?, 7., völlig neu bearb. Aufl., Landsberg/Lech 1983.

Förster, Karsten
Kapitalmarkteffizienz und Sonderrecht Publikumskommanditgesellschaften, Diss. jur. Bremen 1984.

Frings, Philipp A.
Berichterstattung Deutscher und Amerikanischer Aktiengesellschaften im jährlichen Geschäftsbericht, Diss. Bonn 1975.

Gäfgen, Gêrard
Theorie der wirtschaftlichen Entscheidung, 2., durchges. und erweit. Aufl., Tübingen 1968.

Gebhardt, Günther
Insolvenzprognosen aus aktienrechtlichen Jahresabschlüssen, Wiesbaden 198o.

Gehmacher, Ernst
Methoden der Prognostik, Eine Einführung in die Probleme der Zukunftsforschung und Langfristplanung, Freiburg 1971.

Giersch, Herbert und Hartmut Schmidt
Offene Märkte für Beteiligungskapital: USA, Großbritannien, Bundesrepublik Deutschland, Stuttgart 1986.

Granger, Clive W. J. und Oskar Morgenstern
Predictability of Stock Market Prices, Lexington, Mass. 197o.

Grochla, Erwin
Betriebliche Planung und Informationssysteme - Entwicklung und aktuelle Aspekte, Reinbek 1975.

Grotz-Martin, Silvia
Informations-Qualität und Informations-Akzeptanz in Entscheidungsprozessen - Theoretische Ansätze und ihre empirische Überprüfung, Diss. Saarbrücken 1976.

Haas, Günther
Möglichkeiten des Anlegerschutzes bei mitunternehmerischen Verlustzuweisungsgesellschaften, Frankfurt/M. 198o.

Hansmann, K.-Werner
Kurzlehrbuch Prognoseverfahren, Wiesbaden 1983.

Hartle, Joachim
Möglichkeiten der Entobjektivierung der Bilanz - Eine ökonomische Analyse, Frankfurt/M., Bern und New York 1984.

Hax, Herbert
Investitionstheorie, 4. durchges., Aufl., Würzburg und Wien 1979.

Heinen, Edmund
Grundlagen betriebswirtschaftlicher Entscheidungen - Das Zielsystem der Unternehmung, 2. Aufl., Wiesbaden 1971.

Handelsbilanzen, 12., neu bearb. Aufl., Wiesbaden 1986.

Heinrich, Lutz J.
Die Ausschaltung von Störungen als Voraussetzung optimaler Berichterstattung, Diss. Karlsruhe 1963.

Hielscher, Udo
Zu den Grundlagen der optimalen Kapitalanlageplanung am Aktienmarkt, Diss. Darmstadt 1969.

Höflinger, Peter
Informationsoptimierung in betrieblichen Entscheidungsprozessen, Köln 1975.

Hopt, Klaus J.
Kapitalanlegerschutz im Recht der Banken, München 1975.

Inwieweit empfiehlt sich eine allgemeine gesetzliche Regelung des Anlegerschutzes?: Dargestellt mit besonderer Berücksichtigung der Publikumspersonengesellschaften, namentlich der Abschreibungsgesellschaften und geschlossenen Immobilienfonds, Gutachten G für den 51. Deutschen Juristentag, München 1976.

Hopt, Klaus J. und Michael R. Will
Europäisches Insiderrecht - Einführende Untersuchung - Ausgewählte Materialien, Stuttgart 1973.

van Horne, James C.
Financial Management and Policy, 7. Aufl., Englewood Cliffs 1986.

Hub, Hanns Friedrich
Unternehmensberichterstattung für Anlageentscheidungen, Diss. Karlsruhe 1972.

Iyiri, Yuji
Theory of Accounting Measurement, Studies in Accounting Research, Bd. 1o, Hrsg. American Accounting Association, Sarasota 1975.

Jaap, Christiane
Möglichkeiten betriebswirtschaftlicher Beurteilung privater Kapitalanlagen, Berlin und München 1986.

Jaensch, Günther
Wert und Preis der ganzen Unternehmung, Köln und Opladen 1966.

Kaligin, Thomas
Die spezifischen Risiken und Rechtsschutzmöglichkeiten des Kommanditisten bei Beteiligungen an Abschreibungsgesellschaften, ein Beitrag zum Anlegerschutz, Düsseldorf 1983.

Kellenberger, Ruedi
Die bedürfnisorientierte externe Berichterstattung, Zürich 1981.

Kellinghusen, Georg
Rückstellungsprognosen - Zur Prüfbarkeit und Objektivierbarkeit von Prognosen im aktienrechtlichen Jahresabschluß, München 1978.

Kirchner, Christoph
Die Eigenkapitalversorgung der publizitätspflichtigen GmbH, Hamburg 1984.

Kleine-Doepke, Rainer
Informationsökonomische Analyse der externen Rechnungslegung, Frankfurt/M. 1981.

Koch, Hans-Dieter
Konzeptionelle Grundlagen der Diskussion über Kapitalanlegerschutz unter besonderer Berücksichtigung des Nebenkapitalmarktes, Frankfurt/M. 1981.

Koch, Helmut
Grundlagen der Wirtschaftlichkeitsrechnung, Wiesbaden 197o.

Köhler, Richard
Theoretische Systeme der Betriebswirtschaftslehre im Lichte der neueren Wissenschaftslogik, Stuttgart 1966.

Kramer, Gunther
Die Gewinnung von Prognosen im Rahmen von Marketing-Informationssystemen, Diss. Berlin 1982.

Kroeber-Riel, Werner
Konsumentenverhalten, 3., wesentl. ern. und erweit. Aufl., München 1984.

Kruse, Heinrich Wilhelm
Grundsätze ordnungsmäßiger Buchführung - Rechtsnatur und Bestimmung, 3. Aufl., Köln 1978.

Künnemann, Martin
Objektivierte Unternehmensbewertung, Frankfurt/M., Bern und New York 1985.

Leffson, Ulrich
Wirtschaftsprüfung, 2. stark veränd. und erweit. Aufl., Wiesbaden 198o.

Die Grundsätze ordnungsmäßiger Buchführung, 7., rev. und erweit. Aufl., Düsseldorf 1987.

Leinfellner, Werner
Struktur und Aufbau wissenschaftlicher Theorien, Wien und Würzburg 1965.

Lisch, Ralf und Jürgen Kriz
Grundlagen und Modelle der Inhaltsanalyse, Reinbek 1978.

Lück, Wolfgang
Die externe Rechnungslegung der Aktiengesellschaften in der Bundesrepublik Deutschland und in den Vereinigten Staaten von Nordamerika, Düsseldorf 197o.

Materiality in der internationalen Rechnungslegung - Das pflichtgemäße Ermessen des Abschlußprüfers und der Grundsatz der Wesentlichkeit, Wiesbaden 1975.

Lüddecke, Maike
Rechtliche und steuerliche Probleme der Übertragbarkeit von Kommanditanteilen, unveröff. Diplom-Arbeit, Universität Hamburg 1985.

Lüthje, Bernd
Die Funktionsfähigkeit der deutschen Aktienbörse, Göttingen 197o.

Mag, Wolfgang
Entscheidung und Information, München 1977.

Makridakis, Spyros und Steven C. Wheelwright
Forecasting Methods for Management, 3. Aufl., New York 198o.

Möllhoff, Lutz
Unvollkommenes Informationsnachfrage-Verhalten im Mensch-Maschine-Dialog, Stuttgart 1978.

Moxter, Adolf
Der Einfluß von Publizitätsvorschriften auf das unternehmerische Verhalten, Köln und Opladen 1962.

Grundsätze ordnungsmäßiger Unternehmensbewertung, 2. Aufl., Wiesbaden 1983.

Mühlbayer, Michael
Prospektive Erfolgsanalyse und Unternehmensbonität, Frankfurt/M., Bern und New York 1986.

Müller, Karl-Heinz
Verfahren zur Auswahl von Rechnungslegungs-Vorschlägen, Frankfurt/M. und Zürich 1978.

Nathusius, Norbert und Norbert Szyperski
Probleme der Unternehmensgründung - Eine betriebswirtschaftliche Analyse unternehmerischer Startbedingungen, Stuttgart 1977.

Oechsle, Ewald
Die aktienrechtliche Forderung nach Vermittlung eines den tatsächlichen Verhältnissen entsprechenden Bildes der Vermögens-, Finanz- und Ertragslage - untersucht anhand ausgewählter Rechnungslegungsfragen, Diss. Nürnberg 198o.

Ossadnik, Wolfgang
Rationalisierung der Unternehmungsbewertung durch Risikoklassen, Frankfurt/M. 1984.

Platz, Heinz Ph.
Die Überwindung informationswirtschaftlicher Engpässe in der Unternehmung, Berlin 198o.

Popper, Karl R.
Logik der Forschung, 5. Aufl., Tübingen 1973.

Prätsch, Joachim
Langfristige Finanzplanung und Simulationsmodelle, Frankfurt/M., Bern und New York 1986.

Pütz, Paul und Hans Willgerodt
Gleiches Recht für Beteiligungskapital, Vorschläge zur Reform von Unternehmensrechtund Kapitalmarkt, Baden-Baden 1985.

Reuter, Hermann
Aktienmarkt und Aktieninformationsmarkt, Göttingen 198o.

Rothschild, Kurt W.
Wirtschaftsprognose - Methoden und Probleme, Berlin, Heidelberg und New York 1969.

Seiffert, Helmut
Einführung in die Wissenschaftstheorie, Bd. 1, 7. Aufl., München 1974.

Selchert, Friedrich-Wilhelm
Prüfungen anläßlich der Gründung, Umwandlung, Fusion und Beendigung von Unternehmungen, Düsseldorf 1977.

Sieben, Günther und Thomas Schildbach
Betriebswirtschaftliche Entscheidungstheorie, 2. Aufl., Düsseldorf 198o.

Spannhorst, Burkhard
Grundsätze ordnungsmäßiger Buchführung - Rechtsnatur, Entstehung und Ermittlung, Diss. jur. Münster 1974.

Sperl, Alexander
Prüfungsplanung, Düsseldorf 1978.

Sprenger, Reinhard
Grundsätze gewissenhafter und getreuer Rechenschaft im Geschäftsbericht, Wiesbaden 1976.

Swoboda, Peter
Investition und Finanzierung, 2.,verb. Aufl., Göttingen 1977.

Schildbach, Thomas
Analyse des betrieblichen Rechnungswesens aus der Sicht der Unternehmensbeteiligten - dargestellt am Beispiel der Aktiengesellschaft, Wiesbaden 1975.

Schindel, Volker
Risikoanalyse - Bewertung von Risikoanalysen am Beispiel von Investitionsentscheidungen, 2. Aufl., München 1978.

Schmalz, René
Die zukunftsorientierte Berichterstattung - Eine neue Perspektive der externen Rechnungslegung, Diessenhofen 1978.

Schmidt, Hartmut
Börsenorganisation zum Schutze der Anleger, Tübingen 197o.

Vorteile und Nachteile eines integrierten Zirkulationsmarktes für Wertpapiere gegenüber einem gespaltenen Effektenmarkt, Luxemburg 1977.

Special Stock Market Segments for Small Company Shares: Capital Raising Mechanism and Exit Route for Investors in New Technology Based Firms, Report für die Kommission der Europäischen Gemeinschaften, Brüssel und Luxemburg 1984.

Schmidt, Reinhard H.
Aktienkursprognose, Wiesbaden 1976.

Die Rolle von Informationen und Institutionen auf Finanzmärkten, unveröff. Habil.-Schrift, Frankfurt/M. 1979.

Schneider, Dieter
Investition und Finanzierung, 3. neubearb. Aufl., Opladen 1974.

Schneider, Manfred
Die Eignung prospektiver Rechnungslegungsinstrumente zur Realisierung der Informationsfunktion unternehmerischer Rechenschaft, Heidelberg 1981.

Schwark, Eberhard
Anlegerschutz durch Wirtschaftsrecht, München 1979.

Staudt, Eduard
Publizität der börsennotierten Aktiengesellschaften in Deutschland und Frankreich, Karlsruhe 1972.

Wacker, Wilhelm H.
Betriebswirtschaftliche Informationstheorie, Wiesbaden 1971.

Wasser, Gerd
Bestimmungsfaktoren freiwilliger Prognosepublizität, Düsseldorf 1976.

Weinberger, Peter
Das Entscheidungsverhalten der Konsumenten, Paderborn, München und Wien 1981.

Wenzel, Frank
Entscheidungsorientierte Informationsbewertung, Opladen 1975.

Weston, J. Fred und Thomas E. Copeland
Managerial Finance, 8. Aufl., Hinsdale, Ill. 1986.

Wiedemann, Herbert
Gesellschaftsrecht, Ein Lehrbuch des Unternehmens- und Verbandsrechts, Bd. I, Grundlagen, München 198o.

Wild, Jürgen
Grundlagen der Unternehmungsplanung, 4. Aufl., Opladen 1982.

Witte, Eberhard und Herbert Klein
Finanzplanung der Unternehmung, Prognose und Disposition, 3. Aufl., Opladen 1983.

Wittmann, Waldemar
Unternehmung und unvollkommene Information, Köln und Opladen 1959.

Wöhe, Günther
Bilanzierung und Bilanzpolitik, 3. Aufl., München 1973.

Wysocki, Klaus v.
Grundlagen des betriebswirtschaftlichen Prüfungswesens, München 1967.

Grundlagen des betriebswirtschaftlichen Prüfungswesens, 2., völlig neubearb. Aufl., München 1977.

III. Aufsätze

Albach, Horst
Technologische Prognosen, in: HdB, Bd. 3, Hrsg. E. Grochla und W. Wittmann, 4., völlig neugest. Aufl., Stuttgart 1976, Sp. 3861-3877.

Ungewißheit und Unsicherheit, in: HdB, Bd. 3, Hrsg. E. Grochla und W. Wittmann, 4., völlig neugest. Aufl., Stuttgart 1976, Sp. 4o36-4o41.

Altschul, David E. und Joseph D. Mandel
Financial Forecasts and Projections: a Pitfall for the Uninitiated Accountant, in: JoA, 143. Jg., Mai 1977, S. 46-5o.

Akerlof, Georges A.
The Market for 'Lemons': Qualitative Uncertainty and the Market Mechanism, in: QJE, 84. Jg., 197o, S. 488-5oo.

van Arsdell, Stephen C.
Criteria for Determinating Materiality, in: JoA, 14o. Jg., Oktober 1975, S. 72-78.

Bälz, Ulrich
Treuhandkommanditist, Treuhänder der Kommanditisten und Anlegerschutz, in: ZGR, 9. Jg., 198o, S. 1-1oo.

Baetge, Jörg
Rechnungslegungszwecke des aktienrechtlichen Jahresabschlusses, in: Bilanzfragen, Festschrift für U. Leffson, Hrsg. J. Baetge, A. Moxter und D. Schneider, Düsseldorf 1976, S. 11-3o.

Grundsätze ordnungsmäßiger Buchführung und Bilanzierung, in: HdR, 2., völlig neu gest. Aufl., Hrsg. E. Kosiol u.a., Stuttgart 1981, Sp. 7o2-714.

Baetge, Jörg und Wolfgang Ballwieser
Probleme einer rationalen Bilanzpolitik, in: BFuP, 3o. Jg., 1978, S. 511-53o.

Ballwieser, Wolfgang
Informationsökonomie, Rechnungslegungstheorie und Bilanzrichtlinie - Gesetz, in: ZfbF, 37. Jg., 1985, S. 47 - 66.

Beaver, William H.
Current Trends in Corporate Disclosure, in: JoA, 145. Jg., Januar 1978, S. 44-52.

Bechtel, Wilfried, Heinrich Köster und Hans-Ulrich Steenken
Die Veröffentlichung und Prüfung von Vorhersagen über die Entwicklung der Unternehmung, in: Bilanzfragen, Festschrift für U. Leffson, Hrsg. J. Baetge, A. Moxter und D. Schneider, Düsseldorf, 1976, S. 2o7-216.

Beermann, Klaus, Friedhelm Fülling und Andreas Sperl
Zusatzinformationen zum Jahresabschluß, in: Bilanzfragen, Festschrift für U. Leffson, Hrsg. J. Baetge, A. Moxter und D. Schneider, Düsseldorf 1976, S. 191-2o4.

Bedford, Norton M. und Nicolas Dopuch
Research Methodology and Accounting Theory - Another Perspective, in: AR, 36. Jg., 1961, Nr. 3, S. 351-37o.

Belda, Bertrand J.
Reporting on Forecasts of Future Developments, in: JoA, 13o. Jg., Dezember 197o, S. 54-58.

Bell, Jan
The Effect of Presentation Form on the Use of Information in Annual Reports, in: MSc, 3o. Jg., 1984, Nr. 2, S. 169-185.

Berthel, Jürgen
Information, in: HdB, 2. Bd.,Hrsg. E. Grochla und W. Wittmann, 4., völlig neu gest. Aufl., Stuttgart 1975, Sp. 1865-1873.

Biener, Herbert
Der Regierungsentwurf eines Gesetzes über den Vertrieb von Anteilen an Vermögensanlagen, in: WPg, 31. Jg., 1978, S. 257-267.

Bihr, Dieter
Prospektprüfung bei Bauherrengemeinschaften, in: BB, 38. Jg., 1983, S. 937-943.

Blohm, Hans
Die Manipulation von Informationen - Ein Grundriß, in: NBW, 15. Jg., 1962, S. 121-126.

Informationswesen, in: HdR, Hrsg. E. Kosiol u.a., Stuttgart 1969, Sp. 728-734.

Bremer, Heinz
Grauer Kapitalmarkt und Anlegerschutz, in: ZGR, 2. Jg., 1973, S. 41o-426.

Bretzke, Wolf-Rüdiger
Möglichkeiten und Grenzen einer wissenschaftlichen Lösung praktischer Prognoseprobleme, in: BFuP, 27. Jg., 1975, S. 496-515.

Zur Problematik des Objektivitätsanspruchs in der Unternehmensbewertungslehre - Ein Nachtrag zu einem Methodenstreit, in: BFuP, 28. Jg., 1976, S. 543-553.

Inhalt und Prüfung des Lageberichts: Anmerkungen zur gegenwärtigen und zukünftigen Praxis der Prognosepublizität, in: WPg, 32. Jg., 1979, S. 337-349.

Prognoseprüfung, in: HdRev, Hrsg. A. G. Coenenberg und K. v. Wysocki, Stuttgart 1983, Sp. 1108-1115.

Brockhoff, Klaus
Planung und Prognose in deutschen Großbetrieben - Ergebnisse einer Umfrage, in: DB, 27. Jg., 1974, S. 838-841.

Informationsverarbeitung in Entscheidungsprozessen: Skizze einer Taxonomie, in: ZfB, 53. Jg., 1983, S. 53-62.

Brockmann, Dieter F.
Die Auskunftei: Wie man Informationslücken schließen kann, in: Jahrbuch der deutschen Anlageberatung 1982, Köln 1982, S. 61-74.

Brose, Peter und Hans Corsten
Bedeutung und Bestimmungsfaktoren subjektiver Wahrscheinlichkeiten, in: WiSt, 12. Jg., 1983, S. 329-335.

Busse von Colbe, Walther
Prognosepublizität von Aktiengesellschaften, in: Beiträge zur Lehre von der Unternehmung, Festschrift für Karl Käfer, Hrsg. O. Angehrn und H. P. Künzi, Stuttgart 1968, S. 91-119.

Carmichael, David R.
Financial Forecasts - The Potential Role of Independent CPAs, in: JoA, 138. Jg., September 1974, S. 84-86.

Chang, David L. S. und Shu S. Liao
Measuring and Disclosing Forecast Reliability, in: JoA, 143. Jg., Mai 1977, S. 76-87.

Clark, John J., Peter Elgers und Richard E. Speagle
The Role of Assumptions in Financial Forecasts, in: JoA, 138. Jg., Juli 1974, S. 63-67.

Chmielewicz, Klaus und Britta Caspari
Zur Problematik von Finanzierungsrechnungen, in: Die Betriebswirtschaft, 45. Jg., 1985, S. 156-169.

Clemm, Hermann und Wolfgang Reittinger
Die Prüfung des Lageberichts im Rahmen der jährlichen Abschlußprüfung von Kapitalgesellschaften, in: BFuP, 32. Jg., 198o, S. 493-513.

Coenenberg, Adolf Gerhard
Beurteilungskriterien unternehmensexterner Informationssysteme, in: Management-Informationssysteme, Hrsg. E. Grochla und N. Szyperski, Wiesbaden 1971, S. 735-759.

Danos, Peter und Eugene A. Imhoff
The Auditor and Financial Forecasts, in: JoA, 151. Jg., Juni 1981, S. 1o4-112.

Auditor Review of Financial Forecasts: An Analysis of Factors Affecting Reasonableness Judgements, in: AR, 57. Jg., 1982, Nr. 1, S. 39-54.

Dedner, Martin
Zur Entwicklung der Grundsätze ordnungsmäßiger Durchführung von Prospektprüfungen, in: BB, 38. Jg., 1983, S. 2o26-2o32.

Demsetz, Harold
Perfect Competition, Regulation, and the Stock Market, in: Economic Policy and the Regulation of Corporate Securities, Hrsg. Henry G. Manne, Washington D.C. 1969, S. 1-22.

Demski, Joel S. und Gerald A. Feltham
The Use of Models in Information Evaluation, in: AR, 45. Jg., 197o, S. 623-64o.

Downes, David H. und Robert Heinkel
Signaling and the Valuation of Unseasoned New Issues, in: JoF, 37. Jg., 1982, No. 1, S. 1-1o.

Drukarczyk, Jochen
Zur Interpretation des § 156 Abs. IV Aktiengesetz, in: Bilanzfragen, Festschrift für U. Leffson, Hrsg. J. Baetge, A. Moxter und D. Schneider, Düsseldorf 1976, S. 121-135.

Eekhoff, Johannes
Kapitalfehllenkung durch unproduktive Wohnungsbauinvestitionen?, in: DIK, 36. Jg., 1985, S. 36-42.

Eggesieker, Fritz
Steuerersparnis als Anlagemotiv, in: BFuP, 33. Jg., 1981, S. 2o5-22o.

Elliott, Robert K. und Don Pallais
Prospective Financial Statements: Guidelines for a Growing Practice Area, in: JoA, 157. Jg., Januar 1984, S. 56-69.

Engel, Dieter
Die Risiken einer Beteiligung an Verlustzuweisungskommanditgesellschaften, in: WPg, 27. Jg., 1974, S. 1o1-11o.

Engels, Wolfram
Bemerkungen zu den Bilanztheorien von Moxter und Stützel, in: Bilanzfragen, Festschrift für U. Leffson, Hrsg. J. Baetge, A. Moxter und D. Schneider, Düsseldorf 1976, S. 31-48.

Erlemann, Jochem
Niedrige Verlustzuweisung mit hohem Steuervorteil, in: Jahrbuch der deutschen Anlageberatung 198o, Köln 198o, S. 89-93.

Faßbender, Herbert
Vermögensanlagengesetz - Anregungen und Änderungsvorschläge zum Regierungsentwurf vom 2.1.1978, in: DB, 32. Jg., 1978, S. 1869-1874.

Ferris, K. Richard
Profit Forecast Disclosure: The Effect on Managerial Behaviour, in: ABR, 5. Jg., Spring 1975, S. 133-139.

Franke, Günther und Helmut Laux
Der Wert betrieblicher Informationen für Aktionäre, in: NBW, 23. Jg., 197o, Heft 7, S. 1-8.

Freiling, Claus und Wolfgang Lück
Unternehmensinterne Planungen und aktienrechtliche Jahresabschlußprüfung, in: ZfbF, 36. Jg., 1984, S. 285-291.

Friend, Irwin
The SEC and the Economic Performance of Securities Markets, in: Economic Policy and the Regulation of Corporate Securities, Hrsg. H. G. Manne, Washington D.C. 1969, S. 185 ff.

Garz-Holzmann, Karin und Michael Gurke
Anlegerschutz am grauen Kapitalmarkt - Eine Analyse der neueren Rechtsprechung des Bundesgerichtshofs, in: DB, 36. Jg., 1983, S. 29-35.

Georgoff, David M. und Robert G. Murdick
Manager's Guide to Forecasting, in: HBR, 64. Jg., 1986, Nr. 1, S. 11o-12o.

Gerlach, Heinz
Großreinemachen am "Grauen" Markt, in: Das Wertpapier, 32. Jg., 1984, S. 489-492.

Glaser, Horst
Informationswert, in: HdO, Hrsg. E. Grochla, 2., völlig neu gest. Aufl., Stuttgart 198o, Sp. 983-941.

Gonedes, Nicolas J., Nicolas Dopuch und Stephen H. Penman
Disclosure Rules, Information-Production, and Capital Market Equilibrium: The Case of Forecast Disclosure Rules, in: JAR, 14. Jg., 1976, Nr. 1, S. 89-137.

Gonedes, Nicolas
Public Disclosure Rules, Private Information-Production Decisions, and Capital Market Equilibrium, in: JAR, 18. Jg., 198o, Nr. 2, S. 441-477.

Granger, Charles H.
The Hierarchy of Objectives, in: HBR, 42. Jg., 1964, Nr. 3, S. 63-74.

Gray, William S.
Proposal for Systematic Disclosure of Corporate Forecasts, in: FAJ, 29. Jg., 1973, Nr. 1, S. 64-71.

Groh, Manfred
Gewinnerzielungsabsicht und Mitunternehmerschaft - Anmerkungen zum Beschluß des Großen Senats des BFH vom 25.6.1984 GrS 4/82 -, in: DB, 37. Jg., 1984, S. 2424-2428.

Der Beschluß des Großen Senats vom 25.6.1984 zur Besteuerung der GmbH & Co. KG, in: WPg, 37. Jg., 1984, S. 655-661.

Grotherr, Siegfried
Der neue Straftatbestand des Kapitalanlagebetrugs (§ 264a StGB) als Problem des Prospektinhalts und der Prospektgestaltung, in: DB, 39. Jg., 1986, S. 2584-2591.

Guy, Dan M. und Don Pallais
Prospective Financial Statements, in: JoA, 161. Jg., April 1986, S. 9o-99.

Hagest, Joachim und Georg Kellinghusen
Zur Problematik der Prognoseprüfung und der Entwicklung von Grundsätzen ordnungsmäßiger Prognosebildung, in: WPg, 3o. Jg., 1977, S. 4o5-415.

Hakansson, Nils H.
Interim Disclosure and Public Forecasts? An Economic Analysis and a Framework for Choice, in: AR, 52. Jg., 1977, Nr. 2, S. 396-416.

Hammer, Dieter
Überlegungen zur Prüfung von Prospekten, in: WPg, 35. Jg., 1982, S. 651-659.

Grundsätze ordnungsmäßiger Durchführung von Prospektprüfungen - Zur Stellungnahme WFA 1/87, in: WPg, 4o. Jg., 1987, S. 676-678.

Hax, Herbert
Kommunikation, in: HdB, 2. Bd., Hrsg. E. Grochla und W. Wittmann, 4., völlig neu gest. Aufl., Stuttgart 1975, Sp. 2169-2176.

Heinrich, Lutz J.
Die Manipulation von Informationen mit Hilfe graphischer Darstellungen (optische Manipulation), in: NBW, 15. Jg., 1962, S. 149-152.

Hertz, David B.
Risk Analysis in Capital Investment, in: HBR, 42. Jg., 1964, S. 95-1o6.

Hertz, David B. und Howard Thomas
Decision and Risk Analysis in a New Product and Facilities Planning Problem, in: Sloan Management Review, 24. Jg., Winter 1983, Nr. 2, S. 17-31.

Hövermann, Klaus
Zur Objektivierung aktienrechtlicher Jahresabschlußprüfungen, in: WPg, 3o. Jg., 1977, S. 478-489.

Holzer, Peter und Wolfgang Lück
Verhaltenswissenschaft und Rechnungswesen - Entwicklungstendenzen des Behavioral Accounting in den USA, in: Die Betriebswirtschaft, 38. Jg., 1978, Nr. 4, S. 5o9-523.

Hopf, Michael
Ausgewählte Probleme zur Informationsökonomie, in: WiSt, 12. Jg., 1983, S. 313-318.

Hopt, Klaus J.
Publizität von Kapitalgesellschaften - Grundsätzliche Überlegungen zum Stand nach der 4. EG-Richtlinie und zur Reformdiskussion in den USA, in: ZGR, 9. Jg., 198o, S. 225-253.

Haftungsrechtliche Fragen der Prospektprüfung, in: Prospektprüfung, Hrsg. IdW, Düsseldorf 1983, S. 39-54.

Asymmetrische Information und Gläubigerverfügungsrechte in der Insolvenz - Die Bank in der Krise des Kreditnehmers, in: ZfB, 54. Jg., 1984, S. 743-76o.

Iyiri, Yuji
The Dilemma in Contingencies and Forecasts Reporting, in: JoA, 15o. Jg., November 198o, S. 38-46.

Jacobs, Otto H., Reinhard Rupp, Wolfram Scheffler und Ulrich Schreiber
Wirtschaftlichkeitsberechnung von Immobilieninvestitionen, in: DStR, 22. Jg., 1984, S. 6o7-614.

Jäger, Werner
Gründung, in: HdF, Hrsg. H. Büschgen, Stuttgart 1976, Sp. 787-794.

Jones, Wm. Jarell und Catherine R. Ward
Forecasts and Projections for Third-Party-Use, in: JoA, 161. Jg., April 1986, S. 1oo-1o2.

Käfer, Karl
Unternehmensbewertung nach Maß, in: Der Schweizer Treuhänder, Zürich 1971, S. 7-16.

Kaligin, Thomas
Strafrechtliche Risiken bei der Konzipierung und beim Vertrieb von steuerbegünstigten Kapitalanlagen in: WPg, 38. Jg., 1985, S. 194-2o2.

Die Konzeption und der Vertrieb von (steuerbegünstigten) Kapitalanlagen im Blickwinkel des § 264a StGB, in: WPg, 4o. Jg., 1987, S. 354-365.

Kappler, Ekkehard
Ansätze zu einer verhaltenswissenschaftlichen Theorie der Bilanzpolitik, in: Management International Review, 13. Jg., 1973, Nr. 2/3, S. 37-47.

Kellinghusen, Georg und Wolfgang Irrgang
Der optimale Geschäftsbericht - Praktische Hinweise auf der Grundlage von Marktforschungsergebnissen, in: DB, 31. Jg., 1978, S. 2277-2283.

Klein, Hartmut
Einkommensteuerrechtlicher Mitunternehmerbegriff und kapitalistisch verfaßte Kommanditgesellschaft, in: GmbH-Rundschau, 73. Jg., 1982, S. 281-286.

Klumpe, Werner
Prospektwahrheit, Die Chancen werden genannt, aber die Risiken häufig verschwiegen, in: Handelsblatt, Nr. 54 vom 18.3.1981.

Knief,.Peter
Die Bestätigung von Finanzplanungen als Aufgabe der wirtschaftsprüfenden und steuerberatenden Berufe, in: WPg, 36. Jg., 1983, S. 3oo-3o3.

Koch, Hans-Dieter und Reinhard H. Schmidt
Ziele und Instrumente des Anlegerschutzes, in: BFuP, 33. Jg., 1981, S. 231-25o.

Köhler, Richard
"Inexakte Methoden" in der Betriebswirtschaftslehre, in: ZfB, 46. Jg., 1976, S. 27-46.

Köndgen, Johannes
Zur Theorie der Prospekthaftung, in: AG, 28. Jg., 1983, S. 85-99 und 12o-132.

Koester, Helmut
Wie weit geht die Prospekthaftung?, in: Kreditwesen, 36. Jg., 1983, S. 698-7o2

Kosiol, Erich
Modellanalyse als Grundlage unternehmerischer Entscheidungen in: ZfhF, n.F., 13. Jg., 1961, S. 318-334.

Kripke, Homer
The SEC, The Accountants, Some Myths and Some Realities, in: New York University Law Review, 45. Jg., 197o, S. 1151 ff.

Kübler, Friedrich
Transparenz am Kapitalmarkt - Wirtschaftspolitische Grundfragen aktueller Regelungsprobleme, in: AG, 22. Jg., 1977, S. 85-92.

Anlageberatung durch Kreditinstitute, in: ZHR, 145. Jg., 1981, S. 2o4-221.

Kupsch, Peter
Zum gegenwärtigen Stand des betriebswirtschaftlichen Prüfungswesens, in: ZfB, 55. Jg., 1985, S. 1139-1171.

Lachnit, Laurenz
Betriebliche Früherkennunq auf Prognosebasis, in: SzU, Bd. 34, Hrsg. H. Jacob, Wiesbaden 1986, S. 5-3o.

Lanzetta, John T.
Information Aquisition in Decision Making, in: Motivation and Social Interaction - Cognitive Determinants, Hrsg. O. J. Harvey, New York 1963, S. 239-265.

Linneman, Robert E. und John D. Kennell
Shirt-Sleeve Approach to Long-Range Plans, in: HBR, 55. Jg., 1977, Nr. 2, S. 141-153.

Loistl, Otto
Zur Regulierung des grauen Kapitalmarktes - Anmerkungen zum Regierungsentwurf eines Gesetzes über den Vertrieb von Anteilen an Vermögensanlagen, in: ZfbF, 3o. Jg., 1978, S. 815-843.

Loss, Louis
Der Schutz des Kapitalanlegers, in: ZHR, 129. Jg., 1967, S. 197-225.

Lucas, Henry C. jr.
An Experimental Investigation of the Use of Computer-Based Graphics in Decision Making, in: MSc, 27. Jg., 1981, Nr. 7, S. 757-768.

Lucas, Henry C. jr. und Norman R. Nielsen
The Impactof the Mode of Information Presentation on Learning and Performance, in: MSc, 26. Jg., 198o, Nr. 1o, S. 982-993.

Lusk, Edward J. und Michael Kersnick
The Effect of Cognitiv Style and Report Format on Task Performance: The MIS Design Consequences, in: MSc, 25. Jg., 1979, Nr. 8, S. 787-798.

Macharzina, Klaus
Verhaltenswissenschaft und Rechnungswesen, in: HdR, Hrsg. E. Kosiol u.a., 2. völlig neu gest. Aufl., Stuttgart 1981, Sp. 1635-1642.

Makridakis, Spyros und Robert L. Winkler
Averages of Forecasts: Some Empirical Results, in: MSc, 29. Jg., 1983, Nr. 9, S. 987-996.

Mallinson Alexander H.
A Risk Analysis Approach to Profit Forecasts in: ABR, 4. Jg., Spring 1974, S. 83-95.

Mallison, Volker
Prospektanforderungen und Prospektprüfung in Deutschland und in den USA - Ein Diskussionsbeitrag, in: DB, 35. Jg., 1982, S. 2121-2124.

Mattern, Erhard
Rating im internationalen Kreditgeschäft, in: Die Bank, o. Jg., 1984, Heft 8, S. 374-378.

Miller, Edward M.
Risk, Uncertainty,and Divergence of Opinion, in: JoF, 32. Jg., 1977, Nr. 4, S. 1151-1169.

Mösch, Ewald A.
Abschreibungsgesellschaften, in: HdF, Hrsg. H. Büschgen, Stuttgart 1976, Sp. 11-18.

McMonnies, Peter N.
Corporate Reporting in the Future, in: ABR, 6. Jg., Spring 1976, S. 95-1o6.

Minow, Newton N.
Accountant's Liability and the Litigation Explosion, in: JoA, 158. Jg., September 1984, S. 7o-86.

Moll, Werner
Anlegerschutz und Gläubigerschutz - Zur Stellung des betrogenen Anlagekommanditisten, in: BB, 37. Jg., 1982, Beilage 3 zu Heft 12.

Moxter, Adolf
Präferenzstruktur und Aktivitätsfunktion des Unternehmers, in: ZfbF, 16. Jg., 1964, S. 6-35.

Fundamentalgrundsätze ordnungsmäßiger Rechenschaft, in: Bilanzfragen, Festschrift für U. Leffson, Hrsg. J. Baetge, A. Moxter und D. Schneider, Düsseldorf 1976, S. 87-1oo.

Nathusius, Norbert
Gründungsplanung, in: BFuP, 32. Jg., 198o, S. 336-342.

Nehm, Hartmut
Grundsätze ordnungsmäßiger Durchführung von Prospektprüfungen - Zu dem Entwurf einer Verlautbarung des Wohnungswirtschaftlichen Fachausschusses, in: WPg, 34. Jg., 1981, S. 645-654.

Verbesserung der Effizienz der Prospektprüfung durch Einbeziehung planorientierter Leistungsbilanzen?, in: WPg, 38. Jg., 1985, S. 46o-464.

Ohlson, Wallace E.
Financial Reporting - Fact or Fiction?, in JoA, 144. Jg., Juli 1977, S. 68-71.

o.V.
Forecast Guideline Published, in: JoA, 139. Jg., Mai 1975, S. 18.

Bauherren-Garantie: Im Zweifel Null, in: WiWo, 38. Jg., 1984, Nr. 7, S. 74-76.

Rückzug auf Raten, in: WiWo, 38. Jg., 1984, Nr. 13, S. 213-215.

Systeme für die Zukunft, in: WiWo, 38. Jg., 1984, Nr. 25, S. 118-12o.

Nichts istbarer als bar, Warum es eine neue Börse für KG-Anteile geben wird, wer sie einrichtet und wie sie funktioniert, in: Cash, 1986, Nr. 4, S. 37-41.

Anteilmarkt, in: Cash, 6. Jg., 1988, Nr. 1, S. 34 f.

Pampe, Klaus Dirk
Schaubilder in der Betriebswirtschaftslehre, in: HdB, Hrsg. E. Grochla und W. Wittmann, 4., völlig neu gest. und erweit. Aufl., Stuttgart 1976, Sp. 3518-3529.

Pfeiffer, Hans-Hubert
Möglichkeiten und Grenzen der Prüfung von Prognosen im Geschäftsbericht, in: WPg, 27. Jg., 1974, S. 159-17o und 186-197.

Picot, Arnold
Prognose und Planung - Möglichkeiten und Grenzen, in: DB, 3o. Jg., 1977, S. 2149-2153.

Pougin, Erwin
Prospektprüfung, in: HdRev, Hrsg. A.G. Coenenberg und K.v. Wysocki, Stuttgart 1983, Sp. 1141-1147.

Prautsch, Torsten
Zur Prospekthaftung von Wirtschaftsprüfern bei der Publikums-KG, in: WPg, 38. Jg., 1985, S. 653-66o.

Quast, Dieter
Rendite richtig rechnen, in: Das Geld-Magazin, Jahrbuch für ihre Anlageberatung in 1985, Köln, o.Jg., S. 79-83.

Quast, Dieter
Prospektprüfung, in: Praxis der steuerbegünstigten Kapitalanlagen, Bd. 8, Hrsg. D. Quast u.a., Köln 1983, S. 49-77.

Reitz, Elke
Immobilienfonds, in: Capital, 22. Jg., 1983, Nr. 9, S. 55.

Lagerhäuser, in: Capital, 23. Jg., 1984, Nr. 1, S. 55.

Industrieparks, in: Capital, 23. Jg., 1984, Nr. 4, S. 59-6o.

Geldanleger: So sparen Sie jetzt noch Steuern, in: Capital, 23. Jg., 1984, Nr. 12, S. 156-176.

Freiverkehr: Handel mit Steuerbeteiligungen, in: Capital, 24. Jg., 1985, Nr. 3, S. 124-126.

Wenn die Mietgarantien ausfallen, in: Capital, 24. Jg. 1985, Nr. 4, S. 11o-113.

Letzte Hilfe, in: Capital, 25. Jg., 1986, Nr. 9, S. 268-271.

Full House, in: Capital, 25. Jg., 1986, Nr. 1o, S. 81-84.

Ertragswerte, in: Capital, 25. Jg., 1986, Nr. 12, S. 8o-92.

Rossbach, Axel
Die Unternehmung als Objekt und als Instrument krimineller Handlungen - Unter besonderer Berücksichtigung der Abschreibungsgesellschaften, in: BFuP, 27. Jg., 1975, S. 42o-445.

Rückle, Dieter
Externe Prognosen und Prognoseprüfung, in: DB, 37. Jg., 1984, S. 57-69.

Zur Diskussion um systemkonforme Prüfungsgrundsätze, in: BFuP, 32. Jg., 198o, S. 54-73.

Saliger Edgar und Christian Kunz
Zum Nachweis der Effizienz der Delphi-Methode, in: ZfB, 51. Jg., 1981, S. 47o-48o.

Shwayder, Keith
Relevance, in: JAR, 6. Jg., 1969, S. 86-98.

Spannagel, Wolfgang
Der alternative ("graue") Kapitalmarkt, in: Der nicht-organisierte Kapitalmarkt, Hrsg. G. Bruns und K. Häuser, Frankfurt/M. 1983, S. 186-2o4.

Spence, A. Michael
Job Market Signaling, in: QJE, 87. Jg., 1973, S. 355-374.

Szyperski, Norbert
Informationsbedarf, in: HdO, Hrsg. E. Grochla, 2., völlig neu gest. Aufl., Stuttgart 198o, Sp. 9o4-913.

Rechnungswesen als Informationssystem, in: HdR, Hrsg. E. Kosiol u.a., 2., völlig neu gest. Aufl., Stuttgart 1981, Sp. 1425-1439.

Szypersky, Norbert und Udo Wienand
Planung und Rechnungswesen, in HdR, Hrsg. E. Kosiol u.a., 2., völlig neu gest. Augl., Stuttgart 1981, Sp. 1348-1368.

Schenk, Franz
Zur Praxis der Prüfung von Prospekten über Bauherrenmodelle, in: WPg, 34. Jg., 1981, S. 125-133.

Schmeding, Jörg G.-A.
Wettbewerbsrechtliche Beurteilung der Werbung für Kapitalanlagen, in: BB, 33. Jg., 1978, S. 735-742.

Schmidt, Hartmut
Kosten und Transaktionskosten als börsenpolitische Kategorien - Grundsätzliche Überlegungen zur Weiterentwicklung des Anlegerschutzes aus ökonomischer Sicht, in: KuK, 16. Jg., 1983, Heft 2, S. 184-2o4.

Perspectives on Disclosure and its Relevance for Small Business Capital Raising, in: Small Firms, Their Finance and Disclosure, Issues in Accountability Nr. 9, Hrsg. D.A.R. Forrester, Glasgow 1983.

Schmidt, Reinhard H.
Grundformen der Finanzierung - Eine Anwendung des neo-institutionalistischen Ansatzes der Finanzierungstheorie, in: KuK, 14. Jg., 1981, S. 186-221.

Schmitz, Eberhard und Herbert Wiedemann
Anlegerschutz bei unrichtiger und unvollständiger Information, in: ZGR, 9. Jg., 198o, S. 129-145.

Schneider, Dieter
Sind Steuervergünstigungen günstig?, in: Steuerberater-Jahrbuch 1974/75, Hrsg. O. Zacharias, G. Rose und U. Niemann, Köln 1975, S. 395-41o.

Grundsätze ordnungsmäßiger Rechnungslegung über Gewinnprognosen, dargestellt am Problem der Beispielrechnungen für Gewinnbeteiligungen in der Lebensversicherung, in: ZfbF, 32. Jg., 198o, S. 238-269.

Betriebswirtschaftliche Gewinnermittlung oder ökonomische Analyse des Bilanzrechts?, in: ZfbF, 35. Jg., 1983, S. 1o4o-1o65.

Eine Warnung vor Frühwarsystemen - Statistische Jahresabschlußanalysen als Prognosen zur finanziellen Gefährdung einer Unternehmung?, in: DB, 38. Jg., 1985, S. 1489-1494.

Schniewind, Friedrich
Baukostenüberschreitungen beim Bauherrenmodell, in: BB, 38. Jg., 1983, S. 2195-22o5.

Schulze zur Wiesche, Dieter
Die Personengesellschaft nach dem Beschluß des Großen Senats vom 25.6.1984, in: WPg, 38. Jg., 1985, S. 65-76.

Schweitzer, Marcel
Bilanztheorien, in: HdB, 1. Bd., Hrsg. E. Grochla und W. Wittmann, 4., völlig neu gest. Aufl., Stuttgart 1974, Sp. 927-947.

Schwert, G. William
Using Financial Data to Measure Effects of Regulation, in: JLE, 24. Jg., 1981, Nr. 1, S. 121-158.

Steele, Anthony
The Accuracy of Chairman's Non-quantified Forecasts: An Exploratory Study, in: ABR, 12. Jg., Sommer 1982, S. 215-23o.

Steder, Karl-Heinz
Zum Entwurf eines Gesetzes über den Vertrieb von Anteilen an Vermögensanlagen, in: AG, 23. Jg., 1978, S. 173-186.

Stilwell, Martin C.
Prospective Reporting and Small Business Clients, in: JoA, 161. Jg., Mai 1986, S. 68-84.

Strobel, Wilhelm
Betriebswirtschaftslehre und Wissenschaftstheorie, in: ZfbF, 2o. Jg., 1968, S. 129-145.

Taylor, Barbara G. und Lane K. Anderson
Misleading Graphs: Guidelines for the Accountant, in: JoA, 162. Jg., Oktober 1986, S. 126-135.

Teichmann, Heinz
Die Bestimmung der optimalen Information, in: ZfB, 41. Jg., 1971, S. 745-774.

Teuffel, Nikolai Frhr. v.
Zur Zulässigkeit der Prospekthaftung als eigenständiges Rechtsinstitut, in: DB, 38. Jg., 1985, S. 373-375.

Tietzel, Manfred
Was kann man von der "Theorie rationaler Erwartungen" erwarten?, in: Kuk, 15. Jg., 1982, Heft 4, S. 492-516.

Kriterien für die Qualität von Wirtschaftsprognosen, in: Sparkasse, 1o2. Jg., 1985, S. 1oo-1o6.

Ulrich, Dieter
Prüferische und steuerliche Aspekte bei der Prüfung von Bauherrenmodellen, in: Prospektprüfung, Hrsg. IdW, Düsseldorf 1983, S. 25-38.

Wanik, Otto
Probleme der Aufstellung und Prüfung von Prognosen über die Unternehmung in der nächsten Zukunft, in: Bericht über die Fachtagung 1974 des IdW, Hrsg. IdW, Düsseldorf 1975.

Wild, Jürgen
Probleme der theoretischen Deduktion von Prognosen, in: ZgStW, 126. Jg., 197o, S. 553-576.

Wild, Jürgen
Zur Problematik der Nutzenbewertung von Informationen, in: ZfB, 41. Jg., 1971, S. 315-334.

Methodenprobleme in der Betriebswirtschaftslehre, in: HdB, Bd. 2, Hrsg. E. Grochla und W. Wittmann, 4., völlig neu gest. Aufl., Stuttgart 1975, Sp. 2654-2677.

Einleitung, in: Unternehmungsplanung, Reader und Abstracts, Hrsg. J. Wild, Reinbek 1982.

Witte, Eberhard
Informationsverhalten, in: HdB, 2. Bd., Hrsg. E. Grochla und W. Wittmann, 4., völlig neu gest. Aufl., Stuttgart 1975, Sp. 1915-1924.

Das Informations-Verhalten in Entscheidungs-Prozessen, in: Das Informationsverhalten in Entscheidungsprozessen, Hrsg. E. Witte, Tübingen 1972, S. 1-88.

Zacharias, Hans-Otto
Sonderabschreibungen, betriebswirtschaftlich, handelsrechtlich und steuerrechtlich, in: Steuerberater-Jahrbuch 7o/71, Köln 1972, S. 321-398.

Ziegeler, Werner
Leistungsbilanzen als Gegenstand ordnungsmäßiger Prospekterstellung und -prüfung, in: WPg, 38. Jg., 1985, S. 418-425.

IV. Sonstige

AICPA
Statement on Standards for Accountant's Services on Prospective Financial Information - Financial Forecasts and Projections, New York 1985, abgedruckt in: JoA, 161. Jg., Februar 1986, S. 134-148.

Guide for Prospective Financial Statements, New York 1986.

BGH
Urteil vom 25.11.1981, in: BB, 37. Jg., 1982, S. 329-331.

Bundesregierung
Regierungsentwurf eines Gesetzes über den Vertrieb von Anteilen an Vermögensanlagen, mit Begründung, abgedruckt in: Bundesrats-Drucksache 4o7/77 vom 2.9.1977.

IdW
Grundsätze zur Durchführung von Unternehmensbewertungen, abgedruckt in: WPg, 36. Jg., 1983, S. 468-48o.

IdW, Wohnungswirtschaftlicher Fachausschuß
Stellungnahme 1/87: Grundsätze ordnungsmäßiger Durchführung von Prospektprüfungen, in: Fachgutachten und Stellungnahmen auf dem Gebiet der Rechnungslegung und Prüfung, Loseblattsammlung, Hrsg. IdW, Düsseldorf o.J.; auch abgedruckt in: WPg, 4o. Jg., 1987, S. 325-328.

Kapitalanlage-Informationszentrum Oberursel
Ergänzender Prospektinhaltskatalog, abgedruckt z.B. in: Kapitalmarkt Intern, 1o. Jg., 1986, Nr. 35.

SEC
Report of the Advisory Committee on Corporate Disclosure to the Securities and Exchange Commission, Bd. 1, Washington D.C. 1977.

An Analysis of Regulation D., Hrsg.: Directorate of Economic and Policy Analysis, Washington D.C. Mai 1984.

ANHANG

Grundsätze ordnungsmäßiger Prospektpublizität (GoP)

A. Prinzipien

I. GoP reglementieren die Erstellung und Veröffentlichung von Erfolgsprognosen, nicht jedoch geplante Merkmale des Anlageobjektes. GoP sind Prognose-, keine Planungsgrundsätze.

II. Es gilt kein Vorsichtsprinzip. Es ist nicht ein vorsichtiger, sondern der bestbegründete Prognosewert anzusetzen.

III. Es darf im Prognosezeitpunkt die tatsächliche Aufnahme des Geschäftsbetriebs unterstellt werden. Etwaige Rückabwicklung des Unternehmens braucht nicht als Möglichkeit in die Prognose einzugehen ("Starting-Concern-Prinzip").

B. Formale Grundsätze

I. Richtigkeit

Erfolgsprognosen sind prinzipiell richtig, d.h. den GoP gemäß zu erstellen. Abweichungen in Einzelfällen sind zu begründen. Der "eigenen" Prognose ist die ordnungsmäßige gegenüberzustellen.

II. Willkürfreiheit

Ermessensspielräume, die das Normensystem dem Prognostiker läßt, sind so zu füllen, daß der bestbegründete, aber von den Informationskosten her vertretbare Prognoseansatz gefunden wird.

III. Überprüfbarkeit

Emittenten müssen dem Prüfer alle prüfungsnotwendigen Unterlagen bereitstellen, verwendete Nachrichtenquellen bezeichnen und Dokumente zugriffsbereit und verständlich speichern.

C. Materielle Grundsätze für die Erstellung der internen Prognose des Unternehmenserfolgs

I. Wahrheit

1. Prognoseverfahren

- Angewendete Prognoseverfahren müssen zur Struktur des Prognoseproblems passen:

-- Mathematische Verfahren	:	Fortführungsprozesse
-- Zeitreihen	:	kurzfristige, stabile Umweltprognosen
-- Regressionen (plus "subjective adjustments")	:	längerfristige Prozesse, Wirkungsprognosen
-- Deduktive Schlüsse	:	qualitativ-kausale Prozesse mit Regelmäßigkeitscharakter
-- Intuitive Verfahren (ohne kostenträchtige Delphi-Methode)	:	Prozesse mit wahrscheinlichen Strukturbrüchen

- Es ist keine Vorhersage einer Variablen mit mehreren Verfahren und anschließender Mittelung (Verfahrensmix) nötig. Aber: Ergänzung mathematischer Punktprognosen um Schätzungen (Intervalle)

- Inputs müssen logisch richtig in Prognoseaussagen transformiert werden, d.h.:

  -- Modellgestützte Prognosen: richtige Anwendung der Verfahren, Algorithmen
  -- Intuitive Prognosen: Einhaltung der Verfahrensabläufe, Ablaufschemata

2. Prognoseinputs

- Externe Daten müssen auf das spezielle Prognoseproblem anwendbar, externe Quellen verläßlich sein.

- Ursache-Wirkungs-Hypothesen für deduktive Schlüsse müssen empirisch "hinreichend bestätigt" sein. Es ist jedoch kein Mindest-Bestätigungsgrad formulierbar.

- Das spezielle Prognoseproblem muß den verwendeten Ursache-Wirkungs-Hypothesen logisch subsumiert werden können.

- Randbedingungen

  -- realisierte Randbedingungen: empirisch wahr
  -- prognostische Randbedingungen: Ansatz der drei am besten begründeten Variablenwerte (mehrwertige Prognoseaussage). Auswahl anhand der Kriterien für Begründungsqualität. Widerspruchsfreiheit mehrerer Randbedingungen untereinander.

3. Determinierte Prognosevariable

- Wirkungen geplanter Maßnahmen ("technologische Prognosen"): geplante Maßnahmen als Eintrittsbedingungen von Wirkungsprognosen können als sicher angesehen werden, d.h. keine Berücksichtigung des Risikos anlegerschädigender Planänderung durch das Management.

- Vertraglich abgesicherte Zukunftsereignisse

  -- Vertragspartner, bei denen keine Insolvenzsymptome vorliegen: Vertragswirkungen sicher, Punktprognose z.B. von Einzahlungen, Vernachlässigung des Bonitätsrisikos
  -- Vertragspartner, bei denen Insolvenzsymptome vorliegen: diskrete Verteilungen der Vertragswirkungen = 70 % Normwahrscheinlichkeit Erfüllung, 30 % Normwahrscheinlichkeit Totalausfall (bei initiatorenabhängigen Partnern 50:50)
  -- Mögliche Änderungen von Verträgen mit abhängigen Partnern zum Zweck der Anlegerschädigung brauchen nicht berücksichtigt zu werden.

- Steuerliches Ergebnis

  -- Das steuerliche Ergebnis ist als umweltabhängige Wahrscheinlichkeitsverteilung darzustellen.
  -- Steuerliche Konzeption in den Augen eines Gutachters gesetzeskonform: Anerkennung durch Finanzamt darf fiktiv sicher vorausgesetzt werden, d.h. nur eine Verteilung des steuerlichen Erfolgs.

-- Steuerliche Konzeption in Prüferaugen nicht gesetzeskonform: Revision der steuerlichen Erfolgsprognose.
-- Steuerliche Konzeption strittig: zwei Verteilungen des steuerlichen Ergebnisses
50 % Normwahrscheinlichkeit Anerkennung durch Finanzamt
50 % Normwahrscheinlichkeit Versagung der Anerkennung.

4. Fremdprognosen

- Prognoseinputs und Prognosen aus kompetenten Fremdquellen dürfen ungeprüft als "wahr" gelten.

- Kompetente Fremdquellen im obigen Sinn sind

-- Bundesbank, statistische Ämter, Institute, Verbände
-- Banken, Sachverständige, Wirtschaftsprüfer, Anwälte
-- Informationsdienste, Auskunfteien, Marktforscher, sofern Verbandsauskünfte ihre Seriosität bestätigen.

- Volkswirtschaftliche Prognoseinputs sind aus kompetenten Quellen zu beziehen, ebenso Marktprognosen und steuerliches Spezial-Know-how.

- Fremdinformationen sind unverfälscht in den Prognoseprozeß zu übernehmen.

5. Aggregation von Teilprognosen zur Erfolgsprognose

- Teilprognosen der Determinanten des Unternehmenserfolgs sind durch Simulation zur Erfolgsprognose zu aggregieren.

- Hierbei müssen die Verfahren "richtig" angewendet, Zufallsstichproben gewährleistet und ihre Anzahl hoch genug sein (Simulationsläufe bis zur "Stabilisierung" der Verteilung).

II. Vollständigkeit

1. Vollständigkeit des Prognosemodells

- Zielvariable des Prognosemodells sind

  -- Liquidität (Finanzplanmodell)
  -- Gewinn (G&V-Modell)
  -- Anlageerfolg nach Steuern

- Zielgrößen sind als Wahrscheinlichkeitsverteilungen darzustellen, allerdings dürfen Ereignistermine (z.B. Zahlungszeitpunkte) als fiktiv sicher gelten.

- Der Detaillierungsgrad geplanter Maßnahmen hat sich an der möglichen Präzision der Umweltprognosen im Einzelfall zu orientieren.

- Der Grundsatz, Maßnahmen müßten überhaupt geplant werden - orientiert an den Umweltprognosen -, erstreckt sich auch auf Tochtergesellschaften, an die wirtschaftliche Aktivitäten delegiert werden.

- Die Vollständigkeit der Umweltfaktoren, die ins Modell integriert werden müssen und deren Entwicklung vorherzusagen ist, hängt vom Einzelfall ab. Die Umweltfaktoren sind daher durch einen strukturierten Suchprozeß zu identifizieren:

  -- Identifizierung wesentlicher Umweltfaktoren in ähnlichen going concerns
  -- Stärken-Schwächen-Analyse
  -- Lückenanalyse
  -- Auffinden der Strategie und damit relevanter Umweltfaktoren des neuen Projekts.

- Die weitere Auflösung wesentlicher Umweltfaktoren in Determinanten (Prognoseregreß) ist dort abzubrechen, wo Prognosen der Determinanten aus kompetenten Quellen verfügbar sind.

- Abhängigkeitsbeziehungen zwischen Prognosevariablen können im Modell auf eng korrellierte begrenzt, wechselseitige Abhängigkeiten vernachlässigt werden. Mehrfachabhängigkeit wird im Modell auf die engste Beziehung konzentriert.

- Stochastische Periodenübergänge (Zustandsbaummodell) dürfen durch alternative zeitabhängige Funktionen vereinfacht werden.

- Die Vollständigkeit der Prognoseperioden hat sich an den Möglichkeiten zu orientieren, Prognoseinputs langfristig überhaupt noch zu prognostizieren. Prognosen für spätere Perioden dürfen an Präzision und Begründungsqualität verlieren.

- Der Prognosehorizont darf nicht mit dem Auslaufen vertraglich fixierter Erfolgsdeterminanten (z.B. Mietverträgen) gezogen werden. Der Prospekt hat mindestens Anschlußplanungen und -erfolge auszuweisen.

- Über 15 Perioden (Jahre) hinausgehende Prognosen sind als lineare Trends aus den simulierten Vorperiodenwerten abzuleiten.

D. Materielle Grundsätze für die Aggregation interner Prognoserechnungen zu Prospekten

I. Wahrheit

- Fließen Informationen unverändert aus internen Planungen in den Prospekt, so hat dies unverfälscht zu geschehen, d.h.:

  -- sachlich identische Bezeichnung
  -- gleiche Höhe (Anzahl und Art von Maßeinheiten).

- Verdichtete Informationen (z.B. Salden, Kennzahlen) müssen rechnerisch und sachlich richtig gewonnen werden.

- Prospektinformationen, die nicht den internen Plänen entstammen, müssen

  -- empirisch wahr sein oder
  -- kompetenten Fremdquellen entstammen.

- Werturteile im Prospekt müssen

  -- komparativ formuliert werden
  -- sich auf quantifizierbare Variable sowie zugängliche Vergleichsgrößen beziehen
  -- in ihrer behaupteten Relation zur Vergleichsgröße "richtig" sein.

II. Klarheit

1. Klarheit muß herrschen

   - bei der Darstellungsform einzelner Prospektangaben
   - in der Struktur des Gesamtprospekts.

2. Grafiken sind niemals alleinige Darstellungsform, sie müssen wesentliche Angaben aber im Sinn nützlicher Redundanz verdeutlichen.

3. Informationen sind im Prospekt möglichst in ihrer Urform, d.h. ohne Transformation in eine andere Darstellungsart, zu veröffentlichen.

4. Texte sind tendenziell in fachlich angemessener Form, nicht aber "laienhaft" ausgedrückt zu formulieren. Glossarien erläutern Fachtermini.
   Wichtige Fachtermini werden vom Publizitätsregulator eindeutig vorgegeben (z.B. "prozentualer Steuervorteil" mit Bezugsgröße).

5. Die periodische Prognose des Unternehmenserfolgs muß numerisch als Erwartungswert, ergänzt um ein standardisiertes Intervall, publiziert werden. Die Intervallgrenzen sind anhand der kumulierten Vorgabewahrscheinlich-

keiten von 20 und 80 Prozent zu bestimmen, mit denen die Grenzen überschritten bzw. nicht unterschritten werden.

6. Grafisch muß die Verteilung des Erfolgs neben der Intervallprognose abgedruckt werden. Die vollständigen numerischen Verteilungswerte mit Glaubwürdigkeiten sind in einem Zusatzprospekt zu veröffentlichen.

7. Die Struktur des Gesamtprospekts hat sich aus Informationsfeldern zu ergeben, die sich an den Teilaspekten des Informationsrisikos orientieren:

   -- Planänderungsrisiken
   -- Bonitätsrisiken
   -- steuerliche Risiken
   -- andere Ermessensrisiken.

   Glossarien und Erläuterungen sind in einem Anhang abzudrucken. Der Prospekt muß ein Inhaltsverzeichnis aufweisen.

III. Vollständigkeit

1. Ein vollständiger Prospekt umfaßt drei Teile:

   - Basisprospekt
   - Zusatzprospekt
   - Anhang.

2. Der Basisprospekt hat zu enthalten:

   - eine periodische Prognose des Unternehmenserfolgs in klarer Form
   - alle wesentlichen Indikatoren, die es dem Anleger erlauben, das Informationsrisiko abzuschätzen, mit dem die ordnungsmäßige Erfolgsprognose des Prospekts im Einzelfall

behaftet ist - sofern diese Indikatoren erfahrungsgemäß hinreichend zuverlässig sind
- ein klares Ordnungsmäßigkeitstestat des Prospektprüfers.

3. Der Zusatzprospekt enthält Detailinformationen für interessierte (kundigere) Anleger sowie Indikatoren, die weniger zuverlässig sind oder vom Management über den abschließend definierten Inhalt des Basisprospekts hinaus für wesentlich gehalten werden.

4. Im Anhang sind Glossarien, Erläuterungen, was Ordnungsmäßigkeit von Prognose und Prospekt bedeutet, sowie Erklärungen der nomologischen Zusammenhänge zwischen Indikatoren des Basisprospekts und dem Ausmaß von Informationsrisiken darzustellen.

5. Der Prospekt hat folgende Indikatoren des Ermessensrisikos zu enthalten:

- Emittentenname und -status (Daueremittent/ Erstanbieter)
- Rückandienungs-/Kündigungsrechte der Anleger, Rücknahmepreis
- Prognosekompetenz des Managements:
  - -- frühere Planungstätigkeiten
  - -- Mitgliedschaft in einer qualifizierten Standesorganisation
  - -- Beteiligung institutioneller Investoren.
- Verhältnis von prognostizierten/vertraglich abgesicherten Komponenten des Unternehmenserfolgs im Zeitablauf.
- Sensitivität des Unternehmenserfolgs in bezug auf Änderungen von Erfolgskomponenten:
  - -- Auswirkungen eines 20-prozentigen Umsatzrückganges

-- Auswirkungen eines 20-prozentigen Gesamtkostenanstiegs
- Branchen- und Marktentwicklungen
- Namen externer Informationsquellen:
  -- In Anspruch genommene Produzenten gesamtwirtschaftlicher Daten
  -- Experten
  -- Namen der Prospektprüfer.

6. Folgende Indikatoren des Risikos anlegerschädlicher Planänderung hat der Prospekt zu veröffentlichen:

- Angemessenheit von Initiatoren-Entgelten:

  -- Ausweis der tatsächlichen Höhe von Standard-Entgelten wie Provisionen für Anteilsvertrieb, Fremdkapitalvermittlung etc.
  -- Prüfer- oder Expertenurteile über die Angemessenheit von Entgelten für komplexe, individuell gestaltete Leistungsbeziehungen
  -- Werden dem Prüfer keine Einblicke gewährt oder ist das Urteil zu zeitaufwendig, muß ein Hinweis auf die fehlende Information erfolgen

- Kapitalbeteiligung der Initiatoren:

  -- unkündbare Anteile
  -- kurzfristig veräußerbare Anteile

- Erfolgsabhängigkeit der Entgelte

- Personelle und kapitalmäßige Verflechtungen zwischen Initiatoren und Vertragspartnern des Unternehmens

- Anteil der vertraglich fixierten Zahlungsströme aus Geschäften mit verflochtenen/unabhängigen Vertragspartnern

- Ausgestaltung der Mittelverwendungskontrolle

- Kündigungsrechte der Anleger, Rechte, das Management auszuwechseln.

7. Als Indikatoren für <u>Bonitätsrisiken</u> von Vertragspartnern muß der Prospekt ausweisen:

   - Einstufung der Vertragspartner als insolvenzgefährdet/nicht gefährdet nach GoP-Kriterien
   - Firma des Partnerunternehmens, Muttergesellschaften mit Garantiefunktion
   - Bei Garantien durch Vertragspartner:
     -- Hinterlegung von Garantiesummen, Bankbürgschaften
     -- Eigenkapital des Garanten
     -- Höhe aller von ihm übernommenen Garantieverpflichtungen
   - Auswirkung eines Totalausfalls des wichtigsten Vertragspartners auf den künftigen Unternehmenserfolg (Sensitivität).

8. <u>Steuerliche Risiken</u> sind im Prospekt durch folgende Indikatoren transparent zu machen:

   - Angabe, ob die steuerliche Konzeption in Prüferaugen strittig, gesetzeskonform oder gesetzeswidrig ist
   - Name des Prospektprüfers/steuerlichen Gutachters

- Resultat einer eventuellen Vorprüfung durch das Finanzamt
- Qualifikation des Managements (s.o.)
- Beschreibung der steuerlichen Konzeption
- Auswirkungen einer Nichtanerkennung auf den Unternehmenserfolg (Sensitivität).

GPSR Compliance

The European Union's (EU) General Product Safety Regulation (GPSR) is a set of rules that requires consumer products to be safe and our obligations to ensure this.

If you have any concerns about our products, you can contact us on ProductSafety@springernature.com

In case Publisher is established outside the EU, the EU authorized representative is:

Springer Nature Customer Service Center GmbH
Europaplatz 3
69115 Heidelberg, Germany

Batch number: 10815964

Printed by Printforce, the Netherlands